대학연의보【9】大學衍義補
권67~권75

대학연의보【9】大學衍義補

1판 1쇄 인쇄　2022년 4월 20일
1판 1쇄 발행　2022년 4월 29일
—

저　자ㅣ구　준
역주자ㅣ정재훈
발행인ㅣ이방원
—

발행처ㅣ세창출판사
　　　　신고번호·제1990-000013호ㅣ주소·서울 서대문구 경기대로 58 경기빌딩 602호
　　　　전화·02-723-8660ㅣ팩스·02-720-4579
　　　　http://www.sechangpub.co.kr ㅣ e-mail: edit@sechangpub.co.kr
—

ISBN　979-11-6684-101-9　94150
　　　　979-11-6684-099-9 (세트)
—

·이 책은 한국연구재단의 지원으로 세창출판사가 출판, 유통합니다.
·잘못된 책은 구입하신 서점에서 바꾸어 드립니다.
—

이 번역서는 2015년 대한민국 교육부와 한국연구재단의 지원을 받아 수행된 연구임 (NRF-2015S1A5A7016334).

대학연의보 大學衍義補

권67~권75

A Translation of "Daxue Yanyi Bu"

【9】

구준邱濬 저

정재훈 역주

세창출판사

구준(邱濬)이 지은 《대학연의보(大學衍義補)》는 일반에게 잘 알려진 책은 아니다. 그러나 정주학(程朱學) 혹은 성리학(性理學)에 관심이 있거나 중국의 경세학(經世學)에 약간의 상식이 있는 사람이라면 이 거대한 저작에 대해 조금이라도 귀동냥을 했을 법한 나름은 유명한 책이기도 하다.

주지하다시피 성리학은 한때 지나친 관념주의로 치부되어 비판받기도 하였다. 하지만 송대에 주희(朱熹)가 정리한 이래 중국의 역사에서 가장 핵심적인 사상으로서 기능했으며, 또 현실을 움직였던 학문으로 두루 인정된 것은 또한 사실이다. 특히 주희가 주목한 경전으로서의 《대학》은 그 분량이 대단히 적음에도 불구하고 이전의 유학과는 다른 신유학의 핵심 경전이다. 그 《대학》의 순서에 따라 역사적 사실을 결합하여 경사(經史) 일치의 경세학으로서 《대학》과 관련된 여러 저작이 등장하였다.

그 대표적인 것으로 꼽을 수 있는 책이 진덕수(眞德秀)의 《대학연의(大學衍義)》(43권)와 구준의 《대학연의보》(160권)이다. 남송대와 명대를 대표하는 이 두 책은 모두 제왕학에 핵심적인 교재로서 원나라 이후에 경연에서도 읽힐 만큼 경세와 깊은 관련이 있었다. 송나라 후기와 원나라를 거치며, 명과 청 제국에서도 성리학적 사고와 이에 기반한 실천은 중국의 역사를 설명하는 가장 중요한 요소가 되었다.

《대학연의보》는 양명학이 발전한 명에서 주목이 되었던 경세서이다. 주희의 재전(再傳) 제자였던 진덕수는 《대학연의》에서 국가의 통치를 위해서 원칙을 중시하였고, 특히 황제의 개인적인 수양(修養)이 국가의 안녕과 경세의 기초가 됨을 강조하였다. 구준은 여기에 황제 개인의 수양만이 아니라 제도적인 정비와 개선의 노력이 또한 중요함을 《대학연의보》에서 수많은 역사적인 사례를 들어서 설득하려고 시도하였다.

황제 개인에게 권력이 집중됨으로써 황제독재체제를 유지하였던 명조의 상황에서 황제를 향한 이러한 제안은 군주의 마음을 바르게 하는 것에서 출발하여 조정과 백관, 만민과 나아가 사방(세계)을 안정시키는 유일한 경세의 대안이었다. 이전에 군주의 마음 수양에 강조를 두던 경향에 더하여 국가 경영과 민생에 필요한 분야는 모두 망라한 내용은 매우 실용적이고 객관적이며 실천가능한 내용을 포함한 것이었다.

이 때문에 이 책은 성리학으로 국가를 경영하였던 비슷한 처지의 조선에서도 주목이 되었던 것이다. 따라서 《대학연의보》의 번역은 단지 중국의 고전, 경세서로서만이 아니라 많은 문화를 공유하였던 중국과 한국, 특히 명, 청과 조선의 역사와 문화를 이해하는 데에도 매우 큰 시사점을 줄 수 있다.

이 책의 번역은 한국연구재단의 동서양학술명저번역사업의 지원으로 가능하였다. 160권에 달하는 엄청난 분량을 번역하기 위해 고 윤정분 덕성여대 교수를 연구책임자로 번역팀을 구성하여 2015년부터 번역이 시작되었다. 하지만 번역작업을 마쳐 가던 2017년 12월 불의의 사고로 인해 윤 교수님이 유명을 달리하시게 되어서 불가피하게 번역이 지체되어 이제야 간행에 이르게 되었다. 국내에서 《대학연의보》와 명대 정치사의 최고 권위자였던 윤 교수님께서 평생 소원이었던 이 책의 번역과 간행을 미처 보시지 못한 점을 우리 번역팀 모두는 매우 안타깝게 여기면서 윤 교수님의 영전에 이 책을 바친다.

2022년 4월

번역팀 일동

【차 례】

일러두기

1. 이 책의 번역 저본은 1506년 명(明) 정덕(正德) 원년(元年)에 주홍모(周洪謨) 등이 교감한 정덕본이다. 소장처는 동경대학 동양문화연구소이다.

2. 1559년 명(明) 가정(嘉靖) 38년(1559) 길징(吉澄) 등이 교감한 가정본, 청의 《사고전서》에 수록된 사고전서본을 참고하여 원문을 교감했다.

3. 번역 저본은 주제별로 경전(經傳)과 사서(史書)에서 발췌한 본문, 본문에 대한 여러 학자들의 해설, '신안(臣按)'으로 표시된 구준(邱濬)의 의견으로 구성되어 있다. 본문과 해설, 구준의 의견은 각기 번역문 하단에 원문을 부기하였다.

4. 원문은 읽기 쉽도록 표점하였으며, 한국고전번역원 표점 지침(2014)을 준용했다.

5. 본문을 비롯한 여러 글의 원주(原註)는 번역문의 중간에 【 】로 표시하고 번역했다.

6. 번역은 원주(原註)를 최대한 반영하였으며, 그러므로 현재 통용되는 해석과는 차이가 있을 수 있다.

7. 역자 주는 각주를 원칙으로 하되, 10자 안팎의 간단한 내용이면 본문 속에 한 포인트 작은 글자로 설명하였다.

8. 번역문은 한글 쓰기를 원칙으로 하되, 필요하면 한글(한자)로 병기했다.

9. 책은 《 》, 편장은 〈 〉으로 표시했다.

10. 책의 이해를 돕기 위하여 160권 말미에 전체 해제를 실었다.

11. 인명·지명·서명·고유명사는 현대 한국어표기법을 따랐다.

12. 각 권별로 번역 책임을 맡은 역자를 책의 첫머리에 밝혀 두었다.

대학연의보

大學衍義補

대학연의보
(大學衍義補)

—

권67

치국평천하의 요체[治國平天下之要]

교화를 숭상함[崇敎化]

교화의 도를 총괄하여 논함[總論敎化之道]

《주역(周易)》〈임괘(臨卦)〉 상전(象傳)에서 말하였다.

못[澤, 兌] 위에 땅[地, 坤]이 있는 것이 임(臨)이니, 군자(君子)가 가르치려는 생각이 다함이 없으며, 백성을 용납하여 보존함이 끝이 없다.【(無疆은) 광대(廣大)하여 한계가 없는 것이다.】

> 《易·臨》之大象曰: 澤上有地, 臨. 君子以敎思無窮, 容保民無疆【廣大無疆限也】.

정이(程頤)가 말하였다.[1]

"사물이 서로 임(臨)함과 머금고 용납함이 물이 땅에 있는 것 만한

---

1 《주역정전(周易程傳)》 권2 〈임괘(臨卦)〉 상전(象傳)에 나온다.

것이 없다. 그러므로 못 위에 땅이 있는 것을 임(臨)이라 한다. 군자(君子)가 친히 임하는 모습[象]을 보면 가르치려는 생각이 무궁하게 되니, 백성에게 친히 임함은 가르쳐 인도하려는 의사(意思)가 있는 것이다. 무궁(無窮)은 지극히 정성스러워 싫어함이 없는 것이다."

程頤曰: "物之相臨與含容, 無若水之在地, 故澤上有地爲臨也. 君子 觀親臨之象則教思無窮, 親臨於民則有教導之意思也. 無窮, 至誠無 斁也."

신은 이렇게 생각합니다. 〈임괘(臨卦)〉라는 괘(卦)는 위에서 아래로 임하는 형상이니, 위에서 아래로 임하는 것은 과연 어떤 일을 하는 것입니까. 그들을 지키는 것입니다. 장차 그들을 지키려고 한다면 무엇을 먼저 하겠습니까. 그들을 가르치는 것입니다. 가르치는 방법은 그들을 못 견디게 하는 것은 불가하고, 조급하게 하는 것도 불가하고, 다만 법대로 하는 것도 불가하고, 반드시 기한을 정하여 각박하게 지키게 하는 것도 불가합니다. 반드시 바로잡아 주고 곧게 만들며, 도와주고 붙잡아 주어야 합니다. 하는 일 없이 편안히 한가롭게 잘 지내게 하여 스스로 쉬게 하고, 실컷 배불리 먹게 하여 스스로 따라 행하게 해야 합니다.

강과 하천과 같이 윤택하고, 호수와 바다와 같이 깊은 것, 이것이 가르치려는 생각입니다. 일생동안 그들을 교화하고, 모든 나라를 합하여 그들을 화합시켜 조화롭게 합니다. 쉬지 않아 아득히 먼 곳에 이르고, 움직이고 변하여 변화를 이룰 수 있습니다. 한 사람이라도 변화되지 않음이 없고, 한 지역이라도 이르지 않은 곳이 없으며, 하루라도 혹 끊어짐이 없어야 하니, 어찌 끝이 있고 다함이 있겠습니까.

이와 같다면 무릇 형상과 기운을 타고난 부류는 모두 우리의 도량과 포용 안에 있고, 서로 낳고 서로 자라게 하는 즐거움이 있으니, 이쪽과 저쪽의 다름이 없습니다. 저들은 다만 권위[威]로 임하고 정치[政]로 가지런하게 하니, 그 마음은 얕고 또한 급합니다. 그 얕고 급함은 실로 수용할 수 없으니, 어찌 백성을 보호하고 한계가 없음에 이를 수 있겠습니까.

臣按: 《臨》之爲卦, 有上臨下之象, 上之臨下果何所事哉? 曰保之. 將欲保之以何爲先? 曰敎之. 敎之道驅迫之不可也, 操切之不可也, 徒事乎法不可也, 必刻以期不可也, 必也匡之直之·輔之翼之, 優而遊之使自休之, 厭而飫之使自趨之, 如江河之潤, 如湖海之浸, 是之謂敎思焉. 擧一世而甄陶之, 合萬邦而協和之, 由無息而至於悠遠, 由動變而至於能化, 無一人而不化, 無一地而不到, 無一日而或間, 豈有窮盡也哉? 如是, 則凡形氣有生之類皆在吾度量包容之中, 有相生相長之樂, 無此疆彼界之殊矣. 彼徒臨之以威·齊之以政者, 其意思淺且促矣, 旣淺且促則寘不能容之矣, 豈能保民而至於無疆哉?

《주역(周易)》〈관괘(觀卦)〉 단전(彖傳)에서 말하였다.

"관(觀)은 손만 씻고 제수(祭需)는 아직 올리지 않았을 때처럼 하여 (백성들이) 정성을 다하여 우러러 존경하리라."라는 것이니, 아랫사람들이 보고 교화되는 것이다. 하늘의 신도(神道)를 봄에 사계절이 어긋나지 않으니, 성인(聖人)이 신도로 가르침을 베풂에 천하(天下)가 복종한다.

《觀》之象²曰: “觀, 盥而不薦, 有孚顒若.” 下觀而化也. 觀天之神道, 而四時不忒. 聖人以神道設教, 而天下服矣.

정이(程頤)가 말하였다.³

"보여 줌[觀]을 행하는 방법은 엄하고 공경하기를 제사에 처음 손을 씻을 때와 같이 하면 하민(下民)들이 지성(至誠)으로 우러러보고 따라서 변화되는 것이다. 제수는 올리지 않았을 때처럼 한다는 것은 성의(誠意)가 조금도 흩어지지 않게 함을 말한다.

천도(天道)가 지극히 신묘(神妙)하기 때문에 '신도(神道)'라고 말한 것이다. 하늘의 운행을 살펴봄에 사계절이 어그러짐이 없으면 그 신묘함을 볼 수 있으니, 성인이 천도의 신묘함을 보고 신도를 몸소 체득하고 실행하여 가르침을 베풀기 때문에 천하에 복종하지 않는 사람이 없는 것이다. 천도는 지극히 신묘하므로 사계절을 운행하고 만물을 만들고 길러서 어그러짐이 없다.

지극히 신묘한 도(道)는 꼭 이름 지어 말할 수 없고, 오직 성인만이 묵묵히 합하여 그 묘하게 쓰는 것을 체득하고 실행하여 다스림[政]과 가르침[敎]을 베푼다. 그러므로 천하 사람들이 덕(德)에 푹 잠겨 있으면

---

2 象:《대학연의보(大學衍義補)》가정본(嘉靖本),《주역(周易)》에는 '象'으로 되어 있어, 번역에서는 이를 따른다.

3 《주역정전(周易程傳)》권2 〈관괘(觀卦) 단전(彖傳)〉에 나온다.

서도 그 공(功)을 알지 못하고, 교화에 고무되면서도 그 쓰임을 헤아
리지 못하여 자연히 우러러보고 떠받들며 복종한다. 그러므로 '신도
로써 가르쳐서 천하가 복종한다.'라고 말한 것이다."

程頤曰: "爲觀之道嚴敬如始盥之時, 則下民至誠瞻仰而從化也. 不薦,
謂不使誠意少散也. 天道至神, 故曰神道. 觀天之運行, 四時無有差忒,
則見其神妙, 聖人見天道之神, 體神道以設敎, 故天下莫不服也. 夫天
道至神, 故運行四時·化育萬物無有差忒, 至神之道莫可名言, 惟聖人
默契, 體其妙用, 設爲政敎, 故天下之人涵泳其德而不知其功, 鼓舞其
化而莫測其用, 自然仰觀而戴服, 故曰以神道設敎而天下服矣."

주희(朱熹)가 말하였다.[4]

"하늘의 신도(神道)를 보건대, 자연히 도리에 맞게 운행되고 사계절
도 자연히 어긋나지 않는다. 성인(聖人)의 신도 역시 자연의 보고 느끼
는 곳에서 사람들을 가르친다는 말이다."

朱熹曰: "觀天之神道只是自然運行道理, 四時自然不忒, 聖人神道亦是
說有敎人自然觀感處."

신은 이렇게 생각합니다. 성인이 하늘의 신도(神道)를 보고 가르치는

---

[4] 《주자어류(朱子語類)》 권70 〈역(易) 관괘(觀卦)〉에 나온다.

것은, 자연[天]의 봄·여름·가을·겨울이니 마땅히 따뜻할 때는 따뜻하고 추울 때는 추운 것과 같은 것을 말합니다. 한시라도 어긋남이 없고 작위적인 것을 볼 수 없으니, 자연히 그러하여 이른바 신(神)이라고 하였습니다.

성인이 그것[神道]을 체득하여 정교(政敎)를 베풂에, 아랫사람들이 그것[政敎]을 보는 것이, 봄이 되면 반드시 따뜻하고 겨울이 되면 반드시 추운 것을 아는 것과 같으니, 따뜻함과 추움은 모두 자연히 그러한 것입니다. 백성들이 분명히 보고 그 마음에 느껴서 시행하고 조치할 필요가 없이 자연스럽게 변화되고 복종하게 되니, 이른바 신도(神道)로써 가르치는 것입니다. 이와 같이 별도로 일종의 현묘하고 기이한 변화의 술수가 있는 것은 아닙니다.

후세의 평범한 학자들은 이 뜻을 알지 못하여 이에 《하도(河圖)》[5]와 《낙서(洛書)》[6]로 신도에 대한 가르침을 삼았습니다. 성인이 괘(卦)를 그리고 주(疇)를 자세히 설명하는 것으로 말하자면, 모두 사람의 힘으로써 그것을 해 놓고서도 신명(神明)을 가탁(假托)하여 기이하게 변화하는 술수로 삼았으니, 마침내 당시의 임금을 속이고 터무니없는 거짓말을 하는 단서를 열게 하였습니다. 아, 경전의 뜻[經旨] 한 마디 말의 차이로 화(禍)가 일어난 것이 이러한 지경에 이르렀으니, 경계하지 않을 수 있겠습니까, 경계하지 않을 수 있겠습니까!

5 《하도(河圖)》: 중국 복희씨(伏羲氏) 때에 황하에서 용마가 지고 나왔다는 55점의 그림이다. 우 임금 때의 낙서와 함께 주역 이치의 기본이 되었다.
6 《낙서(洛書)》: 중국 하(夏) 나라의 우왕(禹王)이 홍수를 다스렸을 때, 낙수(洛水)에서 나온 영묘한 거북의 등에 쓰여 있었다는 글이다. 《서경(書經)》의 홍범구주(洪範九疇)의 원본이 되었다 하며, 팔괘(八卦)의 법도 여기서 나왔다 한다.

臣按: 聖人觀天之神道以設敎, 謂如天之春而夏而秋而冬, 當煖而煖, 當寒而寒, 無一時之差忒, 不見其有所作爲, 自然而然, 所謂神也. 聖人體之以設爲政敎, 故下人觀之如見春而知其必煖, 見冬而知其必寒, 其煖其寒皆其所自然, 下民觀視而感之於心, 不待有所設施措注自然化服, 所謂以神道設敎也. 如此, 非謂別有一種玄妙幻化之術也, 後世俗儒不知此義, 乃以《河圖》《洛書》爲神道設敎, 謂聖人畫卦演疇皆以人力爲之, 而假托神明以爲幻化之術, 遂啓時君矯誣妄誕之端. 吁, 經旨一言之差, 流禍至於如此, 可不戒哉, 可不戒哉!

《주역(周易)》〈관괘(觀卦)〉 상전(象傳)에서 말하였나.

바람이 땅 위에서 부는 것이 관(觀)이니, 선왕(先王)이 이것으로 지방을 살펴 백성을 관찰하여 가르침을 베푼다.

象曰: 風行地上觀, 先王以省方, 觀民設敎.

정이(程頤)가 말하였다.[7]

"바람이 땅 위에서 불어 만물(萬物)에 두루 미치니, 여러 지역을 두루 살피는 형상이 된다. 그러므로 선왕(先王)이 이를 체득하고 실행하여 지방을 살펴보는 예(禮)를 만들어서 민속을 관찰하여 다스림과 가

---

7 《주역정전(周易程傳)》 권2 〈관괘(觀卦) 상(象)〉에 나온다.

르침을 베푸는 것이다. 천자(天子)가 사방을 순행(巡行)하여 백성들의
풍속을 살피고 다스림과 가르침을 베푸니, 만약 사치하면 검소함으
로 단속하고 검소하면 예를 보여 주는 것이 이것이다."

程頤曰: "風行地上, 周及萬物,[8] 爲由曆周覽之象, 故先王體之爲省方之
禮, 以觀民俗而設政教也. 天子巡省四方, 觀視民俗, 設爲政教, 如奢則
約之以儉, 儉則示之以禮是也."

주희(朱熹)가 말하였다.[9]
"지방을 살펴 백성을 관찰하고, 가르침을 베풀어 보여 줌이 되는
것이다."

朱熹曰: "省方以觀民, 設教以爲觀."

신은 이렇게 생각합니다. 유이(劉彝)[10]가 말하기를 "백성을 살펴보고
가르침을 베풂에 제(齊)나라와 같이 상업에만 힘쓰는 곳에서는 농사

8　萬物: 《주역정전(周易程傳)》 권2 〈관괘(觀卦) 상(象)〉에는 '서물(庶物)'이라고 되어 있다.

9　《주역본의(周易本義)》 권1 〈관괘(觀卦) 상(象)〉에 나온다.

10　유이(劉彝, 1017~1086): 북송 복주(福州) 민현(閩縣) 사람이고, 자는 집중(執中)이다. 인종(仁
宗) 경력(經曆) 6년(1046) 진사가 되었고, 구산령(胸山令)이었다. 신종(神宗) 때 소무위(邵武尉)
와 도수승(都水丞) 등을 지냈다. 저서에 《칠경중의(七經中義)》와 《수경주(水經注)》, 《명선집
(明善集)》, 《거양집(居陽集)》, 《홍범해(洪範解)》, 《고례경전(古禮經傳)》, 《속통·해(續通解)》 등이
있다.

와 양잠을 가르치고, 위(衛)나라와 같이 음란한 풍조가 있는 곳에서는 예로 구분하는 것을 가르치며, 조(曹)나라와 같이 사치한 경우는 검소함으로써 그것을 보여 주고, 위(魏)나라와 같이 검소한 경우는 예로 보여 주는 것 등이 이것이다."[11]라고 하였습니다.

대개 사방의 풍속은 같지 않으니 각각 치우쳐서 숭상하는 바가 있으나, 지나친 것을 간략하게 하여 바름으로 돌아오게 되면 사방의 풍속은 모두 그 중(中)을 얻으니, 지나치거나 모자람이 없습니다.

이것은 삼대(三代)의 훌륭한 임금이 반드시 지방을 살피고 백성을 관찰하며, 백성을 관찰하여 가르침을 베푸는 이유입니다. 후세에는 순행하는 예를 행하지 않고 백성이 읊는 시나 노래를 채집하는 관리를 두지 않았으니,[12] 조정이 일체의 정사를 시행함에 백성을 관찰하는 것을 회복하지 잃았습니다.

아! 만물이 가지런하지 않은 것은 만물의 속성이고, 풍속도 통일되지 않은 것은 풍속의 습속입니다. 지나친 것을 간략하게 하고 미치지 못한 것을 권장하면 그것으로 하여금 예에 돌아가게 하고 치우치지 않게 합니다. 성인이 백성의 풍속을 살핌으로써 가르침을 베푸는 것

---

11 백성을 … 이것이다:《주역전의대전(周易傳義大全)》권8〈관괘(觀卦) 상(象)〉유이(劉彝)의 주(注)에 나온다.

12 후세에 … 않았으니:《예기(禮記)》〈왕제(王制)〉에, "천자가 5년에 한 번씩 천하를 순수(巡守)할 때, 태사(太史)에게 명하여 시를 채집하게 한 뒤에, 백성의 풍속을 관찰하는 자료로 삼았다"라는 내용이 있고,《한서(漢書)》〈예문지(藝文志)〉에는, "주(周)나라 때 시를 채집하는 관원을 두고 왕자(王者)가 그 시들을 통해 풍속을 관찰하였다"라는 기록이 있다. 이로 볼 때, 임금이 각 지방의 풍속을 살피고 정치의 잘잘못을 알기 위해, 또한 제후나 지방 관리들의 통치가 잘 이루어지고 있는지 살피기 위해 각 지방에 관리를 보내 민가(民歌)를 모으게 하였다는 것을 알 수 있다.

이 이와 같습니다. 그러나 후세에는 민속의 일을 오로지 듣기만 하고 그들을 살피는 일을 회복하지 않았습니다.

臣按: 劉彝謂觀民設敎如齊之末業而敎以農桑·衛之淫風而敎以禮·別奢如曹則示之以儉·儉如魏則示之以禮之類是也, 蓋四方之俗不同而各有所偏尙, 困[13]其所偏約而歸之於正, 則四方之俗皆得其中而無過不及矣. 此三代盛王所以必省方而觀民, 觀民而設敎也歟. 後世巡守之禮不行, 采詩之官不設, 朝廷施之以一切之政, 不復因其民而觀之. 吁! 物之不齊物之情也, 俗之不一俗之習也, 約其所太過·勉其所不及, 使之一歸於禮而不偏, 聖人所以觀民之俗而設敎也. 如此, 後世則一聽民俗之所爲而不復觀之矣.

《주역(周易)》〈비괘(賁卦)〉단전(彖傳)에서 말하였다.

천문(天文)을 관찰하여 사계절의 변화[時變]를 살피며, 인문(人文)을 관찰하여 천하(天下)를 교화하여 이룬다.

《賁》之象曰: 觀乎天文, 以察時變, 觀乎人文, 以化成天下.

정이(程頤)가 말하였다.[14]

---

13 困:《대학연의보(大學衍義補)》사고전서본에는 '因'으로 되어 있어, 번역에서는 이를 따른다.
14 《주역정전(周易程傳)》권2〈비괘(賁卦)단(彖)〉에 나온다.

"천문(天文)은 하늘의 이치이고, 인문(人文)은 사람의 도리이다. 천문은 해·달·별이 뒤섞여 있고 추위와 더위, 음(陰)과 양(陽)이 교대로 변함을 이르니, 그 운행을 관찰하여 사계절의 변함을 살피는 것이다. 인문은 사람의 도리의 차례이니, 인문을 관찰하여 천하를 교화해서 천하가 예(禮)스러운 풍속을 이루는 것이 바로 성인(聖人)이 비괘(賁卦)를 사용하는 방법이다."

> 程頤曰: "天文, 天之理也; 人文, 人之道也. 天文謂日月星辰之錯列·寒暑陰陽之代變, 觀其運行以察四時之遷改也. 人文, 人理之倫序. 觀人文以敎化天下, 天下成其禮俗, 乃聖人用賁之道也."

오징(吳澄)[15]이 말하였다.[16]

"문명(文明)이라는 것은 문채(文采)가 분명하게 드러나는 것이니, 사람에게는 오전(五典)[17]의 차례와 오례(五禮)[18]의 질서가 있어 뚜렷한 형

---

15 오징(吳澄, 1249~1333): 원나라 무주(撫州) 숭인(崇仁) 사람이다. 자는 유청(幼淸) 또는 백청(伯淸)이고, 학자들은 초려선생(草廬先生)이라 부르며, 시호는 문정(文正)이다. 주희의 사전제자(四傳弟子)로, 이학(理學)을 위주로 하면서 심학(心學)도 아울러 취하여 주륙이가(朱陸二家)의 사상을 조화시켰다. 허형(許衡), 유인(劉因)과 더불어 원 나라의 저명한 학자다. 저서에 《오경찬언(五經纂言)》이 있는데, 그중 《서찬언(書纂言)》에서 오역(吳棫)과 주희(朱熹)의 설을 따라 《고문상서(古文尙書)》와 《공전(孔傳)》의 의심스러운 부분은 모두 위서(僞書)라고 했다. 그 밖에 《의례일경전(儀禮逸經傳)》과 《역찬언(易纂言)》, 《예기찬언(禮記纂言)》, 《오문정집(吳文正集)》 등이 있다.

16 《역찬언(易纂言)》 권3 〈단 상전(彖上傳)〉에 나온다.

17 오전(五典): 사람이 지켜야 할 다섯 가지의 떳떳한 도리(道理)이다. 오륜(五倫)과 같다. 부자(父子) 사이의 친애(親愛), 군신(君臣) 사이의 의리(義理), 부부(夫婦) 사이의 분별(分別), 장유(長

식이 갖추어져 각각 그 머무르는 바에 편안하므로 인문(人文)이라고
한다. 시변(時變)은 사계절의 춥고 더움이 없어지고 생겨나는 변화를
말하고, 화(化)는 옛 것이 새로운 것으로 되는 것을 말하며, 성(成)은 오
래되어서 풍속을 이룸을 말한다."

> 吳澂曰: "文明者文采著明, 在人五典之敍·五禮之秩粲然有文而各安其
> 所止, 故曰人文也. 時變謂四時寒暑代謝之變. 化謂舊者化新, 成謂久
> 而成俗."

신은 이렇게 생각합니다. 하늘은 하늘의 문(文)이 있고 사람은 사람
의 문이 있습니다. 임금은 위로는 천문을 살펴서 하늘의 변화를 자
세히 살피고, 아래로는 인문을 살펴서 천하의 풍속을 변화시켜 이룹
니다.

이 때문에 하늘은 해와 달이 있고, 별이 있고, 사계절이 있고, 육기
(六氣)[19]가 있습니다. 그 형상이 밝고 뚜렷함과 그 기운이 서로 섞임은
모두 문(文)이 있어 볼 수 있습니다. 해와 달은 초하루와 보름이 있고,
별은 하늘에 머무는 자리가 있고, 사계절은 움직임이 있고, 육기는 널

幼) 사이의 차서(次序), 붕우(朋友) 사이의 신의(信義)이다. 아버지는 의리(義理)로, 어머니는 자
애(慈愛)로, 형은 우애(友愛)로, 아우는 공경(恭敬)으로, 자식(子息)은 효도(孝道)로 각각 대하여
야 할 마땅한 길이다.

18 오례(五禮): 나라에서 지내던 다섯 가지 의례(儀禮). 곧 길례(吉禮), 흉례(凶禮), 군례(軍禮), 빈례
(殯禮), 가례(嘉禮)이다.

19 육기(六氣): 음(陰)·양(陽)·풍(風)·우(雨)·회(晦)·명(明)의 6가지 기운이다. 이것들이 조화되
지 않으면 홍수와 가뭄이 있어 오곡이 여물지 못하며 재해가 생긴다고 한다.

리 세상에 퍼짐이 있습니다.

나 자신은 여기에서 그것을 자세히 살펴서 쉬지 않음을 체득하여 스스로 강해지고, 차례를 잃지 않음을 따라 나 스스로를 경계합니다. 그 때를 따라서 경작하는 시기를 받고 그 기운을 따라서 예비하는 방법을 가르치는 것은, 다름이 아니라 하늘에서 살피고 자신을 성찰하는 것입니다.

사람에게는 삼강(三綱)[20]이 있고, 육기(六紀)[21]가 있고, 예절이 있고, 법도가 있습니다. 사람으로서 떳떳하게 지켜야 할 도리가 질서 정연하고 법은 뚜렷한 형식이 갖추어지니, 모두 문(文)이 있어 볼 수 있습니다. 삼강은 마땅히 바르게 해야 하는 것에 있고, 육기는 마땅히 닦아야 하는 것에 있고, 예절은 잃어버려서는 안 되고, 법도는 무너져서는 안 됩니다.

제가 여기에서 덕과 도의를 가르쳐서 이끄니, 스스로 그러함을 따라 기품과 절개를 더하고, 당연히 그러함을 좇아 윗사람이 알지 못하는 사정을 아랫사람이 때때로 넌지시 알려 줍니다. 그 본성을 이끌어서 도의의 안으로 받아들이고, 그 치우침을 바로잡아 지나치거나 모자람이 없이 곧고 올바른 영역으로 돌아오게 하는 것은, 다름이 아니라 사람을 교화하여 그 풍속을 이루는 것입니다.

아, 《주역[大易]》에서 "인문으로 천하를 교화한다."라는 한 구절은, 진실로 예로부터 제왕이 천명을 이어 황극(皇極)을 세운 기본적이고

---

20 삼강(三綱): 임금과 신하, 어버이와 자식, 남편과 아내 사이에 마땅히 지켜야 할 도리로서 곧 군위신강(君爲臣綱), 부위부강(父爲子綱), 부위부강(夫爲婦綱)이 있다.

21 육기(六紀): 제부(諸父), 형제(兄弟), 족인(族人), 제구(諸舅), 사장(師長), 붕우(朋友)이다.

중심이 되는 근본입니다. 백성을 인문으로써 교화하고 천하로 하여
금 그 풍속을 완성시키니, 요순(堯舜)이 천하를 태평하게 잘 다스림도
여기에서 벗어나지 않습니다.

臣按: 天有天之文, 人有人之文, 人君上察天文以審察天時之變, 下觀
人文以化成天下之俗, 是故天有日月也·有星辰也·有四時也·有六氣
也, 其形象之昭然, 其氣運之錯然, 皆有文而可觀也. 日月有朔望, 星辰
有次舍, 四時有運行, 六氣有流布, 吾於是乎審察之, 體其不息者以自
彊, 因其失次者以自儆, 隨其時而授之以耕作之候, 順其氣而敎之以豫
備之方, 此無他, 察於天而省於己也. 人有三綱也·有六紀也·有禮節
也·有法度也, 其彝倫之秩然·其典則之粲然, 皆有文而可觀也, 三綱在
所當正, 六紀在所當修, 禮節不可失, 法度不可斁, 吾於是乎化導之, 因
其自然者加之品節, 順其當然者爲之導達, 引其性而納之道義之中, 矯
其偏而歸之中正之域, 此無他, 化其人而成其俗也. 噫,《大易》"人文
化成天下"一語, 誠自古帝王繼天立極之大綱大本也, 化之以人文而使
天下成其俗, 唐虞雍熙泰和之治不外是矣.

《주역(周易)》〈이괘(離卦)〉 단전(彖傳)에서 말하였다.
거듭 밝음으로 바름에 붙어서 천하(天下)를 교화(敎化)하여 이룬다.

《離》之彖曰: 重明以麗乎正, 乃化成天下.

정이(程頤)가 말하였다.[22]

"아래위가 모두 이(離)인 것은 거듭 밝음이며, 오(五)와 이(二)가 중정(中正)에 있음은 바름[正]에 붙은 것이다. 군신(君臣)과 상하(上下)가 모두 밝은 덕(德)이 있고 중정에 있다면, 천하를 교화하여 문명(文明)의 풍속을 이룰 수 있다."

> 程頤曰: "上下皆離, 重明也. 五二皆處中正, 麗乎正也. 君臣上下皆有明德而處中正, 可以化天下成文明之俗也."

구부국(丘富國)[23]이 말하였다.[24]

아래위가 모두 이(離)이기 때문에 거늡 밝음[重明]이라고 말한다. 군신(君臣)과 상하(上下)가 거듭 밝아져서 함께 바름에 붙으면 천하에서 문명의 교화를 이룰 수 있다.

> 丘富國曰: "上下皆離, 故曰重明. 君臣上下重明而共麗乎正, 則可以成天下文明之化矣."

---

22 《주역정전(周易程傳)》 권2 〈리괘(離卦) 단(彖)〉에 나온다.

23 구부국(丘富國): 송나라 말기 건녕부(建寧府, 복건성) 건안(建安, 建甌) 사람으로 자는 행가(行可)다. 주희의 문인에게 수학했는데, 특히 역학(易學)에 뛰어났다. 저서에 《주역집해(周易輯解)》와 《역학설약(易學說約)》, 《경세보유(經世補遺)》 등이 있다. 모두 주희의 학설을 계승 발전시킨 것이었다.

24 《주역전의대전(周易傳義大全)》 권11 〈리괘(離卦) 단(彖)〉 구부국(丘富國)의 주(注)에 나온다.

신은 이렇게 생각합니다. 〈비괘(賁卦)〉의 "인문(人文)을 관찰하여 천하를 교화하여 이룬다"는 것은, 임금이 자기 혼자 그것을 관찰하는 것이고, 〈이괘(離卦)〉의 "거듭 밝음으로 바름에 붙어서 천하를 교화하여 이룬다."라는 것은 임금이 신하들과 함께 그것을 돕는 것입니다. 이 때문에 임금은 인문(人文)으로 천하의 교화를 이루고자 합니다. 또한 임금과 신하가 서로 잘 만나면, 모두 허령불매(虛靈不昧)[25]한 하늘을 보존하고, 한쪽으로 치우치지 않은 공정한 땅에 처하여서 같은 마음과 같은 덕으로 서로 부합하여 협력합니다.

아, 이러한 임금은 있지만 이러한 신하가 없고, 이러한 신하는 있지만 임금이 쓰지 못하며, 그 신하를 등용하더라도 그 신하가 짊어지기에 부족하다면 천하에서 문명의 교화를 이루고자 하더라도 어려울 것입니다.

臣按: 《賁》之 "觀乎人文以化成天下", 人君觀之以一己之獨也; 《離》之 "重明麗正以化成天下", 人君資之以臣下之同也. 是故人君欲以人文而成天下之化, 又在乎君臣相得, 皆存虛靈不昧之天而處乎中正不偏之地, 同心同德, 相附離以相成也. 吁, 有是君而無是臣, 有是臣而君不能用, 用之而其臣不足以負荷, 而欲成天下文明之化難矣哉.

---

25 허령불매(虛靈不昧): 마음이 공허하고 고요하여 흔들리지 않고 신령(神靈)하여 사물에 감통(感通)하여 어둡지 않아서 모르는 것이 없다는 뜻으로 하늘에서 받은 밝은 덕성[明德]의 체용(體用)을 형용한 말이다.

《서경(書經)》〈우서(虞書) 순전(舜典)〉에서 말하였다.

순(舜)임금이 말하기를 "설(契)아! 백성이 친목하지 않고【親은 서로 친목함이다.】 오품(五品)이 순하지 않으므로【遜은 순함[順]이다.】 너를 사도(司徒)로 삼으니【司徒는 교육을 관장하는 관직이다.】, 공경히 다섯 가지 가르침을 펴되【敷는 폄[布]이다.】 너그럽게 하라."라고 하였다.

《書·舜典》: 帝曰: "契, 百姓不親【相親睦也】, 五品不遜【順也】. 汝作司徒【掌教之官】, 敬敷【布也】五敎, 在寬."

주희(朱熹)가 말하였다.[26]

"오품(五品)은 부자(父子)·군신(君臣)·부부(夫婦)·장유(長幼)·붕우(朋友) 다섯 가지의 명칭과 지위와 등급이다. 오교(五敎)는 부자유친(父子有親)·군신유의(君臣有義)·부부유별(夫婦有別)·장유유서(長幼有序)·붕우유신(朋友有信)이니, 다섯 가지의 당연한 도리로써 지침[敎令]을 삼은 것이다. 경(敬)은 그 일을 공경함이니, 성현이 일에 대해서 비록 공경하지 않은 바가 없지만 이것은 또한 일 가운데 큰 것이므로 특별히 공경하라고 말씀한 것이다. 관(寬)은 너그럽게 대함이다.

대개 다섯 가지의 도리는 인심(人心)의 본디 그러함[本然]에서 나오니, 억지로 한 이후에야 할 수 있는 것이 아니다. 스스로 편벽된 기질에 구애되고 물욕이 본성을 가리는 것에 빠지게 되니, 마침내 그 도리에 어두워져서 서로 친애하지 않고 서로 순하지 않은 경우가 있는 것

---

26 《서경집전(書經集傳)》 권1 〈우서(虞書) 순전(舜典)〉에 나온다.

이다. 이에 설(契)에게 거듭 명하시어 그대로 사도(司徒)로 삼아 그로 하여금 공경히 가르침을 펴고 또 너그럽고 넉넉하게 대하게 해서 백성들로 하여금 부드럽고 무젖어서 점점 빠지게 하였으니, 천성의 참됨이 저절로 드러나 스스로 그만둘 수 없어서 부끄러움을 모르는 염려가 없을 것이다."

朱熹曰: "五品, 父子·君臣·夫婦·長幼·朋友五者之名位等級也. 五教, 父子有親·君臣有義·夫婦有別·長幼有序·朋友有信, 以五者當然之理而爲敎令也. 敬, 敬其事也. 聖賢之於事雖無所不敬, 而此又事之大者, 故特以敬言之·寬裕以待之也. 蓋五者之理出於人心之本然, 非有强而後能者, 自其拘於氣質之偏·溺於物欲之蔽, 始有昧於其理而不相親愛·不相遜順者, 於是申命契仍爲司徒, 使之敬以敷敎而又寬裕以待之, 使之優遊浸漬以漸而入則其天性之眞, 自然呈露, 不能自已, 而無無恥之患矣."

신은 이렇게 생각합니다. 이것은 만세 제왕이 가르침을 하는 시작입니다. 그러나 가르침이라는 것은 인륜에 불과할 뿐입니다. 인륜의 도는 사람들이 모두 가지고 있고 할 수 있으니, 모두 그것을 다할 수 있습니다.

가르침을 세우는 자는 임금이고, 가르침을 펼치는 자는 신하입니다. 이 오륜(五倫)의 도는 오직 백성만이 그것을 가진 것이 아니고 임금과 신하가 또한 모두 가지고 있습니다. 반드시 위에 있는 자가 하나라도 갖추지 않음이 없는 연후에 펼치고 가르쳐서 천하의 사람들로 하여금 하나라도 완전하지 않음이 없도록 해야 합니다.

그러나 가르침을 세우는 근본은 공경히 하고 너그럽게 하는 데에 있으니, 공경함을 자신이 지닌다면 가지런히 하고 엄숙하게 해서 나태하고 소홀해지지 않고, 너그러움을 다른 사람에게 베푼다면 조용히 단계를 밟아 급박함에 빠지지 않게 됩니다. 선대의 유학자가 말한 이 두 글자[경(敬), 관(寬)]는 천만년동안 가르침을 관장하는 자도 바꿀 수 없던 것입니다.

후세 임금이 오직 재물과 부세, 군사와 형벌의 일에 대해서는 급하지만 그 가르침에 대해서는 다만 그 이름만 사모해서 고사(故事)에 응할 뿐이었습니다. 이른바 너그러움[寬]은 종종 풀어져 느슨해지는 데로 흘러가므로 이 일에 마음을 유지할 수 있는 것을 구하는 자는 진실로 매우 드뭅니다. 하물며 공경함[敬]의 경우이겠습니까. 경(敬)은 성학(聖學)이 시작되고 마쳐지는 지점이니, 자신이 경하지 않고서도 다른 사람을 경함[敬]으로 가르칠 수 있는 경우는 없습니다. 이와 같다면 가르침을 세우는 임금과 가르침을 펼치는 신하는 모두 경함을 위주로 하는 것이 마땅합니다.

臣按: 此萬世帝王爲敎之始. 然所以爲敎者不過人倫而已, 人倫之道, 人莫不有而不能皆有以盡之, 所以立其敎者君也, 敷其敎者臣也, 是五倫之道非獨民有之, 而君與臣亦皆有焉, 必在上者無一之不備然後敷而敎之, 使天下之人無一之不全, 然其所以立敎之本則在乎敬以寬焉. 敬以持乎己則整齊嚴肅而不失於怠忽, 寬以施於人則從容漸次而不失於迫切, 先儒謂此二字千萬世掌敎者不能易也. 後世人君惟急於財賦·兵刑之事, 其於敎也特慕其名而應故事耳, 所謂寬者往往流於縱弛, 求其能留心於此事者固已鮮矣, 況敬乎? 敬者聖學所以成始而成終者也, 未有不能敬以處己而能敬以敎人者, 是則立敎之君·敷敎之臣皆當以敬爲主.

《서경(書經)》〈주서(周書) 무성(武成)〉에서 말하였다.

백성의 다섯 가지 가르침을 중요하게 여기되, 음식과 상례(喪禮)와 제례(祭禮)에 유념하였다.

《武成》曰: 重民五敎, 惟食喪祭.

채침(蔡沈)[27]이 말하였다.[28]

"오교(五敎)는 군신(君臣)·부자(父子)·부부(夫婦)·형제(兄弟)·장유(長幼)의 다섯 가지 떳떳한 가르침[五典]이다. 음식으로 산 사람을 봉양하고, 상례(喪禮)로 죽은 사람을 장사 지내어 보내고, 제사를 지내 돌아가신 선조(先祖)를 추모한다. 다섯 가지 가르침[五敎]과 세 가지 일[三事]은 인

---

27 채침(蔡沈, 1167~1230): 남송 건주(建州) 건양(建陽) 사람이다. 자는 중묵(仲默)이고, 학자들 사이에 구봉선생(九峰先生)으로 불렸으며, 시호는 문정(文正)이다. 채원정(蔡元定)의 둘째 아들이고, 주희(朱熹)에게 배웠다. 주희의 명령으로 《상서(尙書)》에 주를 달았는데, 10여 년의 시간이 걸려 영종(寧宗) 가정(嘉定) 2년(1206) 《서집전(書集傳)》을 완성했다. 여러 학설을 종합하고 주석(注釋)이 명석하여 원나라 이후 과거 시험을 준비하는 선비들에게 필독서가 되었다. 그 밖에 《홍범황극(洪範皇極)》과 《채구봉서법(蔡九峰筮法)》 등이 있다.

28 《서경집전(書經集傳)》 권6 〈주서(周書) 무성(武成)〉에 나온다.

륜[人紀]을 세워서 풍속을 후하게 하는 것이니, 성인이 매우 중요시하는 것이다."

蔡沈曰: "五敎, 君臣 · 父子 · 夫婦 · 兄弟 · 長幼五典之敎也. 食以養生, 喪以送死, 祭以追遠, 五敎三事所以立人紀而厚風俗, 聖人之所以甚重焉者."

진력(陳櫟)[29]이 말하였다.[30]

"가르침, 음식, 상례, 제례 네 가지가 중요하다는 것은 《논어(論語)》〈요왈(堯曰)〉에서 증명이 된다.[31] 다섯 가지의 가르침을 중히 하고 음식을 다음으로 두었으니, 백성이 매일 먹는 음식이 두루 미쳐 덕(德)이 되는 것을 볼 수 있다. 그렇지 않으면 임금은 임금답지 못하고 신하는 신하답지 못한 것이니, 비록 음식이 있다고 하더라도 내가 먹을수 있겠는가. 음식이 충분하면 예절을 갖춘 상례와 은혜를 갚는 제사가 이어지므로, 모두 백성들의 양심을 감발하게 하여 천하의 교화를 유지하게 되는 것이다."

29 진력(陳櫟, 1252~1334): 송말원초 때 휘주(徽州) 휴녕(休寧) 사람으로 자는 수옹(壽翁)이고, 호는 정우(定宇) 또는 동부노인(東阜老人)이다. 학문 성향은 주희(朱熹)의 학문을 위주로 하면서 육구연(陸九淵)의 심학(心學)을 아울러 취하려 했다. 주희 및 제가의 설을 채집하고 자신의 견해를 덧붙여 《상서집전찬소(尙書集傳纂疏)》를 저술했다.
30 《상서집전찬소(尙書集傳纂疏)》 권4 상(上) 〈주서(周書) 무성(武成)〉에 나온다.
31 가르침 … 된다: 《논어(論語)》〈요왈(堯曰)〉에 "소중히 여겼던 것은 백성의 식량과 상례와 제례였다."라고 하였다.

신은 이렇게 생각합니다. 순(舜)이 설(契)에게 명한 그 백성을 가르치
는 말은 "공경히 다섯 가지 가르침을 펴라[敬敷五敎]."이고, 무왕의 공이
이루어지고 정치가 안정된 것 역시 오직 '백성의 다섯 가지 가르침을
중히 함[重民之五敎].'입니다. 성스럽고 현명한 제왕의 다스림은 반드시
가르침에 근본하니, 가르침이 진정한 가르침이 되는 이유는 모두 오
륜(五倫)에서 벗어나지 않을 뿐임을 알 수 있습니다.

> 臣按: 舜命契之敎其民曰 "敬敷五敎", 武王之功成治定亦惟重民之五敎
> 焉, 可見聖帝明王之治必本於敎, 而敎之所以爲敎皆不外乎五倫而已.

《서경(書經)》〈주서(周書) 낙고(洛誥)〉에서 말하였다.

내[周公]가 당신[成王]에게 백성의 떳떳한 성품을 도우라고 가르쳐 준 것
을 들으소서. 당신께서 이를 힘쓰지 않으면 이에 영원하지 못할 것입니
다. 당신의 정부(正父)인 무왕(武王)을 돈독하게 하고 차례를 따르되 나와
같이 하지 않음이 없으면 백성들이 감히 당신의 명을 폐하지 않을 것이
니, 당신은 낙읍(洛邑)에 가서 공경하소서.

주희(朱熹)가 말하였다.[32]

"주공이 성왕을 경계한 것이다. 주공이 성왕에게 백성의 떳떳한 성품을 돕는 방법을 가르쳐 주었으니, 만약 성왕이 힘쓰지 않았다면 천명(天命)을 영원히 보존할 수 없었을 것이다. 그렇다면 백성의 떳떳한 성품을 돕는 것은 오직 힘쓰는 여부에 달려 있을 뿐이다. 성왕에게 무왕이 행한 바를 돈독하게 하고 펼치게 하라고 한 것은 주공이 (무왕이 행한 바를) 논독하게 하고 펼치는 것과 다름이 없다."

朱熹曰: "周公戒成王使聽我教汝以輔民常性之道, 若汝不勉則不能永保天命也, 然則所以輔民常性者惟在乎勉而已, 篤敘汝武王之所行無不如予之所以厚敘者."

채침(蔡沈)이 말하였다.[33]

"이는 만민을 가르치고 기르는 방법이다. 주공이 성왕에게 백성의 떳떳한 성품을 돕는 방법을 가르쳐 주었으니, 성왕이 이것을 힘쓰지

---

32 《회암집(晦庵集)》 권65 〈잡저(雜著) 상서(尚書) 낙고(洛誥)〉에 나온다.
33 《서경집전(書經集傳)》 〈주서(周書) 낙고(洛誥)〉에 나온다.

않으면 백성의 떳떳한 성품이 어지러워지니 오래가는 도(道)가 아닌 것이다.

정부(正父)는 무왕(武王)이니 다만 지금 선정(先正)이라고 칭하는 것과 같다. 독(篤)은 돈독히 하여 잊지 않음이고, 서(敍)는 선후가 문란하지 않음이다. 무왕의 도를 돈독히 생각하고 차례를 따르되 나와 같이 하지 않음이 없으면 사람들이 감히 그대의 명(命)을 폐하지 않을 것이다."

蔡沈曰: "此教養萬民之道也. 聽我教汝所以輔民常性之道, 汝於是而不勉焉則民彝泯亂, 非所以長久之道矣. 正父, 武王也, 猶今稱先正云者. 篤者篤厚而不忘, 敍者先後之不紊. 言篤敍武王之道無不如我, 則人不敢廢命矣."

신은 이렇게 생각합니다. 〈무성(武成)〉에서 "백성의 다섯 가지 가르침을 소중히 하라[重民五敎]."고 하였으니, 무왕이 백성의 떳떳한 성품을 돕는 방법이 여기에 있습니다. 무왕이 천하를 얻었는데 이것으로 스스로 힘써서 떳떳한 윤리를 차례 지우고 돈독하게 하였으니, 자손을 위하여 하늘에 빌어 천명을 영원하게 하는 근본입니다. 성왕은 진실로 주공의 가르침을 들을 수 있어서 살피는 데에 힘쓰고 백성의 다섯 가지 가르침을 소중히 하는 방법으로 백성들을 돕고 돈독히 하되 잊지 않고, 차례를 따르되 어지럽히지 않았습니다. 또한 만일 자신[周公]이 무왕을 돈독하게 하고 차례를 따랐으니, 다른 사람들이 감히 명을 폐하지 못하였습니다.

대저 임금의 다스림에서 가르치는 방법의 흥폐는 천명의 떠남과 머무름에 달려 있습니다. 가르치는 방법이 흥하면 천리가 밝아져서 백성의 떳떳한 도리가 차례대로 되고, 백성이 임금을 높이고 윗사람을 친하게 여기는 것을 알아서 배반하는 마음이 일어나지 않습니다. 그렇지 않으면 지혜로운 사람은 어리석은 사람을 속이려고 하고 강한 자는 약한 사람을 업신여기고자 해서, 명을 하지만 따르지 않고 다스리지만 복종하지 않아서 형벌을 쓰고 심지어 군사를 움직이기까지 하니, 나라의 운명은 오래갈 수 없습니다.

창업한 임금은 오직 그러한 것을 알았기 때문에 정성스럽게 교화를 우선으로 하고, 왕위를 이어 받은 자는 진실로 힘써서 앞 사람의 도를 돈독하게 하고 차례를 따라 그것을 공경히 행하니, 다만 백성의 떳떳한 도리를 두텁게 할 뿐만이 아니라 장차 천명도 영원해질 것입니다. 이런 것은, 공경히 하라는 말은 옛날 순(舜)이 이것으로 설(契)을 권면하였으니 이는 임금이 신하를 권면한 것이며, 지금 주공(周公)이 이것으로 성왕(成王)을 권면하였으니 이는 신하가 임금을 권면한 것입니다. 크구나, 공경함이여! 그 영원토록 임금과 신하가 가르침을 세우는 근본입니다.

臣按: 《武成》曰 "重民五教", 則武王輔民常性之道在此也. 武王得天下, 旣以是爲自勉, 使彝倫攸敍而益厚, 所以爲子孫祈天永命之本. 成王誠能聽周公之敎, 勉乎乃考重民五敎之道以輔翼乎民, 篤之而不忘, 敍之而不紊, 亦如我之所以篤敍武王者, 然則人不敢廢乃命矣. 大抵人君爲治, 敎道之廢興係天命之去留, 敎道興則天理明而民彝敍, 民知尊君親上而不生背畔之心, 不然則智者欲欺愚‧强者欲陵弱, 令之而不從,

治之而不服, 而至于用刑罰·動干戈而國祚不能以久長矣. 創業之君惟
知其然, 故拳拳以教化爲先, 而繼體者誠能勉焉以篤敘前人之道而敬行
之, 非獨以厚民彝, 蓋將以永天命也. 是則敬之之言, 在昔帝舜以是而
勉契, 是君勉臣也; 今周公以是而勉成王, 是臣勉君也. 大哉, 敬乎! 其
萬世君臣立教之本乎.

《서경(書經)》〈주서(周書) 주관(周官)〉에서 말하였다.

사도(司徒)는 나라의 교육을 관장하니, 오전(五典)을 펴서 조민(兆民)을 길
들인다.

《周官》曰: 司徒掌邦教, 敷五典, 擾兆民.

채침(蔡沈)이 말하였다.[34]

"지관경(地官卿)은 나라의 교화를 관장하니, 군신·부자·부부·장유·
붕우 다섯 가지의 가르침을 펴서 백성 가운데 순하지 않은 자를 길들
여 순하게 하는 것이다. 요순시대[唐虞]에 사도의 관직이 진실로 이미
이와 같이 관장하였다."

蔡沈曰: "地官卿王[35]國教化, 敷君臣·父子·夫婦·長幼·朋友五者之

---

34 《서경집전(書經集傳)》〈주서(周書) 주관(周官)〉에 나온다.

教, 以馴擾兆民之不順者而使之順也, 唐虞司徒之官固已職掌如此."

여조겸(呂祖謙)[36]이 말하였다.[37]

"요(擾)는 길들여서 익숙하게 하고, 어루만져서 들이게 하고, 길러서 너그럽게 하는 것을 말한다."

呂祖謙曰: "擾者, 馴習而熟之 · 拊摩而入之 · 畜養而寬之之謂."

신은 이렇게 생각합니다. 오전(五典)은 사람마다 가지고 있고, 집집마다 갖추어진 것이니, 임금이 이것으로 인하여 그 뜻을 거듭 밝힙니다. 순임금 때와 주(周)나라는 교육을 관장하는 관리에게 명하여 모두 오전을 널리 펴라고 말하였는데, 편다[敷]라는 말은 알림[布]입니다. 요

---

35 王: 《대학연의보(大學衍義補)》 사고전서본에는 '主'로 되어 있어, 번역에서는 이를 따른다.

36 여조겸(呂祖謙, 1137~1181): 남송 무주(婺州) 금화(金華) 사람이다. 조적(祖籍)은 수주(壽州)고, 자는 백공(伯恭)이며, 호는 동래선생(東萊先生)으로, 여대기(呂大器)의 아들이다. 임지기(林之奇)와 왕응진(汪應辰) 등에게 사사했으며, 주희(朱熹), 장식(張栻) 등과 사귀며 폭넓은 학식을 갖추었다. 주희, 장식 등과 강학하면서 학문이 더욱 정밀해졌는데, 당시 '동남삼현(東南三賢)'으로 불렸다. 순희(淳熙) 2년(1175) 주희와 육상산(陸象山)의 학문을 조정하기 위해 아호(鵝湖)에서 모임을 주재했다. 시호는 성(成)인데, 충량(忠亮)으로 고쳐졌다. 저서에 《여씨가숙독시기(呂氏家塾讀詩記)》32권과 《동래선생좌씨박의(東萊先生左氏博議)》25권, 《여동래선생문집(呂東萊先生文集)》40권, 《역대제도상설(歷代制度詳說)》 등이 있으며, 주희와의 공저(共著)인 《근사록(近思錄)》은 특히 유명하다.

37 《증수동래서설(增修東萊書說)》 권30 〈주서(周書) 주관(周官)〉에 나온다.

컨대 반드시 그 본연의 이치로 인하여 당연한 법칙으로 드러내 천하에 펼쳐 알려서 본받아 행하게 합니다. 그래서 불평한 기운을 잘 다스리고, 그 불순한 마음을 길들이고, 아침저녁 사이에 효과가 나오지 않는다고 책망하지 않고, 몹시 재촉하는 명령을 일삼지 않습니다. 주나라의 길들임은 순임금의 너그러움 때문이니, 가르치는 도(道)를 베풂이 천고(千古)의 세월동안 똑같고 모든 성인(聖人)이 한마음과 같다는 것을 볼 수 있습니다.

臣按: 五典乃人人所有·家家所備者, 人君因而申明其義也. 虞周命掌教之官皆以敷五典爲言, 敷之爲言布也, 要必因其本然之理而著爲當然之則, 敷而布之天下, 使之是效是行, 以調攝其不平之氣, 馴伏其不順之心, 不責效於旦暮之間, 不從事乎督責之令. 成周之擾卽有虞之寬, 可見敎道之施, 千古如一日·百聖同一心也.

《서경(書經)》〈주서(周書) 군아(君牙)〉에서 말하였다.

오전(五典)을 크게 넓혀서 백성의 법을 공경하여 화(和)하라. 네 몸이 바를 수 있다면 감히 바르지 않음이 없을 것이니, 백성들의 마음이 중(中)하지 못하니 너의 중으로 하여야 한다.

《君牙》曰: 弘敷五典, 式和民則. 爾身克正, 罔敢弗正, 民心罔中. 惟爾之中.

채침(蔡沈)이 말하였다.[38]

"홍부(弘敷)는 크게 하여 폄이요, 식화(式和)는 공경하여 화하게 하는 것이다. 칙(則)은 '사물이 있으면 법칙이 있다[有物有則].'는 칙이니, 군신 (君臣)의 의(義), 부자(父子)의 인(仁), 부부(夫婦)의 별(別), 장유(長幼)의 서 (序), 붕우(朋友)의 신(信)이 이것이다. 전(典)은 가르침을 베푸는 것으로 말하였기 때문에 크게 하여 편다고 말하였고, 칙은 백성의 떳떳함으로 말하였기 때문에 공경하여 화한다고 말한 것이다. 이는 사도의 가르침이나 가르침의 근본은 군아(君牙) 자신에게 있는 것이다. 정(正)과 중(中)은 백성의 법의 체(體)이니, 사람들이 똑같이 그렇게 여기는 것이다. 정은 몸으로써 말하였으니 처하는 바에 사악한 행실이 없고자 함이요, 중은 마음으로 말하였으니 마음에 둔 것에 사악한 생각을 없에고지 히는 것이다."

蔡沈曰: "弘敷者, 大而布之也. 式和者, 敬而和之也. 則, 有物有則之則, 君臣之義·父子之仁·夫婦之別·長幼之序·朋友之信是也. 典以設教言, 故曰弘敷; 則以民彝言, 故曰式和. 此司徒之敎也, 然敎之本則在君牙之身, 正也中也民則之體而人之所同然也. 正以身言, 欲其所處無邪行也; 中以心言, 欲其欲[39]存無邪思也."

신은 이렇게 생각합니다. 가르치는 방법은 사람이 몸과 마음에 가지

---

38 《서경집전(書經集傳)》〈주서(周書) 군아(君牙)〉에 나온다.
39 欲: 《대학연의보(大學衍義補)》 사고전서본에는 '所'로 되어 있어, 번역에서는 이를 따른다.

고 있는 바를 넘어서지 않으니, 가르쳐 뉘우치게 하고 인도한다고 말할 뿐입니다. 그러나 이 도는 다른 사람이 가지고 있을 뿐만 아니라 나도 역시 그것을 가지고 있는데 반드시 모두 중정(中正)인 것은 아닙니다. 반드시 나에게 있는 것이 정(正)하지 않음이 없고, 중(中)하지 않음이 없게 된 연후에 내가 중정한 까닭을 미루어서 사람들을 이끌어서 사람들마다 모두 중하고 모두 정하게 해야 합니다. 그렇지 않으면 원류는 탁하지만 물줄기는 맑고자 하고, 형태는 굽었지만 그림자는 곧고자 하는 것이니, 어찌 이렇게 되는 이치가 있겠습니까.

臣按: 爲教之道不過卽人身心之所有者而訓誨引導之云耳, 然是道也非獨人有之, 而我亦有之, 未必皆中正也, 然必在我者無不正無不中, 然後推吾所以中所以正者以倡率乎人人, 使人人皆中皆正焉. 不然, 源濁而欲流之淸・形枉而欲影之直, 豈有是理哉?

《주례(周禮)》〈지관사도(地官司徒)〉에서 말하였다.

이에 지관(地官)인 사도(司徒)를 세워 그 관속을 거느리고 나라의 교육을 맡아 임금을 돕는 것으로 나라[邦國]를 편안하게 한다.

《周禮》乃立地官司徒, 使帥其屬而掌邦教, 以佐王安擾邦國.

오징(吳澂)이 말하였다.[40]

"순(舜)임금이 설(契)에게 명하기를 '오품(五品)이 겸손하지 않으므로 너를 사도(司徒)로 삼으니, 공경히 다섯 가지 가르침[五敎]을 펴되 너그럽게 하라.'라고 하였다.⁴¹ 너그러움으로 공경히 편다면 편안하고 공손하게 되어 그 가르침이 쉽게 이루어질 것이다. 대저 이를 일러 백성의 표준[民極]이라고 한다. 육관(六官)은 모두 백성의 표준[民極]이 된다고 말할 수 있는데, 사도의 가르침은 실로 온 나라를 편안하게 하는 것을 주로 하고 도덕에 조화롭고 순하지 않음이 없으니 오품이 겸손한 것이 마땅하다."

吳澂曰: "舜命契以'五品不遜, 汝作司徒, 敬敷五敎, 在寬', 敬敷以寬則優遊巽順而其敎易成也, 夫是之謂民極. 六官皆言爲民極, 而司徒之敎實主安擾萬國, 無非和順於道德, 則五品遜者宜哉."

신은 이렇게 생각합니다. 〈주관(周官)〉에 "천관(天官)을 두어 나라를 다스리는 것을 담당하게 하고, 지관(地官)을 두어 나라의 교육을 담당하게 한다."라고 하였습니다. 대개 하늘은 위에 있고 땅은 아래에 있으며 사람은 그 가운데 위치하니, 사람이 사람다운 까닭은 이(理)와 기(氣)일 뿐입니다. 기로써 형체를 이루므로 그것을 다스릴 수 없다면 그 삶을 편안히 할 수 없습니다. 이(理)로써 본성을 이루므로 그것을 가르칠 수 없다면 그 도리를 밝힐 수 없습니다. 이 때문에 관(官)을 설치하고 직(職)을 나누어 백성의 표준[民極]으로 삼았습니다. 그래서 백

---

40 《서찬언(書纂言)》 권1에 나온다.

41 순(舜)임금이 … 하였다:《서경(書經)》〈우서(虞書) 요전(堯典)〉에 나온다.

성을 다스리는 관직은 하늘에 귀속시키고, 백성을 가르치는 관직은 땅에 귀속시켰으니, 임금의 다스림과 가르침이 모두 하늘과 땅에서 나온 것을 드러낸 것입니다. 관을 설치한 것이 비록 백성들을 위하여 표준을 세운 것이라고 말하나 실제로는 하늘의 교화와 땅의 베풂을 대신한 것입니다.

臣按: 《周官》立天官掌邦治·地官掌邦教, 蓋以上天下地而人處乎中, 人之所以爲人者理與氣而已. 氣以成形, 無以治之則不能安其生; 理以成性, 無以教之則不能明其道. 是以設官分職以爲民極, 而以治民之職歸之天·教民之職歸之地, 以見人君治教皆出於天地所以設爲之官者, 雖曰爲民立極, 而實所以代天化地施也.

《주례(周禮)》〈지관사도(地官司徒)〉에서 말하였다.

"대사도(大司徒)가 이 다섯 가지 물(物)[42]과 백성들의 일상에 따라 열두 가지의 교화를 시행한다. 첫 번째, 사례(祀禮)로 공경을 가르치면 백성들이 소홀히 하지 않는다. 두 번째, 양례(陽禮)로 겸양을 가르치면 백성들이 다투지 않는다. 세 번째, 음례(陰禮)로 친함을 가르치면 백성들이 원망하지 않는다. 네 번째, 악례(樂禮)로 조화를 가르치면 백성들이 어그러지지 않는다. 다섯 번째, 의례[儀]로 등급을 분별하면 백성들이 분수를 넘지 않

---

42 다섯 가지 물(物): 앞 구절에서 대사도가 토회(土會)의 법으로 다섯 가지 땅에서 생산되는 토산물을 구분한다고 설명하였다. 다섯 가지 땅은 산림(山林), 천택(川澤), 구릉(丘陵), 분연(墳衍), 원습(原隰)이다.

는다. 여섯 번째, 풍속으로 편안함을 가르치면 백성들이 구차해지지 않는다. 일곱 번째, 형벌로 중(中)을 가르치면 백성들이 사나워지지 않는다【(虣는) 사나움[暴]이다.】. 여덟 번째, 맹세로 구휼을 가르치면 백성들이 태만해지지 않는다. 아홉 번째, 법도로 절제를 가르치면 백성들이 만족을 알게 된다. 열 번째, 세상의 일로 잘할 수 있게 가르치면 백성들이 직업을 잃지 않는다. 열한 번째, 현명함으로 작위를 주면 백성들이 덕으로 삼간다. 열두 번째, 공적으로 녹봉을 주면 백성들이 공을 세운다."

大司徒因此五物者民之常而施十有二教焉, 一曰以祀禮教敬則民不苟, 二曰以陽禮教讓則民不爭, 三曰以陰禮教親則民不怨, 四曰以樂禮教和則民不乖, 五曰以儀辨等則民不越, 六曰以俗教安則民不偸, 七曰以刑教中則民不虣【暴】, 八曰以誓教恤則民不怠, 九曰以度教節則民知足, 十曰以世事教能則民不失職, 十有一日以賢製爵則民愼德, 十有二日以庸制祿則民興功.

오징(吳澄)이 말하였다.

"요순[唐虞]시대에 사도(司徒)가 편 것은 다섯 가지의 가르침이고, 주(周)나라의 사도는 열두 가지의 가르침을 베풀었다. 다섯 가지의 가르침은 그 강(綱)을 든 것이고, 열두 가지의 가르침은 그 조목을 상세히 한 것이다. 다섯 가지의 가르침은 그 근본을 바로잡는 데에 있고 열두 가지의 가르침은 그 말단을 아울러 든 것이다. 그 가르침에 공경[敬]·겸양[讓]·친함[親]·조화[和]·등급을 분별[辨等]하는 것은 덕례(德禮)에 속한 것이고, 그 가르침에 편안함[安]·중(中)·구휼[恤]·절제[節]·잘하게 하는 것[能]·작위[爵]·녹봉[祿]은 바로 정형(政刑)에 속한다.

사례(祀禮)는 제사하는 예(禮)로 추모하여 받들어 효를 다하고 경으로써 백성들에게 시범을 보여 구차하지 않게 하는 것이다. 양례(陽禮)는 향음주례(鄕飮酒禮)와 향사례(鄕射禮)로, 노인을 공경하고 연령으로 사양하여 순서대로 백성을 이끌어 다투지 않게 하는 것이다. 음례(陰禮)는 혼인하는 예(禮)로, 남녀가 서로 좋아서 합하여 지극히 친하게 됨이 있기 때문에 홀어미와 홀아비가 되지 않는 것이다. 악례(樂禮)는 연회[燕饗]에서 음악을 즐기는 예(禮)로 나이와 지위의 높고 낮음을 넘어 지극한 조화가 있는 것이니, 어그러지거나 분리되지 않는 것이다. 의례[儀]로 등급을 분별하는 것은 군신상하(君臣上下)의 의례가 있고 부자장유(父子長幼)의 의례가 있으니, 높이고 낮추는 데에 등급이 있어서 백성들의 뜻이 저절로 정해져서 넘지 않는 것이다.

풍속으로 편안함을 가르치는 것은 궁실(宮室)과 분묘(墳墓)와 의복(衣服)의 풍속이 있고 형제(兄弟)와 사유(師儒)와 붕우(朋友)의 풍속이 있어, 근본이 되는 풍속에 편안해져 인륜이 저절로 두터워지기 때문에 게으르거나 경박해지지 않는 것이다. 형벌로 중(中)을 가르치는 것은 향(鄕)의 팔형(八刑)[43]과 같은 것으로 교화를 도우면 중으로 돌아가기 때문에 포악하거나 어지러워지지 않는 것이다. 서(誓)로 구휼을 가르치는 것은 군대의 서와 같은 것으로 그들로 하여금 근심을 서로 돕게 하면 그 일을 구휼하게 하기 때문에 게을러지지 않는 것이다. 법도로 절제를 가르치는 것은 관혼상제의 법도에 각각의 등급마다 줄여

---

43 향(鄕)의 팔형(八刑): 《주례(周禮)》〈지관사도(地官司徒)〉에 향에서 백성을 규제하는 여덟 가지의 형벌을 내리는 항목이 나온다. 그것은 불효, 화목하지 못함, 혼인하지 않음, 공손하지 못함, 신임받지 못함, 구휼하지 않음, 유언비어를 유포, 백성들을 괴롭히는 것이다.

서 그 욕구를 조절하니, 스스로 만족할 줄 아는 경계를 알게 되는 것이다. 세상의 일을 할 수 있는 것으로 가르치는 것은 사(士)·농(農)·공(工)·고(賈, 商)가 그 익숙한 것을 대대로 전하여 그 능력을 정밀하게 하기 때문에 직업을 잃지 않는 바이다. 열 가지는 모두 가르침이라고 이를 만한데, 가르침의 항상적인 것이니, 성인이 아무것도 없이 가르친 것은 아니다.

현명함으로 관직을 주면 현명하지 않은 자는 덕(德)에 삼가지 않음이 없게 되고, 공적으로 녹봉을 주면 공이 없는 자는 공을 세우지 않음이 없게 된다. 이 두 가지는 성인이 천하의 권력에 따라 인심을 격발하는 것에 관계된 것이므로 가르침이라 하지 않고 뒤에 열거한 것이다."

吳澂曰: "唐虞司徒所敷者五教而周司徒施十二教, 五教擧其綱, 十二教則詳其目; 五教在於端其本, 十二教則兼擧其末. 其教敬讓親和·辨等是德禮之屬也, 教安中恤節能與制爵·制祿是政刑之屬也. 祀禮者祭祀之禮, 追養致孝示民以敬, 所以不苟且; 陽禮者飮射之禮, 敬老齒讓導民以順, 所以不鬪爭; 陰禮者昏[44]姻之禮, 男女合好至親所在, 所以不怨曠; 樂禮者燕饗作樂之禮, 尊卑齒位至和所在, 所以不乖離; 以儀辨等者有君臣上下之儀·有父子長幼之儀, 隆殺有等而民志自定, 所以不踰越; 以俗敎安者, 有宮室·墳墓·衣服之俗, 有兄弟·師儒·朋友之俗, 安於本俗人倫自厚, 所以不偸薄; 以刑敎中者, 如鄕之八刑以弼敎而歸於中, 所以不暴亂; 以誓敎恤者, 如軍旅之誓, 使之憂患相救而恤其事, 所

---

44 昏: 《대학연의보(大學衍義補)》 사고전서본에는 '婚'로 되어 있어, 번역에서는 이를 따른다.

以不怠惰; 以度敎節者, 冠昏[45]喪祭之度各有等殺, 以節其欲, 所以自知止足; 以世事敎能者, 士·農·工·賈世傳厥習以精其能, 所以不失職. 十者皆謂之敎, 敎之常也, 而聖人不徒敎也. 以賢制爵則不賢者莫不謹於德, 以庸制祿則無功者莫不興於功, 是二者聖人奔走天下之權, 而人心之激勸所係, 故不言敎而列於後."

신은 이렇게 생각합니다. 성인(聖人)이 말한 가르침이라는 것은 오륜[五典]을 편 것일 뿐만 아니라 무릇 예악형정(禮樂刑政)의 베풂, 의례·법칙·등급[儀則等威]의 제정, 작위·녹봉·서계[爵祿誓戒]의 일, 대대로 전해지는 업과 사속의 일상[世業士俗之常]에 이르기까지 가르쳐 보존하지 않을 것이 없습니다. 한 가지 일의 시행에는 한 가지 가르침이 깃들어 있습니다. 이 삼대(三代)의 전성기에 나라, 도읍과 지방, 마을과 족속의 사이에 금령(禁令)이 시행되는 것, 이목이 점점 물들어 가는 것, 날마다 보고 듣는 것, 그 어떤 것이 백성을 본받게 하는 법칙(法則)과 백성을 묶어 두는 교조(敎條)가 아니겠습니까. 후세의 이른바 가르침이라는 것은 가르침이 있다는 명분에만 그치고 가르침을 회복하는 실질은 없으니 하물며 또한 가르치는 것이 아닌데 가르침이 있겠습니까.

臣按: 聖人之所謂敎者不但敷五典而已, 而凡禮樂刑政之施·儀則等威

<hr />

45 昏:《대학연의보(大學衍義補)》 사고전서본에는 '婚'로 되어 있어, 번역에서는 이를 따른다.

之制·爵祿誓戒之事·世業士俗之常莫不有敎存焉, 一事之行而有一敎
之寓, 此三代盛時邦國·都鄙·比閭·族黨之間禁令之所施行, 耳目之所
漸染, 日用之所見聞, 何者而非軌民之法則·囿民之敎條哉? 後世之所
謂敎者, 止有敎之名無復敎之實, 況又有非所敎而敎者哉?

《주례(周禮)》〈지관사도(地官司徒)〉에서 말하였다.

오례(五禮)【(五禮는) 길례(吉禮), 흉례(凶禮), 군례(軍禮), 빈례(賓禮), 가례(嘉禮)이다.】로
써 만백성의 잘못을 막아 중(中)을 가르치고, 육악(六樂)[46]【(六樂은) 운문(雲門),
함지(咸池), 대소(大韶), 대하(大夏), 대호(大濩), 대무(大武)이다.】으로써 만백성의 사정
(私情)을 막아 조화를 가르친다.

以五禮【吉·凶·軍·賓·嘉】防萬民之僞而敎之中, 以六樂【《雲門》《咸池》《大韶》
《大夏》《大濩》《大武》】防萬民之情而敎之和.

신은 이렇게 생각합니다. 천자(天子)가 중화(中和)의 표준을 세워 예악
(禮樂)으로 삼았으니, 백성들의 사정과 잘못을 막아 그들에게 중화를
가르친 것입니다. 그들의 행동이 모두 중정(中正)이 되게 하여 마음에

---

46 육악(六樂): 중국 황제(皇帝) 이하 육대(六代)의 음악이다. 황제의 음악인 운문(雲門), 요제(堯帝)
의 음악인 함지(咸池), 순제(舜帝)의 음악인 대소(大韶), 우왕(禹王)의 음악인 대하(大夏), 은(殷)
나라 탕왕(湯王)의 음악인 대호(大濩), 주(周)나라 무왕(武王)의 음악인 대무(大武)를 말한다.

어그러짐이 없게 하였습니다.

臣按: 天子建中和之極以爲禮樂, 所以防民之情僞而教之中和, 使行皆
中正而心無乖戾也.

《주례(周禮)》〈지관사도(地官司徒)〉에서 말하였다.

정월(正月) 초하루에 처음으로 방국(邦國)과 도읍[都]·비읍[鄙][47]에 가르침
을 펴서, 이에 대궐 망루[象魏][48]【(象魏는) 제후가 드나드는 문의 양쪽에 있는 망루이
다.】에 가르치는 법[敎象]을 내걸어 만백성들에게 가르치는 방법을 보게 하
고, 열흘【열흘을 협(挾)이라 한다.】이 되면 그것을 거둔다. 또 방국(邦國)의 도
읍과 지방에 가르치는 법을 시행하여 그 각각으로 하여금 백성을 다스리
는 방법을 가르친다.

正月之吉, 始和布教于邦國都鄙, 乃縣【平聲】教象之法于象魏【雉門兩觀】, 使
萬民觀教象. 浹日【一旬爲浹】而斂之, 乃施教法于邦國·都鄙, 使之各以教其
所治民.

---

47 도읍[都]·비읍[鄙]: 주(周)나라 공경(公卿)·대부(大夫)·왕자제(王子弟)의 채읍(采邑)이나 봉지(封
地)를 말한다. 《주례(周禮)》〈천관(天官) 대재(大宰)〉에 "여덟 가지로써 도비(都鄙)를 다스린
다."라고 하였고, 그 정현(鄭玄)의 주(注)에 "도비(都鄙)는 공경(公卿)과 대부(大夫)의 채읍(采邑)
이고, 왕자제(王子弟)의 식읍(食邑)이다."라고 하였다.

48 대궐 망루[象魏]: 상(象)은 법(法), 위(魏)는 높다는 뜻으로 옛날에 법률을 높은 성문에 게시한
것에서 나온 말로, 대궐 문 밖에 법령을 게시하는 곳을 말한다. 전(轉)하여 법률제도를 가
리키거나 또는 법률의 엄격한 적용을 뜻하는 말로도 쓰여진다.

주신(朱申)⁴⁹이 말하였다.⁵⁰

"건자지월(建子之月)⁵¹ 초하루에 비로소 열두 가지 가르침 이하의 일을 조화시켜서 방국(邦國)과 도읍[都]·비읍[鄙]에 교직문서(敎職文書)를 반포하여, 지관(地官)의 교법(敎法)을 써서 상(象)으로 삼았다. 양쪽 망루에 걸어 만백성으로 하여금 교법을 보고 의식과 규칙으로 삼게 하였다. 10일이 지나면 곧 거두어들여 원근(遠近)에서 모두 그것을 알게 하니, 곧 밖으로는 방국에, 안으로는 도읍·비읍에 백성을 가르치는 법을 베푼 것이다. 방국의 제후로 하여금 방국의 백성을 가르치게 하고 도읍·비읍의 대부(大夫)로 하여금 도읍·비읍의 백성을 가르치게 한다."

朱申曰："建子之月朔日, 始調和十二敎以下之事而頒布此敎職文書于邦國·都鄙, 以地官之敎法書之爲象而懸於兩觀, 使萬民觀敎法而儀則之. 浹一旬乃收斂, 使遠近皆知之, 乃施敎民之法于外之邦國·內之都鄙, 使邦國諸侯敎邦國之民·都鄙大夫敎都鄙之民."

---

49 주신(朱申): 송나라 건주(虔州) 우도(雩都) 사람으로 자는 유선(維宣)이고, 자호는 희시자(熙時子)다. 인종(仁宗) 황우(皇祐) 연간에 태학(太學)에 있으면서 명성을 떨쳤다. 저서에 《주역구해(周易句解)》와 《춘추좌전구해(春秋左傳句解)》, 《효경구해(孝經句解)》, 《어맹변전(語孟辨箋)》, 《손오신주(孫吳新注)》 등이 있다.

50 《주례구해(周禮句解)》 권3 〈지관사도 상(地官司徒上)〉에 나온다.

51 건자지월(建子之月): 달의 간지[月建]가 자(子)인 달을 말한다. 주 무왕(武王)은 자월(子月) 초에 상(商)나라를 멸망시키고 1월로 삼았다. 《맹자》의 주(註)에는 주(周)의 7~8월은 하(夏)의 5~6월이라고 나온다. 《춘추(春秋)》에 쓰인 월수(月數)도 주의 정월(正月)인 자월(子月)을 따른 것이다. 현재는 음력 11월이다.

《주례(周禮)》〈지관사도(地官司徒)〉에서 말하였다.

한 해가 끝나면 교관(教官)에게 다스림을 바르게 하여 정치를 베푼 상황을 보고하도록 한다. 정월 초하루에는 교관에게 명령하기를 "각각에게 직을 내리니 일을 잘 처리하여 왕명(王命)을 잘 수행하라. 그것에 바르지 못함이 있으면 나라에는 일정한 형벌이 있다."라고 한다.

> 歲終則令敎官正治而致事, 正歲令于敎官曰: "各共爾職·修乃事以聽王命, 其有不正則國有常刑."

가공언(賈公彦)[52]이 말하였다.

"《주례(周禮)》에 보통 정세(正歲)라고 하는 것은 하(夏)나라의 건인지월(建寅之月)이다. 바로 정월(正月)이라 하는 것은 주(周)나라의 건자지월(建子之月)이다."

> 賈公彦曰: "《周禮》凡言正歲者夏建寅之月也, 直言正月者周建于[53]之月也."

---

52 가공언(賈公彦): 당(唐)나라 명주(洛州, 하북성) 영년(永年) 사람이다. 고종(高宗) 연간에 태학박사와 홍문관학사를 지냈다. 예학(禮學)에 정통하여 공영달(孔穎達) 등과 《예기정의(禮記正義)》 편찬에도 참여했다. 그가 가려낸 《주례의소(周禮義疏)》 50권과 《의례의소(儀禮義疏)》 50권은 《십삼경주소(十三經注疏)》에 들어가 있다. 그 밖의 저서에 《예기소(禮記疏)》 80권과 《효경소(孝經疏)》 5권, 《논어소(論語疏)》 15권 등이 있다.

53 于: 《대학연의보(大學衍義補)》 사고전서본에는 '子'로 되어 있어, 번역에서는 이를 따른다.

오징(吳澂)이 말하였다.

"다스림을 바르게 하는 것[正治]은 그 문서를 만드는 것이고, 정치를 베푼 상황을 보고하는 것[致事]은 그 계부[計簿: 호구(戶口), 부세(賦稅), 인사(人事) 등을 기록한 장부]를 올리는 것이다."

> 吳澂曰: "正治修其文書, 致事上其計簿."

《주례(周禮)》〈지관사도(地官司徒)〉에서 말하였다.

소사도(小司徒)의 직(職)은 제후국에 교법(敎法)을 세우는 것을 관장하며, 무릇 백성들에게 쓰는 경우에는 그 정치와 교화·경계와 금기를 관장한다.

> 小司徒之職掌建邦之敎法, 凡用衆庶則掌其政敎與其戒禁.

주신(朱申)이 말하였다.[54]

"정치로 바르게 하고 교화로 인도하며, 경계로 그 태만함을 바로잡고 금지로 그것을 하지 못하게 한다."

> 朱申曰: "政以正之, 敎以導之, 戒以飭其怠忽, 禁以使之勿爲."

---

54 《주례구해(周禮句解)》권2〈천관총재 하(天官冢宰下)〉에 나온다.

신은 이렇게 생각합니다. 선왕(先王)이 백성에게 가르침을 베푼 것은 하루만 하는 것은 아닙니다. 그러나 오히려 반드시 매해의 첫날에 조화(調和)할 때는 그 시행이 혹 어그러져 온당하지 않은 것이 있을까 두려워하였고, 반포(頒布)할 때는 그 시행에서 혹 격식에 어긋난 것이 있을까 두려워하였습니다. 이미 문서로써 반포하고 대궐 망루에 다시 내걸어 눈이 있는 자는 함께 보고 귀가 있는 자는 함께 들어 사라지거나 막히는 데에는 이르지 않게 하였습니다. 한 해가 저물 때에는 또 그 문서를 작성하고 계부(計簿)를 올려 지나간 일을 비교하여 살피게 하였습니다. 아! 성인(聖人)의 다스림은 가르침을 우선합니다. 그러나 그 가르침을 반포하는 것은 한 해 사이에 세 번 마음을 쓰니, 곡절의 상세함과 정녕하고 간절한 것이 이와 같았습니다. 이에 그 교화가 크게 행해져서 날마다 새로워지고 무궁한 것이군요!

臣按: 先王布教于民非一日也, 然猶必每歲之首調和之恐其所行者或有所乖戾也·頒布之恐其所施者或有所沮格也, 既頒之以文書, 復懸之於象魏, 則凡有目者所共覩·有耳者所共聞, 不至於消沮閉藏矣, 至於歲終, 又俾修其文書, 上其計簿, 使有所稽考焉. 噫, 聖人之治以敎爲先, 而所以頒布其敎者一歲之間凡三致意, 委曲詳細·丁寧諄切如此, 此其敎化所以大行, 日新而無窮也歟!

《예기(禮記)》〈왕제(王制)〉에서 말하였다.

"사도(司徒)는 육례(六禮)를 닦아서 백성들의 성품(性稟)을 알맞게 하고, 칠교(七敎)를 밝혀서 백성들의 덕(德)을 일으키고, 팔정(八政)을 가지런히 하여 제멋대로 함을 막는다. 도덕을 한결같이 하여 풍속을 같게 하고, 노인을 봉양하여 효를 다하고, 고아와 자식이 없는 사람[孤獨]을 구휼하여 【逮는 미침[及]이다.】 부족한 사람까지 포괄하고, 어진 이를 높여서 덕을 숭상하고, 어리석은 자를 가려내어【簡은 가려서 뽑음[差擇]이다.】 악인을 물리친다."

《禮記·王制》曰: 司徒修六禮以節民性, 明七敎以興民德, 齊八政以防淫, 一道德以同俗, 養耆老以致孝, 恤孤獨以逮【及也】不足, 上賢以崇德, 簡【差擇】不肖以絀惡.

오징(吳澂)이 말하였다.[55]

"이것은 사도(司徒)가 가르치는 이유를 말한 것이니, 순(舜)이 설(契)에게 명령한 것이다. 사람의 성품(性稟)은 각각 달라서 백성들로 하여금 예(禮)를 따르게 한다면 지나친 것은 지나치지 않을 수 있고, 도달하지 못하는 것은 도달할 수 있으니, 이른바 '알맞게 한다[節之].'는 것이다.

인륜(人倫)의 덕(德)은 백성들이 똑같이 얻은 것이니 그들에게 그 가르침을 알 수 있게 하면 감동하여 분발하지 않음이 없어서 선(善)에서 일어나게 되니, 이른바 '일으킨다는 것[興之].'이다. 인욕에 빠지게 되는 것을 음(淫)이라고 한다. 팔정(八政)에는 금지하고 경계하는 것이 있으니, 둑이 물을 막는 것과 같아서 이른바 '막는다[防之].'는 것이다.

---

55 《예기찬언(禮記纂言)》권7 〈왕제(王制)〉에 나온다.

도덕(道德)을 한결같이 한다면 세속의 습속과 숭상하는 바가 각자 믿는 바의 도(道)로써 도를 삼지 않고 각자의 덕(德)을 덕으로 삼지 않고 이른바 '같이한다는 것[同之].'이다. 늙은이는 효성스럽게 봉양하는 것이 마땅하니 윗사람이 노인을 봉양하면 백성들이 모두 효를 다하는 것을 알게 된다. 고아와 자식이 없는 사람은 부족한 것이 있으니 윗사람이 이들을 구휼하면 백성들이 모두 그 부족한 사람까지 포괄해야 함을 알게 된다."

> 吳澂曰: "此言司徒之所以敎, 卽舜之命契者也. 人之性稟或殊, 使民由於禮則過者不得過·不及者不得不及, 所謂節之也. 人倫之德民所同得, 使之能知其敎則莫不感發奮起而興於善, 所謂興之也. 爲人欲所溺之謂淫, 八政有所禁戒, 如防之隄水, 所謂防之也. 道德一則俗之習尙不各道其所道以爲道·不各德其所德以爲德, 所謂同之也. 耆老所當孝養, 上之人養其老則民皆知致其孝矣; 孤獨有所不足者, 上之人恤孤獨則民皆知逮其不足矣."

《예기(禮記)》〈왕제(王制)〉에서 말하였다.

육례(六禮)는 관(冠)·혼(昏)·상(喪)·제(祭)·향(鄕)·상견(相見)이고, 칠교(七敎)는 부자(父子)·형제(兄弟)·부부(夫婦)·군신(君臣)·장유(長幼)·붕우(朋友)·빈객(賓客)이고, 팔정(八政)은 음식(飮食)·의복(衣服)·사위(事爲)·이별(異別)·도(度)·량(量)·수(數)·제(制)이다.

> 六禮, 冠·婚·喪·祭·鄕·相見. 七敎, 父子·兄弟·夫婦·君臣·長幼·朋

友・賓客. 八政, 飲食・衣服・事爲・異別・度・量・數・制.

방각(方慤)[56]이 말하였다.

"관(冠)과 혼(昏)은 가례(嘉禮)이고, 상(喪)은 흉례(凶禮)이고, 제(祭)는
길례(吉禮)이고, 향음주(鄕飮酒)와 사상견(士相見)은 빈례(賓禮)이다."

方慤曰: "冠・昏,[57] 嘉禮也; 喪, 凶禮也; 祭, 吉禮也; 鄕飮酒・士相見,
賓禮也."

진호(陳澔)[58]가 말하였다.[59]

"육례(六禮)・칠교(七敎)・팔정(八政)은 모두 사도(司徒)가 관장하는 것입
니다. 예(禮)는 백성들의 성품을 알맞게 하고 교(敎)는 백성들의 덕(德)
을 일으키니, 이를 닦는다면 무너지지 않고 밝힌다면 변하지 않습니
다. 그러나 팔정을 가지런히 하여 제멋대로 하는 것을 막지 않는다면
또한 예와 교에 해가 될 것입니다.

---

56 방각(方慤): 자는 성부(性夫), 송나라 동려(桐廬) 사람이다. 진사로 출신하여 벼슬은 예부 시
랑을 지냈다. 저서로 《예기집해(禮記集解)》가 있다.

57 昏: 《대학연의보(大學衍義補)》 사고전서본에는 '婚'로 되어 있어, 번역에서는 이를 따른다.

58 진호(陳澔, 1260~1341): 송나라 남강부(南康府) 도창현(都昌縣) 사람으로 자는 가대(可大), 호는
운주(雲住), 북산수(北山叟)이다. 송나라가 망한 이후 벼슬하지 않았다. 저서로 《예기집설(禮
記集說)》 10권이 있으며, 명나라 시기 과거 시험의 필독서였다.

59 《예기집설(禮記集說)》 〈왕제(王制)〉에 나온다.

사위(事爲)는 백공(百工)의 기예(技藝)이니 바른 것이 있고 간사한 것이 있습니다. 이별(異別)은 지방[五方]의 기구[器械]이니 같은 것이 있고 다른 것이 있습니다. 도(度)와 량(量)은 길고 짧음, 크고 작음의 다름이 없게 하는 것입니다. 수(數)와 제(制)는 많고 적음, 넓고 좁음의 차이가 없게 하는 것입니다. 음식이나 의복은 더욱 백성들의 일상생활에서 빠질 수 없으니 팔정의 첫머리에 자리한 것입니다. 그것을 가지런히 한다면 분수에 넘치고 사이비 같고 속이거나 이상하게 되는 단서가 없게 될 것이다."

陳澔曰: "六禮·七敎·八政皆司徒所掌, 禮節民性, 敎興民德, 修則不壞, 明則不渝, 然非齊八政以防淫則亦禮敎之害也. 事爲者, 百工之技藝有正有邪. 異別者, 五方之器械有同有異. 度·量則不使有長短·大小[60]之殊, 數·制則不使有多寡·廣狹之異. 若夫飲食·衣服, 尤民生日用之不可闕者, 所以居八政之首, 齊之則不使有僭儗·詭異之端矣."

신은 이렇게 생각합니다. 《서경(書經)》의 〈순전(舜典)〉과 〈주관(周官)〉에서는 모두 오교(五敎)를 말하였으나 여기에서 또 칠교(七敎)를 말한 것입니다. 그 교(敎)의 조목은 《서경》에 실린 것과 비교하여 두 가지가 추가되었습니다. 오교는 부자(父子)·군신(君臣)·부부(夫婦)·장유(長幼)·붕우(朋友)이고 여기에 형제(兄弟)·빈객(賓客)을 더하여 일곱이 되었습니다.

---

60 大小: 《대학연의보(大學衍義補)》 사고전서본에는 '小大'로 되어 있다.

장유는 곧 형제를 말하는 것입니다. 지금 나누어서 둘로 만든 것은 형제가 자연적인 결합[天合]을 통해 선후(先後)가 있지만, 장유는 인위적인 결합을 통해 선후가 있기 때문입니다. 붕우는 가깝게 서로 함께 하는 것이고, 빈객은 널리 서로 만나는 것입니다.

그러나 오교가 《서경(書經)》에 있으니, 그것을 일러 편다고[敷] 하니 편다는 것[敷]은 반포하는 것[布]입니다. 칠교는 《예기(禮記)》에 있으니, 그것을 일러 밝힌다[明]라 하니 밝힌다는 것[明]은 밝게 하는 것[昭]입니다. 모두 사도가 관장하는 것으로 편다는 것[敷]은 천하에 반포하는 것이고 밝힌다는 것[明]은 학교에서 강의하는 것입니다.

臣按: 《舜典》與《周官》皆云五教而此又云七教, 其教之目比《書》所載加二焉, 所謂五教者父子·君臣·夫婦·長幼·朋友, 而此加之以兄弟·賓客爲七. 所謂長幼者卽兄弟之謂也, 今分而爲二, 則是兄弟者天合而有先後者也, 長幼者人合而有先後者也. 朋友, 親相與者也; 賓客, 泛相遇者也. 然五教之在《書》則謂之敷, 敷布之也; 七教之在禮則謂之明, 明昭之也, 而皆在司徒之所掌. 敷者頒之於天下, 明者講之於學校也.

《예기(禮記)》〈왕제(王制)〉에서 말하였다.

넓은 골짜기와 큰 하천에 따라 그 제도를 달리한다. 그 사이에 살고 있는 백성들은 풍속이 다르며, 그 성질의 강하고 부드러움, 가볍고 무거움, 느리고 빠른 것이 일정하지 않으며, 오미(五味)는 조화가 다르고, 기계는 규격이 다르며, 의복에는 정해진 치수가 다르다. 그러니 그들의 가르침을 닦을 뿐 그 습속을 바꾸지 않으며, 그들의 정치를 가지런히 할 뿐 그 적절한 것을 바꾸지 않는다.

廣谷大川異制, 民生其間者異俗, 剛柔·輕重·遲速異齊【去聲】, 五味異和, 器械異制, 衣服異宜, 修其敎不易其俗, 齊其政不易其宜.

오징(吳澂)이 말하였다.[61]

"교(敎)는 곧 칠교(七敎)가 이것이다. 수(修)는 칠교를 모두 밝혀서 없어지거나 누락된 것이 없게 함을 말한다. 정(政)은 곧 팔정(八政)이 이것이다. 제(齊)는 팔정이 모두 시행되어 고르지 않는 것[參差]이 없게 함을 말한다.

넓은 골짜기와 큰 하천으로 말하면 땅의 생산물에 차이가 있고, 그 풍습[習尙]이 편안하게 여기는 것이 각각 습속에 따라 다른 것이다. 그러므로 칠교로써 인도하나 또한 그 편안하게 여기는 풍속을 고치지 않으니, 그들로 하여금 편안한 바에 편안할 수 있도록 하는 것이다.

강하고 부드러움, 가볍고 무거움, 느리고 빠른 것으로 말한다면 하늘이 내려준 것에 차이가 있어서 몸과 입이 편하게 여기는 것에서 각각 그 적절한 것이 다르다. 그러므로 비록 팔정으로써 바로잡으나 또한 그 편안하다고 여기는 적절함을 고치지 않아 그들로 하여금 각각 그 적절하게 여기는 바에서 적절함을 얻게 하는 것이다."

吳澂曰: "敎卽七敎是也, 修謂其敎皆明無所廢闕; 政卽八政是也, 齊謂

---

61 《예기찬언(禮記纂言)》 권7 〈왕제(王制)〉에 나온다.

其政並舉無所參差. 以廣谷大川而言, 則地產有異而其習尙之所安各異
其俗, 故雖導之以敎然亦不改易其所安之俗, 使之各得以安其所安也;
以剛柔·輕重·遲速而言, 則天稟有異而其身口之所便各異其宜, 故雖
正之以政然亦不改易其所便之宜, 使之各得以宜其所宜也."

신은 이렇게 생각합니다. 백성은 천지(天地)의 본성을 부여받아 태어
나면서부터 같지 않음이 없습니다. 그러나 살아가는 지역의 물과 땅,
강과 골짜기의 토속이 각기 다르며, 부여받은 기(氣)의 강하고 부드러
움, 느리고 빠름의 조합도 각기 다릅니다. 선왕이 그 칠교(七敎)를 닦
고 그 팔정(八政)을 정제하여 진실로 천지 본연의 본성을 회복하여 같
은 곳으로 돌아가게 하였습니다. 그러나 토속은 곳곳마다 다르고, 부
여받은 기품(氣稟)은 사람마다 다르니 쉽게 변하고 쉽게 그렇게 되지
않는 점이 있습니다. 진실로 떳떳함에 위배되거나 이치를 거스르는
것이 아니라면 또한 억지로 같게 하지 않습니다.

臣按: 民稟天地之性以生無不同也, 然其所居之地水陸·川谷之土俗各
異, 所稟之氣剛柔·遲速之劑量各殊, 先王修其敎·齊其政, 固欲復其天
地本然之性而歸之同也, 然土俗處處別·氣稟人人殊, 則有未易變易然
者, 苟不至於反常而逆理, 則亦不强之使同焉.

《대학(大學)》에서 말하였다.

이른바 "나라를 다스림이 반드시 먼저 그 집안을 가지런히 함에 있다."
는 것은 그 집안을 가르치지 못하고서 남을 가르칠 수 있는 자는 없다
는 것이다. 그러므로 군자는 집을 나가지 않고도 나라에 가르침을 이루
는 것이다. 효(孝)는 임금을 섬기는 것이요, 제(弟)는 어른을 섬기는 것이
요, 자(慈)는 백성들을 부리는 것이다. 《서경(書經)》〈주서(周書) 강고(康誥)〉
에서 말하기를 "갓난아이[赤子]를 보호하듯이 한다" 하였으니, 마음에 진
실로 구하면 비록 꼭 맞지는 않으나 멀지 않을 것이다. 자식 기르는 것을
배운 뒤에 시집가는 사람은 있지 않다. 한 집안이 인(仁)하면 온 나라에
서 인이 일어나고, 한 집안이 사양하면 온 나라에서 사양함이 일어나고,
한 사람이 탐하고 어그러지면 온 나라에서 난이 일어나니, 그 작용[機]이
이와 같다. 이것을 일러 "한 마디 말이 일을 그르치며【(僨)은 전복되고 패함
[覆敗]이다.】한 사람이 나라를 안정시킨다."라고 하는 것이다. 요순이 천하
를 인으로 다스리자 백성들이 그것을 따랐고, 걸주가 천하를 포악함으로
다스리자 백성들이 그것을 따랐으니, 그 명령하는 바가 자신[君主]이 좋아
하는 바와 반대가 되면 백성들이 따르지 않는다. 이 때문에 군자는 자신
에게 있는 뒤에 다른 사람에게 요구하며, 자신에게 없앤 뒤에 남을 비난
하는 것이다. 자신에게 간직하고 있는 것이 자신을 미루어 남에게 미치
지[恕 推己及], 못하면서도 남을 깨우칠 수【(喩)는 깨달음[曉]이다.】는 있는 자는
있지 않다.

《大學》曰: 所謂治國必先齊其家者, 其家不可敎而能敎人者無之, 故君子
不出家而成敎於國, 孝者所以事君也, 弟者所以事長也, 慈者所以使衆也.

《康誥》曰 "如保赤子", 心誠求之, 雖不中不遠矣. 未有學養子而後嫁者也, 一家仁一國興仁, 一家讓一國興讓, 一人貪戾一國作亂, 其機如此, 此謂一言僨【覆敗也】事‧一人定國. 堯‧舜帥天下以仁而民從之, 桀‧紂帥天下以暴而民從之, 其所令反其所好而民不從. 是故君子有諸己而後求諸人, 無諸己而後非諸人, 所藏乎身不恕而能喻【曉也】諸人者, 未之有也.

주희(朱熹)가 말하였다.[62]

"자신이 닦여지면 집안을 가르칠 수 있다. 효(孝)‧제(弟)‧자(慈)는 자신을 닦아 집안을 가르치는 것이다. 그러나 나라의 임금을 섬기고 어른을 섬기고 백성을 부리는 도(道)가 여기에서 벗어나지 않으니, 이는 집안이 위에서 가지런해짐에 가르침이 아래에서 이루어지는 것을 말한 것이다. 〈강고(康誥)〉는 〈주서(周書)〉에서 문장을 인용하고 해석하여 또 가르침을 세우는 근본이 억지로 함을 빌지 않고 그 단서를 알아 미루어 넓힘에 있을 뿐임을 밝힌 것이다. 한 사람은 임금을 말한다. 기(機)는 발동함이 말미암는 것이다.

이는 가르침이 나라에서 이루어지는 효험을 말한 것이다. 또 윗글의 '한 사람이 나라를 안정시킨다'라는 것을 이어서 말한 것이다. 자신에게 선을 둔 뒤에 다른 사람의 선을 요구할 수 있고, 자신에게 악이 없는 뒤에 다른 사람의 악을 바로잡을 수 있다. 이는 모두 자기를 미루어 남에게 미치는 것이니, 이른바 서(恕)라는 것이다. 이와 같지

---

62 《대학장구(大學章句)》 전문(傳文) 9장에 나온다.

않다면 그 명령하는 바가 자신이 좋아하는 바와 반대가 되어 백성들이 따르지 않을 것이다."

朱熹曰: "身修則家可敎矣, 孝·弟·慈所以修身而敎於家者也, 然而國之所以事君·事長·使衆之道不外乎此, 此所以家齊於上而敎成於下也. 《康誥》, 《周書》. 引《書》而釋之, 又明立敎之本不假强爲, 在識其端而推廣之耳. 一人, 謂君也. 機, 發動所由也. 此言敎成於國之效, 又承上文一人定國而言. 有善於己然後可以責人之善, 無惡於己然後可以正人之惡, 皆推己以及人, 所謂恕也, 不如是則所令反其所好而民不從矣."

신은 이렇게 생각합니다. 《대학(大學)》의 수신(修身) 이상은 모두 학문의 일이고, 제가치국(齊家治國)은 곧 가르치는 일입니다. 한 집안에는 부모가 있고, 형제가 있고, 자손·노비[僕隷]가 있습니다. 내가 그 사이에서 아들이 되면 효도하고[孝], 동생이 되면 공손하고[弟], 가장이 되면 자애롭습니다[慈]. 효(孝)라고 하고, 제(弟)라고 하고, 자(慈)라고 하는 것은 이미 자신에게 있으니 그렇다면 이것이 자신을 닦아 집안을 가르칠 수 있는 것입니다. 이로 말미암아 한 집안에서 사람들이 모두 효도하며 모두 공경하며 모두 자애로우니, 한 사람이라도 가르치지 못할 사람이 없습니다.

이를 통해서 자신에게서 세우고, 집안에서 행하여 남을 가르치니, 효도는 충성이 되고 공경은 순종이 되고 자애는 사랑이 됩니다. 사람들의 인(仁)이 이와 같다면 인자하고 겸손한 선(善)이 한 가정에서 쌓이고, 인자하고 겸손한 교화가 온 나라에서 형성되니 이른바 '집안을 나가지 않고도 나라의 가르침이 이루어지는 것이다'는 것입니다. 만일 혹 탐하여 사양하지 않고, 사나워 어질지 않아서 악한 생각이 한 사람에게서 생긴다면 온 나라에서 곧 난을 일으키는 일이 있을 것입니다. 이른바 '그 집안을 가르치지 못하면서 다른 사람을 가르칠 수 있는 자는 없다'는 것입니다.

비록 그렇지만 선을 하는 것은 어렵고 악을 하는 것은 쉬우니, 선악의 어렵고 쉬운 작용이 임금 한 사람에게서 비롯됩니다. 작용[機]이라는 것은 무엇입니까. 쇠뇌에 시위를 거는 곳(弩牙)과 같습니다. 화살이 날아가는 것은 쇠뇌에서 비롯하니 한번 발사되면 형세를 막을 수 없습니다. 자신으로써 가르침을 보이는 것이니, 그 작용을 삼가지 않을 수 있겠습니까. 이른바 작용이라는 것이 임금 자신에게 달려 있다년, 그것은 마음의 뜻[心之意]에 해당됩니다. 마음이 발동하면 이것이 뜻이 됩니다. 임금이 가르침을 천하에 넓히고자 하면 억지로 하지 않고 착한 생각의 근원[端倪]이 처음 자리하는 곳을 알아서 그 기미를 움직여 일으키는 것에 있으니 이로부터 미루어 넓혀갈 뿐입니다.

아! 하나의 생각 속에 선과 악(惡)이 곧 요(堯)·순(舜)·걸(桀)·주(紂)가 구분되는 이유입니다. 요순(堯舜)은 당우(唐虞) 치세의 백성들을 소유하여 그 자신이 이미 닦여지고 그 집안을 가르칠 수 있어, 자신에게 있으면서 다른 사람에게 구하였으니 명령이 선하여 곧 (백성들이) 좋아하였습니다. 걸주(桀紂)는 하상(夏商) 말세의 백성들을 소유하여 그 자신은 닦여지지 않았고 그 집안은 가르치지 못하여 자신에게 없으면서 다른 사람에게 구하였으니, 그 명령이 선하지 않은 것은 아니더라도 (백성들이) 좋아하지 않았습니다.

臣按:《大學》修身以上皆是學之事, 齊家治國方是教之事, 一家之中有
父母·有兄長·有子孫僕隸, 我於其間爲子則孝·爲弟則弟·爲家長則
慈, 曰孝·曰弟·曰慈, 旣有諸己則是能修身而教於家矣, 由是一家之
中人人皆孝·皆弟·皆慈而無一人不可教者, 由是卽所以立於身·行於
家者, 而教於人孝以爲忠·弟以爲順·慈以爲愛人之仁. 夫如是則仁讓
之善積於一家而仁讓之化形於一國, 所謂不出家而教成於國也. 苟或貪
而不讓·戾而不仁, 惡念生於一人則一國便有作亂之事, 所謂其家不可
教而能教人者無之也. 雖然, 爲善則難·爲惡則易而其善惡難易之機由
於君之一身, 而機者何? 弩之牙也. 矢之發動由乎弩機, 一發動焉則勢
有不可遏者, 以身示教者可不謹其機乎? 所謂機者在於君身則其心之
意也, 心之發動是之爲意. 人君欲廣其教於天下, 不假強爲, 在識其善
念端倪之初處, 動其機以發之, 從此推廣去耳. 嗟乎, 一念之善與惡乃
堯舜·桀紂之所以分, 堯舜之君而有唐虞治世之民, 其身旣修其家可教,
有諸己而求諸人, 其所令之善卽其所好者也; 桀紂之君而有夏商末世之
民, 其身不修其家不可教, 而無諸己而求諸人, 其所令非不善而非所好
者也.

《논어(論語)》〈자로(子路)〉에서 말하였다.

"공자(孔子)가 말하기를 '백성들이 많구나.'라고 하였다. 염유(冉有)가 '백
성들이 이미 많으면 또 무엇을 더해야 합니까?'라고 묻자, (공자가 말하기
를) '부유하게 해야 한다.'라고 하였다. (염유가) '이미 부유하다면 또 무엇
을 더해야 합니까?'라고 묻자, (공자가 말하기를) '가르쳐야 한다.'라고 하

였다."

> 子曰: "庶矣哉." 冉有曰: "旣庶矣, 人[63]何加焉?" 曰: "富之." 曰: "旣富矣,
> 又何加焉?" 曰: "敎之."

　　주희(朱熹)가 말하였다.[64]

　　"백성들이 많지만 부유하지 않으면 백성들이 잘 생활하지 못한다.
그러므로 토지와 마을을 마련해 주고 세금을 가볍게 하여 부유하게
해 주는 것이다. 부유하기만 하고 가르치지 않으면 금수(禽獸)에 가까
워진다. 그러므로 반드시 학교를 세우고 예의(禮義)를 밝혀서 가르치
는 것이다."

> 朱熹曰: "庶而不富則民生不遂, 故制田里 · 薄賦斂以富之; 富而不敎則
> 近於禽獸, 故必立學校 · 明禮義以敎之."

　　호인(胡寅)[65]이 말하였다.[66]

　　"하늘이 이 백성을 낳음에 사목(司牧)을 세워 세 가지 일을 맡겨 주

---

63 人:《대학연의보(大學衍義補)》사고전서본에는 '又'로 되어 있어, 번역에서는 이를 따른다.

64 《논어집주(論語集註)》〈자로(子路)〉에 나온다.

65 호인(胡寅, 1098~1156): 송나라 건녕(建寧) 숭안(崇安) 사람으로 자는 명중(明仲)이고, 학자들은
　　치당선생(致堂先生)이라 부른다. 호안국(胡安國)의 조카다. 좨주(祭酒) 양시(楊時)에게 공부했
　　다. 저서에《논어상설(論語詳說)》과《독사관견(讀史管見)》,《비연집(斐然集)》이 있다.

었다. 그러나 삼대(三代) 이후로는 이 직분을 잘 수행한 임금이 백 명에 한둘도 없었다. 한(漢)나라의 문제(文帝)와 명제(明帝), 당 태종(唐太宗)은 또한 백성이 많았고 또 부유하게 하였다고 말할 수 있다. (한 문제 때) 서경(西京)에서의 교육은 알려진 것이 없고, 한 명제는 사부(師傅)를 존중하고 벽옹(辟雍)에 왕림해서 삼로(三老)에게 절하여 종척(宗戚)의 자제들이 배우지 않는 사람이 없었다. 당 태종은 이름 있는 선비들을 크게 불러 모으고 생원(生員)을 증원하였으니, 교육이 또한 지극하였으나 가르치는 방법은 알지 못하였다. 삼대의 교육은 천자(天子)와 공경(公卿)들이 몸소 위에서 실천하여 언행(言行)과 정사(政事)가 모두 본받을 만하였으니, 저 두 임금이 그것을 할 수 있었겠는가."

胡寅曰: "天生斯民, 立之司牧而寄以三事, 然自三代之後能擧此職者百無一二. 漢之文明·唐之太宗亦云庶且富矣, 西京之敎無聞焉, 明帝尊師重傳, 臨雍拜老, 宗戚子弟莫不受學, 唐太宗大召名儒, 增廣生員, 敎亦至矣, 然而未知所以敎也. 三代之敎, 天子公卿躬行於上, 言行·政事皆可師法, 彼二君者其能然乎?"

신은 이렇게 생각합니다. 많게 하고, 부유하게 하고, 가르치는 세 가지 일은 요순(堯舜) 이래로 다스리는 큰 절목이고 큰 강령입니다. 대개 하늘이 이 백성을 내고서 한 사람을 세워 사목(司牧)으로 삼아 그에게 많게 하고 부유하게 하고 가르치는 이 세 가지 일을 맡겼습니다. 임

---

66 《논어집주(論語集註)》〈자로(子路)〉 호인(胡寅)의 주(注)에 나온다.

금은 하늘[上天]의 부탁을 받들어 만백성의 부모가 되었으니, 마땅히 다스리고 가르치고 길러 주는 세 가지 일을 다하여야 합니다.

길러 주어 많아지게 하고, 다스려서 부유하고 풍족하게 하고, 가르쳐서 인후(仁厚)하게 하면 이 백성의 부모로서 책임을 다하는 것이고 하늘이 부탁한 중함을 저버리지 않는 것입니다. 만일 그렇게 하지 않고서 오직 천하로 자신을 봉양하는 것만을 알아 자신에게 알맞게 하고 다른 사람을 구휼하지 않는다면 백성들이 날마다 쇠약해지고 토지와 마을이 날마다 빈궁해지며 백성들의 풍속이 날마다 무너질 것입니다. 이와 같다면 백성들이 자신의 삶을 편안하게 여기지 않을 뿐만이 아니라 임금 또한 그 자리에서 편안할 수는 없을 것입니다.

세 가지 일에 대해 논하면, 많아지게 하고 부유하게 하는 것은 임금의 일이고, 가르치는 것은 스승의 일입니다. 삼대(三代) 이래로 임금의 도리를 다하는 자가 간혹 있었으나 겸하여 스승의 도리를 다하는 자는 역시 드물었습니다.

臣按: 曰庶·曰富·曰敎三者, 自堯舜以來爲治之大節目·大綱領也. 蓋天生斯民而立一人以爲之司牧, 付之以庶·富·敎之三事, 人君承上天之付托爲萬民之父母, 必當盡治·敎·養之三事, 養之以至於繁庶, 治之以至於富足, 敎之以至於仁厚, 則盡乎父母斯民之責而無負乎上天付托之重矣. 苟爲不然, 而惟知以天下而奉己, 適乎己而不恤乎人, 生齒日至於衰耗·田里日至於貧窘·民俗日至於靡蕩, 如是非但民不安其生而君亦不能安其位矣. 就三者之中論之, 庶·富者君之事也, 敎者師之事也, 三代以來盡君道者間或有之, 兼盡師之道者蓋亦鮮矣.

《맹자(孟子)》〈등문공장구 상(滕文公章句上)〉에서 말하였다.

"사람에게는 도(道)가 있는데, 배불리 먹고 따뜻한 옷을 입으며 편안히 거처하기만 하고 가르치지 않으면 금수(禽獸)에 가까워진다. 성인(聖人)이 이를 근심하여 설(契)[67]로 하여금 사도(司徒)로 삼아 인륜(人倫)을 가르치게 하였으니, 부모와 자식 사이에는 친함[親]이 있으며, 임금과 신하 사이에는 의리[義]가 있으며, 남편과 아내 사이에는 분별[別]이 있으며, 어른과 아이 사이에는 차례[序]가 있으며, 친구 사이에는 믿음[信]이 있는 것이다. 요임금[放勳]이 말씀하시기를 '위로하고 오게 하며, 바로잡아 주고 펴 주며, 도와주고 격려하여 스스로 얻게 하고 또 따라서 덕(德)이 퍼지도록 하라.'라고 하셨다."

> 孟子曰: "人之有道也, 飽食煖衣, 逸居而無敎則近於禽獸. 聖人有憂之, 使契爲司徒, 敎以人倫, 父子有親·君臣有義·夫婦有別·長幼有序·朋友有信. 放勳曰: '勞之來之, 匡之直之, 輔之翼之, 使自得之, 又從而振德之.'"

주희(朱熹)가 말하였다.[68]

"사람에게 도(道)가 있다는 것은 사람이 모두 떳떳한 본성을 가지고

---

67 설(契): 황제의 증손 제곡(帝嚳)의 제2부인인 간적(簡狄)이 현조(玄鳥, 제비)의 알을 삼키고 설을 낳았다고 하며, 그래서 현왕(玄王)이라고도 한다. 당뇨(唐堯)의 이복동생이다. 우(禹)나라의 치수(治水)를 도와준 공이 있어 제순(帝舜)은 설에게 사도(司徒)라는 벼슬을 주어 백성을 다스리게 하고, 상(商)에 봉하여 자(子)라는 성(姓)을 주었으므로 상나라를 자성(子姓)의 나라라고도 한다.

68 《맹자집주(孟子集註)》〈등문공장구 상(滕文公章句上)〉에 나온다.

있음을 말한다. 그러나 가르치지 않으면 또한 제멋대로 하고 게을러져서 그것을 잃는다. 그러므로 성인(聖人)이 관직을 만들어 인륜(人倫)을 가르치게 하셨으니, 또한 그 본래 가지고 있는 것을 따라 이끌었을 뿐이다. 《서경(書經)》〈우서(虞書) 고요모(皐陶謨)〉에서 말하기를 '하늘이 오전(五典)을 펴시니, 우리의 오전을 바로잡아 다섯 가지가 후해진다.'라고 하였으니, 이것을 말한 것이다. 방훈(放勳)은 본래 사신(史臣)이 요(堯)임금을 칭찬한 말인데, 맹자가 이것으로 요임금의 호(號)로 삼은 것이다. 덕(德)은 은혜[惠]와 같다. 요임금이 말씀하기를 '수고한 자를 위로하고 먼 곳에 있는 자를 오게 하며, 부정한 자를 바로잡아 주고 굽은 자를 펴 주며, 도와 세워주고 격려하여 행하게 해서 스스로 그 본성을 얻게 하라. 또한 이러한 것을 따라서 이끌어 주고 깨우쳐 은혜를 더해 주어서 그 세넛대로 하고 게을러져 혹시라도 본성을 잃지 않게 하라.'라고 하셨으니, 이는 설(契)에게 명령한 말씀이다."

朱熹曰: "人之有道, 言其皆有秉彝之性也. 然無敎則亦放逸怠惰而失之, 故聖人設官而敎以人倫, 亦因其固有者而道之耳.《書》曰 '天敍五典, 敕我五典五惇哉', 此之謂也. 放勳, 本史臣贊堯之辭, 孟子因以爲堯號也. 德, 猶惠也. 堯言 '勞者勞之, 來者來之, 邪者正之, 枉者直之, 輔以立之, 翼以行之, 使自得其性矣, 又從而提撕警覺以加惠焉, 不使其放逸怠惰而或失之', 蓋命契之辭也."

신은 이렇게 생각합니다. 사람이 금수(禽獸)와 다른 이유는 떳떳한 본성을 가지고 있기 때문입니다. 그 본성이 있어도 간혹 기품(氣稟)에 치우쳐지거나 간혹 물욕(物欲)에 가려지게 되어 마침내 금수와 멀어지는 것이 거의 드물어지게 됩니다. 성인은 온전한 떳떳한 본성을 먼저 얻은 사람인데, 우리들이 떳떳한 본성을 가지고 있지만 온전히 할 수 없는 것과 비교해 보면 곧 금수와의 거리가 멀지 않으니, 누구를 탓하겠습니까. 자신이 다른 사람의 임금이 되어서도 임금노릇하는 책임을 다하지 못해 사람들을 금수에 멀지 않게 만든다면 무릇 자신이 다스리는 것이 모두 짐승[獨狖]의 종류이니, 자신이 어찌 다스린다고 할 수 있겠습니까. 이 사람들이 우러러보고 떠받드는 것을 저버릴 뿐만이 아니라, 실로 하늘의 부탁을 저버리는 것입니다. 어찌 마음에서 근심하지 않을 수 있겠습니까. 근심하여 닦고 가르쳐서 신하에게 명하여 그 일을 맡기고 법을 세우고 제도를 시행하여 반드시 어리석고 어리석은 백성들로 하여금 모두 그 떳떳한 본성을 따르게 해야 합니다. 그러한 후에야 나의 책임을 다하고 내 근심은 풀어질 것입니다. 후세의 임금 가운데 이를 근심해야 함을 아는 자는 드뭅니다. 근심이라는 한마디에, 요순시대[唐虞]의 성스러운 제왕들이 전전긍긍하고 삼가 힘써서 화락하고 빛나고 크고 조화로운 다스림을 이루는 근본이 여기에 있을 것입니다!

臣按: 人之所以異於禽獸者以其有秉彝之性也, 有其性而或以氣稟之偏·或爲物欲之蔽, 遂去禽獸也幾希. 聖人先得秉彝之全者也, 視吾人有秉彝之性而不能全, 乃至去禽獸也不遠, 誰之責歟? 吾爲人之君而不能盡君人之責, 使人不遠於禽獸, 則凡吾所治者皆獨狖之物也, 吾何以爲治哉? 非徒負斯人之仰戴而實負上天之付托也, 寧能不憂於心乎? 憂之而修爲之教, 命臣以掌其事, 立法以爲之制, 必使蚩蚩蠢蠢之民皆率

其秉彝之性, 然後吾之責塞而吾之憂釋矣. 後世人主知憂此者蓋鮮矣,
憂之一言, 唐虞聖帝所以戰兢惕厲而致雍熙泰和之治, 其本在此歟!

《한서(漢書)》〈식화지(食貨志)〉에서 말하였다.

"5가(家)를 1린(鄰)으로 삼고, 5린을 1리(里)로 삼으며, 4리를 1족(族)으로
삼고, 5족을 1당(黨)으로 삼으며, 5당을 1주(州)로 삼고, 5주를 1향(鄕)으로
삼는다. 1향은 12,500호(戶)이다. 인장(鄰長)의 지위는 하사(下士)이고, 이로
부터 이상은 점차 한 등급씩 올라가 향에서는 그 지위가 경(卿)이 된다.
리에는 서(序)가 있고 향에는 상(庠)이 있으니, 서에서는 가르침을 밝히고
상에서는 예(禮)를 행하여 교화를 드러낸다【시(視)는 시(示)로 읽는다.】."라고
하였다.

봄에 백성들을 모두 들로 나가게 하고 겨울에 모두 읍(邑)으로 들어오
게 한다. 이것이 음양(陰陽)을 따르고 도적에 대비하여 예의절문[禮文]을 익
히는 것이다. 봄에 백성들을 내보낼 때에 이서(里胥)는 동틀 무렵 우숙(右
塾)에 앉아 있고 인장(鄰長)은 좌숙(左塾)에 앉아 있는데, 모두 나간 이후에
돌아오니, 저녁에도 이와 같이 한다.[69] 들어오는 자는 반드시 땔나무를
가지고 들어와야 하는데, 경중에 따라 서로 나누어 들고 들어오되 머리
가 흰 노인은 들지 않는다.

---

69 봄에 … 한다: 《전한서(前漢書)》 권24 〈식화지(食貨志)〉 안사고(顏師古)의 주(註)에 말하기를
"마을의 문 옆에 있는 당(堂)을 숙(塾)이라 한다. 이리(里吏)와 인장(鄰長)이 이 숙에 앉아서
정전(井田)에 나가는 백성들을 독촉, 격려하고 그 나가는 시간의 이름과 늦음을 파악하여
백성들의 게으름을 방지하였다."라고 하였다.

겨울에 백성들이 이미 (읍에) 들어온 이후 동항(同巷)[70]의 부인들은 함께 모여 밤에도 길쌈을 하니, 여자가 한 달을 일하면 45일의 작업인 셈이다.[71] 반드시 함께 하는 이유는 불을 밝히고 방을 따뜻하게 하는 비용을 절감하고 잘하는 사람과 그렇지 못한 사람이 함께 하게 함으로써 습속(習俗)을 합치시킨 것이다. 남녀가 그들이 원하는 것을 얻지 못하면, 이로 인해 서로 더불어 노래를 읊조리면서 각각 그 속상함을 말한다【(傷은) 원망하며 풍자하는 시이다.】. 이 달(겨울)에 어린아이들[餘子]은 또한 학교[序室]에 있으니, 8세에는 소학(小學)에 들어가고, 15세에는 대학(大學)에 들어간다. 이것이 선왕이 토지[土]를 마련하여 백성을 거처하게 해서 (이들을 먼저) 부유하게 하고 (나중에) 교화시키는 대략이다.

《漢書·食貨志》曰: 五家爲鄰, 五鄰爲里, 四里爲族, 五族爲黨, 五黨爲州, 五州爲鄉, 鄉萬二千五百戶也. 鄰長位下士, 自此以上稍登一級, 至鄉而爲卿也. 於里有序而鄉有庠序以明敎, 庠則行禮而視【讀爲示】"化焉. 春令民畢出在野, 冬則畢入於邑, 所以順陰陽·備寇賊·習禮文也. 春將出民, 里胥平旦坐於右塾, 鄰長坐於左塾, 畢出然後歸, 夕亦如之, 入者必持薪樵, 輕重相分, 斑白不提挈. 冬, 民旣入, 婦人同巷相從夜績, 女工一月得四十五日, 必相從者, 所以省費燎火, 同巧拙而合習俗也. 男女有不得其所者, 因相與

---

70 동항(同巷):《예기집설》권88〈학기(學記)〉공영달(孔穎達)의 주(註)에 말하기를 "100리 안에 25가가 1려(閭)가 되니 1항(巷)을 같이한다. 항(巷)의 입구에는 문이 있고 문 옆에는 숙(塾)이 있다."라고 하였다.

71 여자가 … 셈이다: 45일은 하루 중에서 주간을 1일, 야간을 1/2로 계산한 것으로 한 달의 주간 30일과 야간 15일을 더한 것이다.

歌詠, 各言其傷【怨刺之詩】, 是月餘子[72]亦在于序室. 八歲入小學, 十五入大學, 此先王制土處民富而敎之之大略也.

신은 이렇게 생각합니다. 주(周)나라의 성대한 시절에 부유하게 하고 또 가르치는 법도와 조목의 상세함이 이와 같았습니다. 이때에 남자에게는 가르침이 있고 여자에게는 업(業)이 있었지만, 공명과 이익을 사모하거나 자신의 분수에서 벗어나는 생각과 예(禮)에 어긋나고 분수에 넘치는 행동은 없었습니다. 이것이 서로 다투고 업신여기는 풍속이 일어나지 않은 이유입니다.

臣按: 成周盛時, 其富而敎之其規條之詳如此. 當是之時, 男有敎·女有業, 而無外慕出位之思·非禮犯分之爲, 此乖爭陵犯之風所以不作也.

한(漢)나라 가의(賈誼)[73]가 문제(文帝)에게 말하였다.[74]
"무릇 사람의 지혜는 이미 그러한 것은 볼 수 있으나 장차 그러할 것을

---

72 子:《대학연의보(大學衍義補)》사고전서본에는 '者'로 되어 있어, 번역에서는 이를 따른다.

73 가의(賈誼, 기원전 200~기원전 168): 전한(前漢) 하남(河南) 낙양(洛陽) 사람이다. 문제(文帝)의 총애를 받아 약관의 나이로 박사가 되었다. 1년 만에 태중대부(太中大夫)가 되어 진(秦)나라 때부터 내려온 율령(律令)과 관제(官制), 예악 등의 제도를 개정하고 전한의 관제를 정비하기 위한 많은 의견을 상주했다.

74《전한서(前漢書)》권48〈가의전(賈誼傳)〉에 나온다.

볼 수는 없습니다. 대저 예(禮)는 장차 그러하기 전에 금지하는 것이고, 법(法)은 이미 그러한 후에 금지하는 것입니다. 이 때문에 법이 쓰이는 것은 보기 쉽고 예가 행해져서 나타나는 결과는 알기 어렵습니다. '예에서 말하기를, 예에서 말하기를'이라고 하는 것은 아직 싹이 트기 전에 끊어 버리고 싫어하게 하며, 미약하고 희미할 때에 가르침을 일으켜, 백성들이 날마다 선(善)으로 옮겨 가고 죄를 멀리하면서도 스스로 깨닫지 못하게 하는 것을 귀하게 여기기 때문입니다."

漢賈誼言于文帝曰: "凡人之智能見已然不能見將然, 夫禮者禁於將然之前而法者禁於已然之後, 是故法之所用易見而禮之所爲生難知也. 禮云禮云者, 貴絶惡於未萌而起教於微眇, 使民日遷善遠罪而不自知也."

신은 이렇게 생각합니다. 다스리는 큰 요체의 두 가지는 예(禮)와 법(法)입니다. 예라는 것은 교화가 그것을 통해 나옵니다. 가의가 말한 "아직 싹이 트기 전에 끊어 버리고 싫어하게 하며 미약하고 희미할 때에 가르침을 일으켜, 백성들이 날로 선(善)으로 옮겨 가고 죄를 멀리하면서도 스스로 깨닫지 못하게 하는 것"은 이렇게 하면 예가 장차 그러하게 될 것을 금지하기 때문입니다. 법의 본질은 이미 그러한 것을 금지하는 것입니다. 그렇다면 이와는 반대로 (예로써) 장차 그러하게 될 것을 금지한다면 삼가지 않아도 이루어지고 엄하지 않아도 다스려져서 천하 모두가 효제(孝弟)·충신(忠信)·예의(禮義)·염치(廉恥)의 가운데에 있을 것입니다.

臣按: 爲治大要二, 禮與法也. 禮也者敎化之所從出者也, 誼所謂絶惡
於未萌‧起敎於微眇, 使民日遷善遠罪而不自知者是, 則禮之所以禁於
將然者也. 法之爲法, 禁於已然者, 則反是禁於將然則不肅而成‧不嚴
而治, 而天下咸圍於孝弟‧忠信‧禮義‧廉恥之中矣.

동중서(董仲舒)가 말하였다.[75]

"대저 만백성이 이로움을 추구하는 것은 마치 물이 아래로 흘러가는
것과 같으니 교화로써 하지 않으면 제방으로도 그치게 할 수 없습니다.
이 때문에 교화가 바르게 되어 간사함이 모두 그치게 된 경우는 제방이
완전한 것이고, 교화가 폐해져서 간사함이 아울러 나와 형벌로도 막을
수 없게 된 경우는 제방이 무너진 것입니다.

옛날에 제왕이 된 자들이 여기에 밝았으니, 그러므로 남면(南面)하고
앉아 천하를 다스리면서 교화를 큰 임무로 여기지 않은 적이 없습니다.
태학(太學)을 세워서 국(國)에서 가르치고 상서(庠序)를 설치하여 읍(邑)에서
교화하여 점차 인(仁)으로 백성들을 물들이고 마땅함으로 백성들을 어루
만지며 예(禮)로써 백성들을 알맞게 하였습니다. 그러므로 형벌이 매우
가벼웠지만 금지된 것을 범하지 않은 것은 교화가 시행되어 습속이 아름
다워졌기 때문입니다.

성왕(聖王)이 어지러운 시대를 이어받으면서 그 흔적을 쓸어버려 이를
모두 제거하고 다시 교화를 닦아서 높이 일으켰습니다. 교화가 이미 밝

---

75 《전한서(前漢書)》 권56 〈동중서전(董仲舒傳)〉에 나온다.

혀지고 습속도 이미 이루어져 자손들도 이를 좇을 것이니, 5~6백 년을 시행하여도 오히려 실패하지 않을 것입니다."

> 董仲舒曰: "夫萬民之從利也, 如水之走下, 不以教化隄防之不能止也. 是故教化立而姦邪皆止者, 其隄防完也; 教化廢而姦邪並出·刑罰不能勝者, 其隄防壞也. 古之王者明於此, 是故南面而治天下莫不以教化爲大務, 立大學以教於國, 設庠序以化於邑, 漸民以仁, 摩民以誼, 節民以禮, 故其刑罰甚輕而禁不犯者, 教化行而習俗美也. 聖王之繼亂世也, 掃除其迹而悉去之, 復修教化而崇起之, 教化已明·習俗已成, 子孫循之行五六百歲尙未敗也."

신은 이렇게 생각합니다. 동중서의 "인(仁)으로 백성들을 물들이고 마땅함으로 백성들을 어루만지며 예(禮)로써 백성들을 알맞게 한다"라는 이 세 가지 말은 진실로 예로부터 제왕(帝王)이 교화를 닦아 세우는 근본입니다. (동중서의) 이른바 천하를 다스리는 큰일은, 백성들이 그것을 익혀 풍속으로 삼고 자손들이 그것을 따라 다스리는 도(道)로 삼을 것이니 비록 백세(百世)토록 가능할 것인데, 어찌 다만 5~6백 년만 시행하여 실패하지 않는 것이겠습니까.

> 臣按: 董子所謂漸民以仁·摩民以誼·節民以禮是三言者, 是誠自古帝王修教立化之本也. 所謂治天下之大務, 生民習之以爲風俗, 子孫循之以爲治道, 雖百世可也, 豈但行之五六百歲而不敗哉?

이상 교화(敎化)의 도(道)를 총괄하여 논함

以上總論敎化之道

대학연의보

(大學衍義補)

—

권68

교화를 숭상함[崇敎化]

학교를 세워 가르침을 베풂(상)[設學校以立敎(上)]

《주역(周易)》〈이괘(頤卦)〉단전(彖傳)에서 말하였다.

천지가 만물을 기르니, 성인이 현자를 길러서 모든 백성에게 미치게
한다.

《易·頤》之象曰: 天地養萬物, 聖人養賢以及萬民.

정이(程頤)가 말하였다.[1]

"성인(聖人)이 이괘(頤卦)의 도(道)를 힘써 말하였다. 천지의 도는 만
물을 양육하는 것이고, 만물을 양육하는 도는 정도(正道)일 뿐이다. 성

---

1   《이천역전(伊川易傳)》 권2 〈이괘(頤卦)〉 단전(彖傳)에 나온다.

인은 현명하고 재주 있는 자를 길러 천위(天位)를 함께하고 (그들에게) 천록(天祿)을 먹게 하여 천하에 은택을 베풀게 하니, (이는) 현자를 길러서 만백성에게 (영향을) 미치게 하는 것이다."

程頤曰: "聖人極言頤之道, 天地之道則養育萬物, 養育萬物之道正而已矣. 聖人則養賢才與之共天位, 使之食天祿, 俾施澤於天下, 養賢以及萬民也."

신은 이렇게 생각합니다. '이(頤)'의 의미는 기른다는 것입니다. 천지는 만물을 기름에 사람은 곧 만물 중의 한 물(物)이며 성인은 만인 중의 한 사람입니다. 천지가 만물을 기름에 사람과 성인은 모두 천지가 기르는 바의 가운데에 있으니, 성인은 사람 가운데에서 가장 뛰어난 자입니다. 천지가 물(物)을 기르는 인(仁)을 체득하여 사람을 기릅니다. 그러나 천하는 크고 사람들은 많아서 반드시 사람마다 기르고자 하지만, 힘써도 다 공급해 주지 못할 뿐만 아니라 또한 형세로도 미칠 수 없습니다.

이 때문에 많은 사람 가운데 현명한 자를 선택하여 그를 길러서, 그로 하여금 자신[현명한 재]이 천지(天地)가 물(物)을 기르는 마음을 체득한 것을 적용시켜서 사람을 기르게 합니다. 그 관직을 정비하고 그 백성을 분산시키고 그 땅을 나누어 내가 한결같이 보는 인으로써 그들에게 맡겨서 그 마음에 들게 하고 그 눈에 보이게 하되, 그들로 하여금 내가 한결같이 인으로써 보는 것을 대신하게 합니다. 그러나 만약 나라에서 주는 양식으로 그들을 양육하지 않으면 저들은 (일을) 할 겨를이 없고, 의리로써 그들을 양육하지 않으면 저들은 할 일을 알지 못합니다. 그러므로 반드시 먼저 그들을 기른 후에 그들을 등용해야 합니다.

그러나 그들을 기르는 뜻은 절조가 있고 마음에 바른 것으로써 도를 삼아야 합니다. 진실로 그들을 양육하는 데에 바름으로써 하지 않는다면, 만일 전국시대의 전문(田文)[2]이 기른 선비가 삼천여 명에 이르고, 동도(東都: 후한의 수도 낙양)의 연희(延熹)[3] 연간[환제(桓帝) 때]에 태학(太學)의 여러 학생들이 삼만여 명에 이르러도 충분히 난리가 일어난 것과 같으니 (이것이) 과연 무슨 이익이 있겠습니까. 대개 이괘(頤卦)의 도(道)는 기르는 데에 바르면 길하고, 기르는 데에 바르지 않으면 반드시 흉할 것입니다.

臣按: 頤之義養也, 天地養萬物而人乃萬物中之一物, 聖人則萬人中之一人也, 天地養萬物而人與聖人皆在天地所養之中, 聖人於人之中乃其首出者也. 體天地養物之仁, 以養乎人. 然天下之大, 億兆之衆, 必欲人人養育之, 非獨力之不能給, 而亦勢之所不能及也, 是以於衆人之中, 擇其賢者而養之, 使其推吾所以體天地養物之心, 以養乎人人, 釐之以其職, 散之以其民, 裂之以其地. 付之以吾一視之仁, 注之於其心而寄

2 　전문(田文, ?~기원전 279?): 전국시대 제(齊)나라 사람이다. 맹상군(孟嘗君)은 시호 또는 봉호이다. 제나라에서 재상을 지내면서 설(薛) 땅에서 천하의 인재들을 모아 후하게 대접하여 명성과 실력을 과시했다. 나중에 위(魏)나라로 가서 위소왕(魏昭王)의 재상이 되었다.

3 　연희(延熹): 후한(後漢) 환제(桓帝) 유지(劉志)의 여섯 번째 연호로 158년 6월~167년 6월까지 10년간 사용되었으며 연희 10년 6월에 영강(永康) 원년으로 개원되었다.

之於其目, 而使之代吾之視一以仁之也. 然非養之以廩食則彼不假[4]而
爲, 非養之以義理則彼不知所爲, 故必豫有養之, 而後用之也. 然養之
之義, 以貞正爲道. 苟養之不以正, 如戰國之田文, 養士至三千餘人·東
都之延熹, 大學諸生至三萬餘人, 適足以起亂, 果何益哉? 蓋頤之道, 養
正則吉, 養而不正, 其凶必矣.

《서경(書經)》〈우서(虞書) 순전(舜典)〉에서 말하였다.

"순(舜)임금이 말하기를 '기(夔)야, 너를 전악(典樂)으로 명하니, 주자(冑
子: 임금의 맏아들)를 가르치되 곧으면서도 온화하며 너그러우면서도 엄하
며【栗은 씩씩하고 공경스러움[莊敬]이다.】, 강하지만 사나움이 없으며【無는 무
(毋)와 같다.】 대범하지만 오만함이 없게 해야 한다. 시(詩)는 뜻을 말한 것
이요, 가(歌)는 말을 길게 읊는 것이요, 성(聲)은 길게 읊음에 의지한 것이
요, 율(律)은 읊는 소리를 조화시키는 것이니, 팔음(八音)[5]이 잘 어울려 서
로 차례를 빼앗음이 없어야 신(神)과 사람이 조화를 이룰 것이다.'라고 하
였다."

---

4 假:《대학연의보(大學衍義補)》사고전서본에는 '暇'로 되어 있어, 번역에서는 이를 따른다.
5 팔음(八音): 악기제작 때 쓰이는 여덟 가지 재료 또는 재료에 의한 악기분류법의 기본으
로 쓰였다. 쇠·돌·실·대나무·나무·가죽·박·흙의 총칭이다. 팔음의 대표적인 악기로는
쇠는 편종(編鍾)·특종(特鍾), 돌은 편경(編磬)·특경(特磬), 실은 금(琴)·가야금(伽倻琴)·현금(玄
琴) 등, 대나무는 소(簫)·대금(大笒)·피리(觱篥) 등, 나무는 축(柷)·어(敔)·박(拍) 등, 가죽은 장
구·북·건고(建鼓) 등, 박은 생황·화(和)·우(竽), 흙은 훈(塤)·부(缶) 등이 있다.

〈舜典〉: 帝曰: "夔, 命汝典樂, 敎胄子, 直而溫, 寬而栗【莊敬也】, 剛而無【與毋同】虐, 簡而無【與毋同】傲. 詩言志, 歌永言, 聲依永, 律和聲. 八音克諧, 無相奪倫, 神人以和."

주희(朱熹)가 말하였다.[6]

"주(胄)는 맏아들이니, 천자(天子)로부터 경대부(卿大夫)까지의 적자(適子)이다. 무릇 사람이, 곧은 자는 반드시 온화함이 부족하여 온화하고자 하고, 너그러운 자는 반드시 엄함이 부족하여 엄하고자 한 것이니, 이 때문에 치우칠 것을 염려하여 보완한 것이다. 강한 자는 반드시 사나움에 이르므로 사나움이 없고자 하고, 대범한 자는 반드시 오만함에 이르므로 오만함이 없고자 한 것이니, 이 때문에 그 지나침을 막아 경계하고 금지하는 것이다.

맏아들을 가르치는 자는 이와 같고자 하되 이들을 가르치는 도구는 또 오로지 음악에 달려 있다. 가령 《주례(周禮)》에 대사악(大司樂)[7]이 성균(成均: 太學)의 법을 관장하여 국가의 자제들을 가르치고, 공자(孔子) 또한 '시(詩)에서 일으켜 악(樂)에서 완성한다.'[8]라고 하였다. 이 때문에

---

6 《서경집전(書經集傳)》 〈우서(虞書) 순전(舜典)〉에 나온다.

7 대사악(大司樂): 중국 주(周)나라 악관(樂官)의 장이다. 《주례(周禮)》에 따르면 주나라의 통치 조직은 육관(六官)으로 이루어졌는데, 그 가운데 춘관(春官)은 그 장관이 대종백(大宗伯)으로 제사와 조빙 및 회합 등의 예의를 관장했는데, 대사악은 이 춘관에 소속되어 있었다.

8 시(詩)에서 … 완성한다: 《논어(論語)》 〈태백(泰伯)〉에 나온다. "공자(孔子)가 말하기를 '시(詩)에서 흥기시키며, 예(禮)에 서며, 악(樂)에서 완성한다.'라고 하였다."

사악하고 더러움을 씻어 내고 배부른 것을 헤아리며 혈맥(血脈)을 잘 움직이게 하고 정신(精神)을 잘 통하게 하여 중화(中和)의 덕을 길러서 기질의 치우침을 구제하는 것이다."

朱熹曰: "冑, 長也, 自天子至卿大夫之適子也. 凡人直者必不足於溫, 故欲其溫, 寬者必不足於栗, 故欲其栗, 所以慮其偏而輔翼之也; 剛者必至於虐, 故欲其無虐, 簡者必至於傲, 故欲其無傲, 所以防其過而戒禁之也. 敎冑子者欲其如此, 而其所以敎之之具則又專在於樂. 如《周禮》大司樂掌成均之法以敎國子弟, 而孔子亦曰'興於詩, 成於樂', 蓋所以蕩滌邪穢·斟酌飽滿·動盪血脉·流通精神, 養其中和之德而救其氣質之偏者也."

신은 이렇게 생각합니다. 순(舜)임금이 이미 설(契)에게 명하여 사도(司徒)로 삼아 오교(五敎)를 펴게 하였고, 또한 백이(伯夷)에게 명하여 전례(典禮)로 삼은 뒤에, 기(夔)에게 명하여 전악으로 삼아 맏아들을 가르치게 하였습니다. 대개 사도가 편다는 것은 천하에 가르침을 펴는 것이고, 전악이 가르친다는 것은 국학(國學)에서 가르침을 전담하는 것입니다.

주자(冑子)는 천자의 맏아들과 여러 아들, 여러 공(公)·경(卿)·대부(大夫)·원사(元士)의 적자(適子)로, 모두 장차 천하와 국가를 맡을 사람들이기에 미리 가르치는 법도가 없어서는 안 됩니다. 그러나 그들을 가르치는 것은 그 자질을 따르는 데에 있으니, 보완하고 경계하여 그 알맞은 데로 나아가 혹시라도 치우치지 않게 해야 합니다.

그러나 그 보여 주는 것으로 교화하는 것은 그 소리로써 교화하는 것만 못하기에 전악의 관직에 오로지 명하셔서 가르치고 인도하는 임무를 맡겼습니다. 대개 비흥(比興)⁹과 부영(賦詠: 시문을 짓고 읊음) 사이에서 흥기하고 목소리[聲音]와 절주(節奏: 리듬)의 밖에서 조화시키니, 혈맥은 여기에서 잘 움직이고 정신은 여기에서 잘 흐르고 사악하고 더러움은 여기에서 씻기고 찌꺼기는 여기에서 다 없어집니다. 진실로 오랫동안 열심히 일하니 자연히 도덕에 조화되고 따르게 되어 그렇게 된 까닭을 알지 못합니다. 그렇게 계속하면 기질의 아름다움은 이에 더욱 아름다워지고, 기질의 치우침은 이에 치우치지 않게 됩니다.

훗날에 하늘을 받들어 즉위하여 나라에서 임금노릇하고, 백성을 사랑하며, 정사를 뒤고 일을 세움은 모두 넉을 이루고 재주가 온전한 사람을 얻어 그를 등용하는 것입니다. 제왕의 시대에 악(樂)으로써 사람을 가르치는 뜻이 이와 같지만 후세에 다시는 이러한 뜻을 알지 못하니, 학교를 세움에 예(禮)로써 가르침을 삼아야 함을 아는 경우는 진실로 드뭅니다. 하물며 악(樂)을 가르침으로 삼는 경우이겠습니까. 바야흐로 가르침을 받는 처음에는 예악(禮樂)이 어떤 것인지 알지 못하여서 써야 될 때에도 한결같이 예악을 쓸데없는 형식으로 보았으니, 인재들이 옛날처럼 많아지고 다스리는 도(道)가 융성해지고자 하여도 어려울 것입니다.

---

9 비흥(比興):《시경(詩經)》의 육의(六義) 가운데에 비(比)와 흥(興)을 말한다. 비(比)는 저 사물에 이 사물을 비유한 것이고, 흥(興)은 먼저 다른 사물을 말하여 읊고자 하는 말을 흥기시키는 것이다.

臣按: 舜旣命契爲司徒敷五教, 而又於命伯夷典禮之後, 命夔典樂教冑子, 蓋司徒之所敷者, 布其敎於天下, 典樂之所敎者, 專其敎於國學也. 冑子者, 天子之元子衆子, 與公·卿·大夫·元士之適子, 皆將有天下國家之責者, 不可無豫敎之法. 然所以敎之者, 在因其資質而輔翼防範之, 使皆適其中而無或偏焉. 然化之以其形, 不若化之以其聲, 於是專命典樂之官, 以司敎導之任. 蓋興起之於比興·賦詠之間, 調和之於聲音·節奏之外, 血脉於是乎動盪, 精神於是乎流通, 邪穢於是乎滌蕩, 査滓於是乎消融, 眞積力久, 自然和順於道德, 有莫知其所以然者矣. 向也氣質之美者, 於是而益美, 偏者, 於是而不偏, 他日承天而踐祚·君國而子民·修政而立事, 皆得成德全才之人而用之矣. 帝世以樂敎人之意如此, 後世不復知此意, 學校之設, 其知以禮爲敎也, 固鮮矣, 況樂乎? 方其受敎之初也, 不知禮樂爲何物, 及其臨用之際, 一視禮樂以[10]虛文, 而欲人才之復古, 治道之隆盛, 難矣!

《시경(詩經)》〈대아(大雅) 역박(棫樸)〉 시(詩)에서 말하였다.

"큰【倬은 큼[大]이다.】 저 운한(雲漢)이여【雲漢은 하늘의 은하(銀河)이다.】,

하늘에 문장【章은 문장(文章)이다.】이 되었도다.

주왕(周王)이 수(壽)를 누리시니,

어찌【遐는 하(何)와 같다.】 사람을 진작시키지 않으시리요."

---

10 以:《대학연의보(大學衍義補)》 사고전서본에는 '爲'로 되어 있어, 번역에서는 이를 따른다.

〈大雅·棫樸〉詩曰: 倬【大也】彼雲漢【天河】, 爲章【文章】于天周王▨[11]考, 遐【與何同】不作人.

주희(朱熹)가 말하였다.[12]

"운한(雲漢)은 하늘의 은하(銀河)이니, 기성(箕星)과 두성(斗星) 두 별 사이에서 하늘 끝까지 뻗쳐 있다. 문왕(文王)은 97세에 별세하였다. 그러므로 수고(壽考)라고 말한다. 작인(作人)은 변화시키고 고무시킴을 말한다."

朱熹曰: "雲漢, 天河也, 在箕斗二星之間, 其長竟天. 文王九十七乃終, 故言壽考. 作人, 謂變化鼓舞之也."

조거정(曹居貞)[13]이 말하였다.[14]

"작(作)은 기세를 북돋우고 움직이게 한다는 의미이다. 상(商)나라의 말기에 선비의 기개가 매우 비루하고 쇠약해지니, 기세를 북돋아 떨쳐 일으키는 것이 아니라면 어찌 스스로 분발하여 이룰 수 있겠는가."

---

11 ▨: 《대학연의보(大學衍義補)》 사고전서본에는 '壽'로 되어 있어, 번역에서는 이를 따른다.
12 《시경집전(詩經集傳)》 〈대아(大雅) 역박(棫樸)〉에 나온다.
13 조거정(曹居貞): 원(元)나라 때 사람으로, 《시의발휘(詩義發揮)》를 지었다.
14 《시전대전(詩傳大全)》 권16 〈대아(大雅) 역박(棫樸)〉 세주에 나온다.

《시경(詩經)》〈대아(大雅) 한록(旱麓)〉 시(詩)에서 말하였다.

"솔개는 날아 하늘에 이르거늘,
물고기는 못에서 뛰어오르도다.
뛰어난 군자(君子)여!
어찌 사람을 진작시키지 않으리오?"

주희(朱熹)가 말하였다.[15]

"솔개가 날면 하늘에 이르고 물고기가 뛰어오르면 못에서 나오니, '뛰어난 군자이면서도 어찌 사람을 진작시키지 않겠는가.'라는 것은 반드시 사람을 진작시킴을 말한다."

---

15 《시경집전(詩經集傳)》〈대아(大雅) 한록(旱麓)〉에 나온다.

《시경(詩經)》〈대아(大雅) 사제(思齊)〉시(詩)에서 말하였다.

"이러므로 성인(成人)【관례(冠禮)를 행한 사람 이상을 성인(成人)이라고 한다.】들은 덕이 있으며,

동자(童子, 小子)【(小子는) 동자(童子)이다.】들은 일함이 있으니【(造는) 함[爲]이다.】,

옛사람이 싫어함이 없는지라,

선비들을 칭찬하여 준걸스럽게 하셨도다【(譽는) 명예[名]이다.】【(髦는) 뛰어남[俊]이다.】."

《思齊》詩曰: 肆成人【冠以上爲成人】有德, 小子【童子】有造【爲也】. 古之人無斁, 譽【名也】髦【俊也】斯士.

주희(朱熹)가 말하였다.[16]

"옛사람은 문왕(文王)을 가리킨다. 문왕의 덕(德)이 일에서 드러난 것이 이와 같으므로 한 시대의 인재가 모두 성취하는 바를 얻었다. 대개 덕이 순수함에 말미암아 그치지 않았기 때문에, 이 선비들로 하여금 모두 천하에 명예를 얻고 그 뛰어난 아름다움을 이루게 함을 말한 것이다."

朱熹曰: "古之人指文王也. 言文王之德見於事者如此, 故一時人材皆得其所成就, 蓋由其德純而不已, 故令此士皆有譽於天下而成其俊又[17]之美也."

---

16 《시경집전(詩經集傳)》〈대아(大雅) 사제(思齊)〉에 나온다.

여조겸(呂祖謙)이 말하였다.[18]

"성인이 만세에 영향을 미치는 것은 사람을 진작시키는 것보다 더 큰 것은 없으니, 천지가 끊임없이 이어지는 큰 덕을 잇는 것이다. 그러므로 이 시는 이것으로 끝마쳤다. 문왕(文王)이 싫증내지 않음[無斁][19]과 공자(孔子)가 남을 가르치는 데에 싫증내지 않음[誨人不倦][20]은 그 마음이 하나이다."

呂祖謙曰: "聖人流澤萬世者, 無有大於作人, 所以續天地生生之大德也, 故此詩以是終焉. 文王之無斁·夫子之誨人不倦, 其心一也."

신은 이렇게 생각합니다. 학교를 세우는 것은 인륜을 밝히고 현명한 사람을 기르기 위해서입니다. 대개 윤리와 사람의 관계는 사람마다 그것을 가지고 있지만 사람마다 그 도(道)를 다할 수는 없습니다. 성인이 이에 어리고 뛰어난 자를 선발해서 학궁(學宮)에 모아 가르치되, 그 도를 강론하여 밝혀서 그렇게 된 까닭[所以然]과 마땅히 그러해야 하는 바[所當然]를 참으로 알게 하여 분명하게 의심하지 않게 합니다. 그

---

17 又: 《시경집전(詩經集傳)》 및 《대학연의보(大學衍義補)》 사고전서본에는 '乂'로 되어 있어, 번역에서는 이를 따른다.

18 《여씨가숙독시기(呂氏家塾讀詩記)》 권25 〈정대아(正大雅) 문왕지십(文王之什) 사제(思齊)〉에 나온다.

19 문왕이 … 않음[無斁]: 《시경(詩經)》 〈갈담(葛覃)〉에 나온다.

20 공자가 … 않음[誨人不倦]: 《논어(論語)》 〈술이(述而)〉에 나온다. "공자가 말하기를 '묵묵히 기억하며 배우고 싫어하지 않으며 사람 가르치기를 게을리하지 않는 것, 이 중에 어느 것이 나에게 있겠는가.'라고 하였다."

러면 훗날에 그를 등용하여 천하의 업무를 다스리고 천하의 사람들을 다스리게 합니다. 신하가 되면 충성하고 자식이 되면 효도하며, 일에 임하면 구차하게 피하지 않고 의(義)를 보면 반드시 용감합니다. 평소에는 안색을 범하더라도 감히 간언하고 어려움을 당하면 의로운 것을 따르며 절개를 위해 죽습니다. 자신이 천하의 무거움을 감당하고 세도(世道)의 책임을 담당하는 것을 생각함에, 그 기본은 여기에서 쌓이고 그 변화의 열쇠는 여기로부터 옮겨갑니다.

이치[理]는 진실로 강학하여 밝히는 것을 중요하게 여기고 기(氣)는 더욱 진작시키는 데에 달려 있습니다. 반드시 위에 있는 사람이 그 도에 오래 머물러 선함으로 힘써 가르쳐 펴서 그 핵심[機栝]에 해당되게 하고, 공손함으로써 기쁘고 편안하게 하여 풀어 그 모임에 맞게 합니다. 고무시키고 진작시켜 그들로 하여금 감발하고 흥기하는 마음이 들게 하여 서로 통하는 뜻에 기뻐하게 하면 하늘에서 얻은 넓고 강대한 것이 천지의 사이에 가득차서 부족하지 않을 것입니다.

그러나 평소에 그 기를 진작시켜 놓지 않으면 어찌 훗날 등용할 만한 자를 얻을 수 있겠습니까. 《시경(詩經)》에서는 문왕(文王)의 시대에 선비가 많고 국가가 평안하다고 칭송하였는데, 대개 사람을 진작시킨 효과에서 얻어진 것입니다.

臣按: 學校之設所以明倫兼育賢也, 蓋倫理之在人, 人人有之而不能人人盡其道, 聖人於是選其少俊者聚之學宮而敎之, 俾講明其道而眞知其所以然·與其所當然而決然不疑焉, 則異日用之以理天下之務·治天下之人, 爲臣則忠·爲子則孝, 臨事則不苟避·見義則必勇爲, 平居則犯顏敢諫·臨難則仗義死節而思以其身當天下之重任, 世道之責, 其基本於

是乎積累, 其機括由是乎轉移也. 理固貴乎講明而氣尤在乎振作, 要必
上之人久於其道凱以强敎之而張之, 當其機弟以說安之而弛之, 適其會
鼓而舞之・振而作之, 使之有感發興起之心・歡欣交通之志, 則其得之
於天, 浩然剛大者塞乎天地之間而不餒矣. 然非有以作其氣於平日, 安
能得其用於異日哉?《詩》稱文王之世濟濟多士而國家以寧者, 蓋有以
獲乎作人之效也.

《시경(詩經)》〈대아(大雅) 영대(靈臺)〉 시(詩)에서 말하였다.

"아, 질서정연하게【(論은) 차례[倫]이다.】 종(鐘)을 침이여.

아, 즐거운 벽옹(辟廱)에서 하도다【(辟은) 벽(璧)과 상통한다.】【(廱은) 못[澤]이
다.】."

《靈臺》詩曰: 於論【倫也】鼓鍾, 於樂辟【璧[21]通】廱【澤也】.

주희(朱熹)가 말하였다.[22]

"벽옹(辟廱)은 천자의 학궁(學宮)이니, 대사례(大射禮)를 행하는 곳이
다. 물이 언덕을 돌아 둥근 옥[璧]과 같아서 구경하는 자를 제한한다.

---

21 璧:《대학연의보(大學衍義補)》사고전서본,《시경집전(詩經集傳)》〈대아(大雅) 영대(靈臺)〉에는
'璧'으로 되어 있어, 번역에서는 이를 따른다.

22 《시경집전(詩經集傳)》〈대아(大雅) 영대(靈臺)〉에 나온다.

그러므로 벽옹이라 한다."

朱熹曰: "辟雝, 天子之學, 大射行禮之處也. 水旋丘如壁[23]以節規[24]者,
故曰辟雝."

신은 이렇게 생각합니다. 선대의 유학자인 진력(陳櫟)은 "〈영대(靈臺)〉
한 시에는 벽옹(辟雝)의 가르침이 있다. 대(臺)와 못[池], 새와 짐승(鳥獸),
종과 북[鍾鼓]의 즐거움은 즐거움이 드러난 것이니 그 즐거움은 외적인
것이고, 벽옹, 교화(教化), 도의(道義)의 즐거움은 즐거움의 근본인 것이
니 즐거움의 내적인 것이다."[25]라고 하였습니다. 선왕(先王)의 융성한
시대는 즐거움에 근본해서 교육하였으니 현명한 인재를 고무시키고,
기쁘게 하는 것은 그 있는 곳에 따라 그 방법이 있었음을 볼 수 있습
니다.

臣按: 先儒謂《靈臺》一詩, 辟雝之教寓焉. 臺池鳥獸·鍾鼓之樂, 樂之
形也, 其樂也外; 辟雝·教化·道義之樂, 樂之本也, 其樂也內. 可見先
王盛時本樂以爲教, 所以鼓舞作興乎賢才者, 隨所在而有也.

---

23 壁:《대학연의보(大學衍義補)》사고전서본,《시경집전(詩經集傳)》〈대아(大雅) 영대(靈臺)〉에는
'璧'으로 되어 있어, 번역에서는 이를 따른다.

24 規:《대학연의보(大學衍義補)》사고전서본,《시경집전(詩經集傳)》〈대아(大雅) 영대(靈臺)〉에는
'觀'으로 되어 있어, 번역에서는 이를 따른다.

25 〈영대(靈臺)〉 … 것이다:《시전대전(詩傳大全)》〈대아(大雅) 영대(靈臺)〉의 세주에 나온다.

《시경(詩經)》〈대아(大雅) 문왕유성(文王有聲)〉에서 말하였다.

"호경(鎬京)[26]의 벽옹(辟雍)에,

서쪽으로부터 동쪽으로부터

남쪽으로부터 북쪽으로부터

생각하여 복종하지 않는 이가 없으니,

황왕(皇王)이 훌륭한 군주【증(烝)은 임금[君]이다.】이시도다."

《文王有聲》曰: 鎬京辟雝. 自西自東, 自南自北, 無思不服. 皇王烝【烝, 君也】哉.

장재(張載)[27]가 말하였다.[28]

---

26 호경(鎬京): 중국 주(周)나라 초기의 수도로, 섬서성 서안(陝西省 西安)의 서남쪽에 있었다. 주나라가 동쪽 낙읍(洛邑, 낙양洛陽)으로 동천(東遷)하자, 진(秦)이 차지하여 강대국이 되었고 주는 동천 이후 쇠망하게 되었으며, 이로부터 춘추시대가 시작되었다.

27 장재(張載, 1020~1077): 북송 봉상(鳳翔) 미현(郿縣) 사람이다. 자는 자후(子厚)고, 호는 횡거선생(橫渠先生)이며, 시호는 명공(明公)이다. 인종(仁宗) 가우(嘉祐) 2년(1058) 진사(進士)가 되고, 운암령(雲巖令)이 되었다. 신종(神宗) 희녕(熙寧) 초에 숭문원교서(崇文院校書)에 올랐다. 얼마 뒤 병으로 사직하고 남산(南山) 아래서 지내면서 독서와 강학을 병행했다. 10년(1077) 여대방(呂大防)의 천거로 지태상례원(知太常禮院)이 되었지만 병으로 사직하고 돌아오는 도중 죽었다. 문인들이 명성(明誠)이라 시호를 하려고 했지만 나중에 헌(獻)으로 정해졌다. 영종(寧宗) 가정(嘉定) 때 명공(明公)이란 시호가 내려졌다. 송나라 이학(理學)을 창시한 오현(五賢) 가운데 한 사람이다. 관중(關中)에서 강학했기 때문에 학문을 관학(關學)이라 부른다. 정호(程顥), 정이(程頤) 형제와 함께 《주역》을 강론했고, 이단을 버리고 《주역》과 《중용》을 정밀히 탐구하여 신유학의 기초를 세웠다. 기일원론(氣一元論)은 왕정상(王廷相), 왕부지(王夫之), 대진(戴震) 등에 의해 계승 발전되었고, 인성론(人性論)은 주희(朱熹)에 의해 계승 발전되었다. 저서에 《정몽(正蒙)》과 《횡거역설(橫渠易說)》, 《경학이굴(經學理窟)》, 《장자전서(張子全書)》가 있다.

"영대(靈臺)의 벽옹은 문왕(文王)의 학궁이고, 호경(鎬京)의 벽옹은 무왕(武王)의 학궁이니, 이때에 이르러 비로소 천자의 학궁이 되었다."

張載曰: "靈臺辟廱, 文王之學也; 鎬京辟廱, 武王之學也, 至此始爲天子之學矣."

주희(朱熹)가 말하였다.[29]

"호경(鎬京)은 무왕(武王)이 경영한 것이다. 이는 무왕이 호경으로 천도하여 강학하고 예(禮)를 행하니, 천하 사람들이 스스로 복종함을 말한다."

朱熹曰: "鎬京, 武王所營也. 此言武王徙居鎬京, 講學行禮而天下自服也."

신은 이렇게 생각합니다. 벽옹(辟廱)의 학궁은 문왕(文王) 때에 이미 있었는데, 무왕이 천하를 소유하게 됨에 비로소 오로지 천자(天子)의 학궁으로 되었습니다.

臣按: 辟廱之學, 自文王已有之, 至武王有天下始專以爲天子之學焉.

---

28 《시경집전(詩經集傳)》〈대아(大雅) 문왕유성(文王有聲)〉 장자(張子)의 주(註)에 나온다.

29 《시경집전(詩經集傳)》〈대아(大雅) 문왕유성(文王有聲)〉에 나온다.

《시경(詩經)》〈정풍(鄭風) 자긍(子衿)〉모시서(毛詩序)[30]에서 말하였다.

《시경》〈정풍 자긍〉은 학교가 폐지됨을 풍자한 시이니, 세상이 혼란해 지면 학교가 제대로 운영되지 않게 된다.

《詩序》:《子衿》, 刺學狡[31]廢也, 亂世則學狡[32]不修焉.

신은 이렇게 생각합니다. 잘 다스려지는 시대에는 학교가 잘 운영되 지 않는 경우가 없으니, 학교의 없어지는 것은 반드시 말세에 나타납 니다.

臣按: 治世未有不修學狡[33]者, 學狡[34]之廢必見於末季之世.

《시경(詩經)》〈소아(小雅) 청청자아(菁菁者莪)〉모시서(毛詩序)에서 말하였다.

《시경》〈소아 청청자아〉는 인재를 기름을 즐거워한 시이니, 군자가 인 재를 잘 키우고 기른다면 천하가 기뻐하고 즐거워하게 된다.

30 모시서(毛詩序): 전한(前漢) 초에 모형(毛亨)과 모장(毛萇)에 의해 전해지는데, 그 학(學)의 근거 는 자하(子夏)라고 한다. 지금 우리가 읽고 있는 305편의 시가 수록되어 있는 《시경(詩經)》 은 모두 모시(毛詩)이다. 모시서(毛詩序)는 각 시에 서문(序文)을 단 것을 말한다.

31 狡:《대학연의보(大學衍義補)》사고전서본에는 '校'로 되어 있어, 번역에서는 이를 따른다.

32 狡:《대학연의보(大學衍義補)》사고전서본에는 '校'로 되어 있어, 번역에서는 이를 따른다.

33 狡:《대학연의보(大學衍義補)》사고전서본에는 '校'로 되어 있어, 번역에서는 이를 따른다.

34 狡:《대학연의보(大學衍義補)》사고전서본에는 '校'로 되어 있어, 번역에서는 이를 따른다.

> 《小雅·菁菁者莪》, 樂育材也. 君子能長育人材, 則天下喜樂之矣.

신은 이렇게 생각합니다. 이 두 시(詩)에 대해, 주희(朱熹)의 《시경집전(詩經集傳)》에서는 모두 모시서(毛詩序)의 설명이 잘못되었다고 하였지만, 〈백록동부(白鹿洞賦)〉를 지어서는 '유생[青衿]의 의문을 넓힘'이라고 하였고, 또 '인재를 교육하는 즐거움'이라고 드러내 보였으니, 또 모시서의 설명을 인용한 것입니다.

대개 이 두 시는 학교 때문에 지었으니, 한(漢)나라 이래로 그러하였습니다. 비록 그 시 가운데 말한 것이 모시서의 설명과 비슷한 것은 아니지만, 모시서에서 말한 '어지러운 시대에는 학교가 폐해지고 잘 다스려지는 시대에는 현명한 인재를 즐겁게 기른다'라는 말에서, 세상의 잘 다스려짐과 혼란은 인재의 유무에 관계되고, 인재의 유무는 학교의 흥망에서 비롯됨을 볼 수 있습니다. 그렇다면 학궁을 정비하고 현명한 인재를 교육함은 배우는 자들[青青自衿]35로 하여금 기쁘고 즐거운 마음은 있고 경박하고 방탕한 잘못은 없도록 한 것이니, 어찌 왕정(王政)의 큰 일이 아니겠습니까.

> 臣按: 此二詩朱熹《集傳》皆以其序說爲非, 及觀所作《白鹿洞賦》有日

---

35 배우는 자들[青青自衿]: 《시경(詩經)》 〈정풍(鄭風) 자금(子衿)〉에 "푸르고 푸른 그대의 옷깃이여[青青自衿], 아득하고 아득한 나의 그리움이로다[悠悠我心]."라고 하였다. 청금(青衿)은 푸른 옷깃으로 배우는 자들이 입는 것이다. 이후에 이로 인하여 학자(學子)나 생원(生員)을 자금(子衿)이라고 하였다.

《시경(詩經)》〈노송(魯頌) 반수(泮水)〉 모시서(毛詩序)에서 말하였다.

《시경》〈노송 반수〉는 희공(僖公)이 반궁(泮宮)을 잘 수리함을 칭송한 시이다. 송(頌)은 모두 8장인데, 첫 장에서 "【(思는) 발어사이다.】즐거운 반수(泮水)【(泮水는) 반궁(泮宮)의 물이다.】에 잠깐 미나리【(芹은) 수채(水菜)이다.】를 뜯노라. 노후(魯侯)가 이르시니【(戾는) 이름[到]이다.】 그 깃발을 보리로다. 그 깃발이 펄럭이며【(筏筏은) 드날림[飛揚]이다.】 방울소리 홰홰(噦噦)히【(噦噦는) 조화로움[和]이다.】 울리니 작은 사람 큰 사람 없이 공(公)을 따라 가도다."라고 하였다.

---

36 闥:《대학연의보(大學衍義補)》 사고전서본에는 '達'로 되어 있어, 번역에서는 이를 따른다.

주희(朱熹)가 말하였다.[37]

"제후(諸侯)의 학(學)과 향사(鄕射)의 궁(宮)을 반궁(泮宮)이라고 말하니, 그 동서남방에 물이 있어서 그 물의 형태가 반쪽짜리의 둥근 옥[半璧]과 같은데, 벽옹(辟廱)의 반이 되기 때문에 반수(泮水)라고 이르고 궁을 또한 반궁이라 명명한 것이다. 이는 반궁에서 술을 마시면서 송축(頌祝)하는 내용이다."

> 朱熹曰: "諸侯之學鄕射之宮謂之泮宮, 其東西南方有水, 形如半璧, 以其半於辟廱, 故曰泮水, 而宮亦以名也. 此飮泮宮而頌禱之祠.[38]"

항안세(項安世)[39]가 말하였다.[40]

"옛날에 반궁(泮宮)을 만든 것은 그 이치는 경(經)에서 보이지 않고 《시경(詩經)》에만 있으니, 〈반수(泮水)〉 처음 세 장(章)의 경우는 임금과 재상이 서로 더불어 이것을 즐길 뿐이라고 말한 것이고, 〈반수〉 네 번째 장 이하는 배움의 법으로, 그 덕을 공경하는 것으로부터 그 덕을 밝히는 데 이르고, 그 덕(德)을 밝혀서 그 마음을 넓히는 데 이르고, 그 마음을 넓혀서 진실로 그 도모함을 이루는 데에 이르니, 이것이 배움

---

37 《시경집전(詩經集傳)》〈노송(魯頌) 반수(泮水)〉에 나온다.

38 祠: 《대학연의보(大學衍義補)》 사고전서본에는 '詞'로 되어 있어, 번역에서는 이를 따른다.

39 항안세(項安世, ?~1208): 송(宋)나라 강릉(江陵) 사람으로 자는 평부(平父)고, 호는 평암(平庵)이다. 경원(慶元) 연간에 글을 올려 주희(朱熹)를 유임하라고 했다가 탄핵을 받고 위당(僞黨)으로 몰려 파직되었다가 복직되었다. 저서에 《주역완사(周易玩辭)》와 《항씨가설(項氏家說)》, 《평암회고(平庵悔稿)》 등이 있다.

40 항안세(項安世)의 〈지강현신학기(枝江縣新學記)〉에 나온다.

의 근본이다. 위의(威儀)와 효제(孝弟)를 스스로 닦는 것으로부터 군대[師旅]와 형벌[獄訟]을 교육하는 것을 이루게 되고, 군대와 형벌을 교육하는 것으로부터 군마와 병장기가 정밀하고 뛰어난 것이 지극하게 되니, 이것이 배움의 일이다. 열조(列朝)의 정성을 거울삼는 것으로부터 많은 선비들이 그 덕에 교화되게 되고, 많은 선비들이 그 덕에 교화됨으로부터 멀리 있는 오랑캐가 그 도(道)에 복종하게 되니, 이것이 배움의 공적이다."

項安世曰: "古之爲泮宮者, 其條理不見於經而有詩在焉, 首三章則言其君相之相與樂此而已, 自四章以下乃其學法自敬其德而至於明其德, 明其德而至於廣其心, 廣其心而至於固其謀終焉, 此則學之本也; 自威儀·孝弟之自修而達於師旅·獄訟之講習, 自師旅·獄訟之講習而極於車馬·器械之精能, 此則學之事也; 自烈祖之鑒其誠而至於多士之化其德, 自多士之化其德而至於遠夷之服其道, 此則學之功也."

신은 이렇게 생각합니다. 반궁(泮宮)을 세움은 《춘추(春秋)》에 기록하지 않아서 많은 사람들이 의심스럽게 여겼는데, 주희(朱熹)는 [《시경(詩經)》〈노송(魯頌) 반수(泮水)〉를] 송축하는 내용이라고 하였습니다. 대개 《춘추》는 일상적인 일은 기록하지 않았는데, 학교의 정비는 국가의 일상적인 일에 해당되기 때문입니다. 그러나 이 시(詩)로 인하여 옛 사람이 학교를 정비하는 것을 자세히 볼 수 있으니, 비록 송축하는 내용이라고는 했으나 역시 삼대(三代) 융성한 시기의 학교의 일이 그 관계됨은 항씨[項安世]가 미루어 생각한 것과 같음을 알 수 있습니다. 후세에 학궁은 세웠는데 잘 알지 못해서 학생을 가르치고 글 읽는 곳으로 삼아 독서하고 시험 보는 이외에는 하는 일이 하나도 없었으니, 비록 이름만 남고 실제는 없다고 하여도 지나치지 않습니다.

臣按: 泮宮之作不書於《春秋》, 說者多以爲疑, 而朱熹以爲頌禱之辭, 蓋《春秋》常事不書, 學校之修乃有國之常事故也. 然因此詩以考見古人學校之條理, 雖曰頌禱之辭, 然亦可見三代盛時學校之事, 其關係有如項氏所推究者. 後世設學乃顓顓以爲敎讀學生之所, 其於讀書作課之外一無所事, 雖謂之名存實亡, 不爲過矣.

《주례(周禮)》〈천관총재(天官冢宰)〉에서 말하였다.

대재(大宰)는 아홉 가지의 짝[九兩]으로 나라의 백성을 연계시킨다.[41] 셋째는 사(師)를 세워 어진 사람으로 백성을 얻음이며, 넷째는 유(儒)를 세워 도(道)로써 백성을 얻음이며, 여덟째는 우(友)를 세워 임무로써【(任은) 일로 임무를 돕는 것이다.】백성을 얻음이다.

《周禮》: 大宰以九兩繫邦國之民, 三曰師, 以賢得民; 四曰儒, 以道得民; 八

---

41 대재(大宰)는 … 연계시킨다:《주례(周禮)》〈천관총재(天官冢宰)〉에 "첫째, 목(牧)을 임명해 땅으로 백성의 마음을 얻는다. 둘째, 제후[長]를 임명해 귀한 것으로 백성의 마음을 얻는다. 셋째, 스승[師]을 세워서 어진 사람으로 백성의 마음을 얻는다. 넷째, 유(儒)를 세워서 도(道)로써 백성의 마음을 얻는다. 다섯째, 종(宗)을 세워 종족으로 백성의 마음을 얻는다. 여섯째, 관리[主]를 세워서 이익으로 백성의 마음을 얻는다. 일곱째, 말단관리[吏]를 세워서 다스림으로 백성의 마음을 얻는다. 여덟째, 우(友)를 세워 임무를 맡겨서 백성의 마음을 얻는다. 아홉째, 수(藪)를 세워서 부(富)로 백성의 마음을 얻는다."라고 하였다.

《주례(周禮)》〈지관사도(地官司徒)〉에서 말하였다.

대사도(大司徒)는 본래의 풍속 여섯 가지로 만백성을 편안하게 한다.[42]
넷째는 사(師)와 유(儒)를 연대하게 함이며, 다섯째는 붕우를 연대하게 함
이다.

섭시(葉時)[43]가 말하였다.[44]

"대재(大宰)를 세워 나라의 아홉 가지의 짝[九兩]으로 (나라의 백성을)
연계시키고 사도를 참여시켜서 만백성의 여섯 가지 풍속[六俗]을 편안
하게 하니, 모두 사(師)와 유(儒)로써 그 가운데에서 행하게 하는 것이
다. 진실로 구량(九兩) 가운데 사와 유의 연계가 없으면 인심이 맑아지

---

42 대사도(大司徒)는 … 한다:《주례(周禮)》〈지관사도(地官司徒)〉에 "본래의 풍속 여섯 가지로 만
백성을 편안하게 한다. 첫째, 사는 집을 아름답게 꾸미게 한다. 둘째, 종족의 분묘를 함께
하도록 한다. 셋째, 형제는 서로 합하게 한다. 넷째, 사(師)와 유(儒)를 연대하게 한다. 다섯
째, 붕우를 연대하게 함이다. 여섯째, 의복을 함께하게 한다."라고 하였다.

43 섭시(葉時): 남송 임안(臨安) 전당(錢塘) 사람으로 자는 수발(秀發)이고, 자호는 죽야우수(竹野愚
叟)이다. 이부상서(吏部尙書), 현모각학사(顯謨閣學士) 등을 지냈다.《주례(周禮)》에 밝았다. 저
서에《예경회원(禮經會元)》과《죽야시집(竹野詩集)》등이 있다.

44 《예경회원(禮經會元)》권1하(下)〈계민(繫民)〉에 나온다.

지 않고, 육속(六俗) 가운데 사와 유의 연계가 없으면 백성들의 풍속이
좋아지지 않는다.

사는 명분과 교화를 근본으로 하는 자이고, 유는 명분과 교화를 돕
는 자이다. 사도(師道)가 세워지지 않으면 천하에 선인(善人)이 없고, 유
도(儒道)가 세워지지 않으면 천하에 바른 학문이 없다. 비록 토지(土
地)·부(富)·귀(貴)·다스림[治]·이익[利]·종족[族]·임무[任]가 있더라도 어
느 것에 의지하여 연계시키며, 비록 궁실(宮室)·분묘(墳墓)·형제(兄弟)·
붕우(朋友)가 있더라도 누구를 믿어서 서로 연대시키겠는가. 깊구나!
천하에 하루라도 사와 유의 공(功)이 없어서는 안 된다."

葉時曰: "以大宰繫邦國之九兩, 參之以司徒安萬民之六俗, 而皆以師儒
行乎其中, 誠以九兩無師儒之繫則無以淑人心, 六俗無師儒之聯則無以
厚民俗. 師者所以宗主名教者也, 儒者所以扶持名教者也. 師道不立則
天下無善人, 儒道不立則天下無正學, 雖有土地·富·貴·治·利·族·
任, 何所恃以相繫? 雖有宮室·墳墓·兄弟·朋友, 何所恃以相聯? 甚矣,
天下一日不可無師儒之功也."

신은 이렇게 생각합니다. 천하에 하루라도 사(師)와 유(儒)의 공이 없
을 수 없고, 국가에 하루라도 학교의 교육이 해이해질 수 없습니다.
유를 근본으로 하여 가르침을 세우고, 사를 세워 도를 밝히며, 벗을
모이게 하여 학문을 강하니, 나라와 관계된 일이 여기에 달려 있고 만
백성을 편안하게 하는 것도 여기에 달려 있습니다. 한갓 헛된 문장으
로 여기고 구차하게 옛일에 해당한다고만 보아 급하지 않은 일로 여

기지 마십시오.

《주례(周禮)》〈지관사도(地官司徒)〉에서 말하였다.

사씨(師氏)는 세 가지 덕(德)으로 공(公)·경(卿)·대부(大夫)의 아들들[國子]을 가르친다. 첫째 지덕(至德)이니 도의 근본이 되고, 둘째 민덕(敏德)이니 행동의 근본이 되고, 셋째 효덕(孝德)이니 거스르고 악한 행동을 아는 것이다. 세 가지 행실을 가르치니, 첫째 효행(孝行)이니 부모를 친하게 여기는 것이고, 둘째 우행(友行)이니 어질고 착한 이를 존중하는 것이고, 셋째 순행(順行)이니 스승과 어른을 섬기는 것이다. 호문(虎門)[45]의 왼쪽에 거처하여 나라의 자제를 가르치니, 무릇 나라의 귀(貴)와 유(遊)의 자제들도 배운다【귀(貴)는 관직이 있어 학궁에 있는 자를 말한다. 유(遊)는 관직이 없어 학궁에 있지 않은 자를 말한다.】.

師氏以三德敎國子, 一曰至德, 以爲道本; 二曰敏德, 以爲行本; 三曰孝德, 以知逆惡. 敎三行, 一曰孝行, 以親父母; 二曰友行, 以尊賢良; 三曰順行, 以事師長. 居虎門之左以敎國子弟, 凡國之貴遊子弟學焉【貴謂有職守在學者, 遊謂無職守不在學者】.

---

45 호문(虎門): 왕이 거처하는 정전의 문이다. 문밖에 호랑이를 그려 놓아 용맹을 나타내었다.

주희(朱熹)가 말하였다.[46]

"세 가지 덕(德)으로 공(公)·경(卿)·대부(大夫)의 아들들[國子]을 가르치
니, 첫째는 지덕(至德)이고 둘째는 민덕(敏德)이고 셋째는 효덕(孝德)이
다. 지덕이라고 말한 것은 뜻을 성실히 하고 마음을 바르게 하며, 근
본을 바르게 하고 근원을 맑게 하는 일이니, 도(道)는 천명(天命)과 인
성(人性)의 이치이며 사물이 마땅히 그러한 법칙으로 수신제가치국평
천하(修身齊家治國平天下)의 방법이다.

민덕이라 말한 것은 뜻을 굳건히 하고 행실에 힘쓰며, 덕을 쌓아
업(業)을 넓히는 일이니, 행동[行]은 이치의 마땅히 행해야 하는 바이
며, 날마다 볼 수 있는 자취이다.

효덕이라고 말한 것은 조상을 존중하고 어버이를 사랑하며, 그 말
미암아 태어난 일을 잊지 않는 것이니, 거스르고 악한 행동을 아는 것
은 자신이 터득한 것을 독실하고 깊고 견고하게 하고, 저 거스르고 악
한 행동을 진실로 알아서 스스로 차마 하지 않는 것이다.

무릇 이 세 가지는 비록 각기 그 재주와 기국(器局)의 높낮이, 자질
의 타고난 바를 따라 가르쳐야 한다고 말하나, 또한 그 한 가지만을
오로지 힘써서 성인(聖人)이 될 수 있는 경우는 없다. 이 때문에 열거
하여 말하여, 서로 모름지기 쓰임이 되어 치우치고 폐할 수 없는 뜻과
선왕(先王)의 가르침이 근본과 말단에 서로 도움이 되고 정밀한 것과
거친 것을 서로 다하여 한쪽에 치우칠 수 없음을 드러내었다.

이미 세 가지 덕을 말하고 또 세 가지 행동으로써 가르쳤으니, 첫
째는 효행(孝行)이고, 둘째는 우행(友行)이고, 셋째는 순행(順行)이다. 대

---

46 《회암집(晦庵集)》 권67 〈잡저(雜著) 주례삼덕설(周禮三德說)〉에 나온다.

개 덕이라는 것은 마음에 터득하여 억지로 힘쓸 것이 없고, 행(行)은 그 행하는 바의 모범일 뿐이니, 그 덕으로써 근본하지 않으면 스스로 터득한 바가 없어서 행동을 스스로 닦을 수 없으며, 그 행동으로써 실천하지 않으면 지키고 따르는 것이 없어서 터득한 것을 스스로 진전시킬 수 없다. 이 때문에 이미 세 가지 덕으로 그것을 가르쳤으나 반드시 세 가지 행동으로 그것을 이은 것이니, 비록 그것이 지극히 말단이고 지극히 거칠지라도 역시 다하지 않음이 없어서 덕(德)이 닦여짐을 스스로 깨닫지 못하는 것이다."

朱熹曰: "三德以敎國子, 一曰至德·二曰敏德·三曰孝德. 至德云者, 誠意正心·端本淸源之事而道則天人性命之理, 事物當然之則, 修身齊家·治國平天下之術也. 敏德云者, 彊志力行·畜德廣業之事而行則理之所當爲, 日可見之迹也. 孝德云者, 尊祖愛親, 不忘其所由生之事而知逆惡, 則以得於己者篤實深固, 有以眞知彼之逆惡而自不忍爲者也. 凡此三者雖曰各以其材器之高下·資質之所宜而敎之, 然亦未有專務其一而可以爲成人者也, 是以列而言之以見其相須爲用而不可偏廢之意, 先王之敎所以本末相資·精粗兩盡而不可倚於一偏也. 旣曰三德矣而又敎以三行者, 一曰孝行·二曰友行·三曰順行, 蓋德也者得於心而無所勉者也, 行則其所行之法而已, 不本之以其德則無所自得而行不能以自修, 不實之以其行則無所持循而德不能以自進, 是以旣敎之以三德而必以三行者[47]之, 則雖其至末至粗, 亦無不盡而德之修也不自覺矣."

47 者:《대학연의보(大學衍義補)》사고전서본에는 '繼'로 되어 있어, 번역에서는 이를 따른다.

신은 이렇게 생각합니다. 주(周)나라가 융성할 적에 사씨(師氏)를 두어 공(公)·경(卿)·대부(大夫)의 아들들[國子]을 가르쳤는데, 그들을 가르친 방법은 덕(德)과 행(行)뿐입니다. 단지 공·경·대부·원사(元士)의 적자(嫡子)만 가르쳤을 뿐 아니라 무릇 나라의 벼슬하는 사람과 벼슬하지 않는 사람의 자제도 모두 참여시켰습니다.

덕은 행동의 근원이고, 행동은 덕의 실제 자취입니다. 덕을 근본으로 삼으면 일에 따라 그 행동이 드러납니다. 부모에게는 친하게 여기고, 현명하고 어진 이에게는 존중하고, 스승과 어른에게는 섬기니, 무릇 이 같이 하는 것은 효덕(孝德)에 충실한 것일 뿐입니다. 이미 효덕이 있으면 순종하고 선한 행동을 할 수 있고 거스르고 악한 행동을 해서는 안 됨을 알아서 뜻을 굳게 하고 행동에 힘써 지극한 경지에 이르기를 추구합니다.

공·경·대부의 아들들을 가르쳐 그들로 하여금 친한 이를 친하게 여기는 데에 힘을 다해 그 효를 다하고 또 현명하고 어진 이를 존중하고 스승과 어른을 섬겨서 우행(友行)과 순행(順行)을 하면, 덕은 마음에 터득되어 지극해지고 도는 하늘에서 근원하여 여기에 생겨납니다. 이것이 주나라 학교에서 빼어나게 기른 것이고, 성인(成人)이 덕을 가지고 재주를 온전히 하는 쓰임을 얻게 된 이유입니다!

臣按: 成周盛時設爲師氏以敎國子, 所以敎之之法日德·日行而已, 非但以敎公·卿·大夫·元士之適子, 凡國之貴遊子弟無不與焉. 德者行之本原, 行者德之實跡, 有德以爲之本, 隨事而著其行, 在父母則親之, 在賢良則尊之, 在師長則事之, 凡若此者無非以充其孝德而已, 既有孝德則知順善之可爲而逆惡之不可爲, 彊志力行以求至乎至極之地也. 敎國子而使之竭力親親以盡其孝, 而又尊賢良・事師長以友・以順焉, 則德之得於心者極其至, 而道之原於天者於是乎生矣. 此成周學校所養之譽髦・所以成人有德而得全才之用也歟.

《주례(周禮)》〈지관사도(地官司徒)〉에서 말하였다.

보씨(保氏)는 공(公)・경(卿)・대부(大夫)의 아들들[國子]을 도(道)로써 길러 이에 육예(六藝)를 가르친다. 첫째는 오례(五禮)이다. 둘째는 육악(六樂)이다. 셋째는 오사(五射)이다. 넷째는 오어(五馭)이다【어(馭)는 수레에 맨 소나 말을 모는 것과 같다.】. 다섯째는 육서(六書)이다. 여섯째는 구수(九數)이다.

이에 육의(六儀)를 가르친다. 첫째는 제사에서의 용모이다. 둘째는 빈객으로서의 용모이다. 셋째는 조정에서의 용모이다. 넷째는 상사(喪事)에서의 용모이다. 다섯째는 군대에서의 용모이다. 여섯째는 수레와 말을 탈 때의 용모이다.

保氏養國子以道, 乃教之六藝, 一曰五禮・二曰六樂・三曰五射・四曰五馭【御同】・五曰六書・六曰九數; 乃教之六儀, 一曰祭祀之容・二曰賓客之容・三曰朝廷之容・四曰喪紀之容・五曰軍旅之容・六曰車馬之容.

주신(朱申)[48]이 말하였다.[49]

"옛날의 가르침은 덕행과 도예(道藝)뿐이다. 사씨(師氏)는 국자(國子)에게 덕행을 가르친다. 그러므로 보씨(保氏)는 도(道)로써 기르고 육예

(六藝)를 가르친다. 오례(五禮)는 길례(吉禮), 흉례(凶禮), 군례(軍禮), 빈례(賓禮), 가례(嘉禮)이다.[50] 육악(六樂)은 운문(雲門), 대소(大韶), 대함(大鹹), 대하(大夏), 대호(大濩), 대무(大武)이다.[51] 오사(五射)는 백시(白矢), 삼련(參連), 섬주(剡注), 양척(襄尺), 정의(井儀)이다.[52] 오어(五馭)는 명화란(鳴和鸞), 축수곡(逐水曲), 과군표(過君表), 무교구(舞交衢), 축금좌(逐禽左)이다.[53] 육서(六書)는 상형(象形), 희의(會意), 전주(轉注), 처사(處事), 가차(假借), 해성(諧聲)이다.[54] 구수(九數)는 방전(方田), 속미(粟米), 차분(差分), 소광(少廣), 상

---

48 주신(朱申):《대학연의보》권67 주) 49 참조.

49 《주례구해(周禮句解)》권4 〈지관사도 하(地官司徒下)〉에 나온다.

50 오례(五禮)는 … 가례(嘉禮)이다: 길례(吉禮)는 제사에 관한 예이며, 흉례(凶禮)는 죽은 사람을 장사 지내는 것과 관련된 예이며, 빈례(賓禮)는 손님을 맞이할 때의 예이며, 군례(軍禮)는 군대와 전쟁에 관한 예이며, 가례(嘉禮)는 관례(冠禮)를 올리거나 혼인식을 할 때의 예이다.

51 육악(六樂)은 … 대무(大武)이다:《대학연의보》권67 주) 46 참조.

52 오사(五射)는 … 정의(井儀)이다:《주례(周禮)》에는 활쏘기[射]가 다섯 가지 방식, 즉 오사(五射)가 있다 했다. 첫째는 백시(白矢)로 과녁을 쏠 때 지나가는 화살촉이 희게 보이는 것이며, 둘째는 삼련(三連)으로 먼저 한 개의 화살을 쏜 다음에 세 개의 화살을 잇달아 쏘는 것이다. 셋째는 섬주(剡注)인데 이는 끝의 깃머리는 높고 앞의 화살촉은 낮게 반짝이면서 날아가는 것을 말하며, 넷째는 양척(襄尺)으로 즉 신하와 임금이 함께 쏘게 되면 신하가 임금에게 한 자쯤 거리를 양보하고 똑같이 서지 않는 것이다. 그리고 다섯째는 정의(井儀)인데 이는 네 개의 화살을 모두 맞히어 그 모양이 우물 정자 모양으로 단정한 것을 이르는 것을 말한다.

53 오어(五馭)는 … 축금좌(逐禽左)이다: 명화란(鳴和鸞)은 말이 움직이면 수레에 달린 앞뒤 방울이 울려 서로 화응하는 것이며, 축수곡(逐水曲)은 수레를 몰 때 물줄기가 굴곡을 따르면서 떨어지지 않는 것이며, 과군표(過君表)는 거마가 군주의 앞을 통과할 때 수레를 모는 법이며, 무교구(舞交衢)는 교차로에서 수레를 돌릴 때 춤추는 법도에 맞춰야 하는 것이며, 축금좌(逐禽左)는 수레로 짐승을 몰아 임금으로 하여금 쏠 수 있게 하는 것이다.

54 육서(六書)는 … 해성(諧聲)이다: 상형(象形)은 일(日)·월(月)과 같이 사물의 형태를 본뜬 글자이다. 회의(會意)는 인(人)과 언(言)을 합한 신(信)과 같이 둘 이상의 글자를 합하여 한 글자를 만들고 또 그 뜻도 합성한 글자이다. 전주(轉注)는 한 글자를 딴 뜻으로 전용하는 글자이다. 지사(指事) 혹은 처사(處事)는 상(上)·하(下) 자와 같이 그 글자의 모양이 바로 그 글자

공(商功), 균수(均輸), 영뉵(贏朒), 방정(方程), 구고(句股)이다."[55]

오징(吳澂)이 말하였다.

"사(師)는 가르침으로 인도하는 것이고, 보(保)는 그 신체를 보전한
다는 것이다. 공(公)·경(卿)·대부(大夫)의 아들들[國子]을 도로써 기른다
는 것은 사씨(師氏)의 덕행으로 그를 살펴 깨우쳐 후에 육예(六藝)로써
그를 가르치니, 곧 육의(六儀)이다. 제사에서의 용모는 온화하고 엄숙
한 풍모를 갖추며, 빈객으로서의 용모는 엄숙하고 정성을 다하며 조

의 뜻을 나타내는 글자이다. 가차(假借)는 어떤 뜻을 지닌 음을 적는 데 적당한 글자가 없
을 때 뜻은 다르나 음이 같은 글자를 빌려 쓰는 글자이다. 형성(形聲) 또는 해성(諧聲)은 강
(江)과 같이 두 문자가 결합하여 반은 뜻을, 반은 음을 나타내는 글자이다.

55 구수(九數)는 … 구고(句股)이다: 방전(方田)은 전지(田地)의 가로·세로를 고르게 하는 것이며,
속미(粟米)는 물물교환의 비례를 계산하는 것이며, 차분(差分) 또는 쇠분(衰分)은 품급의 차이
가 있는 것을 고르게 할당하는 것이며, 소광(少廣)은 면적과 부피를 계산하는 것이며, 상공
(商功)은 공사(工事)에 관한 계산법이며, 균수(均輸)는 주거(舟車)와 인마(人馬)의 운임을 원근
에 따라 계산하는 것이며, 영뉵(贏朒)은 나머지와 안분 비례에 관한 계산법이며, 방정(方程)
은 방정식에 관한 계산법이며, 구고(句股)는 3각도형의 계산법이다.

56 獲: 《대학연의보(大學衍義補)》 사고전서본에는 '濩'로 되어 있어, 번역에서는 이를 따른다.

심스럽고 장중하게 하며, 조정에서의 용모는 위엄이 있게 하고 삼가며, 상사(喪事)에서의 용모는 애통하여 쓰러진 듯이 하며, 군대에서의 용모는 빠른 듯이 엄숙하여야 하며, 수레와 말을 탈 때의 용모는 찬란하고 정돈되어야 한다. 덕행(德行)은 안이고, 육예와 육의는 밖이다. 도로써 그것을 길러 안팎으로 선을 갖추니, 보씨(保氏)의 교화가 완성되는 것이다."

吳澂曰: "師道之教訓保, 保其身體. 養國子以道者, 以師氏之德行審喩之而後教之以六藝. 六儀也, 祭祀之容穆穆皇皇·賓客之容嚴恪矜莊·朝廷之容濟濟翔翔·喪紀之容纍纍顚顚·軍旅之容暨暨詻詻·車馬之容匪匪翼翼. 德行, 裏也; 藝儀, 表也. 養之以道而表裏俱善, 而保氏之教成矣."

신은 이렇게 생각합니다. 보씨(保氏)가 육예(六藝)로 공(公)·경(卿)·대부(大夫)의 아들들[國子]을 가르치고, 주희가 《대학(大學)》의 서문(序文)에서 "사람이 8세가 되면 예(禮)·악(樂)·사(射)·어(御)·서(書)·수(數)의 문(文)을 가르친다"라고 하였으니, 어째서입니까. 대개 육예의 일은 8세의 어린이가 할 수 있는 것이 아니고, 다만 그로 하여금 그 이름과 형상만 알 뿐이니 그러므로 문(文)이라 하였습니다. 반드시 15세에 태학(太學)에 들어간 뒤에야 그 일을 가르칠 수 있습니다.

臣按: 保氏以六藝教國子, 而朱熹《大學序》謂人生八歲則教之以禮·樂·射·御·書·數之文, 何也? 蓋六藝之事非八歲之童所能者, 特使之知其名物耳, 故謂之文, 必至十有五歲入大學然後敎之以其事焉.

《주례(周禮)》〈춘관종백(春官宗伯)〉에서 말하였다.

대사악(大司樂)은 음악의 가락을 조화롭게 하는 법[成均之法]을 관장하여 나라의 학정(學政)을 세우는 것을 다스려 나라의 자제들을 모은다. 악덕(樂德)으로 공(公)·경(卿)·대부(大夫)의 아들들[國子]을 가르쳐 중(中)하고 온화하며, 공경하고 떳떳하고, 효도하고 우애하게 한다. 악어(樂語)로 공·경·대부의 아들들을 가르쳐 도를 일으키고, 노래를 외우고 부르며, 묻고 답하게 한다. 악무(樂舞)로 공·경·대부의 아들들을 가르쳐 《운문대권(雲門大卷)》, 《대함(大咸)》, 《대경(大磬)》, 《대하(大夏)》, 《대호(大濩)》, 《대무(大武)》에 맞춰 춤추게 한다.

大司樂掌成均之法, 以治建國之學政而合國之子弟焉. 以樂德敎國子中和·祗庸·孝友, 以樂語敎國子興道·諷誦·言語, 以樂舞敎國子舞《雲門大卷》·《大咸》·《大磬》·《大夏》·《大濩》·《大武》.

정현(鄭玄)[57]이 말하였다.[58]

---

[57] 정현(鄭玄, 127~200): 후한 말기 북해(北海) 고밀(高密) 사람으로 경학(經學)의 대성자다. 자는 강성(康成)이다. 태학(太學)에서 공부했다. 제오원선(第五元先)을 스승으로 《경씨역(京氏易)》과 《공양춘추(公羊春秋)》에 정통했다. 다시 장공조(張恭祖)에게 《주례》와 《좌씨춘추》, 《고문상서》를 배웠다. 마융(馬融) 등에게 사사하여, 《주역》과 《상서》, 《춘추(春秋)》 등의 고전을 배

"음악의 가락을 조화롭게 하는 것[成均]은 오제(五帝)의 학문이다. 주나라 사람들이 이러한 학문의 궁(宮)을 세웠다."

鄭玄曰: "成均, 五帝學也, 周人立此學之宮."

가공언(賈公彦)[59]이 말하였다.[60]

"건(建)은 세움[立]이다. 주(周)나라 사람들이 음악의 가락을 조화롭게 하는 법식으로 나라의 학정(學政)을 세우고, 나라의 자제를 모아 이것으로 그들을 가르치려고 하였다."

賈公彦曰: "建, 立也. 周人以成均之法式, 以立國之學政, 而合聚國之子弟, 將以此敎之."

여조겸(呂祖謙)[61]이 말하였다.[62]

운 뒤 40살이 넘어서 귀향했다. 시종 재야의 학자로 지냈고, 제자들에게는 물론 일반인들에게서도 훈고학과 경학의 시조로 깊은 존경을 받았다. 저서 가운데 현존하는 것은 《모시전(毛詩箋)》과 《주례》, 《의례》, 《예기》에 대한 주해뿐이고, 나머지는 단편적으로 남아 있다. 고문경학(古文經學)을 위주로 하면서 금문경설(今文經說)도 채용하여 일가를 이루었는데, 이를 일러 정학(鄭學)이라 부른다.

58 《주례주소(周禮注疏)》 권22 〈춘관종백 하(春官宗伯下)〉에 나온다.
59 가공언(賈公彦): 《대학연의보》 권67 주) 52 참조.
60 《주례주소(周禮注疏)》 권22 〈춘관종백 하(春官宗伯下)〉에 나온다.
61 여조겸(呂祖謙): 《대학연의보》 권67 주) 36 참조.
62 《이택논설집록(麗澤論說集錄)》 권4 〈문인집록주례설(門人集錄周禮說)〉에 나온다.

"음악의 가락을 조화롭게 하는 것[成均]은 오제(五帝)의 학문이니, 오제의 학정(學政)으로 나라의 학정을 세워서 나라의 자제들을 모아 가르쳤다. 순(舜)임금이 기(夔)에게 명하여 전악(典樂)으로 삼아 주자(胄子: 맏아들)들을 가르쳤으니, 이 때문에 오제의 교정이 악으로부터 비롯되지 않음이 없음을 알 수 있다. 이 때문에 순임금은 전악이 반드시 주자를 가르치는 일을 겸하도록 명하였다. 주(周)나라의 학문은 모두 악(樂)을 담당하는 관리가 그것을 맡았다. 옛 사람이 오로지 심신을 닦아 기르는 공을 가장 깊이 하여, 출렁이고 고무되며 넉넉히 노닐고 무젖어서 스스로 터득하게 하였다. 순임금과 주나라부터 모두 전악이 가르쳐 인도하는 일을 겸하였다. 오제가 음악의 가락을 조화롭게 하는 법은 비록 볼 수 없으나, 순임금이 기에게 명하여 전악으로 삼아 주자를 가르친 한 장을 살펴보면 대략 알 수 있다. 한(漢)나라 때 태상전악(太常典樂)이면서 교육의 직임을 겸한 것도 역시 이 뜻이다."

呂祖謙曰: "成均, 五帝之學. 以五帝之學政建國之學政, 合國之子弟而教之. 自舜命夔典樂教胄子, 以此知五帝之教政無不自樂始, 所以舜命以典樂必兼教胄子之事. 成周之學皆以掌樂之官司之, 古人惟陶冶之功最深, 動盪鼓舞・優遊浹洽使自得之, 自舜與周皆以典樂之官兼教導之事. 五帝成均之法雖不可見, 觀舜命夔典樂教胄子一章大略可見, 漢太常典樂而兼教育之任亦此意."

오징(吳澄)이 말하였다.

"가르침 가운데에 가장 중요한 것은 악(樂)이니, 덕(德)은 악(樂)의 근본이고, 어(語)는 악의 법칙이고, 무(舞)는 악의 효과이다. 악덕(樂德)을 중(中)하고 온화하며, 공경하고 떳떳하며, 효도하고 우애하는 것이라고 말한 것은, 중은 덕의 이치이며, 화(和)는 덕의 모습이며, 지(祗)는 덕의 경(敬)이며, 용(庸)은 덕의 떳떳함이며, 효우(孝友)는 덕의 베풂이기 때문이다.

악어(樂語)를 흥도(興道)·풍송(諷誦)·언어(言語)라고 말하였으니, 흥(興)은 사물로 인하여 발산되는 것이며, 도(道)는 도가 인정(仁情)에 이르는 것이며, 풍(諷)은 풍자로 간하되 넌지시 하는 말로써 풍자하는 것을 말하며, 송(誦)은 글을 읊되 옛 교훈을 들어 알려주는 것을 말하며, 언(言)은 마음에 온축된 것을 스스로 말하는 것이며, 어(語)는 질문으로 인하여 그것에 대답하는 것이다.

악무(樂舞)를 육대(六代)에다가 배치한 것은 악(樂)은 육대보다 성대한 것이 없기 때문이다. 그 춤의 선함을 말하면 그 성음의 선함을 알수 있으니, 대개 악이 그 무(舞)를 조절하기 때문이다. 《운문대권(雲門大卷)》은 황제(黃帝)의 악이니, 그 덕이 구름이 갔다가 또 모일 수 있는 것과 같음을 말한다. 《대함(大咸)》은 요임금의 악이니, 함(咸)은 그 덕이 두루 미침을 말하고, 지(池)는 그 덕의 윤택함을 말한다. 《대경(大磬)》은 순임금의 악이니, 그 덕이 요임금을 이을 수 있음을 말한다. 《대하(大夏)》는 우임금의 악이니, 그 덕이 중국을 크게 할 수 있음을 말한다. 《대호(大濩)》는 탕임금의 악이니, 너그럽게 백성을 다스리고 그들을 구호할 수 있음을 말한다. 《무(武)》는 무왕의 악이니, 무공(武功)을 이룰 수 있음을 말한다."

吳澂曰: "敎之切要者樂也, 而德者樂之本, 語者樂之則, 舞者樂之效.

樂德而曰中和·祗庸·孝友者, 中者德之理, 和者德之容, 祗爲德之敬,
庸爲德之常, 孝與友者德之施. 樂語而曰興道·諷誦·言語者, 興者因
物而發也, 道者道達人情也, 諷謂諷諫微言以寓意也, 誦謂誦書擧古訓
以告之也, 言者自言心之所蘊也, 語者因問而答之也. 樂舞而備六代者,
樂莫盛於六代, 言其舞之善則其聲音之善可知也, 蓋樂所以節夫舞也.
《雲門大卷》, 黃帝樂也, 言其德如雲之出又能聚也;《大咸》, 堯樂, 咸
言其德之遍及, 池言其潤澤也;《大磬》, 舜樂也, 言其德能紹堯也;《大
夏》, 禹樂也, 言其德能大中國也;《大濩》, 湯樂也, 言其能以寬治民而
救護之也;《武》, 武王樂也, 言其能成武功也."

신은 이렇게 생각합니다. 음악의 가락을 조화롭게 하는 것[成均]은 오
제의 학문으로 주나라 사람들은 전대(前代)의 학문을 갖추었으니, 대
사악(大司樂)이 맡은 법이 곧 오제의 법입니다. 오제는 전욱(顓頊)·고신
(高辛)·제곡(帝嚳)·요(堯)·순(舜)입니다. 앞선 세 명의 제왕[전욱·고신·제
곡]은 그 가르치는 법을 상고할 수가 없습니다. 순임금이 요임금의 다
스림을 이어 후기(后夔)에게 명하여 전악(典樂)으로 삼아 주자(冑子)를
가르치게 하였으니, 이른바 곧으면서 온화함으로 팔음(八音)에 화합하
도록 이르게 한 것이 곧 그 법입니다. 두 제왕[요·순]의 법이 이와 같으
니, 어찌 세 명의 제왕이 남긴 공적을 받은 것이 아니겠습니까.

 선대의 유학자 여조겸(呂祖謙)이 말하기를 "옛사람이 사람을 가르침
에 오로지 심신을 닦아 기르는 공이 가장 깊다"[63]라고 하였습니다. 이
때문에 오제(五帝)와 삼왕(三王)의 시대에는 학교에서 사(士)가 마음에

터득한 것이 악(樂)의 덕(德)이 아님이 없었고, 입에서 나오는 것이 악의 어(語)가 아닌 것이 없었고, 그 용모에서 움직이는 것이 악의 무(舞)가 아닌 것이 없었습니다. 어려서부터 어른에 이르기까지 마음에서 말미암아 밖에 도달하는 것이 모두 이 물(物)입니다. 잘못되고 편벽된 마음이 들어갈 곳이 없으니, 중화(中和)의 덕이 쉽게 이루어지는 이유입니다.

주나라의 학정(學政)이 전해지지 않은 이래 후세에 사람을 가르치는 방법이 불과 장구(章句)만을 해석하고 경전에 주석만 할 뿐이라, 무익한 글만 만들고 예가 아닌 예만 익히니 인재가 날로 비루하고 풍속이 날로 쇠퇴하는 것이 이 때문입니다.

臣按: 成均者五帝之樂, 周人備前代之樂而大司樂所掌之法卽五帝之法也. 五帝者, 顓頊·高辛·帝嚳·堯·舜也. 彼三帝者其敎法無可考, 舜紹堯治而命后夔典樂以敎胄子, 所謂直而溫以至八音克諧者卽其法也, 二帝之法如此, 安知其非承三帝之餘烈哉? 先儒謂古人敎人惟陶治[64]之功最深, 是以五帝·三王之世, 學校之中, 士之所得於心者無非樂之德·出於口者無非樂之語·動其容者無非樂之舞, 自幼以至於長, 由中以達於外, 皆此物也, 非僻之心無自而入中和之德, 所以易成. 自成周之學政不傳, 後世所以敎人者不過章句訓詁而已, 作無益之文, 習非禮之禮, 人才日卑·風俗日下, 其以此歟?

---

63 옛사람이 … 깊다: 《주례집설(周禮集說)》 권5 〈대사악(大司樂)〉에 나온다.

64 治: 《대학연의보(大學衍義補)》 사고전서본에는 '冶'로 되어 있어, 번역에서는 이를 따른다.

《주례(周禮)》〈춘관종백(春官宗伯)〉에서 말하였다.

대서(大胥)는 학사(學士)들의 명부【版은 명부[籍]이다.】를 관장하여 제자(諸子)들을 갖추어 부른다. 봄에 학사(學舍)에 들어올 때 채(采)【采는 채(菜)와 같다.】를 가지고 무(舞)에 합류하고, 가을에 배운 것을 펴서 소리에 합한다.

大胥掌學士之版【籍也】以待致諸子, 春入學舍采【菜同】合舞, 秋頒學合聲.

오징(吳澂)이 말하였다.

"서(胥)는 재주와 지혜가 있는 자를 일컫는다. 학사(學士)는 경대부로 무(舞)를 배우는 자를 말한다. 치(致)는 명부를 살펴 오게 하는 것을 말한다. 옛날에 사(士)가 스승을 뵈면 채(菜)를 폐백으로 삼았다. 채는 변변치 못한 제수[蘋蘩] 종류이다. 합무(合舞)는 나아가고 물러나는 것을 같게 하여 절주(節奏: 일정한 박자나 규칙에 의해서 음의 장단이나 세기 등이 반복될 때 그 규칙적인 음의 흐름)에 호응하도록 하는 것을 말한다. 반학(頒學)은 그 재주와 기예를 펴는 것을 일컫는 것이고, 합성(合聲)은 역시 그 곡절(曲折)을 같게 하여 절주에 호응하도록 하는 것을 말한다."

吳澂曰: "胥, 有才智之稱. 學士, 謂卿·大夫學舞者. 致, 謂按此版籍以致其來也. 古者士見於師以菜爲贄, 菜, 蘋蘩之屬也. 合舞, 謂等其進退使應節奏也. 頒學者, 頒其才藝之所稱. 合聲, 亦謂等其曲折使應節奏也."

《주례(周禮)》〈춘관종백(春官宗伯)〉에서 말하였다.

소서(小胥)는 학사(學士)를 부르는 것을 관장하고 명하여 비교해서 불경한 자는 벌주【觥은 벌주를 내리는 것이다.】를 내린다. 춤추는 대열을 돌다 그 태만한 자는 매를 친다【撻은 때리는 벌이다.】.

> 小胥掌學士之徵令而比之, 觥【罰爵】其不敬者, 巡舞列而撻【扑罰】其怠慢者.

오징(吳澂)이 말하였다.

"학사(學士)는 곧 대서(大胥)의 명부에 있는 국자(國子)이다. 대개 학사 가운데 이르지 않은 자는 그를 불러 학궁에 오게 하고, 이른 자는 그에게 명해 일을 하게 한다. 비(比)는 잘하고 못함을 비교하는 것이다. 굉(觥)은 벌주를 내리는 것이다. 달(撻)은 때리는 벌이다."

> 吳澂曰: "學士卽大胥在版之國子也, 蓋學士之未至者徵之使來學, 至者令之使有爲. 比則較其能否. 觥者罰爵也, 撻者扑罰也."

신은 이렇게 생각합니다. 학교의 다스림은 가르침을 따르지 않는 경우, 가벼우면 벌주를 내리니 술로써 그를 벌하고, 무거우면 그에게 매를 치니 매질로써 그를 벌합니다.

대개 사람의 자질과 품성은 같지 않고, 성정(性情) 역시 다릅니다. 중인(中人) 이상은 진실로 가르침을 기다리지 않아도 스스로 이치를 따르는 자가 있으나, 중인 이하의 자질은 교화하여도 따르지 않고, 모범을 보여도 따르지 않습니다. 그러므로 선왕(先王)의 제도에 가르치는 형벌을 만들어 그들을 부끄럽게 하였는데, 비록 제왕의 시대에 덕으로 백성을 교화하더라도 형벌을 면하지 못하는 경우가 있었습니다. 《서경(書經)》〈우서(虞書)〉에 이른바 "때리는 것으로 가르치는 형벌을 삼는다."가 이것입니다. 그리고 《예기(禮記)》〈학기(學記)〉에 역시 "하(夏)와 초(楚) 두 가지 물건으로 그 위엄을 거둔다."라고 하였으니, 이와 같다면 가르침에 형벌이 있는 것은 유래가 오래되었습니다.

臣按: 學校之政, 有不帥敎者輕則觽之罰之以酒也, 重則撻之罰之以扑也. 蓋人之資稟不同, 性情亦異, 中人以上固有不待敎而自循於理者, 若夫中人以下之資化之而不從, 示之而不聽, 故先王制爲敎刑以愧恥之, 雖帝世以德化民, 有不免焉. 《虞書》所謂 "扑作敎刑" 是已, 而《學記》亦曰 "夏楚二物收其威也", 是則敎之有刑, 其來尙矣.

이상 학교를 세워 가르침을 베풂(상)

以上設學校以立教(上)

대학연의보

(大學衍義補)

—

권69

교화를 숭상함[崇教化]

학교를 세워 가르침을 베풂(중)[設學校以立敎(中)]

《예기(禮記)》〈왕제(王制)〉에서 말하였다.

천자가 가르치도록 명한 뒤에 학교를 세우니, 소학(小學)은 공궁(公宮)의
남쪽 왼편에 있고, 대학(大學)은 성밖[郊]에 있다. 천자의 학교를 벽옹(辟雍)
이라고 부르고, 제후의 학교를 반궁(頖宮)이라고 한다.

> 《禮記·王制》曰: 天子命之敎, 然後爲學. 小學在公宮南之左, 大學在郊.
>
> 天子曰辟雍, 諸侯曰頖宮.

진호(陳澔)[1]가 말하였다.[2]

---

1   진호(陳澔): 《대학연의보》 권67 주) 58 참조.

"벽(辟)은 밝음[明]이다. 옹(雍)은 조화로움[和]이다. 군주의 경우는 존귀하고 현명하며 조화로워서 이 학교 안에서 도예(道藝)를 익혀서 천하의 사람들이 모두 현명하고 사리에 통달하며 조화롭도록 만든다. 반(頒)은 반포함[班]을 말하니, 정교(政敎)를 반포한다는 뜻이다. 옛 설에, 벽옹(辟雍)은 물이 빙 두르고 있는 모습이 둥근 옥[璧]과 같으며, 반궁(泮宮)은 그것의 반인데 대개 학교의 동쪽과 서쪽의 문에서 시작하여 남쪽으로 물이 통하며 북쪽에는 물이 없다."

> 陳澔曰: "辟, 明也; 雍, 和也. 君則尊明雍和, 於此學中習道藝, 使天下之人皆明達諧和也. 頒之言班, 所以班政敎也. 舊說, 辟雍, 水環如璧; 泮宮, 半之. 蓋東西門以南通水, 北無水也."

신은 이렇게 생각합니다. 학교라는 이름은 오제(五帝) 시대부터 있었습니다. 그러나 《주례(周禮)》〈대사악(大司樂)〉에서 '성균(成均)'이라고 말한 것이 처음 보이니, 설명하는 이들이 '대학(大學)'이라고 하였습니다. 그러나 제후의 학교가 있다는 것은 듣지 못하였으니, 제후가 학교를 두는 것은 《시경(詩經)》〈노송(魯頌)〉에서 처음 보입니다. 이것이 "천자가 가르치도록 명한 뒤에 학교를 세웠음"을 말한 것입니다.

또 "소학(小學)은 공궁(公宮)의 남쪽 왼편에 있고, 대학(大學)은 성밖[郊]에 있다."는 말은 제후에게 다만 학교가 있을 뿐만 아니라 그 배움에 또 크고 작음이 있다는 것입니다. 소학은 작은 것에 대하여 배우니

---

2 진호(陳澔)의 《예기집설(禮記集說)》 권3 〈왕제(王制)〉에 나온다.

물 뿌리고 마당 쓸고 응하고 대하는 것[灑掃應對] 등을 가르치며, 대학(大
學)은 큰 것에 대하여 배우니 격물(格物)·치지(致知)·성의(誠意)·정심(正
心)과 같은 것들을 가르칩니다.

臣按: 學之名自五帝之時有之, 然始見於《周禮》大司樂所謂成均者, 說
者謂此大學也, 而未聞有諸侯學. 諸侯有學始見於《魯頌》, 而此言 "天
子命之敎, 然後爲學", 又言 "小學在公宮南之左, 大學在郊", 則是諸侯
非但有學, 而其學又有小大者焉. 小學所以處學之小者而敎之以灑掃·
應對之類, 大學所以處學之大者而敎之以格致·誠正之類.

《예기(禮記)》〈왕제(王制)〉에서 말하였다.

악정(樂正)은 사술(四術)을 숭상하고 사교(四敎)를 세우니, 선왕의 시(詩)·
서(書)·예(禮)·악(樂)에 따라서 선비[士]들을 양성한다. 봄과 가을에는 예와
악을 가르치고, 겨울과 여름에는 시와 서를 가르친다.

學[3]正崇四術·立四敎, 順先王 詩書禮樂以造士. 春秋敎以禮樂, 冬夏敎以
詩書.

정현(鄭玄)[4]이 말하였다.[5]

3　學:《예기(禮記)》〈왕제(王制)〉에는 '樂'으로 되어 있다.

4　정현(鄭玄):《대학연의보》권68 주) 57 참조.

"악정(樂正)은 악관(樂官)의 우두머리이다. 공경대부의 자제들[國子]에 대한 교육을 담당했으니, 시(詩)·서(書)·예(禮)·악(樂)의 사술(四術)에 따라서 교육을 하여 이 선비들을 완성시키는 것이다. 그러므로 '조사(造士)'라고 하였다."

> 鄭玄曰: "樂正者樂官之長, 掌國子之敎, 順此詩書禮樂四術以敎成是士, 故云以造士."

진호(陳澔)가 말하였다.[6]

"술(術)은 길을 가리키는 것이니, 시(詩)·서(書)·예(禮)·악(樂) 네 가지의 가르침은 덕(德)으로 들어가는 길임을 말하였으므로 술(術)이라고 하였다. 옛사람들의 가르침에는 비록 사계절에 따라서 각기 익히는 것이 있다고 하였으나, 그 실제는 분명히 구분될 정도로 저것을 버리고 이것만을 익힌 적은 없으니, 계절별로 (대표적인 것을) 말하였을 따름이다."

> 陳澔曰: "術者道路之名, 言詩書禮樂四者之敎乃入德之路, 故言術也. 古人之敎雖曰四時各有所習, 其實未嘗截然棄彼而習此, 亦互言耳."

---

5 《예기주소(禮記注疏)》 권13 〈왕제(王制)〉에 나온다.
6 진호(陳澔)의 《예기집설(禮記集說)》 권3 〈왕제(王制)〉에 나온다.

《예기(禮記)》〈왕제(王制)〉에서 말하였다.

왕의 태자(太子)와 왕자, 여러 제후【군후(群后)는 제후를 말한다.】들의 태자(太子)와 경(卿)·대부(大夫)·원사(元士)[7]의 적자(適子)와 나라의 준사(俊士)·선사(選士)[8]들이 모두 태학(太學)에 들어간다. 무릇 입학할 때에는 나이로써 순서를 정한다.

王大子·王子·群后【謂諸侯】之大子·卿大夫元士之適子·國之俊選皆造焉,
凡入學以齒.

방각(方慤)이 말하였다.[9]

"천자(天子)의 사식인 경우에는 적자(適子)와 서자(庶子) 모두 참여할 수 있다. 제후 이하에서는 서자는 참여할 수 없는데, 배움은 인륜을 밝히는 것이기 때문이다. 인륜에서는 효제(孝弟)보다 우선하는 것이 없으므로 입학할 때에는 반드시 나이로써 순서를 정한다. '무릇[凡]'이라고 말한 것은 신분의 귀천이 없이 모두 나이로써 순서를 정하는 것이다."

---

7   원사(元士): 원사(元士)는 천자에게 소속된 사(士)의 계층 중 하나이다. 천자에게 소속된 상사(上士)에게는 제후에게 소속된 상사(上士)보다 높여서 원(元)자를 붙였다.

8   나라의 준사(俊士)·선사(選士): 마을에서 학업에 뛰어난 수사(秀士)를 가려서 사도(司徒)에게 추천하면 선사(選士)가 되고, 사도가 선사(選士) 가운데서 뛰어난 자를 국학(國學)에 추천하면 준사(俊士)가 된다.

9   《예기대전(禮記大全)》 권5 〈왕제(王制)〉 엄릉방씨(嚴陵方氏)의 주(註)에 나온다.

方慤曰: "天子之子則適庶皆與, 諸侯而下則庶子不與. 學所以明人倫, 人倫之大莫先乎孝弟, 故入學者必以齒. 曰凡則無貴賤皆以齒矣."

《예기(禮記)》〈왕제(王制)〉에서 말하였다.

장차 학업을 마치고 나가려 할 때는 소서(小胥)·대서(大胥)·소악정(小樂正)[10]이 그 가르침에 따르지 않은 자를 가려서 대악정(大樂正)에게 보고한다. 대악정은 이를 왕에게 보고한다. 왕은 삼공(三公)·구경(九卿)·대부(大夫)·원사(元士)에 명령하여 모두 학교에 들어가게 한다. 그래도 변하지 않으면 왕이 직접 학교에 가서 살펴본다. 그래도 변하지 않으면 왕은 사흘 동안 식사할 때 음악을 연주하지 않고【不擧는 식사할 때에 음악을 제거함이다.】, 이들을 먼 곳으로 내쫓는다. 서쪽 변방으로 쫓아낸 것을 극(棘)이라고 하고, 동쪽 변방으로 쫓아낸 것을 기(寄)라고 하니, 종신토록 학교에 적을 두지 못한다.

將出學, 小胥·大胥·小樂正簡不帥敎者以告於大樂正, 大樂正以告於王. 王命三公·九卿·大夫·元士皆入學, 不變, 王親視學, 不變, 王三日不擧【去食樂】, 屛之遠方, 西方曰棘·東方曰寄, 終身不齒.

---

10 소서(小胥)·대서(大胥)·소악정(小樂正): 소서(小胥)·대서(大胥)는 악관(樂官)에 소속된 하위 관리이고, 소악정(小樂正)은 《주례》에는 보이지 않으나 대악정(大樂正) 보다 낮은 악사(樂師)로 보인다.

정현(鄭玄)이 말하였다.[11]

"학업을 마치고 나가는 것은 9년이 지나 크게 이룸을 말한다. 대서(大胥)·소서(小胥)는 모두 악관(樂官)에 속한다. 대악정(大樂正)이 임금에게 보고하고 임금이 삼공(三公)부터 원사(元士)에게까지 명령하여 모두 학교에 들어가게 하는 것은 예(禮)를 익혀서 교화시키는 것이다. 변하지 않는 경우에 임금이 직접 그들을 위해 학교에 가서 살펴보는 것은 현자(賢者)들의 자손을 내쫓는 것을 신중하게 여기는 것이다."

鄭玄曰: "出學, 謂九年大成也. 大胥·小胥皆樂官屬也. 大樂正告於王, 王命三公至於元士皆入學習禮以化之, 不變, 王親爲之臨視, 重棄賢者子孫也."

주서(周諝)[12]가 말하였다.[13]

"극(棘)은 급함[急]이다. 비록 그들을 내쫓으나 빨리 허물을 후회하게 하고자 함을 보인 것이다. 기(寄)는 비록 그들을 내쫓으나 다만 여기에 임시로 머무르게 함을 보인 것이다. 내쫓았으나 반드시 극과 기라고 말하는 것은 은혜[恩]이고, 끝내 학교에 적을 두지 못하게 하는

11 《예기주소(禮記注疏)》 권13 〈왕제(王制)〉에 나온다.
12 주서(周諝): 송나라 남검주(南劍州) 우계(尤溪) 사람으로 자는 희성(希聖)이다. 신종(神宗) 희녕(熙寧) 6년(1073) 진사가 되고, 신회지현(新會知縣)에 올랐다. 당시 왕안석(王安石)의 신법(新法)이 시행되었는데, 홀로 봉행(奉行)을 거부했다. 아울러 글을 올려 폐단을 극론하다가 사직하고 귀향했다. 저서에 《맹자해의(孟子解義)》와 《예기설(禮記說)》 등이 있다.
13 오징(吳澄)의 《예기찬언(禮記纂言)》 권7 〈왕제(王制)〉, 위식(衛湜)의 《예기집설(禮記集說)》 권33 연평주씨(延平周氏)의 주(註)에 나온다.

것은 의(義)이다."

> 周謂曰: "棘, 急也, 示其雖屏之欲棘於誨過; 寄者, 示其雖屏之特寓於
> 此爾. 屏而必謂之棘與寄者, 恩也; 卒不免於不齒者, 義也."

방각(方慤)이 말하였다.[14]

"학교를 시찰하는 예[視學之禮]로써 교화하여도 역시 변하지 않는다
면 끝내 변하지 않는 것이다. 그러므로 사흘 동안 식사할 때 음악을
연주하지 않으니 장차 내치려는 것이다. 장차 그들을 내칠 것이나 식
사할 때 음악을 연주하지 않는 것은 스스로를 낮추어서 가르침이 지
극하지 않았음을 자책하는 것이다."

> 方慤曰: "以視學之禮化之而又不變, 則終不變矣, 故三日不擧, 將以棄
> 之也. 將棄之而不擧, 則自貶損以責其敎之不至也."

신은 이렇게 생각합니다. 선대의 유학자 진계(陳枅)가 말하기를 "성
인(聖人)은 학교를 조정(朝廷)의 큰 정치로 삼았다. 태자가 나라의 준사
(俊士)·선사(選士)를 등용하고, 악정(樂正)이 그 성정(性情)을 닦게 하였는
데, 반드시 선왕의 시(詩)·서(書)·예(禮)·악(樂)에 따랐으니 그들의 정

---

14 오징(吳澄)의 《예기찬언(禮記纂言)》 권7 〈왕제(王制)〉, 위식(衛湜)의 《예기집설(禮記集說)》 권33
엄릉방씨(嚴陵方氏)의 주(註)에 나온다.

(情)이 발할 때, 성(性)에 따르게 한 이후에 그쳤다. 변하지 않는 자는 9년이 되면 비록 왕자(王子)라도 또한 먼 지방으로 내쫓았으니, 교화에서 공정하고 사사로이 하지 않았으니, 그렇다면 학교에 있는 자가 누가 감히 정이 성을 따르지 않고서 중화(中和)의 경지에 도달할 수 있겠는가."[15]라고 하였습니다.

이것을 살펴보면 선왕의 치세에 가르침을 세워서 백성을 교화할 때에는 인정[情]과 형식[文]을 지극히 갖추고 은의(恩義)를 매우 상세하게 한 것을 알 수 있습니다. 그 가르침이 있어도 교화되지 않을 때에는 그들을 오랫동안 기르고 그들을 너그럽게 대하며, 친히 임하여 살펴서 그들을 감화시키고 자신을 책망하는 것으로 그들을 두렵게 해서 움직이게 합니다. 가벼이 사람을 끊지 않음이 이와 같으니, 매우 무능이한 경우가 아니라면 학교에 적을 두지 못하게 하지는 않습니다. 이것이 선왕의 치세에서 사람을 버리지 않는 것이고, 사람들 또한 가벼이 스스로를 버리지는 않을 것입니다!

臣按: 先儒有言, 聖人以學校爲朝廷之大政, 使太子齒於俊選, 使樂正磨其性情, 必順先王詩書禮樂以性其情然後已也. 不變者, 九年雖王子亦屛遠方, 公於敎化而不私, 則凡在學者孰敢不性其情以蹈於中和之域哉? 觀此可見, 先王之世其立敎以化人也, 極其情文之備·盡其恩義之詳. 其有敎而不化也, 養之以久, 待之以寬, 親臨而觀感之, 責己以竦動之, 其不輕以絶人也如此, 非至於甚不得已而不不齒焉. 此先王之世所

以無棄人而人亦不輕自棄也歟.

《예기(禮記)》〈문왕세자(文王世子)〉에서 말하였다.

무릇 세자(世子)를 가르치고【學은 이하 모두 음이 효(效)이다.】 선비[士]를 가르침에는 반드시 때가 있다【時는 사계절에 각각 가르침이 있는 것이다.】. 봄과 여름에는 간과(干戈)[16]【干은 방패이다.】【戈는 문장에서 창이다.】를 가르치고, 가을과 겨울에는 우약(羽籥)[17]【羽는 꿩의 깃털이다.】【籥은 피리의 종류이다.】을 가르치되, 모두 동서(東序)[18]에서 한다. 소악정(小樂正)이 간(干)을 가르치면, 대서(大胥)가 돕고【贊은 서로 도움이다.】, 약사(籥師)가 과(戈)를 가르치면 약사승(籥師丞)이 돕되, 서(胥)는 남[南: 주남(周南)과 소남(召南)]에 맞추어 북을 울린다. 봄에는 시(詩)를 암송하고, 여름에는 현악기를 배우되, 모두 태사(太師)가 고종(瞽宗)[19]에서 지도한다. 가을에는 예(禮)를 가르치고【學은 본뜻이다.】 집례(執禮)가 돕는다. 겨울에는 《서(書)》를 읽는데 전서(典書)가 이

---

16 간과(干戈): 《예기정의(禮記正義)》〈문왕세자(文王世子)〉 정현(鄭玄)의 주에 의하면 간(干)은 방패이니 전란을 막는 도구이고, 과(戈)는 창끝이 구부러지고 짧은 창이다. 방패와 창으로는 만(萬)이라는 춤[萬舞]을 추어서 무(武)를 상징하게 되니, 만물이 활동하는 계절에 이 춤을 가르치는 것이다.

17 우약(羽籥): 《예기정의(禮記正義)》〈문왕세자(文王世子)〉 정현(鄭玄)의 주에 의하면 우(羽)는 꿩의 깃털이고, 약(籥)은 피리 등의 부류이다. 깃털과 피리로는 약(籥)이라는 춤[籥舞]을 추어서 문(文)을 상징하게 되니, 만물이 안정되는 계절에 이 춤을 가르치는 것이다.

18 동서(東序): 하(夏)나라 때의 태학(太學)이다.

19 고종(瞽宗): 은(殷)나라 때 학교 이름이다. 《예기집설(禮記集說)》〈문왕세자(文王世子)〉 진호(陳澔)의 주에 의하면 고(瞽)는 큰 스승[大師]이라는 뜻이고, 종(宗)은 존귀하다는 뜻이다.

를 가르친다. 예는 고종(瞽宗)에서 가르치고, 서는 상상(上庠)[20]에서 가르친다.

《文王世子》: 凡學【以下皆音效】, 世子及學士, 必時【四時各有所教】. 春夏學干【盾也】戈【句子戟也】, 秋冬學羽【翟雉之羽】籥【笛之屬】, 皆於東序. 小樂正學干, 大胥讚【相助】之; 籥師學戈, 籥師丞讚之, 胥鼓《南》; 春誦夏弦, 大師詔之瞽宗, 秋學【如字】禮, 執禮者詔之; 冬讀《書》, 典書者詔之, 禮在瞽宗·《書》在上庠.

진호(陳澔)가 말하였다.[21]

"간과(干戈)는 무무(武舞)이고, 우약(羽籥)은 문무(文舞)이다. 소악정(小樂正)·대서(大胥)·약사승(籥師承)·서(胥) 네 명은 모두 악관(樂官)에 속한다. 송(誦)은 가악(歌樂)의 편장(篇章)을 입으로 외우는 것이다. 현(弦)은 금슬(琴瑟)로 시장(詩章)의 음절(音節)을 켜는 것이다. 모두 태사(太師)가 가르친다. 고종(瞽宗)은 은(殷)나라의 학교 이름이고, 상상(上庠)은 우(虞)나라의 학교 이름이니 주(周)나라가 천하를 소유함에 우·하(夏)·은·주의 학교를 아울러 세웠다."

陳澔曰: "干戈爲武舞, 羽籥爲文舞. 小樂正·大胥·籥師丞·胥四人皆樂官之屬. 誦, 口誦歌樂之篇章也; 弦, 以琴瑟播被《詩》章之音節也,

---

20 상상(上庠): 순(舜)임금 때의 학교 이름이다.

21 진호(陳澔)의 《예기집설(禮記集說)》 권4 〈문왕세자(文王世子)〉에 나온다.

皆大師詔敎之. 瞽宗, 殷學名; 上庠, 虞學名, 周有天下, 兼立虞·夏·
殷·周之學也."

오징(吳澂)이 말하였다.[22]

"《시경(詩經)》에서 말한 '아(雅)로써 하고 남(南)으로써 한다'는 것은
《시경》의 이아[二雅: 〈대아(大雅)〉〈소아(小雅)〉]와 이남[二南: 〈주남(周南)〉〈소남
(召南)〉]을 말한다. '서고남(胥瞽南)'은 대서(大胥)가 북으로써 〈주남〉, 〈소
남〉의 음악과 노래를 조절함을 말한다."

吳澂曰: "《詩》云 '以雅以南', 謂《詩》之二雅二南. 胥鼓《南》者, 亦謂大
胥以鼓而節二南之樂歌."

신은 이렇게 생각합니다. 〈왕제(王制)〉는 학업을 이룬 선비[造士]를 가
르치는 것을 위주로 하나, 임금의 태자(太子)와 왕자(王子), 여러 제후의
태자와 원사(元士)의 적자도 또한 포함합니다. 〈문왕세자(文王世子)〉는
세자(世子)를 가르치는 것을 위주로 하나, 나라의 학사(學士)들까지도
역시 포함합니다. 대개 옛날에 태학(太學)을 세워서 맏아들[胄子]들을
가르쳤으나 반드시 준사(俊士)·선사(選士)에까지 이르렀습니다. 그 지
위에 비록 귀천이 있으나 훗날에 모두 장차 세상을 이끌고 백성을 키

---

22 오징(吳澄)의 《예기찬언(禮記纂言)》 권8 〈문왕세자(文王世子)〉에 나온다.

우는 책임이 있어서이니, 모두 가르치지 않을 수는 없습니다.

臣按:《王制》主於教造士, 而王大子·王子·群後之大子·元士之適子 亦與焉;《文王世子》主於教世子而國之學士亦及焉. 蓋古者大學之設以 教胄子, 而必及於俊選, 以其位雖有貴賤, 而他日並皆將有輔世長民之 責, 皆不可以不教也.

《예기(禮記)》〈명당위(明堂位)〉에서 말하였다.

미름(米廩)은 유우[有虞: 순(舜)임금]씨의 학교이다. 서(序)는 하후(夏后)씨의 학교이다. 고종(瞽宗)은 은(殷)나라의 학교이다. 반궁(頖宮)은 주(周)나라의 학교이다.

《明堂位》曰: 米廩, 有虞氏之庠也; 序, 夏后氏之序也; 瞽宗, 殷學也; 頖宮, 周學也.

공영달(孔穎達)[23]이 말하였다.[24]

23 공영달(孔穎達, 574~648): 당나라 기주(冀州) 형수(衡水) 사람이다. 자는 충달(沖遠), 중달(仲達), 충원(沖遠)이고, 시호는 헌(憲)이다. 당시 유명한 경학자인 유작(劉焯)에게 배웠다. 《춘추좌 씨전》, 《모시(毛詩)》, 《예기》와 정현주(鄭玄注)의 《상서(尙書)》, 왕필주(王弼注)의 《주역》에 밝 았고, 역산(曆算)에도 뛰어났다. 당 태종의 명을 받아 경학가(經學家)로써 《오경정의(五經正 義)》를 찬술했다. 이 책은 송나라 때 합간된 《십삼경주소(十三經注疏)》에 모두 수록되었다.
24 예기주소(禮記注疏) 권31 〈명당위(明堂位)〉에 나온다.

이것은 노(魯)나라가 네 시대의 학교를 세울 수 있었음을 밝힌 것이다.

孔穎達曰: "此明魯得立四代之學."

진호(陳澔)가 말하였다.[25]

"노(魯)나라의 학교[米廩]는 곧 순(舜)임금 시대의 학교[庠]이니, 학궁에다가 쌀을 보관하였음을 말한다. 또한 효(孝)의 뜻을 가르쳤다. 서(序)는 활을 쏘는 것이니 활을 쏘아 덕을 보는 것으로 선후의 차례가 있다. 악사(樂師)인 맹인[瞽矇]들이 종주하는 곳이므로 고종(瞽宗)이라고 한다. 반(頖)은 절반이다. 제후의 학교를 반궁(頖宮)이라고 하니, 규모가 벽옹(辟雍)의 절반이 되기 때문이다."

陳澔曰: "魯之米廩卽虞氏之庠, 謂藏此米於學宮也, 亦敎孝之義. 序者射也, 射以觀德, 有先後之次焉. 樂師, 瞽矇之所宗, 故謂之瞽宗. 頖, 半也, 諸侯曰頖宮, 以其半辟雍之制也."

《예기(禮記)》〈학기(學記)〉에서 말하였다.

"군자(君子)가 백성을 교화하여 풍속을 이루고자 한다면 반드시 배움을 통해서이다!"

---

25 진호(陳澔)의《예기집설(禮記集說)》권6〈명당위(明堂位)〉에 나온다.

《學記》曰: "君子如欲化民成俗, 其必由學乎?"

《예기(禮記)》〈학기(學記)〉에서 또 말하였다.

"옛날의 임금들은 나라를 세우고【건(建)은 세움[立]이다.】 백성【군(君)은 기름[長]이다.】을 기르는 것에 가르침을 세우고【교(敎)는 가르침을 세움[立敎]이다.】 학교를 세우는 것【학(學)은 학교를 세움[立學]이다.】을 우선하였다."

又曰: "古之王者建【立也】國君【長也】民, 敎【立敎】學【立學】爲先."

진호(陳澔)가 말하였다.[26]

"백성을 교화하여 풍속을 이루는 것은 반드시 요순(堯舜)이 백성과 화합하여 편안하게 변화시킨 것과 같게 하여야 곧 (이러한 경지에) 이를 수 있을 뿐이다. 그렇다면 학교를 버리고서 어떻게 할 수 있겠는가. 여기의 학(學)은 대학(大學)의 도(道)이니, 덕(德)을 밝히고 백성을 새롭게 하는 일이다."

陳澔曰: "化民成俗, 必如唐虞之於變時雍乃爲至耳, 然則舍學何以哉? 此學乃《大學》之道明德·新民之事也."

---

26 진호(陳澔)의 《예기집설(禮記集說)》 권6 〈학기(學記)〉에 나온다.

오징(吳澂)이 말하였다.[27]

"옛날에 왕국을 세워서 천자는 스스로 기내(畿內)에 있는 백성들의 임금이 되고, 또 제후국을 세워서 제후에게 봉토에 있는 백성들의 임금이 되도록 명하였다. 백성들이 배부르고 따뜻하고 편안하게 거처하여도 가르치지 않는다면 금수에 가까워진다. 그러므로 천자와 제후의 나라에 모두 반드시 학교를 건립하고 스승을 세워서 백성들을 가르쳐 이치와 의리가 있음을 알게 하였다."

吳澂曰: "古者建王國, 天子自君其畿內之民, 又建侯國, 命諸侯各君其封內之民. 其民飽暖逸居而無以敎之, 則近於禽獸, 故天子·諸侯之國皆必建學立師以敎其民, 使之知有理義也."

《예기(禮記)》〈학기(學記)〉에서 말하였다.

옛날의 교육에서는 가(家)에는 숙(塾)이 있고, 당(黨)에는 상(庠)이 있고 술(術)에는 서(序)가 있고, 국(國, 國都)에는 학(學)이 있다.

古之敎者, 家有塾·黨有庠·術有序·國有學.

정현(鄭玄)이 말하였다.[28]

---

27 오징(吳澄)의 《예기찬언(禮記纂言)》 권35 〈학기(學記)〉에 나온다.
28 《예기주소(禮記注疏)》 권36 〈학기(學記)〉에 나온다.

"술(術)은 수(遂)가 되는 것이 마땅하다. 500가(家)가 당(黨)이 되고, 12,500가가 수가 된다."

> 鄭玄曰: "術當爲遂, 五百家爲黨, 萬二千五百家爲遂."

공영달(孔穎達)이 말하였다.[29]

"옛날은 상대(上代)[30]를 말한다. 100리(里)의 안에 25가(家)가 여(閭)가 되니, 한 골목[巷]을 같이하는데, 골목의 입구에는 문이 있고 문 옆에는 숙(塾)이 있다. 백성들이 집에 있을 때에 아침·저녁으로 출입하여 항상 숙에서 가르침을 받았다. 마을에서 도덕이 있고 벼슬하다가 연로하여 은퇴한 사람을 스승으로 삼는다. 상(庠)과 서(序)는 모두 학교의 이름이다. 당(黨)에 학교를 세우면 가르침이 여에서 일어나고, 수(遂)에 학교를 세우면 가르침이 당의 학교에서 일어난다. 국(國)은 천자의 도읍과 제후국의 중심을 말한다."

> 孔穎達曰: "古, 謂上代也. 百里之內, 二十五家爲閭, 同一巷, 巷首有門, 門邊有塾, 民在家之時, 朝夕出入恒受敎於塾, 里中之有道德仕而年老退歸者爲之師. 庠·序皆學名, 於黨中立學敎閭中所升也, 於遂中立學敎黨學所升也. 國, 謂天子所都及諸侯國中."

---

29 《예기주소(禮記注疏)》 권36 〈학기(學記)〉에 나온다.

30 상대(上代): 하상주(夏商周) 시대나 그 이전의 시대를 말한다.

신은 이렇게 생각합니다. 진덕수(眞德秀)[31]가 말하기를 "옛 법에 '백성을 가까이 하는 것이 더욱 빨리 가르칠 수 있다.'라고 하였다. 그러므로 25가(家)를 여(閭)로 삼고 여에는 숙(塾)을 두어 백성들이 아침저녁으로 거처하였다. 4여가 족(族)이 되니 한해에 독법(讀法)[32]이 열네 번이었다. 선비가 이러한 시대에 태어나 고향을 버리고 떠나지 않고서도 학교가 있고 스승이 있어서, 공경하고 공손하며 벗과 신의가 있고 구휼활동을 한다면 여서(閭序)에서 그것을 기록하고, 효성스럽고 공손하여 친척 간에 화목하다면 족사(族師)[33]가 그것을 기록한다. 그 가르치는 방법은 또한 모두 성품에 따라 백성들을 깨우쳐 지극한 선(善)의

---

31 진덕수(眞德秀, 1178~1235): 송나라 건녕부(建寧府) 포성(浦城) 사람이다. 자는 경원(景元) 또는 희원(希元)인데, 나중에 경희(景希)로 고쳐 불렀다. 호는 서산(西山)이고, 시호는 문충(文忠)이다. 일설에는 원래 성이 신(愼)이었는데, 효종(孝宗)의 조신(趙睿)의 이름을 피해 고쳤다고도한다. 영종(寧宗) 경원(慶元) 5년(1199) 진사(進士)가 되고, 개희(開禧) 원년(1205) 박학굉사과(博學宏詞科)에 합격했다. 이종(理宗) 때 예부시랑(禮部侍郞)에 발탁되어 직학사원(直學士院)에 올랐다. 사미원(史彌遠)이 그를 꺼려 탄핵을 받고 파직되었다. 나중에 천주(泉州)와 복주(福州)의 지주(知州)를 지냈다. 단평(端平) 원년(1234) 입조하여 호부상서(戶部尙書)에 오르고, 한림학사(翰林學士)와 지제고(知制誥)가 되었다. 다음 해 참지정사(參知政事)에 이르렀는데, 얼마 뒤 죽었다. 강직하기로 유명해 조정에서 명성이 자자했다. 시정(時政)에 대해 자주 건의했고, 주소(奏疏)는 수십만 자에 이르렀다. 주자학파(朱子學派)의 학자로, 《대학연의(大學衍義)》는 《대학장구(大學章句)》에 비견한다는 평을 들었다. 경원당금(慶元黨禁) 이후 정주(程朱)의 이학(理學)이 다시 성행하는 데 공헌한 바 컸다. 그 밖의 저서에 《당서고의(唐書考疑)》와 《독서기(讀書記)》, 《문장정종(文章正宗)》, 《서산갑을고(西山甲乙稿)》, 《서산문집(西山文集)》 등이 있다.

32 독법(讀法): 중앙과 지방에 소재하고 있던 학교의 학생들에게 매달 초하루와 보름날에 학교 운영과 관련한 법령이나 방침 따위를 읽고 토론하면서 학습에 도움이 되도록 하는 일이다.

33 족사(族師): 주(周)나라 육직(六職)의 하나인 지관(地官) 소속의 관원이다. 당정(黨正)은 한 당(黨)의 장으로 소속 당의 정령(政令)·교치(敎治)를 맡아 보고, 족사(族師)는 당정의 차석으로 계령(戒令)·정사(政事)를 맡아 본다.

경지에 들어가게 하고, 예(禮)가 녹아 들어가고 악(樂)이 실현되어서 그 덕(德)이 이루어지고 그 재주는 통달하게 되었다. 옛날에는 사람을 가르치는 공이 모두 이와 같았는데, 지금의 세상에는 리(里)는 백성과 가장 가까우나 학교가 없고, 선비는 고향을 떠나는 것을 가벼이 여겨서 멀리 덕이 있는 사람을 찾아 떠나는 것을 일삼으며, 행실이 좋지 않아 살펴볼 바가 없다. 심지어 가르치는 경우에도 문체를 꾸미거나 구절을 장식하는 것을 잘 하는 것으로 여기고, 성인을 속이고 말을 경박하게 하는 것을 재주로 삼는다. 사람들을 맑게 하지 못할 뿐만 아니라 도리어 거듭 깎아 내어 기운을 상하게 한다."[34]라고 하였습니다. 진덕수의 이 말은 진(秦)·한(漢) 이래의 교육과 학교의 폐단에 매우 적절합니다.

우리 성소(聖祖)께서 슬퍼하시어 옛 학교[庠序]의 제도를 회복하고자 하여 대위(大位)에 오르기 전에 국자학(國子學)을 건립하였습니다. 홍무 2년(1369) 천하에 조칙을 내려 부(府)·주(州)·현(縣)에 학교를 세우고, 8년(1375)에 조칙을 내려 사학(社學)을 세웠습니다. 임금께서 중서성(中書省)의 신하들에게 말하기를 "옛날 주(周)나라 시대에는 가(家)에 숙(塾)이 있고, 당(黨)에 상(庠)이 있었다. 그러므로 백성들이 배움을 알지 못하는 자가 없었으니, 이 때문에 교화가 행해지고 풍속이 아름다웠다. 지금 서울[京師]와 군현에는 모두 학교가 있어 향사(鄕社)의 백성들도 교화를 낙관하고 있으니, 마땅히 유사(有司)로 하여금 다시 사학(社學: 지방학교)을 설치하고 사유(師儒)를 뽑아서 백성들의 자제들을 가르치

---

34 옛 법에 … 한다: 오징(吳澄)의 《예기찬언(禮記纂言)》 권35 〈학기(學記)〉, 위식(衛湜)의 《예기집설(禮記集說)》 권88 〈학기(學記)〉 건안진씨(建安眞氏)의 주(註)에 나온다.

게 한다면 아마도 백성들을 선한 풍속으로 이끌 수 있을 것이다. 내가 보건대, 삼대(三代) 이후의 임금은 무력의 힘으로 천하를 안정시켜서 때때로 문사(文事)에는 소홀하였다. 한(漢)나라는 고조(高祖)·혜제(惠帝)·문제(文帝)·경제(景帝)를 지나서 무제(武帝)에 이르기까지 5대가 지나서야 비로소 태학(太學)을 설립하였고, 송(宋)나라는 태조(太祖)·태종(太宗)·진종(眞宗)을 지나서 인종(仁宗)에 이르기까지 4대가 지나서야 주(州)·군(郡)에 비로소 학교를 세웠다."라고 하셨습니다.

우리 성조께서는 등극하시기 3년 전에 국자학을 세우시고, 군·현에는 등극하신 지 2년 후에 학교를 세우셨으며, 등극하신 지 8년에 이르러서는 사학을 세우셨습니다. 옛사람의 가숙(家塾)·당상(黨庠)·술서(術序)와는 이름이 비록 같지 않으나 그 지역사람들로 다른 사람들을 가르친 것은 똑같습니다.

臣按: 眞德秀言: "古法, 其近民者敎彌數, 故二十五家爲閭, 閭有塾, 民朝夕處焉; 四閭爲族, 則歲之讀法十有四. 士生斯時不待舍去桑梓而有學·有師, 敬敏任恤則閭胥書之, 孝弟睦姻則族師書之, 其所以敎又皆因性牖民而納諸至善之域, 禮熔樂冶以成其德·達其材. 古者敎人之功蓋如此, 今之世, 里於民最近而無學, 士嗜輕去土著而事遠遊, 行之修慝無所乎考, 至其設敎以琢辭鍍句爲巧·詭聖僻說爲能, 非惟無以淑其人, 抑且重斲喪之也." 眞氏此言, 切中秦漢以來敎學之弊. 我聖祖慨然欲複古庠序之制, 未卽大位之先卽建國子學, 洪武二年詔天下立府州縣學, 八年詔立社學, 上諭中書省臣曰: "昔成周之世, 家有塾·黨有庠, 故民無不知學, 是以敎化行而風俗美. 今京師及郡縣皆有學, 而鄕社之民樂睹敎化, 宜令有司更置社學, 延師儒以敎民間子弟, 庶可導民善俗也.

竊觀三代以後之君以武功定天下者, 往往緩於文事, 漢曆高・惠・文・
景至武帝, 五世始立大學; 宋曆太祖・太宗・眞宗至仁宗, 四世州郡始有
學." 我聖祖立國子學於未登極前之三年, 立郡縣學於登極後之二年, 至
於八年卽立社學, 其與古人家塾・黨・庠・術・序之名雖不同, 其以土著
教人則一也.

《예기(禮記)》〈학기(學記)〉에서 말하였다.

(학생들은) 해마다 입학을 하고, 1년을 걸러 [그들의 도예(道藝)를] 시험하여
평가한다.[35] 1년차에는 경서(經書)의 구두(句讀)를 끊어 읽는 것【離經은) 경
서의 구두를 끊음이다.】과 그 뜻의 옳고 그름을 변별하는지를 살펴본다【(辨誌
는) 그 지향하는 바[趣向]와 옳고 그름[邪正]을 분별함이다.】. 3년차에는 학업을 삼가
서 익히고【(敬業은) 익히는 바에 게으르거나 소홀함이 없음이다.】 벗들과 잘 어울
리는지를 살펴본다【(樂群은) 벗들과 어긋나거나 의심함이 없음이다.】. 5년차에는
널리 익히고【(博習)은 한도를 정하여 제한하지 않음이다.】 스승을 친애하는지를
살펴본다【(親師는) 스승의 가르침에 대해 즐기고 좋아함을 앎이다.】. 7년차에는 학
문의 깊은 뜻을 강론하고【(論學은) 학문의 깊은 의미를 강론하여 구함이다.】 자신
보다 나은 벗들을 사귀고 있는지 살펴본다【(取友는) 자기에게 도움이 되는 자를
가려 취함이다.】. 위와 같이 할 수 있다면, 이들을 일러 '작게 이룸[小成].'이라
고 한다. 9년차에는 같은 부류에 대해서 알고【(知類는) 같은 부류에 대해 앎이

---

35 해마다 … 평가한다: 이 구절의 앞에 "고대의 교육에서는, 가(家)에는 숙(塾)이 있고, 당(黨)
에는 상(庠)이 있으며, 수(術)에는 서(序)가 있고, 국도[國]에 학(學)이 있다."라고 하였다.

다.】 (의리에) 통달하며【(通達은) 의리(義理)에 밝게 통달함이다.】, 굳건하게 (뜻을) 세우고 (외부에서) 돌이킬 수 없으니,[36] 이러한 자들을 일러 '크게 이룸[大成].'이라고 한다. 대저 그러한 후에 백성을 교화하고 풍속을 바꿀 수 있으니, 가까이 있는 사람들은 기뻐서 복종하고, 멀리 있는 사람들은 그리워한다. 이것이 대학(大學)의 도(道)이다.

比年入學, 中年考校, 一年視離經【離絶經書句讀】辨誌【別其趣向邪正】, 三年視敬業【於所習無怠忽】樂群【於朋徒無睽貳】, 五年視博習【不以程度爲限制】親師【於訓誨知嗜好】, 七年視論學【講求學問蘊奧】取友【擇取益者】, 謂之小成, 九年知類【知其類聚】通達【明通義理】, 强立而不反, 謂之大成. 夫然後足以化民易俗, 近者說服而遠者懷之, 此大學之道也.

진호(陳澔)가 말하였다.[37]

"해마다 모두 입학하는 사람이 있다. 중년(中年)은 1년을 거른다는 뜻이다. 매번 한 해를 걸러 도예(道藝)가 진보했는지 그렇지 않은지를 시험하니, 7년이 되면 배우는 데에 '작게 이룸[小成].'이 있다. 9년이 되

---

36 굳건하게 … 없으니: "강립이불반(强立而不反)"에 대해 주장이 다양하다. 《예기대전(禮記大全)》에서 주희(朱熹)는 "그칠 곳을 알고 확정함이 있어서, 외부 사물이 그것을 변동시킬 수 없다는 뜻"이라고 하였고, 오징(吳澄)은 "'강립(强立)'은 지키기를 굳건하게 한다는 뜻이며, '불반(不反)'은 이미 능통한 것을 전락시킬 수 없다는 뜻"이라고 하였다. 《예기정의(禮記正義)》에서 정현(鄭玄)은 "'강립(强立)'은 어떤 사안에 임해서 의혹되지 않는다는 뜻이고, '불반(不反)'은 스승이 가르쳐준 도리에 대해서 위배하거나 실추시키지 않는다는 뜻"이라고 하였다.

37 진호(陳澔)의 《예기집설(禮記集說)》 권6 〈학기(學記)〉에 나온다.

면 이치가 밝아지고 의리가 정밀해져서 그 부류에 접해 확장하여 통달하지 않은 것이 없고, 의젓하게 스스로 세울 수 있는 행실을 갖추며 외물이 그것을 빼앗을 수 없게 되니, 이것이 '크게 이룸[大成].'이다."

陳澔曰: "每歲皆有入學之人. 中年, 間一年也, 每間一年而考校其藝之進否也, 七年是學之小成. 至於九年則理明義精, 觸類而長, 無所不通, 有卓然自立之行而外物不得以奪之矣, 是大成也."

오징(吳澂)이 말하였다.[38]

"1년부터 7년이 마칠 때까지를 살펴보면, 이상은 소학(小學)의 일이다. 9년치기 되면 15세가 되어 대학(大學)에 입학할 나이가 되니, 처음에 소학에 입학한 해로부터 통틀어 헤아려보면 9년이 된다. 만약 해마다 가르친다면 백성을 교화하여 현명하고 능숙하게 할 수 있고, 그풍속을 변화시켜 사람마다 사군자(士君子)의 행실이 있게 할 수 있다. 그러므로 가까이 있으면서 그 가르침을 받은 자들은 이미 모두 마음으로 기뻐하여 복종하고, 멀리 있으면서 그 소식을 들은 자들도 또한 그리워하면서 흠모할 것이다."

吳澂曰: "自一年至七年之歲終察視之, 以上皆小學之事. 九年則十五入大學之次年, 自始入小學之年而通數之爲九年也. 若比而敎則可化其

---

38 오징(吳澄)의 《예기찬언(禮記纂言)》 권35 〈학기(學記)〉에 나온다.

民, 使之爲賢能而移易其俗, 人人有士君子之行也. 故近而被其敎者旣
皆心悅而服, 遠而聞其風者亦且懷而慕之也."

신은 이렇게 생각합니다. 이것이 옛날에 학교에서 해마다 시험하여
평가하는 방법입니다.

臣按: 此古者學校逐年比校之法.

《예기(禮記)》〈학기(學記)〉에서 말하였다.

대학(大學)에서 처음【(大學始敎는) 대학에 들어간 초기이다.】가르칠 때에 유
사(有司)가 피변복(皮弁服)을 입고 선사(先師)들에게 나물 등으로 제사를 지
내는 것【(皮弁祭菜는) 유사(有司)가 피변복을 입고 변변치 않은 나물로 제사 지냄이다.】
은 (학생들에게) 도(道)를 공경한다는 뜻【(示敬道는) 그들에게 도예(道藝)를 존경해
야 함을 나타냄이다.】을 보이는 것이다.[39] 〈소아(宵雅, 小雅)〉【(宵雅는) 〈소아〉이
다.】세 편을 익히게【肄는) 익힘[習]이다.】【(三은) 석채가(釋菜歌)인 〈녹명(鹿鳴)〉·〈사
모(四牡)〉·〈황황자화(皇皇者華)〉이다.】하는 것은 처음에 벼슬하는 것을 가르치
기 위함이다【(官其始는) 세 편의 시로 관직에 있으면서 임무를 받았을 때의 아름다움

---

39 대학에서 … 것이다:《예기대전(禮記大全)》에서 오징(吳澄)이 말하기를 "고대에는 처음 학교
에 들어가면 반드시 선성(先聖)과 선사(先師)들에게 석채(釋菜)를 지낸다."라고 하였다. 석채
(釋菜)는 국학에서 거행되었던 전례 중의 하나로, 희생물 없이 나물 등으로 간소하게 차려
서 선성(先聖)과 선사(先師)들에게 지내는 제사이다.

을 취하여 그 처음의 뜻을 깨우쳐 주는 것이다.】.[40] 학교에 들어가면 북을 울리고 상자를 열어 책을 꺼내게 하니【(入學鼓篋은) 학교에 들어갔을 때 북을 치고 상자를 열어 그 책을 꺼내는 것이다.】, 이는 학업에 공손한 마음을 얻게 함이다【(孫其業은) 겸손하고 순한 마음으로 그 덕업에 나아가는 것이다.】.[41] 개오동나무[夏]와 가시나무[楚] 두 가지 회초리【하(夏)는 회초리[檟]이다. 초(楚)는 매[荊]이다.】를 준비하는 것은 자신을 가다듬어 위엄스러운 행동을 하도록 만들기 위해서이다【(收其威는) 위의(威儀)를 수렴하게 하는 것이다.】.[42] (5년이 되어) 체(禘)제사【(禘는) 5년마다 거행하는 큰 제사이다.】를 지낼 날짜에 대해 거북점[卜]을 치기 전에는 (천자는) 학교를 시찰하지 않으니, (학생들의) 뜻을 여유롭게 하기 위함이다【(不視學遊其誌는) 5년이 되기 전에는 학교를 시찰하지 않는 것이니, 배우는 자들의 마음과 뜻을 여유롭게 해 주는 것이다.】. 때에 따라 학생들을 살펴보면서도 일일이

---

40 〈소아(宵雅, 小雅)〉… 위함이다: 《예기집설(禮記集說)》에서 진호는 다음과 같이 설명하였다. "나물로 제사를 지내야 할 때에는 《시경(詩經)》〈소아(小雅)〉 가운데에서 〈녹명(鹿鳴)〉〈사모(四牡)〉〈황황자화(皇皇者華)〉라는 세 편의 시를 노래 불러서 익히게 한다. 이 세 편의 시는 모두 군주와 신하가 연회를 하며 서로의 노고를 위로하는 말들이 수록되어 있으니, 관직에 몸담아 임무를 받았을 때의 아름다운 일을 통해서 그들이 최초 마음먹은 뜻을 깨우쳐 주는 것이다. 그렇기 때문에 '그 최초의 마음가짐에 대해 벼슬살이하는 것을 가르친다.'라고 말한 것이다."

41 학교에 … 함이다: 《예기집설(禮記集說)》에서 진호는 다음과 같이 설명하였다. "학교에 들어갔을 때, 대서(大胥)라는 관리는 북을 쳐서 학생들을 불러 모으고, 학생들이 도착하면 상자를 열어서 책 등의 물건을 꺼내는데, 북소리로 그들에게 주의를 주어 그들로 하여금 공손히 따르는 마음으로 학업에 전념하도록 하는 것이다. 《서경(書經)》〈열명 하(說命下)〉에서 '오직 배움에서는 뜻을 겸손히 한다[惟學遜志].'라고 하였다."

42 개오동나무[夏]와 … 위해서이다: 《예기집설(禮記集說)》에서 진호는 다음과 같이 설명하였다. "'하(夏)'는 개오동나무이고, '초(楚)'는 가시나무이다. 개오동나무는 형체가 둥글고 가시나무는 형체가 네모지니, 이 두 가지로 회초리를 만들어 태만하고 소홀한 자를 경계하는 것은 그들이 자신을 가다듬고 위엄스러운 행동을 하도록 만들기 위해서이다."

말해 주지 않는 것은【(時觀而不語는) 봄가을에 학교를 시찰함에 말을 하지 않는 것이다.】 그 마음을 보존케 함이다【(存其心은) 그 심사(心思)를 보존함이다.】. 나이가 어린 자는 듣기만 하고 질문을 하지 않으니【(聽而弗問)은 스승의 설명을 듣기만 하고 질문을 하지 않음이다.】, 배움에 등급을 넘지 않게 함이다. 이 일곱 가지는 가르침의 큰 법칙이다.

大學始教【入學之初】皮弁祭菜【有司衣皮弁之服·祭蘋藻之菜】, 示敬道也【示之以尊敬道藝】; 宵雅【《小雅》】肄【習也】三【釋菜歌《鹿鳴》《四牡》《皇皇者華》】, 官其始也【三詩取居官受任之美, 誘其初誌】; 入學鼓篋【入學時擊鼓, 發篋出其書】, 孫其業也【以遜順之心進其德業】; 夏楚二物【夏, 榎也; 楚荊也】, 收其威也【收斂威儀】; 未卜禘【五年大祭】不視學, 遊其志也【不五年不視學, 優遊學者之心誌】; 時觀而不語【春秋視學, 無有言說】, 存其心也【存其心思】; 幼者聽而弗問【聽受師說無有問難】, 學不躐等也, 此七者教之大倫也.

오징(吳澂)이 말하였다.[43]

"체(禘)는 시제(時祭)의 이름이니, 5년마다 지내는 대체(大禘)의 체는 아니다.[44] 학교를 시찰함[視學]은 학생들의 경업(經業)을 평가하고 시험하는 것인데 간혹 임금이 친히 가거나 유사가 그것을 시행하니, 천자

---

43 오징(吳澄)의 《예기찬언(禮記纂言)》 권35 〈학기(學記)〉에 나온다.

44 체(禘)는 … 아니다: 《이아(爾雅)》 〈석천(釋天)〉에 따르면 체(禘)는 제사로 대체(大禘), 시체(時禘), 은체(殷禘)로 나뉜다. 대체(大禘)는 천자가 정월에 남교(南郊)에서 하늘에 지내는 제사다. 시체(時禘)는 천자가 종묘에서 선조에게 계절마다 지내던 네 차례 제사 중 여름 제사다. 은체(殷禘)는 5년마다 제왕이 종묘에서 선조에게 지낸다.

가 크게 학교를 시찰하는 예는 아니다. 시제를 기다린 후에 학교를 시찰하는 것은 급박하게 하고자 하지 않으려는 것이니, 학생들로 하여금 그 뜻을 여유롭게 하여 배울 수 있게 함이다.”

吳澂曰: “禘者時祭之名, 非五年太禘之禘. 視學謂考試學者經業, 或君親往, 或有司爲之, 非天子大視學之禮也. 待時祭後乃視學, 不欲急迫, 使學者得以優遊其志而學也.”

신은 이렇게 생각합니다. 이것이 옛날에 학교에서 가르침을 펴는 방법입니다.

臣按: 此古者學校示教之法.

《예기(禮記)》〈학기(學記)〉에서 말하였다.

대학(大學)의 가르침에는, 각 계절【(時는) 봄, 여름, 가을, 겨울이다.】마다 시행하는 가르침【(敎는) 사계절의 교육이다.】에 반드시 정해진 과업[正業]이 있고, 물러나 쉴 때에도【(退息은) 물러나서 쉼이다.】반드시 개인적으로 익히는 것[居學]이 있다.[45] (학생들이 휴식을 취할 때) 현악기를 손에 익도록【(操縵은) 금

---

45 대학(大學)의 … 있다: 《예기집설(禮記集說)》에서 진호는 다음과 같이 설명하였다. “사계절마다 가르치는 일에 있어서는 각기 정해진 과업이 있다는 뜻이다. 예를 들어 《예기(禮記)》〈왕제(王制)〉에 “봄과 가을에는 예(禮)와 악(樂)을 가르치고, 겨울과 여름에는 《시(詩)》와 《서(書)》를 가르친다”라고 하였고, 《예기(禮記)》〈왕제[문왕세자(文王世子)]〉에 “봄에는 암송하고

슬과 같은 현악기를 연주함이다.】 연습하지 않는다면 현악기를 편안하게 연주할 수 없다. 시(詩)에 나오는 다양한 비유와 사물의 이치【(博依는) 사물의 이치가 기대어 있는 바를 널리 구함이다.】를 배우지 않는다면 시(詩)를 편안하게 활용할 수 없다. (선왕이 제정한) 각종 복식제도【(雜服은) 면류관[冕]·변(弁)·상의[衣]·하의[裳] 같은 따위이다.】에 대해서 배우지 않는다면 예(禮)를 편안하게 실천할 수 없으니, 이러한 세 가지의 재예(才藝)를 일으키지【(其藝는) 곧 세 가지를 배움이다.】 않으면 배움을 좋아할 수가 없다【(樂는) 좋아함이다.】. 그러므로 군자(君子)의 배움에서는 학궁에 머무르거나 수양을 하거나 휴식을 취하거나 한가롭게 있는 것이 대저 그러하기 때문에 배우기를 안정되게 할 수 있고 스승을 친애할 수 있으며 벗들을 좋아하고 그 도(道)를 믿을 수 있는 것이다. 이 때문에 비록 스승이나 벗들과 멀어지더라도 도리에 위배되지 않는다.

大學之敎也, 時【春夏秋冬】敎【四時之敎】必有正業, 退息【退而燕息】必有居學, 不學操縵【操弄琴瑟之弦】不能安弦, 不學博依【廣求物理之所依附】不能安詩, 不學雜服【冕弁衣裳之類】不能安禮, 不興其藝【卽三者之學】不能樂【好也】學. 故君子之學也, 藏焉·修焉·息焉·遊焉, 夫然故安其學而親其師, 樂其友而信其道, 是以雖離師輔而不反也.

여름에는 현악기를 연주한다"라고 하였으니, 그러한 부류이다. 물러나서 한가롭게 휴식을 취할 때에는 반드시 한가롭게 거처하며 배워야 할 것이 있으니, 《논어(論語)》〈위정(爲政)〉에 "물러나서 그 사생활을 살펴보니, 또한 충분히 이치를 드러낸다"라고 한 말이 바로 이것이다. 현악기를 연주하고 시를 배우며 예를 익히는 것은 모두 각 계절마다 가르치는 정규 과업에 해당한다. 현악기를 손에 익도록 하고, 시를 통해 비유를 하며, 각종 복장 등의 제도를 익히는 것들은 물러나 휴식을 취하며 학습하는 것이다."

진호(陳澔)가 말하였다.[46]

"무릇 배움의 도(道)는 편안할 수 있음을 귀하게 여기니, 편안하다면 마음과 이치가 섞여서 성숙해진다. 그러나 편안함에 이르지 못함은 배우는 것에 싫증내지 않고, 하다가 그치지 않는 데에 달려 있다. 군자의 배움에서는, 학궁에 머무르거나 수양을 할 때 반드시 정해진 과업이 있다면 익히는 것이 전일하여 뜻이 나누어지지 않는다. 휴식을 취하거나 한가롭게 있을 때에 반드시 익히는 것이 있다면 기르는 것이 순일하여 도예(道藝)가 더욱 성숙해진다. 그러므로 그 배움이 쉽게 이루어지는 것이다."

> 陳澔曰: "凡學之道, 貴於能安, 安則心與理融而成熟矣, 然未至於安, 則在乎爲之不厭而不可有作輟也. 君子之學也藏焉修焉之時必有正業, 則所習者專而志不分, 息焉遊焉之際必有居學, 則所養者純而藝愈熟, 故其學易成也."

오징(吳澂)이 말하였다.[47]

"장(藏)은 학교에 들어가 수업을 받을 때 학궁에 자신을 두는 것이니, 동서(東序),[48] 고종(瞽宗)[49] 등과 같은 곳이다. 수(修)는 그 정해진 과

---

46 진호(陳澔)의 《예기집설(禮記集說)》 권6 〈학기(學記)〉에 나온다.

47 오징(吳澂)의 《예기찬언(禮記纂言)》 권35 〈학기(學記)〉에 나온다.

48 동서(東序): 하(夏)나라 때의 태학(太學)이다. 하나라 때에 태학이 왕궁의 동쪽에 있었으므로 동서(東序)라고 하였다.

49 고종(瞽宗): 《대학연의보》 권69 주) 19 참조.

업을 닦는 것이다. 식(息)은 개인적인 거처에 물러나 쉬는 것이다. 유(遊)는 사물을 완상하여 자신의 성정(性情)에 맞추는 것을 말한다."

> 吳澂曰: "藏謂入學受業時, 藏其身於所學之宮, 若東序·瞽宗等處也. 修謂治其正業, 息謂退息私居. 遊者, 玩物適情之謂."

신은 이렇게 생각합니다. 〈학기(學記)〉의 이 장은 옛사람들이 가르치고 배움에 어느 때나 어느 곳에서도 그 공력을 쓰지 않음이 없음을 알수 있습니다. 이것이 그 배움이 쉽게 이루어지는 까닭이니, 이루어진 것은 본말이 모두 갖추어지고, 정밀하거나 거친 것에 통하여서 하나라도 간혹 버려지는 것이 없습니다. 비록 그러나 한번 풀어 주고 한번 조이는 것이 문무(文武)의 도(道)이니, 이 때문에 군자의 배움에 진실로 머물고 수양하는 곳이 없을 수 없고 또 휴식하며 한가롭게 노는 때가 없을 수 없는 것입니다. 대개 기쁘고 좋아함은 때마다 익히는 것에서 나오고, 스스로 터득함은 깊이 이루는 것에서 말미암습니다. 덕(德)에 나아가고 업(業)을 닦는 사이에서 그 공(功)이 이루어지고, 사물을 완상하며 성정(性情)에 맞추는 나머지에서 그 마음이 길러집니다. 배움이 이와 같다면 아직 터득하지 못하여도 그 어려움이 괴롭지않고, 이미 터득한 것이 쉽게 없어지지 않습니다.

> 臣按: 《學記》此章可見古人教學者無一時一處而不用其功焉, 此其學之所以易成也, 而成之者本末兼該, 精粗通貫, 無一而或遺焉者也. 雖然, 一弛一張, 文武之道, 是以君子之學固不可無藏修之處, 亦不可無遊息

《예기(禮記)》〈학기(學記)〉에서 말하였다.

지금의 가르치는 자들은 책에 보이는 글자만을 읊조리고【呻은) 읊고 외
는 소리이다.】【佔은) 봄[視]이다.】【畢은) 책[簡]이다.】 질문【訊은) 물음[問]이다.】을 많
이 하며 말이 여러 가지에 미친다【言及於數는) 말하는 것이 한 방면에 그치지 않
음이다.】. (학문에) 나아가되 (학생들이) 편안한 바를 돌아보지 않고, 학생들
을 **부림**에 그 진실함[誠]을 따르지 못하게 하고, 학생들을 가르침에 그 재
주를 다하지 못하게 하니, (스승들이 가르침을) 베풂에 어그러지고, (학생들
이 배움을) 구함에 잘못된다【求는) 질책함[責]과 같다.】【佛은) 잘못됨[弗]이다.】. 그
러하기 때문에 (학생들은) 배운 것을 감추고 스승을 싫어하며, 어려운 것
에 대해서 괴로워하지만 그 유익함을 알지 못하며, 비록 과업을 마치더
라도 (터득한 것이) 반드시 쉽게 사라진다. 가르침이 이루어지지 못하는
이유는 아마도 이 때문일 것이다!

장재(張載)[50]가 말하였다.[51]

"사람들이 편안하지 못한데도 또 (학문에) 나아가고, 깨닫지 못했는데도 또 다 되었다고 하니, 다만 사람들에게 (형식적인) 절목만을 만든 것이다. (학생들이) 재주를 다하지 못하며, (스승이 학생들의 배움이) 편안한지를 돌아보지 않고 진실함을 따르지 못하게 하니, 모두 가르침을 잘못 베푼 것이다. 다른 사람을 가르치는 것은 매우 어려우니, 반드시 다른 사람이 그 재주를 다하게 해야 다른 사람을 그르치지 않는다. (학생들이) 도달할 수 있는 곳을 살펴서 알려 주기 때문에 그를 부림에 반드시 그 진실함[誠]을 따르게 하고, 그들을 가르침에 반드시 그 재주를 다하게 하는 것이다. 다른 사람의 재주가 충분히 행할 수 있는데 다만 그 진실함을 따르지 않는다면 그 재주를 다하지 못할 것이다. 만약 억지로 이끌어 그것을 행하게 한다면 어찌 그 진실함에 말미암는 일이 있겠는가."

> 張載曰: "人未安之又進之, 未喩之又造之, 徒使人生此節目, 不盡其材, 不顧其安, 不由其誠, 皆施之妄也. 教人至難, 必盡人之材乃不誤人, 觀可及處乃告之, 故使人必由其誠, 教人必盡其材. 人之材足以有爲, 但以其不由於誠則不盡其材, 若曰勉率而爲之, 則豈有由其誠哉?"

오징(吳澄)이 말하였다.[52]

---

50 장재(張載): 《대학연의보》 권68 주) 27 참조.
51 《장자전서(張子全書)》 권12 〈어록(語錄)〉에 나온다.

"지금의 스승들이 그 책에 보이는 글자만을 외고, 말해 주는 것들이 많다. 배우는 자들이 아직 나아갈 수 없는데도 나아가고, 그 배운 것에 편안한지의 여부를 돌아보지 않는다. 진실로 이러한 한 가지 이치를 알게 한 이후에 그들에게 별도로 한 가지 이치를 다하게 하는 것이니, 이것이 '그 진실함을 따르게 한다'는 것이다. 이러한 한 가지 일을 잘 행할 수 있은 뒤에 가르친 것을 별도로 한 가지 일로 삼게 하니, 이것이 '그 재주를 다하게 한다'는 것이다. 그렇지 않다면 그들이 그 진실함을 따르지 못하고 가르친 것에 그 능력을 다하지 못한다.

이미 아는 것과 이미 잘하는 것을 살피지 않고, 아직 알지 못하고 잘하지 못하는 것으로 나아가며, 다른 사람들에게 가르침을 베푸니, 선후(先後)가 마땅함을 잃었으므로 '어그러진다[悖].'라고 한다. 스스로 알고 스스로 잘하기를 기다리지 않고 반드시 알고 반드시 잘하게 될 것으로 억지로 해서 다른 사람들에게 요구하니, 얕고 깊음을 분별하지 못하므로 '잘못되었다[佛].'라고 한다. 이와 같다면 스승에게 전수받은 배움을 밝힐 수 없어서 그 스승과 친해지기를 원하지 않고 도리어 그 스승을 미워하는 것이다.

이미 알고 이미 행한 것을 편안하게 할 수 없다면 그 어려운 것이 힘들게 느껴지며, 아직 할 수 없는 것에 나아가 비록 유익하게 하고자 하여도 저들이 그 유익함을 알 수가 없다. 설령 억지로 그 수업을 마치게 한다면, 아는 것이 오래되지 않아 반드시 또 어두워져서 잊게 되며, 행하는 것이 오래되지 않아 반드시 또 버리고 잘못되게 된다. 그러므로 '반드시 쉽게 사라진다'라고 한다. 형(刑)은 이룸[成]과 같

---

52 오징(吳澄)의 《예기찬언(禮記纂言)》 권35 〈학기(學記)〉에 나온다.

으니, 다른 사람을 가르침에 이루어지지 않는 것이 여기에서 말미암는다.”

> 吳澂曰: “今之師誦其所視之簡, 多其所告之辭, 學者未可以進而又進之, 不顧其所學已安與否也. 實知此一理而後使之別窮一理, 是謂由其誠; 能行此一事而後教之別爲一事, 是謂盡其材, 否則, 使之不由其實·教之不盡其能也. 不觀其已知已能而進之以未知未能, 是其施教於人也先後失宜, 故曰悖; 不俟其自知自能而强之以必知必能, 是其求責於人也淺深莫辨, 故曰佛. 如是, 則莫能明其所受於師之學, 不願親其師而反疾其師矣. 已知已行者未能安則苦其難, 進之以其所未可, 雖欲益之而彼不能知其益也, 縱使强抑俾終受其業, 然所知非久必又昏忘, 所行非久必又遺失, 故曰其去之也必速. 刑猶成也, 謂教人不成者由此.”

신은 이렇게 생각합니다. 이 장은 “가르침이 이루어지지 않음[教之不成].”을 논하였으니, 후세에 다른 사람을 가르치는 것의 폐단에 적절하게 부합합니다. 조종(祖宗) 이래로 학교를 설립하니, 오직 스승이 될 만한 유학자[師儒]를 세워서 그들을 가르치고 인도하며, 유사(有司)에게 명하여 담당하게 하였지만, 일찍이 제독(提督)과 헌신(憲臣)은 두지 않았습니다.

정통(正統) 연간(1436~1449)에 학정(學政)이 많이 폐해지고 느슨해지자 곧 건의한 것을 채택하여 도(道)마다 풍헌관(風憲官)[53] 한 명을 더 두

---

53 풍헌관(風憲官): 감찰의 직무를 수행하는 관리이다.

어서 오로지 학정만을 감독하게 하였습니다. 그 관직을 만든 의도는 다만 무너진 것을 진작시키고자 하였을 뿐이지, 그 사람들이 각각 스스로 한 가지 방법만을 행하여 한 가지 방면의 배움만을 통합해서 가르치기 위한 것은 아닙니다.

성인(聖人)이 가르침을 베풂에, 각각 그 재주를 따르도록 하였습니다. 비록 공자 문하의 제자라 하더라도 오히려 네 과목[四科]으로 나누었는데,[54] 다만 중인(中人) 이하의 좁은 사견으로는 모두 한 가지 방면의 인재만을 따르려고 하여 그들을 자신과 같이 여기고 모르는 것들을 많이 보았습니다. 무릇 시행하려는 것들이 모두 〈학기(學記)〉의 이 장에는 빠져 있는 것들이니, 〈학기〉에서 말한 '가르침이 이루어지지 않음'은 이 때문입니다. 오늘날의 인재들이 이전보다는 못하고 학정도 어기에서 말미암으니, 나반 아직 완성되지 못한 인재를 완성시키지 못할 뿐만이 아니라. 아울러 완성될 수 있는 사람들도 그 뜻이 나뉘고 그 학업이 성취되지 않습니다.

또 감독해야 하는 지방이 많게는 3~4천 리에 이르니 한 해 동안 두루 둘러볼 수 없고, 도착한 곳에서도 또한 열흘이 지나도록 떠날 수 없어서 진실로 9년에 한번 겨우 들리니, 저 어찌 성인이라도 지나가는 곳마다 교화하고 마음에 보존한 것이 신묘해질 수 있겠습니까.[55]

---

54 비록 … 나누었는데: 네 과목(四科)은 덕행(德行), 언어(言語), 정사(政事), 문학(文學)을 말한다. 《논어(論語)》〈선진(先進)〉에서 공자가 "나를 진(陳)나라와 채(蔡)나라에서 따르던 자들이 모두 문하에 있지 않구나. 덕행(德行)에는 안연·민자건·염백우·중궁이요, 언어(言語)에는 재아·자공이요, 정사(政事)에는 염유·계로요, 문학(文學)에는 자유·자하니라[子日從我於陳蔡者, 皆不及門也. 德行顏淵閔子騫冉伯牛仲弓, 言語宰我子貢, 政事冉有季路, 文學子游子夏]."라고 말하였다. 이를 통해 보면 공자는 각각 사람의 재질에 따라 가르쳤음을 알 수 있다.

55 저 어찌 … 있겠습니까: 《맹자(孟子)》〈진심 상(盡心上)〉에 "군자(君子, 聖人)는 지나는 곳에 교

신이 생각하기로는, 지금 두 경기(京畿) 및 13번(藩)에서 등용된 자들이 모름지기 14명인데, 그 사람들로는 쉽게 이룰 수 없으니, 조종(祖宗)의 옛 법을 회복하는 것만 못합니다. 반드시 설치하고자 한다면 내각(內閣)의 유신(儒臣)들에게 칙서를 내려 홍무(洪武, 1368~1398) 초의 시어사(侍禦史) 수가(睢稼)[56]가 건의한 말로 칙서를 내리기를 청합니다. 조정에서 성대(省臺)의 부관(部官)에게 회의할 것을 명하여 격식을 정하고, 천하의 학교에 세운 비석과 법률 등의 책을 일일이 참작하여 상의하며 성현(聖賢)이 가르치고 배운 방법을 참고하여, 중인 이하를 기준으로 삼아 학교에서 기르고 양육하는 법식을 세워 예부(禮部)에 명해 천하에 반포하여 따라서 시행하게 합니다. 사유(師儒)가 된 사람은 이 법식을 따라 가르치고, 생도(生徒)가 된 사람은 이 법식을 따라 배우고, 수령(守令)이 된 사람은 이 법식을 따라 감독하고, 배움을 감독하는 헌신은 가는 곳마다 한결같이 이 법식으로 시험하고 평가하여, 그 가르치고 배우고 감독하는 것이 반드시 이 법식에 부합하게 하되, 그렇지 않으면 처벌합니다.

학교의 가르침은 덕행(德行)이 우선이 되나, 덕행은 시험하여 평가하기에 어려우니 반드시 그 예업(藝業)을 시험합니다. 이른바 예업에

화가 되며 마음에 두고 있으면 신묘해진다[夫君子所過者化, 所存者神].”라고 하였으니, 주희의 주에 “지나는 곳에 교화가 된다는 것은 몸이 지나가는 곳에는 곧 사람들이 교화되지 않음이 없는 것이고, 마음에 두고 있으면 신묘해진다는 것은 마음에 두어 주장하는 곳에는 곧 신묘하여 측량할 수 없게 되는 것이다.”라고 하였다.

56 수가(睢稼): 명나라 초의 인물이다. 홍무 2년에 한림응봉(翰林應奉)이 되었고 이후 중서성참정(中書省參政), 홍문관학사(弘文館學士)를 하였다. 눕혀진 비석을 세우기를 청하였다. 《명사기사본말(明史紀事本末)》 권14에 “부주현의 장리에게 명하여 월삭에 백성들을 모아 법을 읽기를 청하였다[監察御史睢稼, 請命府州縣長吏, 月朔會民讀法].”라고 하였다.

는 세 가지가 있으니 책읽기[讀書], 글짓기[作文], 글씨쓰기[寫字]입니다. 무릇 이 세 가지는 한결같이 중인 이하를 기준으로 삼고 매일 등지고 쓰게 하되 200자를 넘지 않으며, 글자를 익히는 것도 역시 그러합니다. 시험[作課]은 그 학력이 이르는 바에 따라 몇 가지로 나눕니다. 본경(本經)은 사서(四書)·사감(史鑑)·경의(經義)·책론(策論)이 그 정식과목입니다. 제자서(諸子書), 문집(文集)이나 시(詩)를 짓는 것에도 뜻을 두게 하되, 이것을 정식과목으로 삼아 시험하지는 않습니다. 그 출제는 경문(經文)을 잘게 끊거나 (책의) 치우친 서과(書課)에서 내는 것을 허락하지 않고, 반드시 글과 이치가 순조로운 것으로 하며 기괴하고 유행하는 것은 허락하지 않습니다. 이것을 기준으로 삼되, 매달 학교에서 장차 출제하는 제목에 대해 배움을 감독하는 헌신에게 알리고, 헌신은 그 출제하는 세목을 예부에 알려 한림원(翰林院)과 국자감(國子監)에 돌려서 그것을 상세히 살핍니다. 이와 같다면 학생들을 나아가게 함에 그 편안함을 돌아보고 학생들이 그 진실함을 따르게 하며, 학생들을 가르침에 그 재주를 다하게 하니, 가르침을 베푸는 것이 바른 이치에 어그러지지 않고 배움을 구하는 것이 떳떳한 정(情)에 잘못되지 않습니다. 이것이 오직 인재들을 완성시킬 수 있을 뿐만이 아니라 또한 도덕(道德)을 한결같이 하는 큰 단서입니다.

臣按: 此章論敎之不成, 切中後世敎人之弊. 祖宗以來, 設立學校惟立師儒以敎導之, 命有司以提調之, 未嘗有提督·憲臣之設. 至正統中, 以學政多廢弛, 乃用建議者, 每道添設風憲官一員以專督學政, 設官之意止欲振作其頹墮者耳, 非使其人各自爲一法以通敎一方之學者. 夫聖人施敎各因其材, 雖以孔門弟子猶分四科, 顧乃以中人以下之私見, 而欲盡律一方之人才使之如己, 多見其不知量也. 凡其所爲所行盡墮在《學記》此章中, 《記》謂敎之不成其此之由, 今日人才不及於前, 政由於此, 非獨不能成其不成之才, 並與其可成者分其誌而墮其業也. 且其所督地方多者三四千裏, 一歲不能遍曆, 所至之處又不能浹旬卽去, 固有九年而僅一至者, 彼豈聖人而能過化存神哉? 臣竊以爲今兩京畿及十三藩所用者須十有四人, 其人未易得也, 莫若複祖宗之舊, 必欲設置, 乞敕內閣儒臣, 將洪武初侍禦史睢稼建言朝命省臺部官會議定擬格式立碑在天下學校者, 及憲綱等書, 一一斟酌詳議, 參以聖賢敎學之法, 以中人以下爲準, 立爲學校敎養法式, 命禮部頒行天下, 俾其遵依. 爲師儒者必依此式爲敎, 爲生徒者必依此式爲學, 爲守令者必依此式提調, 而提學憲臣所至一以此式考驗其所以敎學提調者, 必合此式, 否則有罰. 大抵學校之敎, 德行爲先, 然德行難於考驗, 必先考其藝業. 所謂藝業有三, 讀書·作文·寫字, 凡此三者一以中人以下爲則, 每日背書不過二百字, 習字亦然, 作課則隨其學力所至以爲數, 本經·《四書》·史鑒·經義·策論其正業也, 有誌及於子·集及作詩辭者聽, 不以是爲正業而試之, 其出題不許裁截破碎經文及出偏僻之書課, 必文從理順, 不許奇怪尖新, 以是爲準, 每月學校將所出題目申提學憲臣, 憲臣以其所出題目申禮部轉行翰林院·國子監看詳. 如此, 則進人顧其安, 使人由其誠, 敎人盡其才, 而施之不悖於正理, 而求之不拂於常情矣. 此非獨有以成就人材, 是亦一道德之大端也.

《예기(禮記)》〈학기(學記)〉에서 말하였다.

166

대학(大學)의 법도에서 아직 발생하지 않은 것을 미리 금지하는 것을 '예(豫)'라고 한다. 가르쳐도 될 시기에 가르치는 것을 '시(時)'라고 한다. 절차를 뛰어넘지 않고 가르치는 것을 '손(孫)'이라고 한다【不陵은 넘어 침범하는 것이다.】【節은 있는 곳을 나누어 한정지음을 말한다.】【孫은 순함[順]이다.】. 서로 살펴서 선(善)하게 하는 것을 '마(摩)'라고 한다【摩는 서로 격려하여 함께 나아감이다.】. 이 네 가지는 가르침이 일어나는 계기이다.

발생한 이후에 금지한다면 막히고 거슬려서 (가르침이 들어가지 않아) 감당하지 못한다【扞은 막음[拒扞]이다.】【格은 땅이 견고하게 얼어서 (땅속으로) 들어가기 어려운 것과 같다.】【不勝은 그 가르침을 받들어 감당할 수 없음이다.】. 때가 지난 뒤에 배운다면 부지런히 고생만 하고 이루기가 어렵다. 등급과 절차를 무시해서【雜施는 등급을 뛰어넘고 절차를 어김을 말한다.】 가르치고 순서를 따르지 않는다면 무너지고 어지러워져서 (학문이) 닦이지 않는다. 홀로 공부하고 벗이 없다면 고루해져서 (선을) 듣는 것이 적다. 놀기만 하는 친구와 사귀게 되면 스승의 가르침을 거스르게 된다. 놀기만 하며 편벽된 짓을 하면 학문을 폐하게 된다. 이 여섯 가지는 가르침이 없어지는 이유이다.

大學之法, 禁於未發之謂豫, 當其可之謂時, 不陵【逾犯也】節【言分限所在】而施之謂孫【順也】, 相觀而善之謂摩【相厲並進】, 此四者教之所由興也. 發然後禁則扞【拒扞也】格【如地之堅凍難入】而不勝【不能承當其教】, 時過然後學則勤苦而難成, 雜施【謂躐等陵節】而不孫則壞, 亂而不修·獨學而無友則孤陋而寡聞, 燕朋逆其師, 燕辟廢其學, 此六者教之所由廢也.

진호(陳澔)가 말하였다.[57]

　"예(豫)는 먼저 일삼는 것을 말한다. 시(時)는 앞서지도 않고 뒤처지지도 않는 시기이다. 절차를 어기지 않고 가르치는 것은 나이가 어린 자들에게 나이가 많은 자의 과업을 가르치지 않는 것이다. 서로 살펴서 선(善)하게 하는 것은 갑(甲)의 선을 칭찬하면 을(乙)이 보고 본받으며, 을에게 칭찬할 만한 선이 있다면 갑이 또한 그와 같이 하는 것과 같은 것이다. 놀기만 하는 친구는 반드시 선을 권면하지 않고, 혹은 서로 어울려서 스승을 섬기는 데에 태만하게 군다. 한가롭게 놀며 사사롭고 편벽된다면 반드시 외부의 유혹에 끌리게 되는데 학업을 폐하지 않을 수 있겠는가. 이처럼 놀기만 하는 친구와 사귀며 놀기만 하고 편벽된 것의 해로움은 모두 '발생한 이후에 금지하는 것'에서 말미암는다. 이하 네 가지의 잘못은 모두 앞 문장에 나온 (가르침이 흥기되는 계기) 네 가지와는 상반된다."

> 陳澔曰: "豫者先事之謂, 時者不先不後之期也. 不陵節而施, 謂不敎幼者以長者之業也. 相觀而善, 如稱甲之善則乙者觀而效之, 乙有善可稱甲亦如之. 燕私之朋必不責善, 或相與以慢其師; 燕遊邪僻必惑外誘, 得不廢其業乎? 此燕朋·燕辟之害, 皆由於發然後禁. 以下四者之失, 背[58]與上文四者相反也."

---

57 진호(陳澔)의 《예기집설(禮記輯說)》 권35 〈학기(學記)〉에 나온다.

58 背: 《대학연의보(大學衍義補)》 사고전서본(四庫全書本)에는 '皆'로 되어 있어, 번역에서는 이를 따른다.

신은 이렇게 생각합니다. 가르침이 흥기되는 계기는 네 가지가 있습니다. 선대의 유학자 오징(吳澄)이 말하기를 "세 가지는 스승에게 해당되고 한 가지는 벗에게 해당된다."[59]라고 하였습니다. 신은 (가르침이) 없어지는 이유 여섯 가지 가운데, 그 앞의 세 가지는 스승에게 해당되고 그 뒤의 세 가지는 벗에게 해당된다고 생각합니다. 이를 통해 살펴본다면 스승의 가르침은 큰 강령[大綱]에만 해당되는 것임을 알 수 있습니다. 만약 절차탁마(切磋琢磨)한다면 가르침이 점점 젖어 들어가서 벗들이 강습하는 유익함과 서로 살펴보고 감화하는 교화가 더욱 많아질 것입니다.

臣按: 教之所由興者有四, 先儒謂三屬於師・一屬於友, 臣則以爲所由廢者有六, 其前三者屬於帥・其後三者屬於友也. 由是觀之, 可見師之爲教止於大綱, 若夫切磋琢磨, 薰陶漸染而朋友[60]講習之益・觀感之化尤爲多焉.

《예기(禮記)》〈학기(學記)〉에서 말하였다.

배우는 자에게는 네 가지 잘못이 발생할 수 있으니, 가르치는 자는 반드시 이러한 것들을 알아야 한다. 사람이 배움에, 어떤 자는 (깊이가 없이) 많은 것만 보고 듣는 데에 힘쓰는 잘못을 범하고【(多는) 재주가 넘치는 것이다.】, 어떤 자는 (범위가 좁아) 작게 보고 듣는 잘못을 범한다【(寡는) 재주가 부

---

59 세 가지는 … 해당된다: 오징(吳澄)의 《예기찬언(禮記纂言)》 권35 〈학기(學記)〉에 나온다.

60 友: 《대학연의보(大學衍義補)》 사고전서본(四庫全書本)에는 뒤에 '有'가 더 있다.

족한 것이다.】. 어떤 자는 너무 쉽게 여겨서 대충하는 잘못을 범하고【(易는)
지나치게 재빠른 것이다.】, 어떤 자는 스스로 한도를 정해서 더 이상 나아가
지 못하는 잘못을 범한다【(止는) 둔하고 더딘 것이다.】. 이러한 네 가지 잘못
이 발생하는 것은 각각의 마음이 같지 않기 때문이다. 따라서 그 마음을
안 뒤에야 그들이 범할 잘못을 구제할 수가 있다. 가르친다는 것은 선(善)
을 장려해 주고 잘못을 구제해 주는 것이다.

學者有四失, 教者必知之. 人之學也, 或失則多【才有餘者】, 或失則寡【才不足
者】, 或失則易【俊快者】, 或失則止【鈍滯者】, 此四者心之不同也, 知其心然後
能救其失也, 教也者長善而救其失者也.

여조겸(呂祖謙)이 말하였다.[61]

"이 네 가지는 마음에 말미암는 바가 같지 않으므로 병폐도 각각
차이가 있게 되니, 그 마음을 안 뒤에야 그 잘못을 구제할 수 있다. 비
유하자면 의원이 그 병을 알아야만 비로소 그 증상에 맞는 약을 쓸 수
있는 것이다."

呂祖謙曰: "四者心之所由莫同, 病各有別, 知其心然後能救其失, 譬如
醫者, 要識他病處方始隨證用藥."

---

61 이 네 가지는 … 것이다:《예기대전(禮記大全)》권17〈학기(學記)〉동래여씨(東萊呂氏)의 주(註)
에 나온다.

진상도(陳祥道)[62]가 말하였다.[63]

"옛날의 가르침은 본성을 살펴 마음을 알고, 마음을 따라 잘못을 구제한다. 많은 것은 예(禮)로써 간략히 하고 적은 것은 문(文)으로써 넓히며, 쉽게 여기는 것은 스스로 돌아보는 것으로 억누르고 한도를 정하는 것은 스스로 힘쓰는 것으로 권면하니, 이것이 선(善)을 장려하고 잘못을 구제하는 방법이다."

> 陳祥道曰: "古之敎者觀性以知心, 因心以救失. 多者約之以禮, 寡者博之以文, 易者抑之以自反, 止者勉之以自强, 此長善救失之道也."

신은 이렇게 생각합니다. 사람이 태어남에 본성이 선(善)하지 않음이 없으니, 그러므로 사람마다 모두 이 선을 가지고 있습니다. 그러나 부여받은 기질에 얽매이고 물욕(物欲)에 가려져서 잘못이 없을 수 없으니, 그러므로 가르침은 반드시 그 본래 없었지만 지금 소유한 것에 따라 그것을 구제하고 도와주고 막는 것입니다. 이와 같이 하면 스승이 가르치는 도(道)가 세워져서 천하에 완성하지 못하는 인재는 없을

---

62 진상도(陳祥道, 1053~1093): 북송 복주(福州) 민청(閩淸) 사람으로 자는 용지(用之) 또는 우지(祐之)고, 진양(陳暘)의 형이다. 영종(英宗) 치평(治平) 4년(1067) 진사(進士)가 되고, 비서성정자(秘書省正字)를 지냈다. 박학했고, 특히 예학(禮學)에 정통했다. 왕안석(王安石)이 재능을 듣고 상서급필찰(尙書給筆札)로 불러 국자감직강(國子監直講)에 임명했다. 관각교감(館閣校勘)으로 옮기고, 태상박사(太常博士)를 겸했다. 비서성정종(秘書省正宗)까지 올랐다. 왕씨의 학문을 전파하는 데 공헌한 인물이다. 저서에 《예서(禮書)》와 《논어전해(論語全解)》가 있다.

63 《예기대전(禮記大全)》 권17 〈학기(學記)〉, 위식(衛湜)의 《예기집설(禮記集說)》 권89 〈학기(學記)〉 장락진씨(長樂陳氏)의 주(註)에 나온다.

것입니다.

臣按: 人之生也性無不善, 故人人皆有是善, 然氣稟所拘·物欲所蔽, 不
能無失也, 故教者必因其本無而今有者拯救補塞之, 如是, 則師之教道
立而天下無不成之才矣.

《상서대전(尙書大傳)》에서 말하였다.

"공경(公卿)의 큰아들과 대부(大夫)나 원사(元士)의 적자는 13세에 비로소
소학(小學)에 들어가서 작은 예절을 보고 작은 의리를 실천하며, 20세에
는 대학(大學)에 들어가서 큰 예절을 보고 큰 의리를 실천한다. 그러므로
소학에 들어가서는 아버지와 아들의 도리, 어른과 어린아이의 예절을 알
게 되고, 대학에 들어가서는 임금과 신하의 의리, 윗사람과 아랫사람의
지위에 대해 알게 된다. 그러므로 임금이 되면 임금답고, 신하가 되면 신
하답고, 부모가 되면 부모답고, 자식이 되면 자식답다."[64]

《尙書大傳》曰: 公卿之大子·大夫元士之適子, 十有三年始入小學, 見小節
焉, 踐小義焉; 二十入大學, 見大節焉, 踐大義焉. 故入小學知父子之道·長
幼之節, 入大學知君臣之義·上下之位, 故爲君則君·爲臣則臣·爲父則父·
爲子則子.

64 공경(公卿)의 … 자식답다:《상서대전(尙書大傳)》 권3 〈금등전(金縢傳)〉에 나온다.

신은 이렇게 생각합니다. 《백호통(白虎通)》[65]에 "8세에 소학에 들어가고 15세에 대학에 들어간다."라고 하였고, 여기서는 "13세에 비로소 소학에 들어가고 20세에 대학에 들어간다."라고 하였습니다. 해설하는 자들이 8세, 15세는 천자와 세자의 예(禮)이고, 13세, 20세는 공경이나 대부, 원사의 적자가 학교에 들어가는 시기라고 하였습니다. 신은, 8세부터 13세까지는 모두 소학에 들어갈 수 있고, 15세부터 20세까지는 모두 대학에 들어갈 수 있음을 대략 말하였을 뿐이지, 엄격하게 이것으로 기한으로 삼은 것은 아니라고 생각합니다.

> 臣按：《白虎通》曰 "八歲入小學, 十五入大學", 此云十有三年始入小學·二十入大學, 說者謂八歲·十五歲天子世子之禮, 十三·二十乃公卿·大夫·元士適了入學之期. 臣竊以爲, 八歲至十三皆可以入小學, 十五至二十皆可以入大學, 大約言之耳, 非截然立此以爲期限也.

《맹자(孟子)》에서 말하였다.[66]

"상(庠)과 서(序), 학(學)과 교(校)를 설치하여 백성들을 가르쳤으니, 상은 기름[養]이요, 교는 가르침[教]이요, 서는 활쏘기[射]이다. 하(夏)나라에서는 교라 하였고, 은(殷)나라에서는 서라 하였고, 주(周)나라에서는 상이라 하

---

65 《백호통(白虎通)》: 중국 동한(東漢) 시대 반고(班固) 등이 편찬한 책으로 전 4권이다. 일명 《백호통의(白虎通義)》, 《백호통덕론(白虎通德論)》이라고도 한다. 후한(後漢) 건초(建初) 4년(79) 장제(章帝)가 박사(博士)와 유생들을 백호관(白虎觀)에 불러 모아 오경(五經)을 논하게 한 후 장제가 친히 결론을 내린 내용을 기록한 것이다.

66 《맹자(孟子)》〈등문공장구 상(滕文公章句上)〉에 나온다.

였다. 학은 삼대(三代)가 함께 하였으니, 이는 모두 인륜(人倫)을 밝히는 것이다【倫은) 차례[序]이다.】. 인륜이 위에서 밝아지면 소민(小民)들이 아래에서 친해진다."

孟子曰: "設爲庠序學校以敎之, 庠者養也, 校者敎也, 序者射也, 夏曰校·殷曰序·周曰庠, 學則三代共之, 皆所以明人倫【序也】也. 人倫明於上, 小民親於下."

주희(朱熹)가 말하였다.[67]

"상(庠)은 노인을 봉양함을 목표[義]로 삼았고, 교(校)는 백성을 가르침을 목표로 삼았고, 서(序)는 활쏘기를 익히는 것을 목표로 삼았으니, 모두 향학(鄕學)이다. 학(學)은 국학(國學)이다. 함께 공유하니 다른 명칭이 없는 것이다. 부모와 자식 사이에는 친함이 있고[父子有親], 임금과 신하 사이에는 의리가 있고[君臣有義], 남편과 아내 사이에는 분별이 있고[夫婦有別], 어른과 어린아이 사이에는 차례가 있고[長幼有序], 친구 사이에는 믿음이 있는 것[朋友有信]이니, 이는 사람의 큰 윤리이다. 상과 서, 학과 교는 모두 이것을 밝히려 했을 따름이다."

朱熹曰: "庠以養老爲義, 校以敎民爲義, 序以習射爲義, 皆鄕學也. 學, 國學也, 共之無異名也. 父子有親·君臣有義·夫婦有別·長幼有序·朋友有信, 此人之大倫也, 庠·序·學·校皆以明此而已."

---

67 《맹자집주(孟子集註)》〈등문공장구 상(滕文公章句上)〉에 나온다.

신은 이렇게 생각합니다. 삼대(三代) 학교의 제도에서는, 그 향학(鄕學)의 이름은 비록 같지 않지만 국학(國學)의 이름은 조금도 다르지 않았습니다. 그러나 가르치는 것에서는 크고 작은 차이가 없으니, 한결같이 윤리를 밝히는 것[明倫]을 근본으로 삼았습니다. 이른바 노인을 봉양하고, 백성을 가르치고, 활쏘기를 익히는 것들이 그 목표는 비록 다르지만, 윤리를 밝혀서 가르치는 근본을 삼고 인재를 양육하여 다스리는 도구로 삼는 데에 똑같이 귀결될 따름입니다. 대개 오늘날 학교에서 가르치는 것은 그 의리를 강론하고 밝혀서 훗날 정치에 장차 쓰고자 함이고, 평소 학교에서 강론하고 밝힌 것들을 미루어 정치를 펴고 가르침을 행하여 임금을 도와 풍속을 선(善)하게 하려고 한 것입니다.

臣按: 三代學校之製, 其鄕學之名雖有不同, 而國學之名則無或異, 然其所以敎之者無間小大, 壹是皆以明倫爲本焉. 所謂養老 · 敎民 · 智射, 其義雖殊而同歸於闡明倫理以爲敎本 · 養育人才以爲治具而已. 蓋今日敎之於學校, 俾其講明義理, 異日則將用之於政治, 使其推平日學校之所講明者, 以施政行敎而輔君善俗焉.

이상 학교를 세워 가르침을 베풂(중)

以上設學校以立敎(中)

대학연의보

(大學衍義補)

—

권70

교화를 숭상함[崇敎化]

학교를 세워 가르침을 베풂(하)[設學校以立教(下)]

한 무제(漢武帝) 초에 동중서(董仲舒)가 대책(對策)에서 말하기를 "임금이 남면(南面)하여 천하를 다스리는 데에 교화를 중대한 임무로 삼지 않은 적이 없습니다. 태학(太學)을 세워 도읍[國]에서 가르치고, 상서(庠序)[1]를 설치하여 지방[邑]에서 교화하였습니다."라고 하였다. 또 말하기를 "선비를 기름은 태학만한 것이 없습니다. 태학은 어진 선비가 속한 곳이고, 교화의 본원입니다. 지금 온 고을과 나라 전체에서 (조서에) 반응한 사람이 없는 것은【(對亡應書는) 현량과 문학(賢良文學)을 천거하라는 조서(詔書)에 반응이 없었던 것을 말한다.】왕도(王道)가 때때로 끊어졌기 때문입니다. 신은 원하건대, 폐하께서 태학을 일으키시고, 훌륭한 스승을 두어서 천하의 선비를 기르게 하시며, 자주 시험을 보아서 그 재능을 다하게 하신다면, 뛰어난 사람을 마땅히 얻을 수 있을 것입니다."라고 하였다.[2]

---

1 상서(庠序): 주(周)·은(殷)나라 때의 학교이다. 주나라에서는 상(庠), 은나라에서는 서(序)라고 하였다.

2 한 무제(漢武帝) … 하였다:《한서(漢書)》권56〈동중서전(董仲舒傳)〉에 나온다.

漢武帝初, 董仲舒對策曰: "王者南面而治天下, 莫不以敎化爲大務, 立太學以敎於國, 設庠序以化於邑." 又曰: "養士莫大虖太學, 太學者賢士之所關也, 敎化之本原也. 今以一郡一國對亡應書者【謂無應擧賢良文學之詔書】, 是王道往往而絕也. 臣願陛下興大學, 置明師以養天下之士, 數考問以盡其材, 則英俊宜可得矣."

신은 이렇게 생각합니다. 한(漢)나라가 일어남에 고조(高祖) 때는 학교 [庠序]의 일을 살필 겨를이 없었지만, 무제(武帝) 때에 비로소 학교의 제도를 세웠으니, 모두 동중서(董仲舒)로부터 시작된 것입니다.

臣按: 漢興, 高祖未遑庠序之事, 至武帝始立學校之官, 皆自仲舒發之.

원삭(元朔) 원년(기원전 128) 공손홍(公孫弘)[3]이 학관(學官)이 되어 청하였다.

"승상(丞相) 공손홍과 어사(禦史) 번계(番系)[4]는 말씀 올립니다. 임금께서

---

3 공손홍(公孫弘, 기원전 200~기원전 121): 전한 치천(菑川) 설현(薛縣) 사람으로, 자는 계(季) 또는 차경(次卿)이다. 40세 즈음에 《춘추공양전(春秋公羊傳)》을 익혔다. 무제(武帝) 건원(建元) 원년 (기원전 140) 현량(賢良)에 추천되어 박사(博士)에 올랐다가 흉노(匈奴)의 일 때문에 관직에서 물러났다. 원광(元光) 5년(기원전 130) 현량대책(賢良對策)에 제일(第一)로 뽑혀 박사가 되고, 내사(內史)와 어사대부(御史大夫)를 역임했다. 원삭(元朔) 5년(기원전 124) 승상이 되고 평진후 (平津侯)에 봉해졌다. 저서에 옥함산방집일서(玉函山房輯佚書)에 수록된 《공손홍서(公孫弘書)》 가 있다.

내린 명령[制]에서 '대개 백성을 예(禮)로써 인도하고 악(樂)으로써 풍속을 교화시킨다고 들었다. 지금 예와 악이 무너지니, 짐은 매우 근심스럽다. 그러므로 천하에서 행동이 바르고 견문이 넓은 선비들을 남김없이 불러 들이려고 한다. 태상(太常)[5]은 박사(博士)[6] 및 그 제자들과 상의하여 향리에 서의 교화를 숭상해서 현명한 인재들을 넓혀라.'라고 하셨습니다.

그래서 태상 공장(孔臧)[7]과 박사 평(平) 등이 의논하여 말씀드리기를 '삼 대(三代)에서의 방식[道]은 향리에 교육기관을 세운 것이니, 하(夏)나라는 교(校), 은(殷)나라는 상(庠), 주(周)나라는 서(序)라고 하였습니다. 선(善)을 권장하여 조정을 드러내고, 악(惡)을 징계하여 형벌을 내렸습니다. 그러 므로 교화의 시행은 경사(京師)에 모범[首善]을 세우는 데에서 시작하여, 안 에서 밖으로 이르렀습니다.'라고 하였습니다.

지금 폐하께서는 인륜에 근본하여 배움을 권장하고 예를 닦으시며, 교

---

4 번계(番系): 전한 구강(九江)사람이다. 무제 때 하동 군수(河東郡守)였다. 물의 관개사업에 대 해 건의하였고, 특히 농사에 물의 중요성을 강조하였다. 따라서 황하 근처의 토지 5천여 경(頃)이 경작되었고, 매년 2백만 석의 수확량이 증가하였다고 한다. 이후 관직이 어사대 부(御史大夫)에 이르렀다.

5 태상(太常): 한(漢)나라 구경(九卿)의 하나로, 태상은 종묘 예전(宗廟禮典), 시호 하사(諡號下賜) 등의 일을 맡아 진(秦) 나라의 봉상(奉常)이나 이후의 예조(禮曹)와 같은 구실을 했다. 구경 (九卿)은 태상(太常)·광록훈(光祿勳)·위위(衛尉)·태복(太僕)·정위(廷尉)·대홍로(大鴻臚)·종정(宗 正)·대사농(大司農)·소부(小府)이다.

6 박사(博士): 논어(論語) 등 오경(五經)을 풀이하는 일을 맡았다.

7 공장(孔臧): 전한(前漢) 노국(魯國, 지금의 山東 曲阜) 사람으로 공자(孔子)의 후손이다. 공안국(孔 安國)의 종형이고, 아버지는 공취(孔聚)인데, 고조(高祖) 때의 공신으로 요후(蓼候)에 봉해졌 다. 문제(文帝) 때 아버지의 작위를 이어받았고, 원삭(元朔) 2년(기원전 127) 태상(太常)이 되었 다. 처음에 박사(博士) 등과 함께 학문을 권하고 현인을 등용하는 법을 논의하여 공명(功命) 을 드러낼 것을 청하니, 이때부터 공경(公卿)과 사대부들 가운데 문학에 유능한 사람들이 나오게 되었다.

화를 숭상하고 어진 선비를 격려함으로써 사방을 감화시키시니, 이것은 태평의 근원입니다. 옛날에는 정치와 교화가 미흡하여 예(禮)가 갖추어지지 못하였습니다. 청하건대 옛 제도를 따라 흥기시키되, 박사관(博士官)을 위해 제자 50명을 두시고, 그들의 신역(身役)을 면제해 주십시오. 태상은 18세 이상 가운데 예의와 품행이 단정한 자를 택하여, 박사의 제자를 돕게 하십시오."[8]

元朔元年, 公孫弘爲學官, 請曰: "丞相禦史言, 制曰: '蓋聞導民以禮, 風之以樂, 今禮壞樂崩, 朕甚閔焉. 故詳延天下方正博聞之士. 太常議與博士弟子, 崇鄕里之化以廣賢才'. 謹與太常臧·博士平等議曰: 三代之道, 鄕里有敎, 夏曰校·殷曰庠·周曰序. 其勸善也, 顯之朝廷. 其懲惡也, 加之刑罰, 故敎化之行也, 建首善自京師始, 由內以及外. 今陛下本人倫, 勸學修禮, 崇化厲賢, 以風四方, 太平之原也. 古者政敎未洽, 不備其禮. 請因舊官而興焉, 爲博士官置弟子五十人, 復其身, 太常擇民年十八已上, 儀狀端正者, 補博士弟子."

신은 이렇게 생각합니다. 이전에 박사(博士)가 비록 각각 경서(經書)로써 사람들을 가르쳤지만, 평가하여 살피며 시험하여 등용하는 방법은 없었습니다. 이때에 한 무제(漢武帝)가 공손홍(公孫弘)의 요청에 따라 박사관을 위해 제자를 두었으니, 사관(史官)이 한 무제를 평가함에, 이른바 "태학을 흥하게 하였다"라는 것이 이것입니다. 한나라 이후

---

8 원삭(元朔) ⋯ 하십시오: 《전한서(前漢書)》 권88 〈유림전(儒林傳)〉에 나온다.

에 태학이 있게 된 것은 여기서부터 시작되었지만 사관은 그 일을 분명하게 쓰지 않았습니다. 해설하는 자는 "무제가 학궁을 세워 거처한 적이 없다."라고 하였으나, 《삼보황도(三輔黃圖)》[9]를 고증해 보면 태학이 장안(長安) 서북쪽 7리쯤에 있으니, 태학은 실제로 여기에 세워졌던 것입니다.

> 臣按: 前此博士雖各以經授徒, 而無考察試用之法, 至是武帝因公孫弘, 請爲博士官置弟子, 史言武帝所謂興太學者, 此也. 漢以後有太學始此, 而史不明書其事, 說者謂武帝未嘗築宮以居之, 然考《三輔黃圖》, 太學在長安西北七里, 則太學實建於此.

반고(班固)[10]가 말하였다.[11]

"8세에 소학(小學)에 입학하여 6갑(六甲: 六十甲子)·5방(五方: 東西南北中)·서학(書學)·산학(算學)의 일을 배우니, 비로소 가정과 장유(長幼)에 대한 예절을 알게 된다. 15세에 대학(大學)에 입학하여 옛 성인들의 예악(禮樂)을 배우니, 조정(朝廷)과 군신(君臣)의 예(禮)를 알게 된다. 그중에서 뛰어난 사람

---

9 《삼보황도(三輔黃圖)》: 대궐과 한(漢)나라의 서울인 장안(長安)과 그 부근의 지리를 기록한 책이다. 삼보(三輔)는 장안(長安) 부근으로 장안의 속현(屬縣)이다.

10 반고(班固, 32~92): 후한 초기 부풍(扶風) 안릉(安陵) 사람이다. 자는 맹견(孟堅)이다. 《사기후전(史記後傳)》과 《한서(漢書)》의 편집에 종사했지만, 영평(永平) 5년(62) 사사롭게 국사(國史)를 개작한다는 중상모략으로 투옥되었다. 20여 년이 걸려 《한서》를 완성했다. 건초(建初) 4년(79) 여러 학자들이 백호관(白虎觀)에서 오경(五經)의 이동(異同)을 토론할 때, 황제의 명령을 받아 《백호통의(白虎通義)》를 편집했다.

11 《전한서(前漢書)》 권24 〈식화지 상(食貨志上)〉에 나온다.

을 향(鄕)으로 보내 상서(庠序)에서 배우게 하고, 상서에서 뛰어난 사람을 도읍[國]으로 보내 소학에서 배우게 한다. 제후들은 해마다 소학에서 뛰어난 사람을 천자(天子)에게 보내 대학에서 배우게 하였으니, 이들을 '학문을 이룬 선비[造士]'라 하였다. 행실과 능력이 비슷하면 활쏘기로써 이들을 선별한 연후에 관작을 내려 주었다."

班固曰: "八歲入小學, 學六甲·五方·書計之事, 始知室家長幼之節. 十五入大學, 學先聖禮樂, 而知朝廷君臣之禮, 其有秀異者, 移鄕學於庠序, 庠序之異者, 移國學於少學.[12] 諸侯歲貢少學之異者於天子, 學於大學, 命曰造士. 行同能偶, 則別之以射, 然後爵命焉."

신은 이렇게 생각합니다. 지금 군현(郡縣)의 학생들을 해마다 보내 대학에 나아가 배우게 하니, 삼대(三代) 이전에 이미 이러한 제도가 있었습니다.

臣按: 今世由郡縣學生, 歲貢而進學於大學, 三代以前已有此制也.

당 태종(唐太宗)이 학사(學舍) 1,200칸을 더하여 창건하였고, 국학(國學)·태학(太學)·사문(四門)에도 역시 생원(生員)을 늘렸다. 서학과 산학에서는

---

12 少學: 《대학연의보》 정덕본과 사고전서본에 "少學"으로 되어 있는데, "小"와 "少"는 통용자이기 때문에 번역문에서는 "小學"으로 번역하였다.

각각 박사(博士)를 두었는데, 무릇 360명이었다. 둔영(屯營)의 비기(飛騎)[13]에도 역시 박사직을 부여하여 경업(經業)을 가르쳤다. 고구려[高麗]·백제(百濟)·고창(高昌)[14]·토번(吐蕃)[15] 등 여러 나라의 왕들 역시 자제(子弟)를 보내어 국학에 입학하기를 청하였다. 국학의 융성함은 근래에는 없던 일이었다.[16]

> 唐太宗增創學舍一千二百間, 國學·太學·四門亦增生員, 其書·算各置博士, 凡三百六十員, 其屯營·飛騎, 亦給博士, 授以經業. 高麗·百濟·高昌·吐蕃諸國酋長, 亦遣子弟, 請入國學, 國學之盛, 近古未有.

신은 이렇게 생각합니다. 학교를 세우고 스승을 세우는 것은 다만 학생[生徒]들을 가르쳐서 인도하는 것뿐만 아니라 도덕을 한결같이 하려는 것입니다. 주(周)나라 사람들은 네 시대의 학교[四代之學][17]를 갖추었고, 후세에 이미 태학(太學)[18]과 국자감(國子監)이 있었는데, 또 사문학

---

13 둔영(屯營)의 비기(飛騎): 당(唐)나라 금군(禁軍)의 명칭이다. 정관(貞觀) 12년 당 태종(唐太宗)이 현무문(玄武門)에 좌우 둔영(屯營)을 두고 그 군대를 '비기(飛騎)'라고 하였다.

14 고창(高昌): 중국 서역(西域)에 있었던 나라이다. 오늘날 중국 신강성(新疆省)의 토로번(土魯番) 지역 일대이다. 한(漢)나라 때 서역(西域) 36국의 하나였는데, 당(唐)나라 때 망하였다.

15 토번(吐蕃): 중국의 서남에 있었던 나라이다. 오늘날의 서장(西藏), 티베트다. 그 계통은 서강(西羌)에서 나왔는데, 당(唐)나라 때 국왕 섭종롱찬(葉宗弄贊)은 인도와 교통하고 태종(太宗)과 화친하여 크게 번창하였으나, 그 후 세력을 떨치지 못하였다.

16 당 태종이 … 일이었다:《구당서(舊唐書)》권189 상(上)〈유학열전 상(儒學列傳上)〉에 나온다.

17 사대지학(四代之學):《예기(禮記)》〈왕제(王制)〉에 나오는데, 우(虞)나라는 상상하상(上庠下序), 하(夏)나라는 동서서서(東序西序), 상(商)나라는 우학좌학(右學左學), 주(周)나라는 동교우상상(東膠虞上庠)이다.

(四門學)¹⁹을 둔 것은 지나치지는 않은 듯 합니다.

  그런데 또 서학(書學)과 산학(算學)에도 박사를 두었습니다. 서학과 산학은 육예(六藝)²⁰ 중 하나로 주(周)나라에서 육덕(六德)²¹·육행(六行)²² 의 뒤에 있던 것입니다. 덕행(德行)은 근본이고 문예(文藝)는 말단이니, 본말이 갖추어지지 않으면 무엇으로 배움을 행할 수 있겠으며, 어찌 자그마한 학교를 설치하여 문예만을 가르칠 수 있겠습니까. 둔영의 군사들과 오랑캐의 자제들 가운데 와서 입학하는 자들은 역시 많은 선비들 중에 마땅히 섞이게 되며, 스승을 따르고 강론하고 해석하게 되면 그들에게 가르침이 점차 젖어 들어가서 서로 살펴보면서 선(善) 을 권장하게 되니, 반드시 각각 박사를 보낼 필요는 없습니다.

---

18 태학(太學): 서주(西周) 때 이미 태학이라는 명칭이 있었고, 한 무제 때 동중서의 건의로 태학이 세워졌다.

19 사문학(四門學): 남북조시대 북위(北魏)의 효문제(孝文帝, 재위 472~498)가 낮은 신분의 자제를 대상으로 세운 국립유학교육기관이다. 수(隋)나라에서는 국자감의 관할 아래에 두었고, 국자학·태학·율학·서학·산학 등과 함께 육학으로 불렸다. 당(唐)나라에도 이러한 제도는 그대로 이어져서, 7품 이하의 하급관료의 자제 및 서민의 자제 가운데에 우수한 자들을 입학시켜, 하급관료를 양성하였는데, 이것은 영토가 확대되면서 많은 관료가 필요하게 되었기 때문이었다. 수나라에서는 300명이 정원으로 되어 있었고, 당나라 초기에도 국자학생, 태학생과 동일하였다.

20 육예(六藝): 주(周)나라 때 행해졌던 교육과목이다. 예(禮)·악(樂)·사(射)·어(御)·서(書)·수(數) 이다. 예는 예용(禮容), 악은 음악, 사는 궁술(弓術), 어(御)는 마술(馬術), 서는 서도(書道), 수는 수학(數學)이다. 육덕(六德: 知仁聖義忠和), 육행(六行: 孝友睦媧任恤)과 합쳐 경삼물(卿三物)이라고 하는데 경대부(卿大夫)가 인물을 선발할 때 표준으로 삼았으며, 덕행에 뛰어난 사람을 현자(賢者)라고 하는 데 대해 이것에 뛰어난 사람을 능자(能者)라고 했다.

21 육덕(六德): 사람이 지켜야 할 6가지 덕으로, 지(智)·인(仁)·성(聖)·의(義)·충(忠)·화(和)이다.

22 육행(六行): 사람이 실천해야 할 6가지 행실로, 효(孝)·우(友)·목(睦)·인(媧, 인姻)·임(任)·휼(恤)이다.

臣按: 立學建師, 非但以教誨生徒, 亦以一道德也. 周人備四代之學, 後世既有太學·國子監, 而又有四門學, 似不爲過. 而又置書·算等博士, 書·算乃六藝之一, 成周敘之於六德·六行之後, 德行本也, 文藝末也, 本末不備, 何以爲學, 豈可顯顯設官, 而教以藝哉? 若夫屯營之士·蕃夷之子弟, 其來入學者, 亦當雜之於多士之中, 從師講解, 使之薰陶漸染, 相觀而善, 不必各給以博士也.

당(唐)나라 제도에서 경도(京都) 학생은 80명, 대도독부(大都督府)·중도독부(中都督府)·상주(上州)는 각 60명, 하도독부(下都督府)·중주(中州)는 각 50명, 히주(下州)는 40명, 경현(京縣)은 50명, 상현(上縣)은 40명, 중현(中縣)·중하현(中下縣)은 각 35명, 하현(下縣)은 20명이다. 주현의 학생들은 주현의 장관(長官)이 보충하고, 장사(長史)²³가 주관하여서 매년 중동(仲冬: 음력 11월)에 주현의 관감(舘監)이 공부를 마친 자를 선발하여 그를 상서성(尙書省)으로 보낸다.²⁴

唐制, 京都學生八十人, 大都督府·中都督府·上州各六十人, 下都督府·

---

23 장사(長史): 진(秦)나라 때부터 있던 벼슬로서 한(漢)나라 때는 상국(相國)이나 승상(丞相), 태위(太尉), 사도(司徒), 사공(司空), 장군(將軍) 등의 저택 겸 집무실에 모두 '장사'를 두어 업무를 보조하게 했다. 당나라 때 '장사'는 비교적 비중이 높은 주의 자사(刺史) 아래에 속했는데, 종오품에 해당하는 벼슬로서 '별가(別駕)'라고도 불렸지만 실질적인 권한은 없었다. 다만 대도독부(大都督府)의 '장사'는 상당히 지위가 높아서 절도사로 임명되는 경우도 있었다.

24 당(唐)나라 … 보낸다: 《신당서(新唐書)》 권44 〈선거지(選擧志)〉에 나온다.

中州各五十人, 下州四十人, 京縣五十人, 上縣四十人, 中縣·中下縣各三十五人, 下縣二十人. 州縣學生, 州縣長官, 補長史主焉, 每歲仲冬, 州縣館監擧其成者, 送之尙書省.

신은 이렇게 생각합니다. 군현(郡縣)에 학교를 둔 것은 북위(北魏) 헌문제(獻文帝)[25] 때부터 시작되었고, 생도(生徒)의 정원을 정한 것도 역시 이때부터 시작되었습니다. 당나라 제도에서 천하의 도독부(都督府)·주(州)·현(縣)의 학교에 생도(生徒)들이 있었는데, 각각 주현의 등급에 따라 그 정원을 정하였습니다. 매 년 공부를 마친 자를 선발하여 그를 상서성으로 보냈는데, 사지(史志)에서 말한 "학교로부터 온 자들을 '생도'라고 한다"라고 한 것이 이것입니다.

우리 왕조의 부(府)·주·현에서 각각 학교를 세우는 데에 부학(府學)의 늠선생(廩膳生)[26]은 40명, 주학(州學)에는 30명, 현학(縣學)에는 20명이

---

25 북위(北魏) 헌문제(獻文帝, 454~476): 이름은 탁발홍(拓跋弘)으로 북위의 황제이다. 선비족(鮮卑族)으로, 문성제(文成帝)의 맏아들이다. 문성제 화평(和平) 6년(465) 5월 즉위했다. 처음에 즉위했을 때 승상(丞相) 을혼(乙渾)이 반란을 도모했는데, 풍태후(馮太后)가 몰래 주살(誅殺)하고 임조(臨朝)해서 청정(聽政)할 계획을 꾸몄다. 황흥(皇興) 원년(467) 친정(親政)을 시작했는데, 불도(佛道)를 좋아하고 상벌을 엄격하고 분명하게 시행하여 이치(吏治)가 비로소 기강을 잡기 시작했다. 송(宋)나라의 회북(淮北) 네 주(州)와 예주(豫州), 회서(淮西), 동서주(東徐州), 연주(兗州), 청주(靑州) 등지를 차지했다. 6년 동안 재위하고 황흥 5년(471) 태자 굉(宏)에게 선위하면서 스스로 태상황(太上皇)이 되었다. 효문제(孝文帝) 연흥(延興) 6년(476) 풍태후에 의해 독살당했다. 묘호는 현조(顯祖)다.
26 늠선생(廩膳生): 늠선생원(廩膳生員)으로 과거제도에 보이는 생원 명목의 하나이다. 명(明)나라 때 부학(府學)·주학(州學)·현학(縣學)의 생원들에게 처음으로 매달 모두 늠선(廩膳)을 지급하

고, 증광생(增廣生)[27]은 정원을 한정하지 않았습니다. 대저 성인(聖人)이 사람을 대함에 사람마다 각각 가르치고 기르고자 하지 않음이 없으나, 다만 형세로는 다할 수 없었던 것이 있었습니다. 이에 더욱 뛰어난 사람을 선택하여 돈독하고 두텁게 대우하였으니, 일개 군(郡)이나 읍(邑) 출신의 인재(人才)가 그 고을에만 머문다고 말하는 것은 아니기 때문입니다. 땅은 크고 작음이 있고 사람은 많고 적음이 있으니, 기른다는 것은 비록 각각 그 정원이 정해져 있으나 가르치는 것은 그 수의 한계가 없습니다.

그들을 가르치고 길러서 크게 완성한 이후에 그들을 천거하고, 또한 과거시험을 두어 천거에서 제외된 사람도 뽑습니다. 비록 그러하나 평온한 시절이 날로 오래되고 인재가 날마다 많아지더라도, 인재는 마땅히 길러야 하는바 또한 옛 판습에 얽매여 있는 것은 안 됩니다. 또한 지금 송강(松江)[28]의 화정(華亭)[29]과 강우(江右)[30]의 임천(臨川)[31]은 백성들이 사는 마을의 수가 많게는 700여 개에 이르고, 한중(漢中)[32]의 평리(平利)[33]와 광서(廣西)[34]의 공성(恭城)[35]은 한두 마을에 그치고 있으

여 생활을 도와주었다. 그 명액(名額)에는 정수(定數)가 있어서, 명나라 초에 부학(府學) 40명, 주학(州學) 30명, 현학(縣學) 30명의 각각의 생원들에게 매월 늠미 6두(斗)를 지급하였다.

27 증광생(增廣生): 늠선생의 정원 외에 추가로 생원이 된 사람이다.

28 송강(松江): 상해(上海)의 서남쪽에 있는 부(府)이다.

29 화정(華亭): 송강부(松江府)에 속한 현이다.

30 강우(江右): 장강 하류의 서쪽으로, 강서성(江西省) 일대의 지역을 말한다.

31 임천(臨川): 강서성(江西省)에 속한 현이다.

32 한중(漢中): 중국 섬서성(陝西省)의 남서쪽 한강(漢江) 북안의 땅이다. 사천(四川)·호북(湖北) 두 성에 이르는 요충(要衝)이다. 한(漢)나라 고조(高祖)가 항우(項羽)로부터 책봉(冊封)되어 한왕(漢王)이라고 일컫던 곳이다.

33 평리(平利): 섬서성(陝西省) 안강(安康)의 현이다.

나, 생도의 수는 조금도 다른 것이 없습니다. 청하건대 당나라 제도와 같이 군읍 백성들의 많고 적은 수에 따라 선비를 기르는 정원을 정해야 합니다.

臣按: 郡縣有學, 始北魏獻文時, 而其生徒有數, 亦於是時始也. 唐制, 天下都督府州³⁶縣學校有生徒, 各因其州縣之等第而定其數, 每歲擧其成者, 送之尙書省, 史誌所謂, 由學校者曰生徒是已. 我朝於府·州·縣各立學, 府學廩膳生四十人, 州學三十人, 縣學二十人, 其增廣生, 則不拘額數. 夫聖人之於人, 非不欲人人敎而養之也, 顧勢有所不能盡也. 於是擇其尤者而篤厚之, 非謂一郡一邑之人才, 止於此也, 地有小大·人有衆寡, 養之者雖各有數, 而敎之者則無其限焉. 敎之養之, 至於大成, 而後貢之, 而又有科目拔於當貢之外, 雖然承平日久, 人才日多, 人才所當養者, 又不可拘拘於故常也, 且如今松江之華亭·江右之臨川, 人民里數, 多至七百, 而漢中之平利·廣右之恭城, 止於一二里, 其生徒之數乃無異焉, 請如唐制, 因其郡邑人民多少之數, 而定爲養士之額.

양성(陽城)³⁷이 국자사업(國子司業)으로 있을 때, 여러 학생들을 불러서 말

---

34 광서(廣西): 중국 남부의 동남아시아와 베트남에 인접한 지역으로, 중국 대륙에서는 광동(廣東)과 호남(湖南) 귀주(貴州), 운남(雲南) 등지와 맞닿아 있다.

35 공성(恭城): 광서(廣西) 계림(桂林)의 현이다.

36 府州: 《대학연의보(大學衍義補)》 사고전서본에는 "天下"로 되어 있다.

37 양성(陽城): 당(唐)나라 때의 관리이고, 북평(北平) 사람으로 자는 항종(亢宗)이다. 관료집안에서 출생했지만 집안이 가난하여 서적을 구할 수 없어서 사서리(寫書吏: 책을 베끼는 관리)가 되어 관부(官府)의 서적을 읽고 공부를 했다. 뒤에 섬괵관찰사(陝虢觀察使) 이필(李泌)의 추천

하기를 "무릇 학자는 배움으로써 (나라에) 충성하고 (부모에) 효도해야 하는데, 학생들 중에 오랫동안 부모를 문안하지 못한 사람이 있는가?"라고 하였다. 다음 날 양성에게 집으로 돌아가 부모님을 봉양하겠다고 아뢴 학생이 20여 명이 되었고, 3년 동안 집으로 돌아가 부모님을 모시지 않는 사람은 내쫓아 버렸다.[38]

> 陽城爲國子司業, 引諸生告之曰: "凡學者, 所以學爲忠與孝也, 諸生有久不省親者乎?" 明日辭城還養者二十輩, 有三年不歸侍者, 斥之.

신은 이렇게 생각합니다. 양성(陽城)이 이 말을 하여 여러 학생들에게 알린 것은 이때 당(唐)나라에서는 부모님을 뵈러 고향으로 돌아가라는 법령이 없었기 때문입니다. 우리 왕조[明]의 학규(學規)에서는 매 3년마다 한 번씩 부모님을 뵈러 고향으로 돌아가는 것이 법령에 나타나 있고 하루라도 넘기는 것을 용납하지 않으니, 이것은 우리 조종(祖宗)이 효로써 교훈을 삼은 것이어서 전대(前代)가 미치지 못하는 것입니다.

살펴보건대 예로부터 학제(學制)와 그 규범은 모두 담당 관리[有司]가 자세히 살펴서 처리하는 데에서 나왔습니다. 오직 우리 왕조의 학규는 성조(聖祖)가 정한 것에서 나왔으니, 무릇 스승과 벗의 도의에 맞는 분수와 마땅히 해야 할 것과 마땅히 해서는 안 될 것을 일체 금지하는

으로 저작랑(著作郞)이 되었다. 덕종(德宗) 때에 간의대부(諫議大夫)로 승진했다.

38 양성(陽城)이 … 버렸다:《구당서(舊唐書)》권192 〈은일열전(隱逸列傳)〉에 나온다.

것이 자세하여 다하지 않음이 없습니다. 성조의 마음은 진실로 해와 달이 비춤에 이르지 않는 곳이 없는 것과 같고, 비와 이슬이 내림에 하나라도 혹 빠뜨림이 없는 것과 같습니다.

臣按: 陽城爲此言, 以告諸生, 則是唐無歸省之令. 我朝學規, 每三年一次歸省, 著在令甲, 一日不容過, 則是我祖宗以孝爲訓, 前代所不及也. 竊觀自古學制其規範, 皆出自有司看詳處置, 惟我朝學規出自聖祖所定, 凡師友之義分, 與所當爲及不當爲, 一切禁令, 無不委曲詳盡, 聖祖之心, 眞如日月之照臨, 無處不到, 雨露之沾需, 無一或遺也.

송 인종(宋仁宗) 경력(慶曆, 1041~1048) 연간에, 범중엄(范仲淹)[39] 등이 건의하여 학교를 일으키고, 행실을 바르게 하기를 청하였다. 이로 인하여 주현에 학교를 세우라고 조서를 내렸다. 이때 호원(胡瑗)[40]이 소주(蘇州)[41]와

---

39 범중엄(范仲淹, 989~1052): 북송 소주(蘇州) 오현(吳縣) 사람으로 자는 희문(希文)이고, 시호는 문정(文正)이다. 경우(景祐) 3년(1036) 곽황후(郭皇后)의 폐립문제를 놓고 찬성파 여이간(呂夷簡)과 대립하다가 지방으로 쫓겨났다. 그 뒤 구양수(歐陽修)와 한기(韓琦) 등과 함께 여이간 일파를 비판했으며, 스스로 군자의 붕당이라고 자칭하여 경력당의(慶曆黨議)를 불러일으켰다. 시문(詩文)과 사(詞)를 잘 지었고, 만년에 지은 〈악양루기(岳陽樓記)〉가 유명하다. 문집에 《범문정공집(范文正公集)》이 있다.

40 호원(胡瑗, 993~1059): 북송 태주(泰州) 해릉(海陵, 강소성 泰縣) 사람으로 여고(如皐) 사람이라고도 한다. 자는 익지(翼之)고, 세칭 안정선생(安定先生)으로 불린다. 인종(仁宗) 경우(景祐) 초에 아악(雅樂)을 다시 제정하고, 경술(經術)로 범중엄(范仲淹)의 초빙을 받아 소주부학(蘇州府學) 교수(教授)를 지냈다. 호주(湖州)에서 교수(教授)로 있었는데, 제자가 수백 명에 이르렀다. 가르칠 때 원칙이 있었고, 규장제도(規章制度)를 모두 갖추었다. 경력(慶曆) 때 태학(太學)이 중흥하자 즉시 그의 법을 채택했다. 황우(皇祐) 연간에 국자감직강(國子監直講)으로 옮겼는데,

호주(湖州)⁴²에서 가르치고 공부하였는데, 당시에는 사부(詞賦)를 숭상했지만, 오직 호주(湖州)의 학교[湖學]에서는 경서(經書)의 뜻을 급선무로 여겼다. 경의재(經義齋)와 치사재(治事齋)가 있었는데, 경의재는 경서를 통달하고 기량이 있는 자를 골라서 두었고, 치사재는 사람들이 각기 하나의 일을 다스리고 또 하나의 일을 겸하는데, 변방 방어나 수리(水利)와 같은 종류이다. 그러므로 천하에서는 호학(湖學)에 빼어난 인재가 많다고 하였으니, 호학 출신으로 처음 관직에 나아갈 때에도 종종 과거에서 우수한 성적으로 뽑히고, 정치를 행할 때에도 세상의 일을 다스리는 데에 아주 적절했으니, 강습에 근본이 있기 때문이었다.

이에 이르러 주현에 모두 학교를 세우라고 조서를 내렸다. 이에 도읍에 태학을 세우고, 유사(有司)가 호주(湖州)로 내려가서 호원의 방식을 취하여 태학의 법으로 삼기를 청하였으므로 지어진 영(令)으로 삼았다.⁴³

宋仁宗慶曆中, 範仲淹等建議請興學校·本行實, 乃詔州縣立學, 即胡瑗敎

무리가 대단히 많아 예부(禮部)에서 선비를 뽑을 때면 열에 네다섯 명은 그의 제자였다. 가우(嘉祐) 초에 천장각대제(天章閣待制)에 발탁되고, 태학을 맡아서 태상박사(太常博士)가 되었다. 손복(孫復), 석개(石介)와 함께 학문을 강마하고 인의예악(仁義禮樂)을 제창하여 '송초삼선생(宋初三先生)'이라 불렸다. 당시의 부화(浮華)한 문풍(文風)을 반대하고 경의(經義)와 시무(時務)를 강조했다. 성명(性命)에 대한 견해를 개진하여 송나라 이학(理學)의 발전에 선구적 역할을 했고, 고례(古禮)를 중시해서 정주학파의 예학 연구에 영향을 미쳤다. 가정(嘉靖) 10년(1531) 공묘(孔廟)에 배향되어 선유호자(先儒胡子)로 일컬어졌다. 저서에 《논어설(論語說)》과 《홍범구의(洪範口義)》, 《주역구의(周易口義)》, 《춘추구의(春秋口義)》, 《황우신악도기(皇祐新樂圖記)》 등이 있다.

41 소주(蘇州): 강소성(江蘇省) 남동쪽에 있는 도시이다.

42 호주(湖州): 절강성(浙江省) 북쪽에 있는 도시이다.

43 송 인종(宋仁宗) … 삼았다: 《문헌통고(文獻通考)》 권46 〈학교고(學校考)〉에 나온다.

學於蘇湖, 是時方尙詞賦, 獨湖學以經義時務, 有經義齋·治事齋. 經義齋
擇通經有器局者居之治事齋, 人各治一事, 又兼一事, 如邊防·水利之類,
故天下謂湖學多秀彦, 其出而筮仕往往取高第, 及爲政多適於世用, 由講習
有素也. 至是詔州縣皆立學, 於是建太學於京師, 而有司請下湖州取瑗法以
爲太學法, 著爲令.

신은 이렇게 생각합니다. 삼대(三代) 이후에 문치(文治)는 송(宋)나라를
으뜸이라고 합니다. 그러나 학교를 세운 것은 4세가 지난 후에 있었
으니, 개국부터 이때까지가 대략 80년이었습니다. 우리 성조(聖祖: 洪武
帝)는 무신년(戊申年)에 개국하시고 다음 해에 바로 천하의 부·주·현에
학교를 세우라고 조서를 내렸습니다. 태학의 설립은 등극하기 3년 전
에 있었으니 을사년(乙巳年)이었습니다.

학교를 세운 초기에 허존인(許存仁)[44]을 뽑아서 박사로 삼고 학교의
일을 전담하게 하였습니다. 4년에 학교를 승격해서 4품으로 하고, 처
음으로 좨주(祭酒)를 설치하고 허존인에게 제수하여 맡게 하였습니
다. 허존인은 원(元)의 유학자 허겸(許謙)[45]의 후손입니다. 허겸은 주희

---

44 허존인(許存仁): 이름은 원(元)이고 금화(金華) 허겸(許謙)의 아들이다. 국자박사(國子博士)로 발
탁되었다. 《맹자(孟子)》에서 무엇을 요체로 삼는지를 묻자, 허존인은 왕도(王道)·생형(省
刑)·박부(薄賦)라고 대답하였다. 원년(元年)에 좨주(祭酒)가 되었다.

45 허겸(許謙, 1270~1337): 송말원초 때 금화(金華) 사람이다. 자는 익지(益之)고, 호는 백운산인
(白雲山人)이며, 시호는 문의(文懿)다. 김이상(金履祥) 문하에서 수업하여 하기(何基)의 삼전제
자(三傳弟子)가 되었고, 정주학(程朱學)을 전파하는 데 크게 공헌했다. 고향에서 학생들을 가
르쳤을 뿐 과거 시험에는 응시하지 않았다. 금릉강학(金陵講學)을 지냈다. 동양(東陽) 팔화산

의 바른 학문을 이었고, 허존인은 임금의 명령을 이어서 가르침으로 삼았습니다. 한결같이 주희의 학문을 종주로 삼았고, 배우는 것은 육경과 사서가 아니면 읽지 않았고, 염락관민[濂洛關閩: 주돈이(周敦頤)·정자(程子)·장재(張載)·주희(朱熹)]의 학문이 아니면 강론하지 않았으니 이른바 '전체대용(全體大用)'의 학문입니다.

이른바 일을 다스린다[治事]는 것은 본래 경서의 뜻 가운데에 이미 있고, 당시 모든 학교의 선비는 경서에 밝지 않은 자가 없었습니다. 경서를 밝혀서 일을 다스리니, 이른바 수리와 변경의 방어 등의 일은 모두 이것으로부터 미루어서 적용합니다. 송나라 사람들이 그것을 나누었기 때문에 체(體)와 용(用)이 두 가지 일이 되었으니, 성현(聖賢)의 학문이 아닙니다.

臣按: 三代以後文治首稱宋朝, 然其立學乃在四世之後, 自其開國至是幾八十年矣. 我聖祖以歲戊申開國, 明年卽詔天下府州縣立學, 其太學之立乃在未登極之前三年歲乙巳也. 方其初立學也, 擢許存仁爲博士以專學事, 四年升學爲四品, 始設祭酒, 卽拜存仁爲之. 存仁, 元儒許謙之

(八華山)에 은거하여 강학했는데, 문인이 1천여 명에 달했다. 사방의 학자들이 그의 문하에 들지 못하는 것을 부끄럽게 여겼다. 방문하여 전례(典禮)의 정치에 대해 묻고는 그 대답에 탄복하지 않는 사람이 없었다. 하기에서 왕백(王柏), 김이상으로 이어지는 주자(朱子) 학맥을 계승하여 '금화사선생(金華四先生)'으로 일컬어졌고, 북방의 허형(許衡)과 함께 '남북이허(南北二許)'로 불렸다. 천문(天文)과 지리(地理), 전장제도(典章制度), 자학(字學), 음운(音韻) 등에도 두루 정통했다. 저서에 《독사서총설(讀四書叢說)》과 《시집전명물초(詩集傳名物鈔)》, 《춘추온고관규(春秋溫故管窺)》, 《춘추삼전소의(春秋三傳疏義)》, 《치홀기미(治忽幾微)》, 《자성편(自省編)》, 《백운집(白雲集)》 등이 있다.

孫, 謙承考亭正學, 而存仁承上命以爲教, 一宗朱氏之學, 學者非六經·
四書不讀, 非濂·洛·關·閩之學不講, 所謂全體大用之學者也. 所謂治
事者固已在乎經義之中, 一時學校之士無不明經者, 經明以之治事, 凡
所謂水利·邊防等事皆自此而推之也, 宋人乃分之爲二, 則是以體用爲
二事, 而非聖賢之學矣.

송 신종(宋神宗) 희녕(熙寧) 8년(1075)에 조서를 내려 여러 주의 학관들을
우선 학사원(學士院)에 보내 대의(大義)와 오도(五道)를 시험해서 우수하고
능통한 자를 뽑아서 선발하여 임명하라고 하였다.[46]

神宗熙寧八年, 詔諸州學官先赴學士院試大義五道, 取優通者選差.

원풍(元豊) 원년(1078)에 조서를 내려서 여러 고을의 학관은 53명을 두
었다.[47]

元豊元年, 詔諸路州學官共五十三員.

---

46 송 신종(宋神宗) … 하였다:《문헌통고(文獻通考)》권46〈학교고(學校考)〉에 나온다.

47 원풍(元豊) … 두었다:《문헌통고(文獻通考)》권46〈학교고(學校考)〉에 나온다.

마단림(馬端臨)[48]이 말하였다.[49]

"원풍(元豐) 연간에 학교를 크게 일으켰는데, 천하에 가르침을 줄 수 있는 사람은 다만 53명이었다. 대개 스승이 될 만한 유학자[師儒]의 관직을 중요하게 여겨 가볍게 제수하거나 과도하게 설치하는 것을 좋게 여기지 않았기 때문이다. 그 등용된 자는 이미 과거 출신자였는데도 또 반드시 시험하여 적절한 뒤에야 임명하였으니, 관각(館閣)[50]이나 한림원[翰苑]에 들어가는 사람과 같은 수준[同科]으로 하였으므로 그 선발이 지극하였다."

馬端臨曰: "元豐中, 大興學校, 而天下之有教授者只五十三員, 蓋重師儒之官, 不肯輕授濫設故也. 其所用者既是有出身人, 然又必試中而後授, 則與入館閣翰苑者同科, 其遴選至矣."

신은 이렇게 생각합니다. 《예기(禮記)》에서 말하기를 "스승이 엄격한 뒤에야 도가 높고, 그 도가 높은 이후에야 백성이 학문을 공경할 줄

---

48 마단림(馬端臨, 1254?~1323): 자는 귀여(貴與)고, 호는 죽주(竹洲)이며, 마정란(馬廷鸞)의 아들이다. 음보(蔭補)로 승사랑(承事郎)이 되었고, 가학(家學)을 이어 조경(漕涇)에 종사하면서 경사(經史)에 능통했다. 남송이 망한 뒤 은거하면서 자호(慈湖)와 가산서원(柯山書院)의 산장(山長)을 역임했고, 대주(臺州)에서 유학교유(儒學教諭)를 지냈다. 《문헌통고(文獻通考)》를 편찬했다. 그 밖의 저서에 《다식록(多識錄)》과 《의근수묵(義根守墨)》, 《대학집전(大學集傳)》 등이 있다.
49 《문헌통고(文獻通考)》 권46 〈학교고(學校考)〉에 나온다.
50 관각(館閣): 북송 때 소문관(昭文館)·사관(史館)·집현원(集賢院)의 세 관(館)과 화비각(和秘閣)·용도각(龍圖閣) 등의 각(閣)이 도서와 경전을 관리하고, 국사를 편찬하는 등의 업무를 보던 기관을 통칭하는 말이다.

안다."[51]라고 하였습니다. 조종 이래로 교관의 선발이 가장 중요하였으므로, 종종 나이 많고 학덕이 높은 유학자를 뽑아서 학교에 맡겼습니다. 그 후에 과목이 많아지자 을과(乙科)에 합격한 사람을 뽑았으며, 특별히 뛰어난 자는 뽑아서 서열에 상관없이 현관(顯官)과 요직(要職)에 두었습니다. 그러므로 이 관직에 있는 자는 사람마다 스스로 명성을 널리 드날렸습니다. 이미 모두 도(道)를 스스로 중요하게 여겼으니, 당시의 공경, 대신, 관찰사[藩臬], 수령이 역시 모두 그를 중요시하였습니다.

사람들은 이미 그것을 즐거하여 몸을 삼가고 행동을 삼가지 않음이 없으며, 교육의 엄격함을 보이고 규범을 세워서 가르침으로 삼으니 좋은 사람이 많아지고 풍속이 아름다워집니다. 조정은 적임자를 임용하였으니 모두 사유(師儒)의 도가 세워진 데에서 비롯된 것입니다.

요사이에 사유(師儒)의 직임이 날로 가벼워지고, 공경(公卿)과 번얼(藩臬)은 예(禮)를 생략하고 베풀지 않아 을과 출신자는 나아가기를 달갑게 여기지 않는 자가 많기 때문에 생원인 선비를 뽑아서 그것으로 삼았습니다. 이들은 한갓 자리나 취하고 채울 뿐이니, 이른바 가르치는 법도라는 것은 다 없어져 버렸습니다.

신의 생각으로는 국가의 중요한 일이 현명한 사람을 준비해 두는 것보다 급한 것이 없습니다. 현명한 사람을 준비해 두는 것은 반드시 가르치고 기르는 것에 우선합니다. 임금을 대신해서 가르치고 기르는 것을 베푸는 것은 사유의 직임입니다. 그 임무는 가벼운 것 같지

---

51 스승이 … 안다:《예기(禮記)》〈학기(學記)〉에 나온다.

만 실상은 무겁습니다.

지금은 마땅히 송나라 사람들과 같이 그 선발을 신중하게 해야 합니다. 가령 한 개의 부와 그에 속한 지역은 10개의 학교를 두고, 교관 35명을 갖추고, 교관과 훈도의 직명을 나누지 않습니다. 한 개의 군에 교관을 선발하는 것이 진실로 각 학교를 나누어 거느리는 데에 충분하므로 반드시 인원을 채울 필요는 없습니다. 조정이 이미 그 적임자를 선발하고도 쉽게 제수하지 않아야 사람들이 그 관직을 얻는 것을 어렵게 여기니 자연히 귀중해집니다. 교관이 이미 많지 않고 생활이 조금 충족되니 저들 역시 그 녹봉이 부족한 것을 싫어하지는 않습니다.

이어서 칙령을 내려 유사가 법도와 기강을 거듭 밝혀 예로써 대하고 앉아 청강(聽講)하게 하면서 무릎을 꿇는 예는 행하지 않게 합니다. 어긴 자는 풍헌(風憲)[52]이 실직하게 되는 죄와 같이 처벌합니다. 이와 같으면 교관에는 적임자를 얻고, 교관에 적임자를 얻으면 생도가 일에 충실해서 국가는 적절한 사람을 얻는 효과가 있고, 다스리는 일이 이루어지고 국가의 맥이 이어지니, 이것이 그 바탕입니다.

臣按: 禮曰 "師嚴然後道尊, 道尊然後民知敬學", 祖宗以來最重教官之選, 往往取之耆儒宿學, 其後科目興, 乃取之乙榜擧人, 其有優異者不次擢居顯要, 故居是官者人人自奮. 既皆以道自重, 而一時公卿大臣·藩臬守令亦皆重之, 人既樂爲之, 莫不謹身飭行以示教, 嚴立規範以爲教, 善人多而風俗美, 朝廷得人之用, 皆由師道之立也. 近世師儒

---

52 풍헌(風憲): 감찰과 법을 관장하는 부서를 통칭하는 말이다.

之職日輕, 公卿藩梟略不加之以禮, 而乙科擧人多不屑就, 乃取歲貢之

士爲之, 徒取充位而已, 所謂敎法者蕩然矣. 臣竊以爲, 國家要務莫急

於儲賢, 儲賢必先於敎養, 所以代君以施敎養者師儒之職也, 其任若輕

而實重. 自今宜如宋人愼重其選, 假如一府並其屬共有十學, 該設敎官

三十五員, 不分敎訓職名, 一郡所選敎官苟足以分攝各學, 不必備員,

朝廷旣遴選其人不肯輕授, 人得之以爲難, 自然貴重, 官旣不多, 所以

供億者稍足而彼亦不厭其祿薄矣. 仍勅有司申明憲綱, 以禮待之, 坐以

聽講, 不行跪禮, 違者坐以風憲失職之罪, 如此, 則敎官得人, 敎官得人

則生徒充業, 而國家有得人之效, 所以成世務・壽國脈, 此其基也.

송 신종(宋神宗) 원풍(元豐) 2년(1079)에 학령(學令)을 반포하였다. 태학(太學)에는 80재(齋)를 설치하고 각 재(齋)에는 30명씩을 수용하였다. 외사생(外舍生)은 2천 명, 내사생(內舍生)은 3백 명, 상사생(上舍生)은 1백 명, 총 2천 4백 명이다. 한 달에 한 번 사시(私試)[53]와 매년 한 번 공시(公試)[54]로 내사생

53 사시(私試): 당(唐)・송(宋) 때 진사(進士)를 모아서 기간을 정해서 학행을 시험하는 임시시험이다. 송(宋) 조승(趙昇)의《조야유요(朝野類要) 학업(學業)》에 "사시(私試)는 매월 1장(場)을 시험하는데 한 계절에 3장(場)이 된다. 맹월(孟月)에는 본경(本經), 중월(仲月)에는 논(論), 계월(季月)에는 책(策)을 시험친다[私試: 每月試一場. 凡滿季計三場, 謂孟月本經・仲月論・季月策. 幷鎖試於前廊, 以學官主文考校, 唯公試之月免]."라고 하였다.

54 공시(公試): 1년에 한 번 있는 공시는 외사생(外舍生) 가운데서 우수한 자를 뽑아 내사생(內舍生)으로 진급시키기 위한 것이다. 초장(初場: 1차시험)에선 경의(經義)를, 차장(次場)에선 책론(策論)을 시험했다. 이 시험에 1등과 2등으로 합격하면 내사생으로 승급한다. 송(宋) 조승(趙昇)의《조야유요(朝野類要) 공시(公試)》에 "매년 봄 2・3월에 공시를 본다. 이틀에 3장을 보는데 제2일에는 논과 책 각 1개를 말한다. 모두 외관을 선발해서 하고, 학관이 평가에 관

을 보충하고, 격년에 한 번 사시(舍試)[55]를 통해서 상사생을 보충한다. 봉미(封彌)[56]와 등록(謄錄)[57]은 과거시험의 법[貢擧法]과 같이 하는데 상사 시험의 경우는 학관이 평가에 참여하지 않는다. 공시의 외사생이 제1등급과 제2등급으로 입격하는 경우 글쓰기, 행예(行藝), 성적[籍]을 참고하여 내사(內舍)에 올린다. 내사시는 우(優)와 평(平)의 두 등급으로 입격하는 경우 행의(行義)를 참고하여 상사(上舍)에 올린다. 상사는 3등을 나누어서 모두 우이면 상(上)이 되고, 하나가 우이고 하나가 평이면 중(中)이 되고, 모두 평이거나 하나가 우이고 하나가 부(否)이면 하(下)가 된다. 상 등급은 관직에 임명하고, 중 등급은 예부 시험을 면제하고, 하 등급은 탈락한다.[58]

元豐二年, 頒學令, 太學置八十齋, 齋容三十人, 外舍生二千人·內舍生三百人·上舍生百人, 總二千四百. 月一私試·歲一公試補內舍生, 間歲一

여하지 않는다[每歲春二三月之交公試. 兩日三場, 謂第二日, 論策各一道, 幷差外官於貢院主文, 以學官干預考校]."
라고 하였다.

55 사시(舍試): 사시는 내사시(內舍試)와 상사시(上舍試)의 두 가지가 있다. 내사시에 합격하면 상사(上舍)로 진급하고 상사시에 합격하면 관직이 부여된다. 내사생의 수업 연한이 2년이 되면 그의 학업성적과 평소의 행예(行藝)를 참조하며, 합격자는 상사생(上舍生)이 된다. 상사생은 2년간의 교육을 받고 졸업시험을 치른다. 조정에서 관원(官員)을 파견하여 시험을 관리한다. 조행과 학업성적에 따라 3등급으로 나눈다. 상등은 관직을 배수받고, 중등은 예부(禮部)에서 실시하는 성시(省試)에 합격한 것과 동등한 대우를 받는다.

56 봉미(封彌): 과거시험에 시험의 부정을 방지하기 위해서 시권에 성명과 본관 등을 쓴 용지를 접어서 봉인하던 것을 말한다. 이 법은 당나라 무후 때부터 송나라 경덕 연간에 정리해서 법제로 삼았다.

57 등록(謄錄): 과거시험에 응시자의 필체를 알아보지 못하도록 시권을 베껴서 채점하는 것이다.

58 송 신종(宋神宗) … 탈락한다: 《문헌통고(文獻通考)》 권42 〈학교고(學校考)〉에 나온다.

舍試補上舍生, 封彌·謄錄如貢擧法, 而上舍試則學官不與考較. 公試外舍生入第一·第二等參以所書行藝, 與籍者升內舍, 內舍試入優平二等參以行義升上舍, 上舍分三等, 俱優爲上·一優一平爲中·俱平若一優一否爲下. 上等命以官, 中等免禮部試, 下等免解.

마단림(馬端臨)이 말하였다.[59]

"옛사람들이 말한 '1년을 걸러 평가하고, 9년에 크게 이룬다'는 것은 덕(德)에 나아가고 업(業)을 닦는 일이다. 한(漢)나라 사람들이 박사(博士)의 제자를 보충하는 데에 이르러서는 단지 하나의 경전에 통달하는 것으로 한정해서 그 후에 관직을 내렸다. 당(唐)나라 사람들의 법은 역시 이것과 유사하다. 송나라 희녕(熙寧)·원풍(元豐) 연간에 이르러 삼사(三舍)의 법을 세우니 가볍고 화려한 문장으로 시험해서 재물과 녹봉의 길로 유인하는 데에 지나지 않았다.

그러나 경전을 밝혀서 반드시 한 가지 기예에 통달하고, 문장을 시험하여서 반드시 삼사를 거치게 하였으니, 모두 하루아침에 성취할 수 있는 것은 아니다. 그러므로 국가가 비록 그 법제를 엄하게 하지 않고 그 머물고 떠남을 살피지 않더라도 선비가 된 사람은 안으로는 학업을 익힌 것이 정밀하지 않을까 부끄러워하고 밖으로는 좋아할 만한 영광스러운 길에 유인되어 날이 오래도록 공부하지 않는 것을 스스로 용납하지 못하였다."

---

59 《문헌통고(文獻通考)》 권42 〈학교고(學校考)〉에 나온다.

馬端臨曰: "古人所謂中年考較·九年大成者, 進德修業之事也. 至漢人
之補博士弟子員, 則只限以通一經而後授之官, 唐人之法尙仿佛如此.
至宋熙豊後立三舍之法, 則不過試之以浮靡之文而誘之以利祿之途. 然
明經必至於通一藝, 試文而必至於歷三舍, 皆非旦暮可就, 故國家雖未
嘗嚴其法制·稽其去留而爲士者內恥於習業之未精·外誘於榮途之可
慕, 其坐學之日自不容不久."

신은 이렇게 생각합니다. 태학(太學)의 가르침은 천하의 현명한 인재
를 모아서 그들에게 경사를 강론하고 밝히게 하는 것입니다. 절차탁
마해서 그 기업(器業)을 성취하고 천하 국가의 쓰임으로 삼았으니, 자
질구레하게 세월을 계산하고 높고 낮음을 비교해서 관직에 나아가는
길로 삼은 것은 아닙니다. 삼대의 제도는 매년 입학하고 격년으로 시
험하여 반드시 7년이 되면 작게 성취하고 9년에는 크게 성취한 후에
그를 임용합니다.

매월 글을 쓰게 하고, 계절마다 시험하는 것을 정이(程頤)도 오히려
경쟁을 가르치는 것이라고 여겼습니다. 어찌 선비가 아직 학교에 있
는데, 갑자기 (공부를) 그만두고 승진하는 법을 세울 수 있겠습니까.
매년 사시(私試)를 치러 그 문장에 등급을 매기는 것은 경쟁 가운데에
도 더욱 심한 것입니다. 이 어찌 삼대에 윤리를 밝히는 가르침이겠으
며 옛사람들의 대학(大學)의 법이겠습니까.

본조 홍무(洪武) 16년(1383)에 학생을 세 등급으로 높고 낮음을 정하
였습니다. 사서(四書)에는 통달했지만 경서(經書)에 아직 통달하지 못

한 자는 정의당(正義堂)·숭지당(崇誌堂)·광업당(廣業堂)에 두었습니다. 1년 반 안에 문장과 이치[文理]에 통달한 자는 수도당(修道堂)·성심당(誠心堂)으로 올리고, 1년 반 안에 경서(經書)와 역사를 아울러 통달하고 문장과 이치가 모두 뛰어난 자는 솔성당(率性堂)에 올렸습니다. 솔성당에 오른 자는 이때부터 분(分: 점수)을 쌓는 것을 허락합니다.

분을 쌓는 원칙은 맹월(1·4·7·10월)에 본경(本經)의 뜻을 시험하고, 중월(2·5·8·11월)에 논(論)과 내과(內科), 조고(詔誥), 장표(章表) 중에 하나를 시험하고, 계월(3·6·9·12월)에 사책(史策)과 판어(判語) 두 가지를 시험합니다. 매번 시험에서 문장과 이치가 모두 뛰어나면 1분을 주며, 이치는 뛰어나지만 문장이 부족한 자는 반분을 주며, 문장과 이치가 모두 부족하면 분이 없습니다. 1년에 8분까지 쌓은 자는 합격하고, 출신(出身)을 줍니다. 분을 채우지 못한 자는 계속해서 당에 앉아서 학업을 익히는데 모두 과거(科擧)의 제도와 같습니다.

그 후에 이 제도는 사용되지 않았고 감생(監生: 太學生)은 오직 연월의 선후만을 계산해서 육부의 여러 관사에 보내어 돌아가며 일하게 하고, 3개월 후에 해당 관아에서 삼가고 근면한 것을 고찰해서 문서로 이부(吏部)에 알려 차례로 임용합니다. 이외에 또 사본(寫本)과 사고(寫誥)가 있으니, 성취한 자 가운데 글을 잘 쓰는 사람을 뽑아 충원합니다. 이것이 태학 출신의 자격입니다.

학교에 있을 때 매월 회강(會講)·배서(背書)는 모두 정해진 날짜가 있고, 매 계절에 한 번의 시험은 오직 고하의 등급을 매겨서 격려하고 권장하는 수단으로 삼되 출신(出身)은 해당이 없습니다. 또 내외의 각 관청에 돌아가며 보내어 그 정사(政事)를 익히게 하였습니다.

반년 뒤에 학교로 돌려보내어 낮에는 각사에서 일을 하고, 저녁에는 재사에 돌아와 묵고, 편안하고 한가하게 세월을 보내고 의리를 연마하고 규범을 약속합니다. 학교에서 지내게 하는 것은 그 경사(經史)를 익히게 하는 것이고 각사에 두루 일하게 하는 것은 정치하는 방법[政法]을 익히게 하는 것입니다. 대비과(大比科)를 만나면 시험 보는 것을 허락합니다. 그 가르치는 법이 본말을 겸하여 행한다고 말할 만합니다.

근년 이래로 변방에서 일이 일어났으므로 의견을 말하는 자들은 도성의 재정을 보존하고 아껴서 급한 용무에 대비하고자 하니, 비로소 참고할 만한 사례가 되었습니다. 가르치는 법에서 조종의 옛것이 조금 변화되었습니다. 지금은 변경에는 일이 없고 저축한 것이 날로 채워지니, 청하건대 각사에 칙령을 내리셔서 옛 법을 거듭 밝혀 조종에서 선비를 기르는 옛 제도를 회복하십시오.

臣按: 大學之敎, 所以聚天下賢才使之講明經史, 切磋琢磨以成就其器業, 以爲天下國家之用, 非顓顓以計歲月・較高下以爲仕進之途也. 三代之制, 比年入學, 中年考較, 必至於七年而小成, 九年而大成, 然後用之. 月書季考, 程頤尙以爲敎之所爭, 夫何士子尙在學校之中, 遽已立爲升進之法, 比之私試, 等第其文, 其爲爭也尤大焉, 是豈三代明倫之敎・古人大學之法哉? 本朝洪武十六年定生員三等高下, 凡通四書未通經者居正義崇誌廣業堂, 一年半之上文理條暢者升修道誠心堂, 一年半之上經史兼通・文理俱優者升率性堂. 升率性堂者方許積分, 積分之法, 孟月試本經義, 仲月試論及內科詔誥章表一, 季月試史策及判語二, 每試文理俱優與一分, 理優文劣者與半分, 文理紕繆者無分, 歲內積至八分者爲及格, 與出身, 不及分者仍坐堂肄業, 一如科擧之制. 其後此制不用, 監生惟計年月先後撥出六部諸司, 歷事三閱月, 所司考其勤謹, 奏送吏部附選, 挨次取用, 外此又有寫本寫誥者, 就中選能書者充, 此大學出身之資格也. 方其在學校時, 每月之中會講背書皆有定日, 每季一試惟第高下以爲激勸之方, 而於出身無所關預, 又輪差於內外諸司, 俾其習爲政事, 半年回學, 畫則趣事於各司, 夕則歸宿於齋舍, 優遊之以歲月, 琢磨之以義理, 約束之以規法, 廩食學校則俾其習經史, 曆肄各司則俾其習政法, 遇大比科許其就試, 其爲教法可謂本末兼擧矣. 近年以來, 爲邊事起之, 故建議者欲存省京儲以備急用, 始爲依親之例. 教法稍變祖宗之舊. 今疆場無事, 儲蓄日充, 請救所司申明舊法, 以複祖宗養士之舊.

송 고종(宋高宗) 소흥(紹興) 8년(1138)에, 섭림(葉林)이 상언하였다. "한 광무제(漢光武帝)[60]는 하삭(河朔)에서 일어나서 5년에 태학을 세웠고, 동진(東晉)의 원제(元帝)[61]는 강좌(江左)에서 일어나서 1년에 태학을 세웠습니다. 광무는 천하의 10분의 4를 소유하였고, 원제는 천하의 10분의 2를 소유하였습니다. 그러나 두 임금은 가르치고 기르는 것을 시급한 것으로 삼

---

60 한 광무제(漢光武帝, 기원전 6~57): 중국 후한 왕조의 초대 황제이다. 자는 문숙(文叔)이며 형주(荊州) 남양군(南陽郡) 채양현(蔡陽縣) 사람이다. 전한의 초대 황제 고제(高帝)의 9세손으로, 왕망(王莽)에 의한 찬탈 이후 신(新) 말기의 혼란을 통일하고 한 왕조의 재흥으로서 후한 왕조를 선포하였다.

61 원제(元帝, 276~322): 중국 동진의 초대 황제이다. 자는 경문(景文)이고 하내군(河內郡) 온현(溫縣) 출신이다.

고 군량을 회복하는 것을 핑계로 삼지 않았습니다. 지금 국가를 중흥하고 동남지역에 임시로 머물며, 모든 관서의 운영이 대략 갖추어졌습니다. 태학을 일으키는 데 관리와 학생의 비용을 계산하니 한 명의 관찰사의 월봉에 지나지 않았습니다. 원하건대 대신과 의논하고 원로 학자에게 물어 성전(盛典)을 회복하여 문치(文治)를 크게 이루십시오."⁶²

高宗紹興八年, 葉林上言: "光武起於河朔, 五年而建太學; 元帝興於江左, 一年而建太學. 光武十分天下有其四, 元帝十分天下有其二, 然二君急於敎養, 未嘗以恢復饋餉爲解. 今中興國祚, 駐蹕東南, 百司庶府經營略備, 若起太學, 計官吏·生徒之費不過一觀察使之月俸, 願謀之大臣, 諮之宿學, 亟複盛典, 以昌文治."

신은 이렇게 생각합니다. 태학의 설립은 학생을 가르치고 길러서 국가의 쓰임으로 삼으니 관계되는 바가 지극히 중요합니다. 장재(張載)는, 인재가 나오면 국가가 장차 흥성하고, 자손이 재주가 있으면 일족이 장차 존귀해진다고 말하였습니다. 국가에 현명한 인재가 있다는 것은 여염집에 자손이 있는 것과 같으니, 그들을 배양하는 것을 어찌 염두에 두지 않을 수 있겠습니까.

조종(祖宗)이 현명한 사람을 기르는 제도는 이전 시대와 비교해 보아도 훌륭합니다. 각 문(門)에 선과사(宣課司)⁶³를 설치하고 상세(商稅)를

---

62 송 고종(宋高宗) … 이루십시오: 《문헌통고(文獻通考)》 권42 〈학교고(學校考)〉에 나온다.
63 선과사(宣課司): 세금을 관리하는 기관이다.

거두어서 모두 선비들의 비용을 공급하는 것으로 하였고, 전부(典簿)[64]를 설치해서 돈과 곡식을 관장하게 하고, 장찬(掌饌)[65]을 설치해서 먹고 마시는 것을 관리하였습니다. 그 선부(膳夫)[66]는 삼경오점(三更五點)에 일어나지 못하여 회찬(會饌)[67]을 못하면 벌을 주는데 세 번 벌을 받으면 극형에 처합니다. 감승(監丞)[68]·전부(典簿)·장찬(掌饌) 관리는 엄하지 않으면 거듭 책망하고 벌을 더합니다.

아! 성조(聖祖)가 창업한 초기에 일은 갖추어지지 않은 것이 많았지만 여러 선비를 기르는 것은 주도면밀함이 이미 이와 같았는데, 하물며 열성(列聖)이 서로 이어서 평화로운 날이 오래되었는데도 선비를 기르는 바는 반대로 창업의 초기만 못하는데, 괜찮은 것입니까.

신은 청하건대 조종의 옛 제도를 밝혀서 회찬을 회복해서 태학의 선비를 기르십시오. 이것 역시 성상께서 뜻을 잇고 일을 계승하는 큰 원칙입니다.

臣按: 太學之設, 教養生徒以爲國家之用, 其所關係至重, 張載有言, 人才出, 國將昌, 子孫才族將大. 國家之有賢才猶人家之有子孫也, 所以培養之者, 烏可以不加之意哉? 祖宗養賢之制, 視前代爲盛, 各門設宣

---

64 전부(典簿): 중국 고대 관직의 하나이다. 원나라 때 조정의 관서로 국자감, 한림원, 국사원 등과 같은 것이 이 관서이다. 명·청 대에 한림원과 국자감에 설치하여 문서를 관장하는 일을 담당하였다.

65 장찬(掌饌): 음식·탕약·채소·과일 등을 관장하는 기관이다.

66 선부(膳夫): 고대 관직의 명칭이다. 궁중의 음식을 관장하였다.

67 회찬(會饌): 명나라 때 국자감의 감규(監規)에 따르면 사생(師生)의 3찬은 반드시 회찬당(會饌堂)에 모여 함께 식사했으므로 회찬이라고 했다.

68 감승(監丞): 학교의 규약을 책임지는 관원이다.

課司以收商稅, 盡以爲供給士子之費, 設典簿以掌錢糧, 設掌饌以司飲食. 其膳天[69]三更五點不起, 有誤會饌, 責罰三罰, 處以極刑; 監丞‧典簿‧掌饌管吏不嚴, 重加責罰. 嗚呼, 聖祖草創之初, 事多未備, 其所以廩養多士者已如此其周密, 況列聖相承, 承平日久, 顧所以養士者反不如草創之初, 可乎? 臣請申明祖宗舊制, 復會饌以養太學之士, 是亦聖孝繼志述事之大節也.

정호(程顥)가 조정에서 말하였다.[70]

"천하를 다스림은 풍속을 바로잡고 현명한 인재를 얻는 것을 근본으로 삼습니다. 마땅히 먼저 예를 갖추어 근시(近侍), 현유(賢儒)와 모든 관리[百執事]에게 명하여 마음을 다하여 찾게 합니다. 선왕의 도에 밝아 덕업이 충분히 갖추어져 사표가 될 만한 자와 그다음으로 뜻이 독실하고 학문을 좋아하며 자질이 어질고 행실을 닦는 자가 있으면 예를 갖추어 불러 서울에 모아 아침저녁으로 바른 학문을 밝혀 서로 강론하게 합니다.

그 도는 반드시 인륜에 근본을 두고 사물의 이치를 밝히는 것입니다. 그 가르침은 《소학》의 물 뿌리고 청소하며 부름에 응하고 대답하는 것[灑掃應對]부터 효도와 공경, 충성과 신의[孝弟忠信]를 닦고 예악에 맞추는 것입니다. 그들을 이끌어 격려하고 닦아서 성취하는 방법에는 모두 절차와 순서가 있습니다. 그 요점은 선을 가려 택하고 몸을 닦아 천하를 교화

69 天: 《대학연의보(大學衍義補)》 사고전서본에는 "夫"로 되어 있다.
70 《근사록(近思錄)》〈치법(治法)〉에 나온다.

시키고 이루는 데에 달려 있습니다. 향인(鄕人)에서부터 성인의 도에 이를 수 있으니, 그 학행이 모두 도에 맞는 자가 덕을 이룹니다. 재주와 식견이 사리에 도달하여 선에 나아갈 수 있는 자를 뽑아 날마다 그 학업을 받게 해야 합니다. 그 학문에 밝고 덕이 높은 자를 뽑아 태학의 스승으로 삼고, 그다음 단계의 사람은 천하의 학교에 나누어 보내어서 가르칩니다. 선비를 가려 입학시켜 현에서는 주에 올려 보내고, 주에서는 빈객의 예로 태학에 올리며, 태학에서는 모아 그들을 가르쳐 해마다 그 현명한 자와 능력이 있는 자를 조정에서 논합니다. 무릇 선비를 뽑는 방법은 모두 성품과 행실이 단정하고 깨끗하며, 집에 있을 때는 효도하고 공경하며, 염치와 예양이 있으며, 학업에 통달하여 밝고, 다스리는 도에 환히 통달한 자로서 해야 합니다."

程顥言於朝曰: "治天下以正風俗・得賢才爲本. 宜先禮, 命近侍賢儒及百執事, 悉心推訪有明先王之道德業充備足爲師表者, 其次有篤志好學材良行修者, 延聘敦遣, 萃於京師, 朝夕相與講明正學. 其道必本於人倫・明乎物理, 其敎自小學灑掃應對以往, 修其孝弟忠信・周旋禮樂. 其所以誘掖激勵・漸摩成就之道皆有節序. 其要在於擇善修身至於化成天下, 自鄕人而可至於聖人之道. 其學行皆中於是者, 爲成德取材識明達可進於善者, 使日受其業, 擇其學明德尊者爲太學之師, 次以分敎天下之學. 擇士入學, 縣升之州, 州賓興於太學, 太學聚而敎之, 歲論其賢者能者於朝. 凡選士之法皆以性行端潔・居家孝弟有廉恥禮讓・通明學業曉達治道者."

신은 이렇게 생각합니다. 정호의 이 말은 근본을 바로잡고 근원을 깨끗이 하는 논의라고 할 만합니다. 대저 국가의 다스림은 정사(政事)가 잘 닦여지는 데에 말미암고, 정사의 잘 닦여짐은 인재의 많음에 말미암으며, 인재의 많음은 스승의 도리에 적합한 사람을 얻는 데에 말미암습니다. 반드시 스승의 도리에 적합한 사람을 얻고자 한다면, 반드시 모름지기 예를 갖추어 찾아야 합니다. 그러나 오늘날에는 과거가 크게 흥하여 선비들은 벼슬에 나아가는 것을 즐기고 재야[草澤]에는 현자들이 그래도 남아 있습니다. 그러나 학교의 과목이 많은 점으로는 비교할 수 없으니 청하건대 지금 과공(科貢)의 법[71]을 이루어 옛날에 찾아 나서는 뜻을 행하소서.

지금의 제도는 진사 을과(乙科) 중에서 주(州)·현(縣)의 교직(教職)을 뽑고, 교직(教職)에서 임기를 채운 자를 태학(太學)의 사유(師儒)로 선발하는데, 시행된 지 이미 오래되어 진실로 갑자기 고치기는 어렵습니다. 이후에 박사(博士)·조교(助教) 등의 관원이 비어도 적합하지 않은 사람에게 함부로 주는 것보다는 그 자리는 비워 두고 대신하게 하는 것이 낫습니다. 재상[執政] 및 근시(近侍)와 신료들에게 실제로 사실을 갖추어 보증하여 추천하도록 명합니다. 천하 군현의 교관은 덕업이 충분히 갖추어지며, 뜻이 독실하고 학문을 좋아하며, 재주가 훌륭하고 행실이 닦여진 것을 기다린 이후에 그에게 제수하며, 반드시 임기가 차기를 기다릴 필요는 없습니다.

회시(會試)에서 뽑을 때 만일 문리가 평통한 자는 곧바로 을방(乙榜)의 예에 두고 그 원하는지의 여부는 묻지 않습니다. 다만 30세 이상

---

71 과공(科貢)의 법: 과거제도 중, 부(附), 주(州), 현(縣)에서 인재를 추천하여 국자감에 입학시켜 수학하게 하는 것을 말한다.

인 자를 모두 태학(太學)으로 보내 그로 하여금 반년 이상 출석하게 합니다. 공당시(公堂試)[72]에 세 차례 합격한 자는 이름을 적어서 부(部)에 보냅니다. 감(監)에 머물러 있으면서 녹을 먹고 업을 익혀서, 결원이 있으면 차례로 취해서 선발합니다. 세공으로 감(監)에 온 사람은 교직을 원하면 잡역에 차정되는 것[雜差]을 면제합니다. 세 번 시험 봐서 적합한 자는 거인(擧人)의 예와 같이 뽑아 보냅니다. 이와 같다면, 이미 조정의 제도를 잃지 않고 정씨(程氏)의 뜻을 거의 얻을 수 있을 것입니다.

臣按: 顯之此言可謂端本澄源之論. 夫國家之治由乎政事修擧, 政事修擧由乎人才衆多, 人才衆多由乎師道得人也. 必欲師道得人, 必須推訪延聘, 然今日儒科大興, 士樂仕進而草澤遺賢固有, 然不若在學校科目者爲多, 請就今科貢之法以行古推訪之意. 今制於進士乙科中取州縣教職, 於教職秩滿者選太學師儒, 行之旣久, 固難頓革, 今後遇有博士·助教等官員缺, 與其非人而濫授, 不若虛其職而攝之爲愈也, 許令執政及近侍臣僚具實保薦天下郡縣教官, 果德業充備篤志好學材良行修者然後授之, 不必俟其秩滿也. 會試所取, 苟文理平通者卽列在乙榜, 不問其願否, 但年三十以上者俱送太學, 俾其坐堂半年以上·公堂試中三次者具名送部, 仍留在監食廩肄業, 遇缺挨次取選, 其歲貢到監有願教職者, 免其雜差, 三次考中者送選如擧人例. 如此, 旣不失朝廷之制, 而於程氏之意亦庶乎得之矣.

---

72 공당시(公堂試): 공당(公堂)은 태학(太學)을 가리키는 것으로 태학에서 치는 시험으로 추정된다.

정이(程頤)가 《이정유서(二程遺書)》에서 말하였다.[73]

정이가 학제(學制)를 상세히 살펴보니, 대개 학교는 예의를 앞세우는 곳인데, 달마다 경쟁하게 하는 것은 가르치고 기르는 도리가 아니다. 청하건대 시험보는 것을 바꾸어 과제를 제출하는 것으로 하여서 수준에 이르지 못한 경우에는 학관(學官)이 그를 불러 가르치고, 다시 점검하여 고하(高下)를 정하지는 않는다. 향시 급제자의 정해진 수[解額][74]를 줄여서 봉급으로 유인하는 것을 없애고, 번거로운 형식을 줄여 전적으로 위임하고, 점잖고 바른 몸가짐을 권장하여 풍속과 교화를 두터이 해야 한다.

程頤看詳學制, 大槪以爲學校禮義相先之地, 而月使之爭, 殊非敎養之道, 請改爲爲課, 有所未至則學官召而敎之, 更不考定高下, 鐫解額以去利誘, 省繁文以專委任, 勵行撿以厚風敎.

신은 이렇게 생각합니다. 이전 시대에는 학제(學制)가 정해지지 않아 여러 차례 학관(學官)이 본조(本朝: 明)의 학규(學規)를 상세히 살폈는데, 대개 국초부터 이미 정해져, 지금 그대로 지켜 감히 바꿀 수 있는 것이 없습니다. 정이(程頤)가 학제를 상세히 살펴 시험을 과제로 바꿀 것을 청하였습니다. 신의 생각으로는 시험과 과제 두 가지가 서로 방해가 되지 않습니다. 날마다 그로 하여금 과제를 만들어 일상적인 과정

---

73 《이정유서(二程遺書)》〈부록(附錄)〉에 나온다.

74 공사(貢士)의 정해진 수[解額]: 당(唐)나라 때 향시(鄕試)에 급제한 사람에게 해장(解狀)을 주어 해인(解人)이라 하였는데, 그 총수를 이르는 말이다.

으로 삼고, 매 계절마다 수합하여 시험함으로써 격려하고 권면하면 아마도 지나치지 않을 것입니다. 다만 모름지기 정이가 말한 '학생을 불러 마주보고 고치게 한다는 것'과 같은 것은 그 수준에 미치지 못한 것을 가르친다는 것이고, 또 그 가운데에 경전의 뜻에 위배되거나 치우친 곳에서 찾아 뜻을 세워서 이해하기 어려운 것을 말하는 자가 있으면 그를 면전에서 타일러 고쳐서 바르게 하는 것입니다. 이와 같다면 비단 그 풍속을 바르게 할 수 있을 뿐만 아니라, 또한 그것으로 인하여 뜻과 취향을 단정히 할 수 있을 것입니다.

臣按: 前代學制不定, 屢下學官看詳本朝學規, 蓋自國初已定, 至今遵守不敢有所更易. 程頤看詳學制, 請改試爲課, 臣竊以爲試課兩不相妨, 逐日使之作課以爲常程, 每季合試以爲激勸, 恐不爲過, 但須如頤所謂召學生當面點抹敎其未至, 又於其中有違背經旨·立意索隱而爲鉤棘之語者則面諭之, 使其改正. 如此, 非但可以正其習尙, 亦可因之以端其志趣矣.

정이(程頤)가 말하였다.[75]

"옛날에는 8세에 소학(小學)에 입학하고, 15세에 대학(大學)에 입학하였다. 그 재주가 가르칠 만한 자를 뽑아 모으고, 어리석은 자는 다시 농사짓는 곳에 보냈다. 대개 선비와 농부는 업을 바꾸지 않아서 이미 입학하면 농업에 종사하지 않으니 그런 후에 선비와 농부가 구분된다. 옛날에

---

75 《이정유서(二程遺書)》 권15에 나온다.

관리가 되는 사람은 15세에 대학에 입학하여 40세에 이르러 비로소 벼슬하니 그 사이에 25년의 시간이 있고, 학문은 또 쫓을 만한 이로움이 없었으니, 뜻한 바를 알 수 있다. 모름지기 선을 좇아 곧 이로부터 덕을 이루었다. 후세의 사람들은 어려서부터 이미 급급하게 이익을 따르는 마음이 있으니 어떻게 선을 향할 수 있겠는가. 그러므로 옛사람들은 반드시 40세가 되어서야 벼슬을 하니, 그런 후에야 뜻이 정해지는 것이다."

程頤曰: "古者八歲入小學, 十五入大學, 擇其才可敎者聚之, 不肯者復之農畝. 蓋士農不易業, 旣入學則不治農, 然後士農判. 古之仕者自十五入大學, 至四十方仕, 其間自有二十五年. 學又無利可趨, 則所志可知, 須去趨善, 便自此成德. 後之人自童稚間已有汲汲趨利之心, 何由得向善? 故古人必使四十而仕, 然後志定."

신은 이렇게 생각합니다. 정이의 이 말에서 옛사람들이 사람을 가르치는 것과 학문을 함에 뜻이 전일하여 분리되지 않음을 볼 수 있습니다. 후세에는 일체 이익으로 그들을 유인하고 배우는 자 역시 이러한 이익 때문에 학문을 합니다. 이것이 인재들이 옛날과 같지 않은 이유이니, 다스리는 도가 날로 저속해지는 것입니다.

臣按: 程氏此言, 見得古人敎人及其爲學志專一而不分, 後世一切誘之以利, 而學者亦是因利而爲學, 此人才所以不古若而治道日趨於下也.

주희(朱熹)가 말하였다.[76]

"소학에서는 일을 가르치고, 대학에서는 이치를 가르친다."

朱熹曰: "小學教之以事, 大學教之以理."

신은 이렇게 생각합니다. 이른바 일을 가르친다는 것은 예·악·활쏘기·말타기·서예·셈 및 효도·공손·충성·신의와 같은 것이고, 이치를 가르친다는 것은 격물치지(格物致知)가 충성·신의·효도·공손이 되는 이유 같은 것입니다.

臣按: 所謂教之以事, 如禮樂射禦書數及孝弟忠信之類; 教之以理, 如格物致知所以爲忠信孝弟者."

주희(朱熹)가 《학교의(學校議)》[77]에서 말하였다.[78]

학교에서는 반드시 실제로 도덕이 있는 사람을 선발하여 학관(學官)으로 삼아 실제의 학문[實學]을 하려는 선비를 오게 하며, 정해 놓은 정원과 학사(學舍)에서 지나치게 그릇되게 선발하는 은혜를 줄여 이익으로 (선비

---

76 《서산독서기(西山讀書記)》 권21에 나온다.

77 《학교의(學校議)》: 《학교공거사의(學校貢舉私議)》를 말한다. 당시 학교 행정과 관리 선발의 문제점에 대한 주희의 개선안이다. 이 글은 공식적으로 조정에 올려지지는 않았다. 《회암문집(晦庵文集)》 권69에 나온다.

78 《회암문집(晦庵文集)》 권69 〈학교공거사의(學校貢舉私議)〉에 나온다.

를) 유인하는 길을 막는다. 대개 옛날의 태학(太學)은 사람을 가르치는 것을 주로 하며 이로 인해 선비를 선발하였기 때문에, 선비로서 온 자들이 의(義)를 행하고 이익을 도모하지 않았다.

朱熹《學校議》曰: 學校必選實有道德之人使爲學官, 以未[79]實學之士, 裁減解額·舍選濫繆之恩, 以塞利誘之塗. 蓋古之大學主於敎人而因以取士, 故士來者爲義而不爲利.

주희(朱熹)가 또 말하였다.[80]

옛날의 성왕(聖王)은 학교를 세워 그 백성을 가르쳤는데, 가정에서 나라에까지 크고 작은 학교[序]가 있어 그 백성들로 하여금 그 안에 들어가 수학하지 않음이 없게 하였다. 그 가르치는 도구는 모두 하늘에서 받은 천성에 따라서 등급을 나누어서 깨우쳐 인도하고 그를 격려하여, 그로 하여금 마음에서 밝히고 몸에서 닦으며, 부자·형제·부부·친구 사이에서 행하는 것을 미루어 군신·상하·인민·사물의 사이에 도달하게 하여 반드시 그 직분을 다하지 않음이 없도록 하였다. 그 학문이 이미 완성되면 역시 현명하고 능력이 있는 자를 등용하여 여러 자리에 두었다.

이 때문에 당시에는 이치와 의리가 크고 분명하며, 풍속이 순박하고 후하며, 공·경·대부와 여러 선비의 선발에 그 적합한 사람을 얻지 못하는 경우가 없었다. 이것이 선왕(先王) 때에 학교라는 기관이 정사(政事)

---

79 未:《대학연의보(大學衍義補)》사고전서본에는 "來"로 되어 있으니, 번역에서는 이를 따른다.
80 주희(朱熹)가 … 말하였다:《회암문집(晦庵文集)》권78〈정강부학기(靜江府學記)〉에 나온다.

의 근본이고 도덕이 모이는 곳이 되는 이유이니, 하루라도 폐할 수가 없었다.

후세에 와서 학교의 설치는 비록 혹은 선왕(先王)의 때와 다르지 않으나, 스승이 가르치는 이유와 제자가 배우는 이유가 모두 근본을 망각하고 지엽을 따르며 이익을 생각하고 의리를 제거하니 선왕의 뜻을 다시 회복할 수 없었다. 옛 학교의 이름은 비록 존재하나 그 실질은 시행되지 않으며, 풍속이 날로 황폐해지고 인재가 날로 쇠퇴하는 데에 이르렀다. 비록 한당(漢唐) 시기의 융성한 경우를 삼대(三代)의 말기에 비교하여도 비슷한 점이 없었다.

又曰: 古者聖王設爲學校以敎其民, 由家及國, 大小有序, 使其民無不入乎其中而受學焉, 而其所以敎之之具則皆因其天賦之秉彝而爲之品節, 以開導而勸勉之, 使其明諸心·修諸身, 行於父子·兄弟·夫婦·朋友之間, 而推之以達乎君臣上下·人民事物之際, 必無不盡其分焉. 及其學之旣成, 則又興其賢且能者實之列位, 是以當是之時, 理義休明, 風俗醇厚, 而公卿·大夫·列士之選無不得其人焉. 此先王學校之官所以爲政事之本·道德之歸, 而不可以一日廢焉者也. 至於後世學校之設, 雖或不異乎先王之時, 然其師之所以敎·弟子之所以學則皆忘本逐末·懷利去義而無復先王之意, 以故學校之名雖存而其實不擧, 至於風俗日敝, 人材日衰, 雖以漢唐之盛隆而無以仿佛乎三代之叔季.

신은 이렇게 생각합니다. 주희는 "대개 옛날의 태학(太學)은 사람을 가르치는 것을 주로 하며 이로 인해 선비를 선발하였기 때문에, 선비로서 온 자들이 의(義)를 행하고 이익을 도모하지 않았다."라고 말하였습니다. 신의 생각으로는 인의(仁義)는 이롭지 않았던 적이 없었습니다. 선비가 학교에서부터 대학(大學)에 올라가는 경우는 혹은 세공(歲貢)[81]으로서 혹은 과거과목으로서 혹은 대신의 자제로서 하였습니다. 태학에 머무는 것은 양식으로 그들을 기르고 재사에 머물게 하는 것입니다. 그들에게 사유와 붕우로서 대하고 법제와 규칙으로써 그들을 단속하는데도 저들이 과연 무엇 때문에 오는 것이겠습니까. 진실로 장차 녹봉을 바라고 작위를 구하여 부모의 봉양과 향리의 영화로 삼아 자신의 뜻하는 바를 행하려고 하기 때문입니다. 그 마음에 이롭게 하려는 바가 없는 것은 아니었으니, 만일 이롭게 하려는 바가 없다면 누가 기꺼이 고향을 떠나고 친척을 버려 가면서 객유(客遊)에 종사하겠습니까. 다만 윗사람들이 어떻게 처치하느냐에 따라 달려 있을 뿐입니다.

학문에는 경전을 밝히는 것보다 큰 것이 없고, 입신에는 충성과 효도보다 우선하는 것이 없습니다. 규범을 두어 들뜬 것을 진정시키고, 자한(資限)을 두어 그 조급함을 억제하고, 평가하여 성취한 것을 시험합니다. 이와 같다면 무릇 학교에 있는 선비들의 경우 저들은 이익 때문에 오고 우리는 의리로 가르치니, 저들이 우리의 의리를 행할 수 있게 된다면 저들이 말한 이익이라는 것이 따라 얻어질 것입니다. 그렇다면 천하의 선비 가운데 누가 우리의 학교에서 머무는 것을 원하지 않겠습니까.

---

81 세공((歲貢): 세공생도(歲貢生徒). 해마다 지방 장관이 수재(秀才)를 선발하여 중앙에 올려 보내는 공생(貢生)을 말한다.

臣按: 朱熹謂 "古之大學主於敎人而因以取士, 故士來者爲義而不爲利", 臣竊以爲仁義未嘗不利, 士之自學校而升之大學也, 或以歲貢, 或以科目, 或以大臣之子, 其所以遊太學者, 養之餼廩, 處之齋舍, 臨之以師儒朋友, 約束之以法制規矩, 彼果何所爲而來哉? 固將以希祿食幹爵位以爲父母之養·鄕裏之榮, 以行己之所志也, 其心未嘗無所利, 苟無所利, 孰肯去鄕井·捐親戚以從事於客遊哉? 但在上之人所以處置之何如耳. 爲學莫大於明經, 立身莫先於忠孝, 有矩範以鎭其浮, 有資限以抑其躁, 有考校以試其進, 如是, 則凡在學之士彼以利而來, 吾以義而敎, 彼能行吾之義則彼所謂利者從而得矣, 則天下之士孰不願遊於吾之學哉?

주희(朱熹)가 《감흥(感興)》[82]시에서 말하였다.[83]

"성인이 교화를 맡아, 학교를 세우고 인재를 양육하였네. 마음에는 분명한 교훈이 있고, 선의 단서를 깊이 배양하였네. 하늘이 내려 준 것은 이미 뚜렷이 말했고, 인문(人文) 역시 활짝 열어 놓았네. 어찌하여 백대 후에는, 학문이 끊기고 가르치고 양육하는 것이 어그러졌는가. 모여 앉아 화려한 기교를 겨루고, 장원 급제에 앞서기를 다투네. 순수한 풍속이 오

---

82 《감흥(感興)》: 《회암문집(晦庵文集)》 권4에 나오는 〈재거감흥(齋居感興)〉시를 말하며, 모두 20수이다. 주희는 진자앙(陳子昂)의 〈감우(感寓)〉시를 읽다 감흥을 받아 지었다고 한다. 이 시는 우주 삼라만상과 천지자연의 조화에 관한 심오한 철학적 사유를 시인의 감흥을 빌려 쓴 것이다. 주희의 글 중에서도 수작으로 꼽히며, 후세에 계속 인용되었다. 본문의 시는 17수이다.

83 《회암문집(晦庵文集)》 권4 〈재거감흥(齋居感興)〉에 나온다.

랫동안 없어졌으니, 떠들썩하게 하여 무엇을 하려는 것인가."

> 朱熹《感興詩》曰: "聖人司敎化, 黌序育群材. 因心有明訓, 善端得深培. 天
> 序旣昭陳, 人文亦裏開. 云何百代下, 學絶敎養乖. 群居競葩藻, 爭先冠倫
> 魁. 淳風久淪喪, 擾擾胡爲哉?"

웅강대(熊剛大)[84]가 말하였다.

"이 편은 대학(大學)의 가르침을 논한 것이다. 대개 도(道)라는 것은
문(文)의 근본이고, 문이라는 것은 도의 말단이다. 옛사람들은 그 근
본인 것에 특별히 마음을 두어 그러므로 학교를 세워 교육하였다. 오
직 천리와 인륜을 중요시하였고, 문학과 기예는 다만 힘이 남을 때에
뜻을 두는 것이라고 말했을 뿐이다. 후세에는 말단에 힘을 썼기 때문
에 학교를 세워 교육함에 오직 문장을 화려하게 꾸미는 것만 숭상하
였으며 천리와 인륜은 일찍이 강론하여 밝히지 않았다. 이것이 주자
가 깊이 탄식한 까닭이다."

> 熊剛大曰: "此篇論大學之敎. 蓋道者文之本, 文者道之末. 古人於其本
> 者加意, 故設學敎育惟以天理人倫爲重, 文藝之間特餘力遊意云耳. 後

---

84 웅강대(熊剛大): 남송 사람으로 복건성 건양(建陽) 출신이다. 가정(嘉定) 7년(1214)에 진사가
되었다. 건안교수(建安敎授)를 역임하였다. 채연(蔡淵)·황정(黃靜)의 제자로 고계선생(古溪先
生)으로 불렸다. 저서로 《시경주해(詩經注解)》, 《성리군서구해(性理群書句解)》, 《성리소학집해
(性理小學集解)》가 있는데, 특히 《성리군서구해》는 웅절(熊節)과 함께 편집한 책으로 송대 성
리학자들의 글을 엮어 해설을 붙인 것이다.

世於其末者用功, 故設學敎育惟以文詞葩藻爲尙, 天理人倫曾不講明, 此朱子所以深歎也."

주희가 《대학장구(大學章句)》서(序)에서 말하였다.

대개 하늘이 백성을 낼 때부터 이미 인의예지(仁義禮智)의 본성을 주지 않은 것이 없다. 그러나 그 부여받은 기질은 혹 다 같을 수 없어, 이 때문에 모두가 자기가 가진 본성을 알아 온전하게 할 수 없다. 한 사람이라도 총명하고 지혜가 뛰어나 그 본성을 다할 수 있는 자가 그 사이에서 나온다면, 하늘이 반드시 그에게 명해 수많은 백성의 군사(君師)로 삼아 그로 하여금 다스리고 가르치게 하여 백성들의 본성을 회복시킨다. 이것이 복희(伏羲)·신농(神農)·황제(黃帝)와 요(堯)·순(舜)이 하늘을 이어 표준[極]을 세우고 사도(司徒)의 직과 전악(典樂)의 관(官)을 설치한 이유이다.

삼대의 융성한 시기에 그 법이 점점 갖추어진 뒤에 왕궁(王宮)과 국도(國都)에서부터 여항(閭巷: 골목)까지 학교가 있지 않은 곳이 없었다. 사람이 8세가 되면, 왕공부터 서민의 자제에 이르기까지 모두 소학에 입학하여 (그들에게) 물 뿌리고 청소하며 부름에 응하고 대하며 나아가고 물러나는 절차와 예·악·활쏘기·말타기·서예·산수의 방식[文]을 가르쳤다. 15세가 되면, 천자의 맏아들과 여러 아들부터 공·경·대부의 맏아들의 적자와 백성들 가운데 빼어난 이들까지 모두 대학(大學)에 입학하여 (그들에게) 이치를 궁구하고, 마음을 바르게 하며, 몸을 닦고 사람을 다스리는 도리를 가르쳤다. 이것은 또한 학교의 교육에서 대학과 소학의 절차가 구분되어진 지점이다.

이와 같이 광범위하게 학교를 설치하고, 또 이와 같이 가르치는 방법의 차례와 절목이 상세하였다. 그 가르치는 것은 모두 임금이 몸소 행하고 마음에서 터득한 것에 근본하고, 백성들이 일상 생활하는 떳떳한 윤리[彛倫] 밖에서는 구하지 않았다. 이 때문에 당시의 사람들은 배우지 않음이 없었고, 그 배운 자들은 그 본래 지니고 있는 본성 및 분수와 마땅히 해야 할 직분(職分)을 알아 각각 힘써서 자신의 힘을 다하지 않음이 없었다. 이것이 옛날 전성기의 다스림은 위에서 융성하고 풍속은 아래에서 아름다워서 후세에서 따라가지 못하는 까닭이다.

朱熹《大學章句序》曰: 蓋自天降生民, 則旣莫不與之以仁義禮智之性矣, 然其氣質之稟或不能齊, 是以不能皆有以知其性之所有而全之也. 一有聰明睿智能盡其性者出於其間, 則天必命之以爲億兆之君師, 使之治而敎之以復其性. 此伏羲·神農·黃帝·堯·舜所以繼天立極, 而司徒之職·典樂之官所由設也. 三代之隆, 其法浸備, 然後王宮·國都以及閭巷莫不有學. 人生八歲, 則自王公以下至於庶人之子弟皆入小學, 而敎之以灑掃·應對·進退之節, 禮樂射御書數之文, 及其十有五年, 則自天子之元子·衆子, 以至公·卿·大夫·元士之適子與凡民之俊秀皆入大學, 而敎之以窮理正心·修己治人之道, 此又學校之敎大小之節所以分也. 夫以學校之設其廣如此, 敎之之術其次第節目之詳又如此, 而其所以爲敎則又皆本之人君躬行心得之餘, 不待求之民生日用彛倫之外. 是以當世之人無不學, 其學焉者無不有以知其性分之所固有·職分之所當爲, 而各俛焉以盡其力, 此古昔盛時所以治隆於上·俗美於下而非後世之所能及也.

신은 이렇게 생각합니다. 예로부터 소학(小學)과 대학(大學)에서의 가르침을 논함에 이와 같이 상세하게 밝힌 것이 없었습니다. 이를 통해 자세히 살펴보면 학교의 가르침은 하늘이 명한 본성[天命之性]에 근본하는 것을 볼 수 있습니다. 본성을 따르는 도[率性之道]는 삼황오제(三皇五帝) 이래로 이미 있었는데, 백성들이 본래 소유한 성분(性分)과 마땅히 해야 하는 직분에 따라 닦는 것을 가르침으로 삼은 것에 불과하니 본래 이러한 이치가 없이 억지로 백성들을 따르게 한 것은 아닙니다. 후세에는 가르치는 일이 중요함을 알지 못하여 종종 정치나 형법만을 좇으니, 그 사이에서 뜻있는 일을 하려는 자도 역시 그 명분만을 흠모할 따름이지 그 실질은 없었습니다. 사람을 세워 스승으로 삼아도 한갓 그 자리만 채우고, 사람을 모아 생도로 삼아도 한갓 그 이름만을 탐낼 뿐입니다. 다스리는 도리가 옛날만 못한 이유는 그 병폐의 근본이 실로 여기에 있습니다. 삼대(三代)의 융성함에 뜻을 둔 자는 반드시 가르침을 세움으로부터 시작하고, 가르침을 세우려는 자는 반드시 학교에서부터 시작하니, 삼가 황제께서는 유념하십시오.

臣按: 自古論小學·大學之敎未有詳明如此者, 由是觀之, 可見學校之敎根於天命之性·率性之道, 自三皇五帝以來已有之, 不過因民生性分之所固有·職分之所當爲而修之以爲敎, 非本無是理而强以之而率民也. 後世不知敎事之爲重而往往從事於政治·刑法之間, 間有爲之者, 亦是慕其名而無其實, 立人以爲師徒充其位, 聚人以爲徒徒冒其名, 治道所以不古若者, 其病根實在於是. 有志於三代之隆者必自立敎始, 欲立敎者必自學校始, 伏惟聖神留意.

여조겸(呂祖謙)이 말하였다.[85]

"학교의 설립은 가난한 선비 때문에 그를 부양하려는 것이 아니며, 또 그 비슷한 사람들을 모아서 문장을 익히게 하려는 것도 아니다. 농사도 아니고 장사도 아닌데 무엇 때문에 선비가 될 수 있는가. 노자도 아니고 석가도 아닌데 무엇 때문에 유학자가 될 수 있는가. 부모를 섬기고 형을 따르는 데에 마땅히 무엇을 모범으로 삼아야 하는가. 성인(聖人)이 되기를 바라고 현인(賢人)을 사모함은 마땅히 어떤 입구로부터 들어가야 하는가. 도덕과 성명(性命)의 이치는 마땅히 어떻게 해야 밝힐 수 있겠는가. 잘 다스려지고 어지러워지며 흥하고 쇠퇴하는 이유는 마땅히 무엇을 통해야 이해할 수 있는가. 옛날을 자세히 살펴 얻고 잃는 거울로 삼고 지금에 시험하여 따르거나 바꾸는 기준으로 삼으니, 이것이 선비가 마땅히 마음을 써야 하는 대상이다.

공자 문하의 고제(高弟)부터도 오히려 부지런히 인(仁)을 묻고 효(孝)를 묻고 지(智)를 묻고 정치를 물었다. 선비가 되는 것은 스승에게 청하고 벗에게서 분별하는 것인데, 후세의 선비들은 여기에 훨씬 미치지 못한다. 만일 무리를 떠나 혼자 살면서 그 익숙한 것에 가려 고루하고 괴벽해져서 스스로 도에 나아갈 수 없다. 성인이 이를 근심하여 드러내 책을 만들어서 만세에 보이고, 점차로 가르치고 길러 강습하게 하고, 스승이 될 만한 유학자를 세워 살피고 바로잡아 주었으니, 이것이 학교를 설립한 본래의 뜻이다."

呂祖謙曰: "學校之設非爲士之貧而養之也, 又非欲群其類而習爲文辭

---

[85] 《성리대전서(性理大全書)》 권67 〈치도(治道) 학교(學校)〉에 나온다.

也. 不農不商, 若何而可以爲士? 非老非釋, 若何而可以爲儒? 事親從兄, 當以何者爲法? 希聖慕賢, 當自何門而入? 道德性命之理, 當如何而明? 治亂興衰之故, 當何由而達? 考之古以爲得失之鑒, 驗之今以爲因革之宜, 此士之所當用心也. 自孔門高弟猶勤勤於問仁·問孝·問智·問政, 所以爲士請之於師, 辨之於友, 後世之士不逮遠矣, 儻離群索居而蔽其所習, 則固陋乖僻無自進於道, 聖人憂之, 著爲成書以詔萬世, 教養漸摩以俾之講習, 立師儒之官以董正之, 此開設學校之木意也."

신은 이렇게 생각합니다. 선왕(先王)이 학교를 설립한 본래의 뜻은 여씨(呂氏)가 그것을 다 말하였습니다. 가르치는 자는 반드시 이것을 안 이후에 가르침을 세운 까닭을 알았으며, 배우는 자는 반드시 이것을 안 이후에 배우는 까닭을 알았습니다.

臣按: 先王開設學校之本意, 呂氏言之盡矣. 敎者必知此然後知所以立敎, 學者必知此然後知所以爲學.

이상 학교를 세워 가르침을 베풂(하)

以上設學校以立敎(下)

대학연의보

(大學衍義補)

—

권71

치국평천하의 요체[治國平天下之要]

교화를 숭상함[崇敎化]

도학을 밝혀서 가르침을 완성함(상)[明道學以成敎(上)]

《주역(周易)》〈건괘(乾卦)〉구이(九二)에서 말하였다.

군자(君子)가 배워서 (지식을) 모으고 물어서 분변하며 너그러움[寬]으로 처하고 인(仁)으로써 행한다.

> 《周易》乾 九二: 君子學以聚之, 問以辨之, 寬以居之, 仁以行之.

정이(程頤)가 말하였다.[1]

"배워서 (지식을) 모으고 물어서 분변함은 덕(德)으로 나아가는 것이다. 너그러움[寬]으로 처하고 인(仁)으로 행함은 업(業)을 닦는 것이다".

---

1 《주역전의대전(周易傳義大全)》〈乾〉에 나온다.

진덕수(眞德秀)가 말하였다.

"건(乾)은 하늘의 덕이고 성인의 일이지만 오히려 반드시 배워서 이루어야 하니, 배움을 그쳐서는 안 되는 것이 이와 같다. 구이(九二)에서 '떳떳한 덕을 행하고 떳떳한 말을 삼가며, 사악함[邪]를 막아 성실함[誠]을 보존하고, 세상을 좋게 하고도 자랑하지 않으며, 덕이 넓어 교화하는 자이다.'²라 하였고, 구삼(九三)에서 '이를 곳을 알아서 이르므로 때와 함께 할 수 있고, 마칠 데를 알아 마치므로 더불어 의를 보존할 수 있다.'³라 하였으니 모두 학문의 일이다."

신은 이렇게 생각합니다. 대인(大人)이 대인이 되는 까닭은 덕업(德業)이 성대하기 때문입니다. 배우는 자들이 아직 대인의 경지에 도달하지 못하며 그것을 바라는 자는 마땅히 어떻게 해야 하겠습니까. 또한

---

2 구이(九二)에서 … 자이다:《주역(周易)》〈乾〉에 나온다.
3 구삼(九三)에서 … 있다:《주역(周易)》〈乾〉에 나온다.

오직 덕(德)으로 나아가고 업(業)을 닦을 뿐입니다. 충신(忠信)은 덕으로 나아가는 것이고, 수사(修辭)는 그 성(誠)을 세워서 업에 머무르는 것입니다. 배워서 (지식을) 모으고 물어서 분변한다면 덕을 성취함이 날마다 높아지고, 너그러움[寬]으로 처하고 인(仁)으로 행한다면 업이 닦여지는 것이 날마다 넓어질 것입니다. 그렇다면 구이(九二)는 대인의 경지이고 또한 바라서 다다를 수 있습니다. 그렇다면 공(功)을 들이는 요점은 무엇이 우선이겠습니까. 성일 뿐입니다. 충(忠)과 신(信)이 성입니다. 수사(修辭)는 성을 세우는 것이니, 성이 곧 충신입니다. 성이여! 성이여! 덕에 나아가고 업을 닦는 근본이군요!

臣按: 大人之所以爲大人者, 以其德業之盛也, 學者未至於大人之地, 欲希之者當何如? 亦惟進德修業而已矣. 忠信所以進德也, 修辭立其誠所以居業也, 學以聚之‧問以辨之則德之進者日以崇, 寬以居之‧仁以行之則業之修者日以廣. 夫然則九二大人之地亦可以企而及之矣. 然則用功之要何先. 曰誠而已. 忠信, 誠也. 修辭以立其誠, 誠卽忠信也, 誠乎誠乎, 其進德修業之本乎!

《주역(周易)》〈몽괘(蒙卦)〉 단전(彖傳)에서 말하였다.
어릴 때에 바름을 기르는 것이 성인이 되는 공부이다.

《蒙》之彖曰: 蒙以養正, 聖功也.

정이(程頤)가 말하였다.[4]

"아직 발하지 않음을 몽(蒙)이라 하니, 순일하여 발하지 않은 몽으로써 그 바름을 기르는 것이 바로 성인이 되는 공부이다. 발한 뒤에 금지하면 거부하여 감당하기 어려우니 어릴 때에 바름을 기르는 것이 배움에서 가장 좋은 것이다."

程頤曰: "未發之謂蒙, 以純一未發之蒙而養其正, 乃作聖之功也. 發而後禁則扞格而難勝, 養正於蒙, 學之至善也."

주희(朱熹)가 말하였다.[5]

"어릴 때 바름을 기르는 것이 바로 성인이 되는 공부이다."

朱熹曰: "蒙以養以養[6]正, 乃作聖之功."

장식(張栻)[7]이 말하였다.

---

4 《주역전의대전(周易傳義大全)》〈乾〉에 나온다.

5 《주역전의대전(周易傳義大全)》〈乾〉에 나온다.

6 以養: 대학연의보 사고전서본에는 없는 것으로 보아 연문이다.

7 장식(張栻, 1133~1180): 남송 한주(漢州) 면죽(綿竹) 사람으로, 형양(衡陽)으로 옮겨 살았다. 자는 경부(敬夫) 또는 흠부(欽夫), 낙재(樂齋)고, 호는 남헌(南軒)이며, 시호는 선(宣)이다. 장준(張浚)의 아들이다. 음보로 승무랑(承務郞)에 임명된 뒤 이부원외랑(吏部員外郞)과 우문전수찬(右文殿修撰) 등을 역임했다. 가학을 계승하는 한편 호굉(胡宏)에게 이정(二程)의 학문을 배웠는데, 정호(程顥)에 가깝다는 평을 받았다. 주희(朱熹), 여조겸(呂祖謙)과 함께 '동남삼현(東南三

232

"맹자(孟子)가 '대인(大人)은 갓난아이[赤子]의 마음을 잃지 않은 자이다.'[8]라고 하였다. 어릴 때에는 순일하고 섞이지 않아서 인욕이 일어나지 않고 천리가 진실로 보존되니, 대인이라고 불리는 자는 이것을 지켰을 뿐이고 소인(小人)이라고 불리는 자는 이것을 잃었을 뿐이다. 사람이 이 시기에 이를 보호하고 기른다면 허정(虛靜)하고 순백(純白)하여 혼연하면서도 자연스럽게 이루어지니, 하는 것과 움직이는 것, 응대[酬酢]하고 진퇴하는 것이 모두 하늘의 이치이다. 성인(聖人)이 되는 공부가 여기에서 일어난 것이 아니겠는가."

張栻曰: "孟子曰 '大人者不失其赤子之心者也', 蓋童稚之時, 純一不雜, 人欲未起, 天理實存, 謂之大人者守此而已, 謂之小人者失此而已. 人於是時保護養育則虛靜純白, 渾然天成, 施爲動作 · 酬酢進退皆天理也, 非作聖之功起於此乎."

신은 이렇게 생각합니다. 《예기(禮記)》 〈학기(學記)〉에서 말하기를 "아직 발하지 않은 것에 대해 금지하는 것을 예(豫)라고 한다. 이미 일어난 이후에 금지한다면 거부하여 감당하기 어렵다."[9]라고 하였습니다. 이 때문에 성인은 반드시 어릴 때에 가르침을 베풀었습니다. 상(商)나라에서는 삼풍(三風)과 십건(十愆)[10]을 먼저 모두 어린 선비[蒙士]들에

賢'으로 불렸다. 저서에 《논어해(論語解)》와 《맹자해(孟子解)》, 《남헌역설(南軒易說)》, 《남헌집(南軒集)》 등이 있다.

8 대인은 … 자이다: 《맹자(孟子)》 〈이루 하(離婁 下)〉에 나온다.

9 아직 … 어렵다: 《예기(禮記)》 〈학기(學記)〉에 나온다.

게 가르쳤고, 주(周)나라에서는 "벼슬을 맡고 일이 있는 자들은 늘 술에 취해 있지 말라[正事彝酒]."[11]라는 교훈을 미리 어린 자[小子]들에게 가르쳤고, 목왕(穆王)은 "지극한 명령을 들어라[聽言格命]."[12]는 말을 어린 자식과 손자들에게 알려 주었으니, 이는 "어릴 때에 기르는 것[養蒙]"과 같은 뜻입니다. 사람이 어릴 때에는 욕망이 크지 않고 정(情)의 통로가 아직 열리지 않아서 하늘에서 얻은 본연의 성(性)이 아직 순수하고 온전하며 어둡지 않습니다. 그러므로 가르치는 것이 들어가기 쉽고 배운 바의 가르침이 역시 견고하고 오래가서 잊히지 않습니다. 이것이 기르는 데에 미리하고 바르게 하는 것이 귀한 까닭입니다. 바르지 않다면 가르치지 않고서 그 자연 그대로 두는 것만 못합니다.

그렇다면 기르는 것을 바름으로 한다는 것은 무엇입니까? 주희(朱熹)가 〈감흥시(感興詩)〉에서 다음과 같이 말하였습니다.

"어린 아이는 바름을 기르는 것을 귀하게 여기니 공손한 것이 곧 그 방법[方]이네.

닭이 울면 세수하고 머리 빗고 공손히 부모님께 문안을 하고, 물 뿌리며 집 주변을 깨끗이 하네.

나아가서는 극진히 공경하고 물러나서는 항상 단정하고 엄숙하네.

---

10 삼풍(三風)과 십건(十愆): 이윤(伊尹)이 태갑(太甲)과 제후, 관리들을 훈계한 것으로 위정자들이 피해야 할 세 가지 바람과 열 가지 허물을 말한다. 삼풍(三風)은 무풍(巫風), 음풍(淫風), 난풍(亂風)이고, 십건(十愆)은 무(舞), 가(歌), 화(貨), 색(色), 유(遊), 사냥[畋], 성인의 말을 업신여김[侮聖言], 충직한 말을 거스름[逆忠直], 노인과 덕 있는 자를 멀리함[遠耆德], 완고하고 유치한 자를 가까이 함[比頑童]이다. 《서경(書經)》〈상서(尙書) 이훈(伊訓)〉에 나온다.

11 《서경(書經)》〈주서(周書) 주고(酒誥)〉에 문왕이 소자(小子)를 가르치며 술을 항상 마시지 말고 오직 제사 때에만 마시라는 내용이 나온다.

12 《서경(書經)》〈주서(周書) 여형(呂刑)〉에 목왕(穆王)이 형제·자손들을 가르친 내용이 나온다.

맛있는 음식보다 학업을 더 좋아하고 악(惡)을 보면 더욱 경계하네.

언제나 거칠고 속이는 말을 경계하고 평소의 행동은 반드시 차분하게 하네.

성인의 길이 비록 멀다고 말하나 출발을 너무 서두르지 말라.

15세에 학문에 뜻을 두었어도 때가 되어 높이 날아올랐네."[13]

臣按:《學記》云 "禁於未發之謂豫, 發然後禁則扞格而不勝", 是以聖人施教必於童蒙之時, 是以商之三風·十愆先具訓於蒙士, 周之正事彝酒豫諾敎于小子, 穆王以聽言格命告于幼子童孫, 蓋與此養蒙同一意也. 方人之幼也, 欲念未熾, 情竇未開, 其本然之性得於天者猶純全不昧. 故敎之者易入而其所受之敎亦堅久而不忘, 此養之所以貴於豫而正, 不正則又莫若弗敎之. 聽其自然而自有之也, 然則所以養之以正者若何?
朱熹《感興詩》曰: "童蒙貴養正, 遜弟乃其方. 雞鳴鹹盥櫛, 問訊謹暄涼, 奉水勤播灑, 擁篲周室堂. 進趨極虔恭, 退息常端莊. 劬書劇嗜炙, 見惡逾探湯. 庸言戒粗誕, 時行必安詳. 聖途雖云遠, 發軔且勿忙. 十五志於學, 及時起高翔."

《주역(周易)》〈대축괘(大畜卦)〉상전(象傳)에서 말하였다.

하늘이 산 가운데 있는 것이 대축(大畜)이니, 군자가 (보고서) 옛 성현들의 말씀과 지나간 행실을 많이 알아 덕을 쌓는다.

---

13 《주자전서(朱子全書)》권66 '齋居感興二十首'에 나온다.

《大畜》之象曰: 天在山中, 大畜. 君子以多識前言往行, 以畜其德.

정이(程頤)가 말하였다.[14]

"하늘은 지극히 큰 것인데 산 가운데에 있음은 쌓인 것이 지극히
큰 상(象)이니, 군자는 이 상을 살펴 쌓아 둠[蘊蓄]을 크게 한다. 사람의
쌓음은 학문을 통해 커지니, 옛 성현의 말씀과 행실을 많이 듣는 데에
달려 있다. 행적을 상고하여 쓰임을 관찰하고 말을 살펴 마음을 구한
다. 그것을 알아서 얻게 되니 그 덕을 쌓아서 이룬다. 바로 대축(大畜)
의 뜻이다."

程頤曰: "天爲至大而在山之中, 所畜至大之象. 君子觀象以大其蘊畜,
人之蘊畜由學而大, 在多聞前古聖賢之言與行, 考跡以觀其用, 察言以
求其心, 識而得之以畜成其德, 乃大畜之義也."

위료옹(魏了翁)[15]이 말하였다.

---

14 《주역전의대전(周易傳義大全)》〈乾〉에 나온다.
15 위료옹(魏了翁, 1178~1237): 송나라 공주(邛州) 포강(蒲江, 사천성) 사람. 자는 화보(華父)고, 호는
학산(鶴山)이며, 시호는 문정(文靖)이다. 처음에는 주희(朱熹)와 장식(張栻)을 사숙했지만, 나
중에는 육구연(陸九淵)의 심학(心學)을 존중했다. 진덕수(眞德秀)와 함께 이학(理學)이 통치이
념으로 확립되는 데 큰 역할을 했다. 저서에 《구경요의(九經要義)》와 《역거우(易擧隅)》, 《경
외잡초(經外雜鈔)》, 《사우아언(師友雅言)》, 《학산집(鶴山集)》 등이 있다.

"하늘이 산 가운데 있음은 비유하면 마음의 체(體)이다. 한마디 말을 듣고 하나의 행동을 보며, 자세히 따져 묻고 조심해서 생각하며, 분명하게 분별하고 독실하게 행하는 것은 곧 마음의 덕을 쌓는 것이다. 옛것을 쌓아서 새것을 길렀으니 새것은 외부에서부터 온 것이 아니다. 밝게 빛남이 많아서 보지 못하는 것에 이르니 이 때문에 더욱 쌓이고 더욱 크다."

魏了翁曰: "天在山中, 譬則心之體也, 聞一言焉見一行焉, 審問而謹思, 明辨而篤行, 卽所以畜其心之德. 蓋畜故乃所以養新, 而新非自外至也. 昭昭之多, 止於所不見, 是以愈畜而愈大."

신은 이렇게 생각합니다. 정씨[程頤]가 "사람의 쌓음은 학문을 통해 커진다."라고 말한 것은 괘상(卦象)을 좇아서 말한 것이니, 덕(德)으로써 말한 것입니다. 만약 배움으로써 말한다면, 사람이 배우는 것 또한 반드시 쌓음[蘊蓄]을 말미암은 이후에 커집니다. 배우는 자가 만일 하나의 기예나 하나의 재능에 몰두한다면 배움이 한정되고 작습니다. 그러므로 천지의 큼과 고금의 변화와 사물의 이치와 성현(聖賢)들의 언행의 아름다움이 하나라도 없으면 마음에 쌓을 수 없으니 그런 후에야 배움이 커집니다. 주자(朱子)는 "배우는 자는 반드시 지식으로부터 들어간다."라고 말하였으며,《주역(周易)》에서는 "학식이 많다"라고 하였으며,《대학(大學)》에서는 "앎을 이룬다."라고 하였으니, 이것이 학문을 하는 데에 우선 힘써야 하는 것입니다.

臣按: 程氏言人之蘊畜由學而大, 此蓋就卦象言之, 以德言也. 若以學言之, 則人之爲學亦必由蘊畜而後大焉. 爲學者苟顓顓於一藝一能, 則其學局而小矣. 故於凡天地之大·古今之變·事物之理·聖賢言行之懿, 無一而不蘊畜於心, 然後其學大焉. 朱子曰: "學者必自知識入", 《易》曰 '多識', 《大學》曰 '致知', 此爲學之先務也.

《서경(書經)》〈상서(商書) 열명(說命)〉에서 말하였다.
옛 가르침에서 배워야 얻음이 있을 것이다.

《商書·說命》曰: 學于古訓乃有獲.

채침(蔡沈)이 말하였다.[16]

"옛 가르침이란 옛날 선대 성왕(聖王)의 가르침으로 자신을 닦고 천하를 다스리는 방도를 담은 것이니, 이전(二典)과 삼모(三謨)[17]와 같은 것이 이것이다. 옛 가르침을 배우고 의리를 깊이 안 후에 터득함이 있을 것이다."

---

16 《서경집전(書經集傳)》〈상서(商書) 열명(說命)〉에 나온다.
17 이전(二典)과 삼모(三謨): 이전(二典)은 〈요전(堯典)〉, 〈순전(舜典)〉을 말하고, 삼모(三謨)는 〈대우모(大禹謨)〉, 〈고요모(皋陶謨)〉, 〈익직(益稷)〉을 가리킨다.

蔡沈曰: "古訓者, 古先聖王之訓, 載修身治天下之道, 二典三謨之類是也. 學古訓深識義理, 然後有得."

《서경(書經)》〈상서(商書) 열명(說命)〉에서 또 말하였다.

배움은 뜻을 겸손하게 해야 하니【(遜은) 겸손함[謙抑]이다.】, 힘써서 때로 민첩하게 하면【(務는) 오로지 힘쓰는 것이다.】【(時敏은) 언제나 민첩하지 않음이 없는 것이다.】 그 닦여짐이 올 것이다.

又曰: 惟學遜【謙抑也】志, 務【專力也】時敏【無時而不敏】, 厥修乃來.

채침(蔡沈)이 말하였다.[18]

"그 뜻을 겸손히 하여 마치 능하지 못한 것이 있는 듯하고, 학문에 민첩하여 미치지 못하는 것이 있는 듯하여, 겸허히 남을 받아들이고 부지런히 자기를 힘쓰면 그 닦여진 것이 마치 샘물이 처음 나오듯이 하여 끊임없이 올 것이다."

蔡沈曰: "遜其志如有所不能, 敏於學如有所不及, 虛以受人, 勤以勵己, 則其所修如泉始達, 源源乎其來矣."

---

18 《서경집전(書經集傳)》〈상서(商書) 열명(說命)〉에 나온다.

《서경(書經)》〈상서(商書) 열명(說命)〉에서 또 말하였다.

가르침은 배움의 반이니, 생각을 끊임없이 학문에 두면 그 덕(德)이 깨닫지 못하는 사이에 닦여질 것이다.

> 又曰: 惟斅學半, 念終始, 典於學, 厥德修罔覺.

채침(蔡沈)이 말하였다.[19]

"효(斅)는 가르침이니, 사람을 가르침은 배움의 반을 차지함을 말한 것이다. 대체로 도(道)가 그 몸에 쌓임은 체(體)가 서는 것이요, 배운 것을 남에게 가르침은 용(用)이 행해지는 것이다. 체·용을 겸하고 내(內)·외(外)를 합한 뒤에 성학(聖學)을 온전히 할 수 있다. 처음에 스스로 배우는 것도 배움이요 끝에 남을 가르침도 또한 배움이다. 하나의 생각을 끊임없이 항상 배움에 두면서 조금의 끊어짐도 없으면 덕(德)이 닦여지는 것이 그렇게 되는 것을 알지 못하는 사이에 그렇게 됨이 있을 것이다."

> 蔡沈曰: "斅, 教也. 言教人居學之半. 蓋道積厥躬者, 體之立, 斅學于人者, 用之行, 兼體用·合內外而後聖學可全也. 始之自學學也, 終之教人亦學也, 一念終始常在於學, 無少間斷, 則德之所修有不知其然而然者矣."

---

19 《서경집전(書經集傳)》〈상서(商書)〉에 나온다.

신은 이렇게 생각합니다. 배움[學]이라는 한 마디는 이전에는 말한 적이 없습니다. 부열이 처음으로 상 고종(商高宗)에게 고하였습니다. 부열의 말은 비록 당시의 군주에게 고한 것이었으나 만세(萬世) 뒤에 배우는 자가 배움으로 삼는 것과 가르침으로 삼는 것은 아래위로 통용될 수 있는 것입니다. 진씨[眞德秀]가 이미 이 장 전체를 "제왕위학(帝王爲學)"의 항목에 실었으니, 지금 이 몇 마디 말들을 뽑아서 후세에 가르치고 배우는 자에게 보였다고 합니다.

臣按: 學之一言, 前此未有言者, 而傅說首以告高宗. 說之言雖以告當時之君, 然萬世之下, 學者之所以爲學與其所以爲敎, 上下可通用也. 眞氏旣以全章載之"帝王爲學"之條, 今摘此數語以示後世之敎學者云.

《시경(詩經)》〈주송(周頌) 경지(敬之)〉에서 말하였다.

날마다 나아가고 달마다 진전하며 배움을 계속 밝혀서 광명함에 이르렀다.

《詩·敬之》: 日就月將, 學有緝熙于光明.

주희(朱熹)가 말하였다.[20]

"성왕(成王)이 군신의 계율을 받아서 그 말을 서술하기를 '공경하라!

---

20 《시경집전(詩經集傳)》〈주송(周頌) 경지(敬之)〉에 나온다.

공경하라!'라고 하였고, 곧바로 스스로 답하기를 '내가 총명하지 못하여 공경하지 못한다. 그러나 배우기를 원하여 거의 날마다 나아가는 것이 있고 달마다 진전하는 것이 있어서 계속하여 밝혀서 광명함에 이르려 한다.'고 하였다."

朱熹曰: "成王受群臣之戒而述其言曰敬之哉敬之哉, 乃自爲答之之言曰我不聰而未能敬也, 然願學焉, 庶幾日有所就, 月有所進, 續而明之, 以至于光明也."

신은 이렇게 생각합니다. 진덕수(眞德秀)가 말하기를 "이 두 말을 음미해 보면 성왕(成王)이 배움에 힘을 쓴 것을 알 수 있다. 상 고종(商高宗)과 주 성왕(周成王)은 모두 왕자(王者)의 배움이다. 그러나 대학(大學)의 도(道)는 천자로부터 서인에 이르기까지 하나일 뿐이다."[21]라고 하였습니다. 고종(高宗)의 배움은 뜻을 겸손하게 하고 때로 민첩함을 말하고, 성왕의 배움은 계속해서 나아감과[就將] 계속하여 밝게 빛남을 말하니 배우는 자가 이를 따르지 않고서 나아갈 수 있는 자는 없습니다. 아! 고종과 성왕은 모두 천자국(天子國: 萬乘)의 임금이면서도 또 배움에 힘쓴 것이 이와 같으니 배우는 자가 힘써야 할 곳을 알지 못할 수 있겠습니까.

臣按: 眞德秀謂玩此二語則成王用力於學者可知矣. 高宗·成王皆王者

---

21 이 두 말을 … 하나일 뿐이다: 《진서산독서기(眞西山讀書記)》〈학(學)〉에 나온다.

《논어(論語)》에서 공자(孔子)가 말하였다.[22]

"배우고 그것을 때때로 익히면 기쁘지 않겠는가【(說은) 기쁘다[喜]는 뜻이
다.】. 벗이 먼 곳으로부터 온다면 즐겁지 않겠는가. 사람들이 알아주지
않더라도 원망하지 않는다면 군자(君子)가 아니겠는가."

《論語》: 子曰: "學而時習之, 不亦說【喜意】乎? 有朋自遠方來, 不亦樂乎?

人不知而不慍, 不亦君子乎?"

주희(朱熹)가 말하였다.[23]

"학(學)이라는 말은 본받는다[效]는 뜻이다. 사람의 본성은 모두 선
(善)하나 (이것을) 깨닫는 데에는 선후가 있으니, 뒤에 깨닫는 자는 반
드시 먼저 깨달은 자가 하는 바를 본받아야 선을 밝혀서 그 처음을 회
복할 수 있는 것이다. 습(習)은 새가 계속 날갯짓하는 것이니, 배우기
를 그치지 않음이 마치 새가 계속 날갯짓하는 것과 같다는 것이다.

---

22 《논어(論語)》〈학이(學而)〉 1장에 나온다.

23 《논어집주(論語集註)》〈학이(學而)〉 1장에 나온다.

이미 배우고 또 때때로 그것을 익히면 배운 것이 익숙해져서 마음[中心]에 희열을 느껴 그 나아감이 저절로 그만둘 수 없게 되는 것이다. 먼 곳으로부터 온다면 가까이 있는 자들은 (보지 않아도 찾아옴을) 알 수 있다. 온(慍)은 노여움을 품는다는 뜻이다. 군자(君子)는 덕(德)을 완성한 자의 명칭이다. 남에게 다가가서 즐거워하는 것은 [인정(人情)을] 따르는 것이어서 쉽고, 알아주지 않는데도 원망하지 않는 것은 [인정에] 반하는 것이어서 어렵다. 그러므로 오직 덕을 이룬 군자만이 가능한 것이다. 그러나 덕이 이루어지는 까닭은 또한 배우기를 올바르게 하고 익히기를 익숙히 하고 기뻐하기를 깊이 하여 그치지 않음에서 말미암을 따름이다.”

朱熹曰: “學之爲言效也, 人性皆善而覺有先後, 後覺者必效先覺之所爲, 乃可以明善而復其初也. 習, 鳥數飛也; 學之不已如鳥數飛也. 旣學而又時時習之, 則所學者熟而中心喜說, 其進自不能已矣. 自遠方來則近者可知. 慍, 含怒意. 君子成德之名, 及人而樂者順而易, 不知而不慍者逆而難, 故惟成德者能之, 然德之所以成亦曰學之正·習之熟·說之深而不已焉耳.”

왕봉(王逢)²⁴이 말하였다.

---

24 왕봉(王逢, 1005~1063): 송나라 태평주(太平州) 당도(當塗, 안휘성) 사람으로 자는 회지(會之)다. 소주(蘇州)에서 강학(講學)하였으며, 만년에 진사가 되어 남웅주군사판관(南雄州軍事判官)에 올랐다. 돌아와서 국자감직강(國子監直講) 겸 농서군왕댁교수(隴西郡王宅敎授)가 되었다. 태상박사(太常博士)로 서주(西州)를 통판(通判)했는데 닿기 전에 죽었다. 저서에 《역전(易傳)》과 《건

"배우고 익히는 것[學習]은 대학(大學)과 소학(小學)을 겸하여 말한 것이다. 선(善)을 밝히고 처음을 회복한다는 것은 《대학(大學)》에서의 밝은 덕을 밝히는 일[明明德]이다. 벗이 와서 선으로 남에게 미치는 것은 백성을 새롭게 하는 일[新民]이다. 알아주지 않아도 원망하지 않고 군자를 완성하는 것은 지극한 선의 경지에 머무르는 일[止至善]이다."

王逢曰: "學習兼大學·小學而言, 明善而復初, 是《大學》明明德之事; 朋來而以善及人, 是新民之事; 不知不慍而成君子, 是止至善之事也."

신은 이렇게 생각합니다. 천하의 이치는 두 가지이니, 선(善)과 악(惡)일 뿐입니다. 배움에서 귀하게 여기는 것은 그 능력으로 그 선을 밝히고 그 본연의 처음을 회복하여 군자가 되는 것이고, 악에 빠져서 소인이 되지 않는 것입니다. 공자가 다른 사람을 가르칠 적에 부지런히 군자와 소인을 같이 말하였으며 여러 번 말하였습니다. 문인들이 그 말을 기록하여 《논어》를 지었으니, 책을 펴면 '군자(君子)'로 그 처음을 열었으며, 마지막 부분에서도 또 '군자'로 그 끝을 맺었습니다.[25]

성인의 가르침을 보니, 사람들이 그 선을 밝혀 그 악을 제거하며 공(公)을 보존하여 사(私)를 끊으며 의(義)를 돈독히 하여 이익에 현혹되지 않아 군자가 되게 하고자 한 것입니다. 군자가 군자가 되는 까

덕지설(乾德指說)》이 있다.

25 마지막 … 맺었습니다: 《논어(論語)》의 마지막 편인 〈요왈(堯曰)〉 마지막 장에서 "명을 알지 못하면 군자가 될 수 없고, 예를 알지 못하면 설 수 없고, 말을 알지 못하면 사람을 알 수 없다."라고 하여, '군자(君子)'로 끝을 맺었다.

닭은 그들이 그들 본연의 선을 회복하여 그 고유한 덕을 이루려고 하기 때문입니다. (이로 인해) 이 시대 사람들이 사람마다 군자의 행실이 있으면서 소인으로 귀결되는 것에는 빠지지 않게 하였으니, 집집마다 표창할 만한 풍속[比屋可封之俗][26]을 이루게 하였습니다.

> 臣按: 天下之理二善與惡而已矣, 所貴乎學者, 以其能明其善以復其本然之初以爲君子, 而不流於惡以爲小人, 孔子敎人拳拳以君子·小人並言而屢道之, 門人記其言以爲《論語》開卷, 卽以君子托其始, 至其末也又以君子結其終焉, 以見聖人之敎無非欲人明其善以去其惡·存乎公以絶乎私·篤乎義而不喩於利, 以爲君子. 所以然者, 欲其複其本然之善, 成其固有之德也, 使斯世之人人人有君子之行而不流於小人之歸, 則天下成比屋可封之俗矣.

공자(孔子)가 말하였다.[27]

"자제들이 들어가서는 효도하고【(孝는) 부모를 잘 섬김이다.】 나와서는 공손하며【(弟는) 형과 어른을 잘 섬김이다.】, (행실을) 삼가고【謹은) 행동에 떳떳함[常]이 있음이다.】 (말에는) 신의가 있으며【(信은) 말에 진실함[實]이 있음이다.】, 널리【(汎은) 넓음이다.】 사람들을 사랑하되【(衆은) 여러 사람이다.】 어진 이를 가깝게 해야 하니【(親은) 가까움[近]이다.】, 이것을 행하고도 여력이 있으면 문(文)을

---

26 집집마다 표창할 만한 풍속[比屋可封之俗]: 비옥가봉(比屋可封)은 집집마다 표창할 만한 인물이 많다는 뜻으로, 나라에 착하고 어진 사람이 많음을 이르는 말이다. 《논형(論衡)》에 나온다.
27 《논어(論語)》〈학이(學而)〉 6장에 나온다.

배워야한다【(學文은) 시(詩)와 서(書)와 육예(六藝: 禮樂射御書數)의 문(文)이다.】."

> 子曰: "弟子入則孝【善事父母】, 出則弟【善事兄長】, 謹【行之有常】而信【言之有實】,
>
> 汎【廣也】愛衆【謂衆人】而親【近也】仁, 行有餘力則以學文【謂《詩》《書》六藝之文】."

정이(程頤)가 말하였다.[28]

"자제의 직분을 다하고 남은 힘이 있으면 문(文)을 배우는 것이니,

그 직분을 닦지 않고 먼저 문을 배우는 것은 자신을 위한 배움이 아

니다."

> 程頤曰: "爲弟子之職, 力有餘則學文, 不修其職而先文, 非爲己之學也."

윤돈(尹焞)[29]이 말하였다.[30]

---

28 《논어집주(論語集註)》〈학이(學而)〉 6장에 나온다.

29 윤돈(尹焞, 1071~1142): 북송 하남(河南) 사람으로 자는 언명(彦明) 또는 덕충(德充)이고, 호는
    화정(和靖)이며, 윤원(尹源)의 손자다. 젊었을 때 정이(程頤)를 사사(師事)했다. 원우(元祐) 4년
    (1089) 거인(擧人)이 되어 응거(應擧)했는데, 시제(試題)가 원우(元祐)의 제신(諸臣)들을 주륙(誅
    戮)해야 한다는 것을 보고 포기하고 돌아와 다시는 응시하지 않았다. 흠종(欽宗) 정강(靖康)
    초에 종사도(種師道)가 천거하여 경사(京師)에 와 화정처사(和靖處士)란 호를 하사받았다. 고
    종(高宗) 소흥(紹興) 초에 숭정전설서(崇政殿說書)와 예부시랑(禮部侍郎) 겸 시강(侍講), 휘유각대
    제(徽猷閣待制) 등을 역임했다. 학문적으로는 내성함양(內省涵養)을 중시하고 박람(博覽)을 추
    구하지 않았다. 저서에 《논어맹자해(論語孟子解)》와 《화정집(和靖集)》, 《문인문답(門人問答)》이
    있다.

30 《논어집주(論語集註)》〈학이(學而)〉 6장에 나온다.

"덕행(德行)은 근본이고 문예(文藝)는 지엽이니, 그 근본과 지엽을 궁구하여 먼저 하고 뒤에 할 것을 안다면 덕(德)에 들어갈 수 있다."

> 尹焞曰: "德行, 本也; 文藝, 末也. 窮其本末, 知所先後, 可以入德矣."

주희(朱熹)가 말하였다.[31]

"홍씨[洪氏: 홍흥조(洪興祖)][32]가 말하기를 '남은 힘이 있지 않은데도 문을 배우면 문이 그 자질을 없애게 되고, 여력이 있는데도 문을 배우지 않으면 자질에 치우쳐서 비루해질 것이다.'라고 하였다. 내가 생각하기로는, 힘써 행하기만 하고 문을 배우지 않는다면 성현이 만들어 놓은 방법을 살피지 못하고 사리(事理)의 당연함을 알지 못하여 행동이 간혹 사사로운 뜻에서 나올 것이니, 단지 비루하게 되는 잘못이 있을 뿐만이 아니다."

> 朱熹曰: "洪氏謂未有餘力而學文則文滅其質, 有餘力而不學文則質勝而野. 愚謂力行而不學文則無以考聖賢之成法·識事理之當然, 而所行或出於私意, 非但失之於野而已."

---

31 《논어집주(論語集註)》〈학이(學而)〉 6장에 나온다.

32 홍씨[洪氏, 홍흥조(洪興祖), 1090~1155]: 남송 진강(鎭江) 단양(丹陽) 사람으로 자는 경선(慶善)이고, 호는 연당(練塘)이다. 휘종(徽宗) 정화(政和) 8년(1118) 진사(進士)가 되었다. 고종(高宗) 초에 비서성정자(秘書省正字)가 되었다가 태상박사(太常博士)로 옮겼다. 저서에 《주역통의(周易通義)》와 《좌역고이(左易考異)》, 《고금역총지(古今易總志)》, 《논어설(論語說)》, 《좌씨통해(左氏通解)》, 《고경서찬(考經序贊)》, 《노장본지(老莊本旨)》, 《초사보주(楚辭補注)》, 《초사고이(楚辭考異)》 등이 있다.

신은 이렇게 생각합니다. 성인(聖人)의 말이 상하(上下)를 관통하였습니다. 선대의 유학자인 장식(張栻)[33]이 말하기를 "이 장은 비록 자제의 직분을 하는 것과 배우기를 시작하는 자들의 일을 말하였다. 그러나 그것을 확충하여 지극하게 하는 것은 성현(聖賢)이 되는 것도 여기에서 벗어나지 않는다. 무릇 성인의 말이 그렇지 않음이 없으니, 어찌 다만 이 장뿐이겠는가."[34]라고 하였습니다.

> 臣按: 聖人之言貫徹上下, 先儒謂此章雖言爲弟子之職·始學者之事, 然充而極之爲賢爲聖亦不外是. 凡聖人之言無不然者, 豈但此章哉?"

공자(孔子)가 말하였다.[35]

"군자(君子)가 중후하지 않으면 위엄이 없고, 배움도 견고하지 못하다. 충(忠)과 신(信)을 주로 하며, 자기보다 못한 자를 벗하지 말고, 허물이 있으면 고치기를 꺼리지 말라."

> 子曰: "君子不重則不威, 學則不固. 主忠信, 無友不如己者, 過則勿憚改."

정이(程頤)가 말하였다.[36]

---

33 장식(張栻):《대학연의보》권71 주) 7 참조.
34 이 장은 … 이 장뿐이겠는가:《계사논어해(癸巳論語解)》권1에 나온다.
35 《논어(論語)》〈학이(學而)〉 8장에 나온다.
36 《논어집주(論語集註)》〈학이(學而)〉 8장에 나온다.

"군자가 스스로를 닦는 방법은 마땅히 이와 같아야 한다."

> 程頤曰: "君子自修之道當如是也."

유작(游酢)[37]이 말하였다.[38]

"군자(君子)의 도(道)는 위엄[威]과 중후함[重]을 바탕으로 삼고 배워서 이루어야 할 것이고, 배우는 방법은 반드시 충(忠)과 신(信)을 주로 하면서 자기보다 나은 자로 (자신을) 보완해야 한다. 그러나 혹 허물을 고치는 데에 인색하면 끝내 덕(德)에 들어가지 못하니, 현명한 자 역시 반드시 선한 도로써 말해 주는 것을 좋아하지 않는다. 그러므로 "허물이 있으면 고치기를 꺼리지 말라"라는 말로 끝을 맺었다."

> 遊酢曰: "君子之道以威重爲質, 而學以成之. 學之道必以忠信爲主, 而以勝己者輔之, 然或吝於改過則終無以入德, 而賢者亦未必樂告以善道, 故以過勿憚改終焉."

---

37 유작(游酢, 1053~1123): 북송 건주(建州) 건양(建陽) 사람으로 자는 정부(定夫) 또는 자통(子通)이고, 호는 녹산선생(廌山先生) 또는 광평선생(廣平先生)이며, 시호는 문숙(文肅)이다. 유잠(游酒)의 아들이고, 유순(游醇)의 동생이다. 신종(神宗) 원풍(元豊) 5년(1083) 진사(進士)가 되었다. 태학박사(太學博士)와 감찰어사(監察御史) 등을 지냈다. 정호(程顥)와 정이(程頤)를 사사했고, 사량좌(謝良佐), 양시(楊時), 여대림(呂大臨)과 함께 '정문사선생(程門四先生)'으로 불린다. 특히 《주역》을 중시했다. 저서에 《역설(易說)》과 《중용의(中庸義)》, 《논어맹자잡해(論語孟子雜解)》, 《시이남의(詩二南義)》 등이 있었지만 모두 없어졌고, 후세 사람들이 엮은 《녹산문집(廌山文集)》이 남아 있다.

38 《논어집주(論語集註)》 〈학이(學而)〉 8장에 나온다.

장식(張栻)이 말하였다.[39]

"중(重)은 밖으로 엄한 것이고, 충(忠)과 신(信)은 마음으로 보존하는 것이다. 마음에 보존하여서 그 밖을 제어하며, 밖을 엄하게 하여 그 마음에 보존하는 것이다. 벗의 좋은 점을 바탕으로 삼아 (자신을) 보완하고 허물을 고쳐 완성하는 것이니, 군자의 배움은 여기에서 벗어나지 않을 따름이다."

張栻曰: "重者嚴於外者也, 忠信者存乎中者也. 存乎中所以製其外, 嚴於外所以保其中也, 而資友以輔之·改過以成之, 君子之學不越於是而已矣."

신은 이렇게 생각합니다. 이 장에서 정이(程頤)는 "스스로 닦는 방법은 마땅히 이와 같아야 한다."라고 말하였고, 장식(張栻)은 "군자의 배움도 여기에서 벗어나지 않는다."라고 말하였습니다. 그렇다면 공자(孔子) 문하에서 가르치고 배우는 자들이 힘쓰고 절실하게 하는 바의 요체가 여기에 있으니, 마땅히 마음을 다하여야 할 것입니다.

臣按: 此章程頤謂自修之道當如是, 而張栻謂君子之學不越於是, 則孔門之敎學者其用功親切之要有在於此, 所當盡心者也.

---

39 《계사논어해(癸巳論語解)》 권1에 나온다.

공자(孔子)가 말하였다.[40]

"배우기만 하고 생각하지 않으면 터득함이 없고, 생각하기만 하고 배우지 않으면 위태롭다."

子曰: "學而不思則罔, 思而不學則殆."

주희(朱熹)가 말하였다.[41]

"자기 마음에서 구하지 않으므로 어두워서 터득함이 없고, 그 일을 익히지 않으므로 위태로워 편안하지 못한 것이다."

朱熹曰: "不求諸心故昏而無得, 不習其事故危而不安."

장식(張栻)이 말하였다.[42]

"물 뿌리고 쓸며, 응하고 대하며, 나아가고 물러나는 것부터 배움이 아닌 것이 없다. 그러나 한갓 배우기만 하고 생각할 수 없다면 드러내어 밝힐 바가 없어서 아득할 뿐이다. 생각[思]은 그 이치가 그렇게 된 까닭을 궁구하는 것이니, 한갓 생각하기만 하고 배움에 힘쓰지 않는다면 근거할 만한 것이 없어서 위태롭고 편안하지 못하다. 배우

---

40 《논어(論語)》〈위정(爲政)〉 15장에 나온다.

41 《논어집주(論語集註)》〈위정(爲政)〉 15장에 나온다.

42 《계사논어해(癸巳論語解)》 권1에 나온다.

고서 생각한다면 덕(德)이 더욱 높아지고, 생각하면서 배운다면 학업이 더욱 넓어질 것이다. 대개 배우는 것은 곧 생각이 드러나는 것이고 생각하는 것은 배움이 곧 보존되는 것이다. 이와 같이 힘을 쓴다면 안과 밖이 나아갈 것이다."

張栻曰: "自灑掃·應對·進退而往無非學也, 然徒學而不能思則無所發明, 罔然而已. 思者, 研窮其理之所以然, 徒思而不務學則無可據之地, 危殆不安矣. 學而思則德益崇, 思而學則業益廣, 蓋其所學乃其思之所形, 而其所思卽其學之所存也, 用功若此, 內外進矣."

신은 이렇게 생각합니다. 배우면서 생각하고 생각하면서 배우는 것이니, 배움을 하는 방법이 여기에서 벗어나지 않는다.

臣按: 學而思·思而學, 爲學之道不外是矣.

공자(孔子)가 말하였다.[43]

"옛것【溫은】사리를 궁구함【尋繹이다.】을 익혀 새로운 것을 알 수 있다면 스승이 될 수 있다."

子曰: "溫【尋繹也】故而知新, 可以爲師矣."

---

43 《논어(論語)》〈위정(爲政)〉 11장에 나온다.

주희(朱熹)가 말하였다.[44]

"고(故)는 예전에 들은 것이고, 신(新)은 지금 새로 터득한 것이다. 말하자면 배움이 예전에 들은 것을 때때로 익힐 수 있고 매번 새롭게 터득하는 바가 있다면 배운 것이 자신에게 있게 되어서 그 응용이 끝이 없으므로 다른 사람의 스승이 될 수 있는 것이다. 단순히 책을 외우기만 하고 제대로 이해하지 못하는 배움[記問之學]의 경우는 마음에 터득함이 없어서 아는 것에 한계가 있다. 그러므로 《예기(禮記)》〈학기(學記)〉에 '[기문(記問)의 배움은] 스승이 되기에 부족하다.'라고 비판하였으니, 바로 이 뜻과 서로 보완해 주는 것이다."

朱熹曰: "故者舊所聞, 新者今所得. 言學能時習舊聞而每有新得, 則所學在我而其應不窮, 故可以爲人師. 若夫記問之學則無得於心而所知有限, 故《學記》譏其不足以爲人師, 正與此意互相發也."

신은 이렇게 생각합니다. 〈학기(學記)〉에는 "기문(記問)의 배움은 스승이 되기에 부족하다."라고 하였고, 여기에서는 "옛것을 익혀 새로운 것을 알 수 있다면 스승이 될 수 있다."라고 하였습니다. '될 수 있다[可].'라고 한 것은 명철함이 아직 이 경지에 이르지 못한 경우 스승이 되어서는 안 된다는 것이고, 능력이 이와 같은 경우라도 스승이 되기에 충분하다는 것은 아닙니다. '부족하다[不足].'고 한 것은 불가할 뿐만이 아니라 또 부족하다는 것입니다. 부족하다는 것은 충분하다는 것

---

44 《논어집주(論語集註)》〈위정(爲政)〉 11장에 나온다.

의 반대입니다.

臣按: 《學記》謂記問之學不足以爲人師, 而此則雲溫故知新可以爲師.
可雲者, 明未至此者不可以爲師, 非以爲能如是則爲師有餘也. 若夫不
足之雲者, 非但不可且不足矣, 不足者有餘之對也.

공자(孔子)가 말하였다.[45]

"중간 수준 이상의 사람에게는 수준 높은 것을 말해 줄 수 있으나【(語
는) 알림[告]이다.】, 중간 수준 이하의 사람에게는 수준 높은 것을 말해 줄 수
없다."

子曰: "中人以上可以語【告也】上也, 中人以下不可以語上也."

주희(朱熹)가 말하였다.[46]

"다른 사람을 가르치는 자는 마땅히 상대방의 수준이 높고 낮음에
따라 말해 주어야 하니, 이렇게 하면 그 말을 받아들이기 쉬워 등급을
뛰어넘는 폐단이 없음을 말한 것이다."

朱熹曰: "言敎人者當隨其高下而告語之, 則其言易入而無躐等之弊也."

---

45 《논어(論語)》〈옹야(雍也)〉 19장에 나온다.
46 《논어집주(論語集註)》〈옹야(雍也)〉 19장에 나온다.

장식(張栻)이 말하였다.[47]

"성인의 도(道)는 비록 정밀하거나 거침, 두 가지로 나누어짐이 없으나, 다만 그 가르침을 베푸는 데에는 반드시 그 재질에 따라 독실하게 해야 한다. 대개 중인 이하의 자질을 가진 자에게 갑자기 지나치게 높은 것을 말해 주면 받아들일 수 없을 뿐만이 아니라, 또 장차 망령되게 등급을 넘는 것을 생각하여 자신에게 간절하지 않은 폐단이 있게 되니, 또한 하등(下等)에서 끝마칠 뿐이다. 그러므로 그 도달한 바에 따라 말해 주는 것이니, 그로 하여금 묻기를 간절하게 하고 생각을 가깝게 하여 점차 고원한 경지로 나아가게 하는 것이다."

張栻曰: "聖人之道精粗雖無二致, 但其施敎則必因其材而篤焉. 蓋中人以下之質驟而語之太高, 非惟不能以入, 且將妄意躐等而有不切於身之弊, 亦終於下而已矣. 故就其所及而語之, 是乃所以使之切問近思, 而漸進於高遠也."

공자가 말하였다.[48]

"군자가 문(文)에서 널리 배우고 예(禮)로써 요약한다면 [도(道)에] 어긋나지 않을 것이다."

子曰: "君子博學於文, 約之以禮, 亦可以弗畔矣夫."

---

47 《계사논어해(癸巳論語解)》 권3에 나온다.
48 《논어(論語)》 〈옹야(雍也)〉 25장에 나온다.

안연(顏淵)이 말하였다.[49]

"선생[夫子]께서는 차근차근히 사람을 잘 이끄시어 문(文)으로 나의 지식을 넓혀 주시고 예(禮)로 나의 행실을 단속하게 해 주셨다."

> 顏淵曰: "夫子循循然善誘人, 博我以文, 約我以禮."

자사(子思)가 말하였다.[50]

"널리 배우며, 자세히 물으며, 신중히 생각하며, 분명하게 분별하며, 독실하게 행하여야 한다."

> 子思曰: "博學之, 審問之, 愼思之, 明辨之, 篤行之."

맹자(孟子)가 말하였다.[51]

"널리 배우고 상세히 말함은 장차 끌어모아 요점을 설명하기 위해서이다."

> 孟子曰: "博學而詳說之, 將以反說約也."

---

49 《논어(論語)》〈자한(子罕)〉 10장에 나온다.

50 《중용(中庸)》 20장에 나온다.

51 《맹자(孟子)》〈이루장구 하(離婁下)〉 15장에 나온다.

신은 이렇게 생각합니다. 공자 문하의 가르침은 지(知)와 행(行), 두 가지일 뿐입니다. "문에서 널리 배우고 예로써 단속하는 것"은 공자의 가르침이고, "문으로 나의 지식을 넓혀 주시고 예로 나의 행실을 단속하게 한 것"은 안자(顏子)가 공자의 가르침을 받아 배움으로 삼은 것입니다. 자사(子思)가 말한 "널리 배우고 이어서 묻고 생각하고 분별하여 독실하게 행해야 한다"는 것과 맹자(孟子)가 말한 "널리 배우고 상세히 말함은 끌어모아서 요약한다"는 것 모두 이러한 이치입니다.

삼천의 무리 가운데 그 스승의 말을 듣지 않은 자가 없었으나, 안자만이 유독 자신이 소유하였다고 여겨서 자신의 지식을 넓혀 주고 자신의 행실을 단속하게 해 준다고 말하였으니, 공자가 안자만을 위하여 이 가르침을 베푼 듯합니다. 아! 공자가 잘 깨우쳐 주고 안자가 잘 배운 것이군요. 증자(曾子)가 《대학》을 지음에 사물을 탐구하고 앎을 이룬 이후에 뜻을 성실하게 하고 마음을 바로잡으라고 하였습니다. 자사가 증자에게 얻었고, 맹자가 자사에게 얻은 것이 한결같이 지와 행 이외에는 나머지 다른 방법이 없습니다. 주돈이(周敦頤), 정호(程顥), 정이(程頤), 장재(張載), 주희(朱熹)의 학문이 모두 여기에서 벗어나지 않으나, 육구연(陸九淵)은 아득한 것에 마음을 두어 여기에서 벗어나 학문으로 여겼으니, 이것이 과연 성인(聖人)의 학문이겠습니까.

臣按: 孔門之敎, 知·行二者而已. 博學於文·約之以禮, 孔門之敎也. 博我以文·約我以禮, 顏子受孔子之敎以爲學也, 子思所謂博學而繼之以問·思辨而篤於行, 孟子謂博學詳說而反之以約, 皆是理也. 三千之徒莫不聞其師說, 而顏子獨以爲己有而謂之博我·約我, 則似孔子專爲

顔子設此教也. 嗚呼! 此孔子所以善誘而顔子所以好學也歟. 曾子之作
《大學》, 格物致知而後誠意正心, 子思得於曾子, 孟子得於子思, 一知
行之外無餘法焉. 周・程・張・朱之學皆不外此, 而陸九淵者乃注心於茫
昧而外此以爲學, 是果聖人之學哉?

공자(孔子)가 말하였다.[52]

"덕(德)이 닦여지지 못함과 학문이 강습(講習)되지 못함과 의(義)를 듣고
도 따르지 못함과 불선(不善)을 고치지 못하는 것이, 바로 나의 근심이다."

子曰: "德之不修, 學之不講, 聞義不能徙, 不善不能改, 是吾憂也."

윤돈(尹焞)이 말하였다.[53]

"덕(德)은 반드시 닦은 뒤에야 이루어지고 학문은 반드시 강습한 뒤
에야 밝아지며, 선(善)을 보면 따를 수 있고 허물을 고치는 것에 인색
하지 않으니, 이 네 가지는 나날이 새롭게 하는 요점이다. 만일 이것
을 잘하지 못하면 성인도 오히려 근심하였으니, 하물며 배우는 자들
이겠는가."

---

52 《논어(論語)》〈술이(述而)〉 3장에 나온다.
53 《논어집주(論語集註)》〈술이(述而)〉 3장에 나온다.

尹焞曰: "德必修而後成, 學必講而後明, 見善能徙, 改過不吝, 此四者日新之要也. 苟未能之, 聖人猶憂, 況學者乎?"

공자(孔子)가 말하였다.[54]

"도(道)에 뜻을 두며, 덕(德)을 굳게 지키며, 인(仁)을 따르며, 예(藝)에서 노닐어야 한다."

子曰: "志於道, 據於德, 依於仁, 遊於藝."

주희(朱熹)가 말하였다.[55]

"'뜻[志]'은 마음이 가는 것을 말하고, '도(道)'는 인륜과 일상생활 사이에 마땅히 행하여야 할 것이 이것이다. 이것을 알아서 마음이 반드시 거기에 간다면 나아감이 바르게 되어 다른 길로 향하는 미혹이 없을 것이다.

'굳게 지킴[據]'은 잡아 지킨다는 뜻이고, '덕(德)'은 도를 행하여 마음에 얻는 것이다. (도를) 마음에 얻고 지켜서 잃지 않는다면 처음부터 끝까지 한결같아서 날로 새로워지는 공부가 있을 것이다.

'따름[依]'은 떠나지 않음을 말하고, '인(仁)'은 사욕이 모두 제거되어

---

54 《논어(論語)》〈술이(述而)〉6장에 나온다.
55 《논어집주(論語集註)》〈술이(述而)〉6장에 나온다.

260

심덕(心德)이 온전한 것을 말한다. 공부가 여기에 이르러 밥 한 그릇 먹는 사이에도 인을 떠남이 없다면 보존하고 기름이 익숙해져서 가는 곳마다 천리(天理)가 행하여지지 않음이 없을 것이다.

'노닒[游]'은 사물을 완상하여 성정(性情)에 알맞게 함을 말하고, '예(藝)'는 곧 예(禮)·악(樂)의 문(文)과 활쏘기[射]·말타기[御]·서(書)·수(數)의 방법이니, 모두 지극한 이치가 들어 있어 일상생활에서 빠뜨려서는 안 되는 것이다. 아침저녁으로 육예(六藝)에서 노닐어 의리(義理)의 뜻을 넓힌다면 일을 대응함에 여유가 있고 마음에도 멋대로 하는 것이 없을 것이다.

이 장은 사람이 학문을 함에 마땅히 이와 같아야 함을 말한 것이다. 학문은 뜻을 세우는 것보다 우선하는 것이 없으니, 도에 뜻을 두면 마음이 바름에 보존되어 다른 데로 가지 않을 것이고, 덕을 굳게 지키면 도가 마음에 얻어져서 잃지 않을 것이며, 인을 따르면 덕성(德性)이 항상 쓰여서 물욕(物欲)이 행해지지 않을 것이고, 예(禮)에 노닐면 작은 일도 빠뜨리지 않아 움직이고 쉬는 동안에도 길러짐이 있을 것이다. 배우는 자가 여기에서 그 선후(先後)의 순서와 경중(輕重)의 등급을 잃지 않는다면 본말이 겸비되고 내외가 서로 길러져서, 일상생활과 조금도 간극이 없이 그 안에서 있게 되어, 어느덧 자신이 성현(聖賢)의 경지에 들어가는 것을 스스로 알지 못할 것이다."

朱熹曰: "誌者心之所之之謂, 道則人倫日用之間所當行者是也, 知此而心必之焉, 則所適者正而無他岐之惑矣. 據者執守之意, 德則行道而有得於心者也, 得之於心而守之不失, 則終始惟一而有日新之功矣. 依者不違之謂, 仁則私欲盡去而心德之全也, 工夫至此而無終食之違, 則存

養之熟無適而非天理之流行矣. 遊者玩物適情之謂, 藝則禮·樂之文,
射·御·書·數之法, 皆至理所寓而日用之不可闕者也, 朝夕遊焉以博其
義理之趣, 則應務有餘而心亦無所放矣. 此章言人之爲學當如是也, 蓋
學莫先於立誌, 誌道則心存於正而不他, 據德則道得於心而不失, 依仁
則德性常用而物欲不行, 遊藝則小物不遺而動息有養. 學者於此有以不
失其先後之序·輕重之倫焉, 則本末兼該, 內外交養, 日用之間無少間
隙而涵泳從容, 忽不自知其入於聖賢之域矣."

공자(孔子)가 말하였다.[56]

"마음속으로 알려고 노력하지 않으면 열어 주지 않으며 애태워 하지
않으면 말해 주지 않으나, 한 귀퉁이를 들어 보여 줌에 이것을 가지고 남
은 세 귀퉁이를 증명하지 못하거든 다시 말해 주지 않는다."

子曰: "不憤不啓, 不悱不發, 擧一隅不以三隅反則不復也."

정이(程頤)가 말하였다.[57]

"'분(憤)'과 '비(悱)'는 진실한 뜻이 안색과 말에 나타나는 것이니, 그
진실함이 간절해진 이후에 알려 주고, 알려 주었으면 또 반드시 스스

---

56 《논어(論語)》〈술이(述而)〉 8장에 나온다.

57 《논어집주(論語集註)》〈술이(述而)〉 8장에 나온다.

로 터득하기를 기다려서 비로소 다시 알려 주는 것이다."

> 程頤曰: "憤·悱, 誠意之見於色辭者也. 待其誠至而後告之, 旣告之又
> 必待其自得乃復告爾."

정이(程頤)가 또 말하였다.[58]

"알려고 노력하거나 애태워 하지 않는데도 말해 주면 아는 것이 견고하지 못하고, 알려고 노력하거나 애태워 한 뒤에 알려 주면 크게 깨달을 것이다."

> 又曰: "不待憤悱而發則知之不能堅固, 待其憤悱而後發則沛然矣."

주희(朱熹)가 말하였다.[59]

"'분(憤)'은 마음에 통하려고 하나 되지 않아 애태우는 것이고, '비(悱)'는 입으로 말하려고 하나 잘하지 못해 애태우는 모양이다. '계(啓)'는 그 뜻을 열어 줌을 말하고, '발(發)'은 그 말문을 열어 줌을 말한다. 네 귀퉁이가 있는 물건은 그 하나를 예로 들어 나머지 세 귀퉁이를 알 수 있다. '반(反)'은 돌이켜서 서로 증명하는 뜻이고, '부(復)'는 다시 말해 주는 것이다. 앞 장[60]에서 이미 성인이 사람을 가르치는 데에 게을

---

58 《논어집주(論語集註)》〈술이(述而)〉 8장에 나온다.
59 《논어집주(論語集註)》〈술이(述而)〉 8장에 나온다.

리하지 않았음을 말하였고, 이로 인하여 함께 이것을 기록해서 배우
는 자들이 부지런히 힘을 써서 가르침을 받을 수 있는 기반을 마련하
게 하고자 한 것이다."

朱熹曰: "憤者心求通而未得之意, 悱者口欲言而未能之貌, 啓謂開其
意, 發謂達其辭. 物之有四隅者, 擧一可知其三. 反者, 還以相證之義.
復, 再告也. 上章已言聖人誨人不倦之意, 因並記此, 欲學者勉於用力
以爲受敎之地也."

《논어(論語)》에서 말하였다.[61]
공자(孔子)는 네 가지로 가르쳤으니, 문(文)·행(行)·충(忠)·신(信)이다.

子以四敎文行忠信.

정이(程頤)가 말하였다.[62]
"사람을 가르치기를, 글을 배우고 행실을 닦으며 충(忠)과 신(信)을
마음에 보존하게 하는 것으로 하니, 충(忠)과 신(信)이 근본이다."

60 앞 장: 《논어(論語)》〈술이(述而)〉 7장을 말한다. 공자가 말하기를 "포(脯) 한 속(束) 이상을 가
지고 와서 집지(執贄)의 예(禮)를 행한 자에게는 내 가르쳐 주지 않은 적이 없었다[自行束脩以
上, 吾未嘗無誨焉]."라고 하였다.

61 《논어(論語)》〈술이(述而)〉 24장에 나온다.

62 《논어집주(論語集註)》〈술이(述而)〉 24장에 나온다.

程頤曰: "教人以學文修行而存忠信也. 忠信, 本也."

김이상(金履祥)[63]이 말하였다.

"문(文)·행(行)·충(忠)·신(信), 이는 공자가 선후와 얕고 깊음의 순서를 다른 사람들에게 가르친 것이다. 문(文)은 시(詩)·서(書)·육예(六藝: 禮樂射御書數)의 문이다. 성현(聖賢)이 이루어 놓은 법을 살피고 사리(事理)의 당연함을 알게 하는 것이니, 먼저 그것을 알기를 가르치는 것이다. 안 이후에 행할 수 있다면 아는 것을 진실로 장차 행할 것이다. 그러므로 행함에 나아가는 것은 이미 아는 것이고 또 행할 수 있는 것이다. 그러나 마음에 보존함이 성실하지 못하면 앎은 간혹 자랑하고 넓히는 데에 힘쓰고 행함은 간혹 교만하고 행동하는 것에만 힘쓰니, 어찌 그것을 오래도록 보존하면서 변하지 않겠는가. 그러므로 또 충(忠)과 신(信)으로써 나아가게 하는 것이다. 충과 신은 모두 성실함[實]이

---

63 김이상(金履祥, 1232~1303): 송말원초(宋末元初) 때 절강(浙江) 난계(蘭溪) 사람으로 이름은 상(祥) 또는 개상(開祥), 이상(履祥)이고, 자는 길보(吉父)며, 호는 차농(次農)이고, 시호는 문안(文安)이다. 왕백(王柏)과 하기(何基)에게 배웠다. 원나라가 들어서자 벼슬하지 않고 인산(仁山)에 은거하여 인산선생(仁山先生)이라 불렸다. 주돈이(周敦頤)와 정호(程顥)의 학문을 조종으로 삼아 의리(義理)를 궁구했다. 왕백의 의경정신(疑經精神)을 계승하여 《시경》과 《서경》을 의심했는데, 공자가 3000편을 300편으로 산정(刪定)했다는 설을 부정했고, 《고문상서(古文尙書)》는 후한 때 유자(儒者)들이 위작(僞作)한 것이라 주장했다. 또 《논어집주고증(論語集註考證)》, 《맹자집주고증(孟子集註考證)》을 지어 주희(朱熹)의 《논어집주(論語集註)》와 《맹자집주(孟子集註)》에 대해 비판 보충을 가하였다. 저서에 《상서주(尙書注)》와 《상서표주(尙書表注)》, 《대학장구소의(大學章句疏義)》, 《중용표주(中庸標注)》, 《자치통감전편(資治通鑑前編)》, 《통감전편(通鑑前篇)》, 《인산문집(仁山文集)》 등이 있다.

니, 구분해서 말하자면 충은 마음에서 발하는 것이고 신은 밖으로 둘러싸고 있는 것이다. 정자(程子)가 말하기를 '자신을 발하여 스스로 다하는 것은 충이고, 사물에 따라 어김이 없는 것은 신이다.'[64]라고 하였다. 천하에 진실로 마음에 충이 보존되어 성실하나 사물에 다 좇아서 어기지 않을 수는 없으니, 그러므로 신으로 끝마친 것이다. 신에 이른다면 일마다 모두 성실하여 쓰임에 마땅하지 않음이 없다. 이것이 공자가 다른 사람을 가르침에 선후와 얕고 깊음의 순서를 두어 네 가지로 조절한 것이다."

金履祥曰: "文·行·忠·信, 此夫[65]子教人先後淺深之序也. 文者《詩》《書》六藝之文, 所以考聖賢之成法·識事理之當然, 蓋先教以知之也. 知而後能行, 知之固將以行之也, 故進之於行, 旣知之又能行之矣, 然存心之未實, 則知或務於誇博而行或出於矯僞, 安保其久而不變, 故又進之以忠·信. 忠·信皆實也, 分而言之則忠發於心而信周於外. 程子謂發己自盡爲忠, 循物無違謂信, 天下固有存心忠實而於事物未[66]能盡循而無違者, 故又以信終之. 至於信, 則事事皆得其實而用無不當矣. 此夫子教人先後·淺深之序有四節也."

64 자신을 … 신(信)이다:《이정유서(二程遺書)》권11에 나온다.

65 夫:《대학연의보(大學衍義補)》정덕본(正德本)에는 '天'으로 되어 있고, 사고전서본에는 '夫'로 되어 있는데, 문맥상 공자(夫子)를 일컫기 때문에 '夫'로 고쳤다.

66 未:《대학연의보(大學衍義補)》정덕본(正德本)에는 '末'로 되어 있고, 사고전서본에는 '未'로 되어 있는데, 문맥상 부정사가 들어가야 하기 때문에 '未'로 고쳤다.

공자(孔子)가 말하였다.[67]

"후생(後生)은 두려워할 만하니, (후생의) 장래가 (나의) 지금과는 같지 않을 줄을 어찌 알겠는가. 40~50세가 되고도 알려지지 않으면 이 또한 두려워할 필요가 없다."

子曰: "後生可畏, 焉知來者之不如今也? 四十五十而無聞焉, 斯亦不足畏也已."

주희(朱熹)가 말하였다.[68]

"공자(孔子)가 말하기를 '후생은 나이가 젊고 힘이 강하여 충분히 학문을 쌓아 기대할 만한 것이 있으니, 그 형세가 두려워할 만하다. 그의 장래가 나의 오늘날과 같지 않은 줄을 어찌 알겠는가. 그러나 혹 스스로 힘쓰지 못하여 늙어도 알려지지 않으면 두려워할 것이 없다.'라고 하였으니, 이것을 말하여 사람들을 경계해서 제때에 학문에 힘쓰게 한 것이다. 증자(曾子)가 말하기를 '50세가 되어도 선(善)으로 알려지지 않으면 알려지지 않은 것이다.'[69]라고 하였는데, 이 뜻을 서술한 것이다."

朱熹曰: "孔子言後生年富力强, 足以積學而有待, 其勢可畏, 安知其將

---

67 《논어(論語)》〈자한(子罕)〉 22장에 나온다.

68 《논어집주(論語集註)》〈자한(子罕)〉 22장에 나온다.

69 50세가 … 것이다:《대대례기(大戴禮記)》권4〈증자입사(曾子立事)〉에 나온다.

장식(張栻)이 말하였다.[70]

"후생(後生)이 두려워할 만함은 그 진전을 헤아릴 수 없기 때문이
다. 그러나 만일 40~50세가 되어서도 도(道)로써 이름이 나지 않는다
면 스스로 고양되어 나아갈 수 없음을 알 수 있다. 이는 곧이곧대로
따라서 이러한 상태에 이른 것이니, 두려워할 필요가 없다. 말의 기
운과 억양 사이에서 배우는 자들이 마땅히 깊게 음미해야 한다. 비
록 그러하나 40~50세가 되어 배우기를 좋아하는 것을《중용(中庸)》에
서 말한 '노력하여 알고 힘써 행하는 경우[困知勉行]'[71]와 같다면 성인(聖
人)도 오히려 기대할 수 있음을 알 수 있다. 만약 후생들이 아름다운
자질을 가지고 있으나 세월만 한가히 보낸다면 앞서 말한 40~50세는
장차 눈 깜짝할 사이에 이를 것이니, 두려워하지 않을 수 있겠는가."

---

70 《계사논어해(癸巳論語解)》 권5에 나온다.

71 《중용(中庸)》에서 … 경우[困知勉行]: '노력하여 알고 힘써 행하는 경우[困知勉行]'는 애를 써서
달도(達道)를 알고 억지로 힘써서 행한다는 말이다. 《중용(中庸)》에 "혹은 태어나면서 이것
[達道]을 알고 혹은 배워서 이것을 알고 혹은 애를 써서 이것을 아는데, 그 앎에 미쳐서는
똑같습니다. 혹은 편안히 이것을 행하고 혹은 이롭게 여겨서 이것을 행하고 혹은 억지로
힘써서 이것을 행하는데, 그 성공함에 미쳐서는 똑같습니다."라고 하였다.

則其不能激昂自進可知, 因循至是則無足畏者矣. 辭氣抑揚之間, 學者
所宜深味也. 雖然有至於四十・五十而知好學, 如《中庸》所謂困知勉行
者, 聖人猶有望焉, 若後生雖有美質而悠悠歲月, 則夫所謂四十・五十
將轉眄而至, 可不懼哉."

공자(孔子)가 말하였다.[72]

"옛날에 배우는 자들은 자신을 위하였는데, 지금에 배우는 자들은 다
른 사람을 위한다."

子曰: "古之學者爲己, 今之學者爲人."

정이(程頤)가 말하였다.[73]

"자신을 위한다는 것[爲己]은 도(道)를 자기 몸에 얻으려고 하는 것이
고, 다른 사람을 위한다는 것[爲人]은 다른 사람에게 인정받으려고 하
는 것이다."

程頤曰: "爲己, 欲得之於己也; 爲人, 欲見知於人也."

---

72 《논어(論語)》〈헌문(憲問)〉 25장에 나온다.

73 《논어집주(論語集註)》〈헌문(憲問)〉 25장에 나온다.

주희(朱熹)가 말하였다.[74]

"배우는 사람들이 마음 씀에 득실(得失)을 논하는 것에 관해 성현들의 학설이 많다. 그러나 이 말과 같이 절실하고도 긴요한 것은 있지 않으니, 이에 대해서 밝게 변별하고 날마다 살핀다면 거의 (성현의 가르침을) 따르는 것에 어둡지 않을 것이다."

朱熹曰: "聖賢論學者用心得失之際, 其說多矣, 然未有如此言之切而要者, 於此明辨而日省之, 則庶乎其不昧於所從矣."

주희(朱熹)가 또 말하였다.[75]

"대저 배우는 자가 천하의 일을 보기를 자신이 마땅히 해야 할 일로 삼아 행한다면 비록 무기[甲兵], 전곡(錢穀), 제기[籩豆] 등 유사(有司)의 일도 모두 도(道)를 자기 몸에 얻으려고 하는 것[爲己]이다. 세상에 알려지기를 구하여 그것을 행하는 것이라면 비록 허벅지를 도려내고 여묘살이를 하는 효행과 야윈 말이 끄는 낡은 수레를 타고 고향으로 돌아가는 청렴함도 또한 다른 사람에게 인정받으려는 것[爲人]일 뿐이다."

又曰: "大抵以學者而視天下之事以爲己事之所當然而爲之, 則雖甲兵·錢穀·籩豆有司之事皆爲己也, 以其可以求知於世而爲之, 則雖割股廬墓·敝車羸馬亦爲人耳."

---

74 《논어집주(論語集註)》〈헌문(憲問)〉 25장에 나온다.
75 《대학혹문(大學或問)》에 나온다.

학고잠(學古箴)에서 말하였다.[76]

"옛날 사람들을 보면 자신을 위한 것[爲己]을 배웠는데, 지금은 그렇지 않아 다른 사람을 위할 따름이라네[爲人].

자신을 위한 배움은 먼저 그 자신을 완성하니 군신(君臣)의 의(義)와 부자(父子)의 인(仁)에 대해 모으고 분별하고 거하고 행하여, 태만함이 없고 소홀함이 없어서 지극히 흡족한 뒤에 그 은택이 만물에까지 미치네.

남을 위하는 배움은 봄날 꽃처럼 아름답네. 외우고 헤아리는 데 힘쓰고 모으고 짜는 것을 자랑하며 벼슬하여 황금을 생각하니, 찬란하고 빛나는 세속의 영화란 군자가 비루하게 여기네.

오직 이 두 가지는 그 단서가 은미하여 가는 실처럼 보기 어려우나 그 귀결점은 큰 차이가 난다네."

《學古箴》曰: "相古先民, 學以爲己, 今也不然, 爲人而已. 爲己之學, 先成其身. 君臣之義, 父子之仁, 聚辨居行, 無怠無忽, 至足之餘, 澤及萬物. 爲人之學, 燁然春華, 誦數是力, 纂組是誇, 結馹懷金, 煌煌煒煒, 世俗之榮, 君子之鄙. 惟是二者, 其端則微, 眇綿弗察, 胡越其歸."

신은 이렇게 생각합니다. 《논어(論語)》에서 인용한 공자의 말은 무릇 그 말한 것이, 배우는 자들에게 모두 가르치는 이유를 보여 주는 것입니다. 배우는 자들이 그것에 근본하여 배우고, 가르치는 자들이 그것

---

[76] 《회암집(晦庵集)》 권85에 나온다.

에 근본하여 가르치면 성현과 같아집니다.

臣按: 所引《論語》孔子之言, 凡其所言以示學者皆所以爲敎也, 學者本
之以爲學, 敎者本之以爲敎, 聖賢同歸矣.

자하(子夏)가 말하였다.[77]

"여러 공인(工人)들은 공장【肆는 관부에서 물건을 만드는 곳이다.】에 있으면
서 그 일을 이루고, 군자는 배워서 그 도(道)를 지극히【致는 지극함[極]이다.】
한다."

子夏曰: "百工居肆【謂官府造作之處】以成其事, 君子學以致【極也】其道."

주희(朱熹)가 말하였다.[78]

"공인이 공장에 있지 않으면 다른 일에 마음이 빼앗겨 일이 정밀하
지 못하고, 군자(君子)가 배우지 않으면 외물(外物)의 유혹에 마음을 빼
앗겨 뜻이 독실하지 못하다. 윤씨[尹氏: 윤돈(尹焞)]가 말하기를 '배움은
그 도(道)를 지극히 하려고 하는 것이다. 여러 공인이 공장에 있을 적
에 반드시 그 일을 이룰 것을 힘쓰니, 군자가 배움에 대해 힘쓸 바를
몰라서야 되겠는가.'라고 하였으니, 두 설이 서로 보완이 되어야 그

---

77 《논어(論語)》〈자장(子張)〉 7장에 나온다.
78 《논어집주(論語集註)》〈자장(子張)〉 7장에 나온다.

뜻이 비로소 갖추어진다."

신은 이렇게 생각합니다. 여러 공인이 공장에 있으면서 그 일을 이
룰 수 있고, 군자가 배움에 그 도(道)를 이룰 수 있습니다. 그러나 지
금의 선비들은 무리지어 학교에 거처하면서 바둑을 두고 술을 마시
며 주현(州縣)의 장단점과 관정(官政)의 득실(得失)을 논의하며, 조금이
라도 이치를 따르는 자도 또한 배불리 먹고 편안하고 한가롭게 세월
만을 헤아릴 뿐이니, 끝내 무슨 일을 이루겠습니까. 오직 날이 쌓이
고 때를 기다려 출신(出身)에 임명될 뿐입니다. 그 배우기를 바라는 자
들 또한 대부분 바른 학문에 힘쓰지 않고 이단과 작은 기술이 되는 것
을 배웁니다. 그 가운데에 한 사람이 바른 학문을 배우더라도 또한
한 번 햇볕을 쬐고 열 번은 음지에 두는 것과 같아서 중도에 그만두는
경우가 많습니다. 쌓아 올리는 공도 한 삼태기의 흙 때문에 무너지는
경우가 또한 간혹 있습니다. 배우기를 도로써 하지 않으면서 그 지극
함을 다하지 않는 자들은 모두 이른바 자포자기(自暴自棄)하는 무리입
니다. 이는 모두 오늘날 선비들의 병통이니, 마땅히 통렬히 금지해야
합니다.

學校中, 博弈·飲酒, 議論州縣長短·官政得失, 其稍循理者亦惟飽食
安閑以度歲月, 畢竟成何事哉? 惟積日待時以需次出身而已. 其有向學
者亦多不務正學而學爲異端小術, 中有一人焉學正學矣, 而又多一暴十
寒·半塗而廢, 而功虧一簣者亦或有之, 學之不以道而不能致其極, 皆
所謂自暴自棄之徒也, 此最今日士子之病, 宜痛禁之.

《대학(大學)》에서 말하였다.[79]

　대학(大學)의 도(道)는 밝은 덕(德)을 밝힘에 있으며 백성을 새롭게 함【친
(親)은 마땅히 신(新)으로 써야 한다.】에 있으며 지극한 선(善)의 경지에 머무름
에 있다. 옛날에 밝은 덕을 천하에 밝히고자 하는 자는 먼저 그 나라를
다스리고, 그 나라를 다스리고자 하는 자는 먼저 그 집안을 가지런히 하
고, 그 집안을 가지런히 하고자 하는 자는 먼저 그 몸을 닦고, 그 몸을 닦
고자 하는 자는 먼저 그 마음을 바루고, 그 마음을 바루고자 하는 자는
먼저 그 뜻을 성실히 하고, 그 뜻을 성실히 하고자 하는 자는 먼저 그 앎
을 지극히 하였으니, 앎을 지극히 함은 사물의 이치를 궁구함에 있다. 사
물의 이치가 궁구한 뒤에 앎이 지극해지고, 앎이 지극해진 뒤에 뜻이 성
실해지고, 뜻이 성실해진 뒤에 마음이 바루어지고, 마음이 바루어진 뒤
에 몸이 닦이고, 몸이 닦인 뒤에 집안이 가지런해지고, 집안이 가지런해
진 뒤에 나라가 다스려지고, 나라가 다스려진 뒤에 천하가 고르게 된다.
천자(天子)로부터 서인(庶人)에 이르기까지 일체 모두 수신(修身)을 근본으

---

79 《대학장구(大學章句)》 경문(經文)에 나온다.

로 삼는다.

大學之道在明明德, 在親【親當作"新"】民, 在止於至善. 古之欲明明德於天下
者先治其國, 欲治其國者先齊其家, 欲齊其家者先修其身, 欲修其身者先正
其心, 欲正其心者先誠其意, 欲誠其意者先致其知. 致知在格物, 物格而後
知至, 知至而後意誠, 意誠而後心正, 心正而後身修, 身修而後家齊, 家齊
而後國治, 國治而後天下平. 自天子以至於庶人, 壹是皆以修身爲本.

주희(朱熹)가 말하였다.[80]

"대학(大學)은 대인(大人)의 학문이다. 명(明)은 밝히는 것이다. 명덕
(明德)은 사람이 하늘에서 얻은 것으로, 허령(虛靈)하고 어둡지 않아서
온갖 이치를 갖추고 모든 일에 응하는 것이다. 다만 기품(氣稟)에 구애
되고 인욕(人欲)에 가려지게 되면 어두워질 때가 있으나 그 본체의 밝
음은 그친 적이 없다. 그러므로 배우는 자가 마땅히 그 발하는 바로
인하여 마침내 밝혀서 그 처음을 회복하는 것이다. 신(新)은 옛것을
고침을 말하니, 이미 스스로 그 명덕을 밝혔으면 또 마땅히 미루어 다
른 사람에게까지 미쳐서 그로 하여금 옛날에 물들었던 더러운 것을
제거하게 함을 말한다. 지(止)는 반드시 여기에 이르러 옮기지 않는
뜻이고, 지선(至善)은 사리(事理)의 당연한 표준이다. 이는 명덕을 밝히
는 것과 백성을 새롭게 하는 것을 모두 마땅히 지극한 선(善)의 경지
에 그쳐서 옮기지 않음을 말한 것이니, 반드시 천리(天理)의 표준을 다

---

80 《대학장구(大學章句)》 경문(經文)에 나온다.

하고 한 터럭이라도 인욕의 사사로움을 없애는 것이다. 이 세 가지는
대학의 강령(綱領)이다.

명덕을 천하에 밝힌다는 것은 천하 사람으로 하여금 모두 그 명덕
을 밝히게 하는 것이다. 심(心)은 몸의 주재이다. 성(誠)은 성실함이고,
의(意)는 마음이 말하는 것이니, 그 마음이 발하는 바를 성실히 하여
반드시 스스로 만족하고 스스로 속임이 없고자 하는 것이다. 치(致)는
미루어 지극히 함이고, 지(知)는 앎[識]과 같으니, 나의 앎을 미루어 지
극히 하여 아는 바가 다하지 않음이 없고자 하는 것이다. 격(格)은 이
름[至]이고 물(物)은 일[事]과 같으니, 사물의 이치를 궁구하여 그 극처
(極處)에 이르지 않음이 없고자 하는 것이다. 이 여덟 가지는 대학의
조목(條目)이다.

물격(物格)은 사물의 이치가 지극한 곳에 이르지 않음이 없는 것이
고, 지지(知至)는 내 마음의 아는 바가 극진하지 않음이 없는 것이다.
앎이 이미 극진해지면 뜻이 성실해질 수 있고, 뜻이 이미 성실해지면
마음이 바루어질 수 있다. 수신(修身) 이상은 명덕을 밝히는 일이고,
제가(齊家) 이하는 백성을 새롭게 하는 일이다.

일시(壹是)는 일체(一切)이다. 정심(正心) 이상은 모두 수신(修身)하는
것이고, 제가(齊家) 이하는 이를 들어서 적용한 것일 뿐이다."

朱熹曰: "大學者大人之學也. 明, 明之也. 明德者, 人之所得乎天而虛
靈不昧, 以具衆理而應萬事者也, 但爲氣稟所拘·物欲所蔽, 則有時而
昏然, 其本體之明則有未嘗息者, 故學者當因其所發而遂明之以複其初
也. 新者革其舊之謂也, 言旣自明其明德, 又當推以及人, 使之亦有以
去其舊染之汙也. 止者必至於是而不遷之意. 至善則事理當然之極也.

276

言明明德·新民皆當止於至善之地而不遷, 蓋必其有以盡夫天理之極而無一毫人欲之私也, 此三者《大學》之綱領也. 明明德於天下者, 使天下之人皆有以明其明德也. 心者身之所主也. 誠, 實也. 意者心之所發也. 實其心之所發, 欲其必自慊而無自欺也. 致, 推極也. 知, 猶識也. 推極吾之知識, 欲其所知無不盡也. 格, 至也. 物, 猶事也. 窮至事物之理, 欲其極處無不到也. 此八者, 《大學》之條目也. 物格者物理之極處無不到也, 知至者吾心之所知無不盡也, 知旣盡則意可得而實矣, 意旣實則心可得而正矣. 修身以上, 明明德之事也; 齊家以下, 新民之事也. 壹是, 一切也. 正心以上皆所以修身也, 齊家以下則擧此而措之耳."

신은 이렇게 생각합니다. 선비의 학문은 《대학(大學)》 한 책에서 말한 삼강령(三綱領), 팔조목(八條目)에서 벗어나지 않습니다. 밖으로는 그 규모의 큼을 다함이 있고, 안으로는 그 절목의 상세함을 다함이 있습니다. 무릇 이른바 삼강(三綱),[81] 오상(五常: 仁義禮智信), 육기(六紀: 諸父, 兄弟, 族人, 諸舅, 師長, 朋友), 삼통(三統),[82] 오례(五禮: 吉禮, 凶禮, 軍禮, 賓禮, 嘉禮), 육악(六

---

81 삼강(三綱): 삼강은 임금은 신하의 벼리가 되고[君爲臣綱], 아버지는 자식의 벼리가 되고[父爲子綱], 남편은 아내의 벼리가 됨[夫爲婦綱]을 말한다.

82 삼통(三統): 삼통은 천통(天統), 지통(地統), 인통(人統)을 말한다. 옛날에는 초저녁에 북두칠성의 자루가 어느 방향을 가리키는가를 보아 계절을 알았는데, 하(夏)나라는 인방(寅方)을, 은(殷)나라는 축방(丑方)을, 주(周)나라는 자방(子方)을 가리키는 달을 정월(正月)로 삼았으므로, 이 역법을 하정(夏正), 상정(商正), 주정(周正)이라고 하였다. 이를 천통, 지통, 인통이라고 한 것은 소옹(邵雍)의 《황극경세서(皇極經世書)》에 "하늘은 자(子)에서 열리고, 땅은 축(丑)에서 열리고, 사람은 인(寅)에서 생겨난다."라고 한 것에서 온 것이다.

樂)⁸³은 천하의 의리를 다 포함하는 것이니 모두 이 도(道)에서 벗어나지 않습니다. 무릇 이른바 육경(六經),⁸⁴ 십구사(十九史),⁸⁵ 제자(諸子), 백가(百家)는 천하의 법도[經典]를 다 포함하는 것이니, 모두 이 책에서 벗어나지 않습니다. 선비의 도는 여기에 이르러 머무르고 다른 데에서 구하기를 기다리지 않습니다. 성현이 가르치는 바와 선비들이 배우는 바와 제왕이 다스리는 바가 보편적인 것을 모으고 중요한 것을 든 것이 모두 여기에 있습니다. 배움이 천하를 평안하게 하는 데에 이르러 천하가 평안해지면 학문의 공(功)이 여기에서 다하고, 성현(聖賢)을 섬기는 것이 여기에서 다할 것입니다. 이것이 유학자의 도가 크면서도 충실하여 이단의 작으면서 텅 빈 것과는 다른 것입니다! 어떤 이가 아득한 것의 밖에서 성인(聖人)의 도(道)를 구하여 성명(性命)과 이단(異端)을 고원하게 떠들면서 그 시비(是非)를 따져도 어찌 이른바 대학(大學)의 도를 아는 것이겠습니까.

> 臣按: 儒者之學不出乎《大學》一書, 所謂三綱領八條目也, 外有以極其規模之大, 內有以盡其節目之詳, 凡夫所謂三綱五常・六紀三統・五禮六樂盡天下義理皆不出乎此道, 凡夫所謂六經・十九史・諸子・百家盡

---

83 육악(六樂): 《대학연의보》 권67 주) 46 참조.

84 육경(六經): 《시경(詩經)》, 《서경(書經)》, 《예기(禮記)》, 《악기(樂記)》, 《역경(易經)》, 《춘추(春秋)》를 말한다.

85 십구사(十九史): 《사기(史記)》, 《한서(漢書)》, 《후한서(後漢書)》, 《삼국지(三國志)》, 《진서(晉書)》, 《송서(宋書)》, 《남제서(南齊書)》, 《양서(梁書)》, 《진서(陳書)》, 《위서(魏書)》, 《북제서(北齊書)》, 《주서(周書)》, 《남사(南史)》, 《북사(北史)》, 《수서(隋書)》, 《신당서(新唐書)》, 《신오대사(新五代史)》, 《송사(宋史)》, 《원사(元史)》를 말한다.

天下經典皆不出乎此書, 儒者之道至於是而止, 無俟他求也. 聖賢之所以教, 士子之所以學, 帝王之所以治, 撮凡擧要, 皆在此矣. 蓋學至於平天下, 而天下平, 學問之功於是乎極, 聖賢之能事於是乎畢矣. 此儒者之道所以大而實, 而異乎異端之小而虛歟. 或者乃求聖道於渺茫之外而高談性命, 與異端較其是非, 烏知所謂《大學》之道哉?

이상 도학을 밝혀서 가르침을 완성함(상)

以上明道學以成教(上)

대학연의보
(大學衍義補)

—

권72

교화를 숭상함[崇敎化]

도학을 밝혀서 가르침을 완성함(하)[明道學以成敎(下)]

《중용(中庸)》에서 말하였다.[1]

천하의 공통된 도[達道]가 다섯 가지인데 이것을 행하는 것은 세 가지이다. 군신(君臣)·부자(父子)·부부(夫婦)·형제[昆弟]·친구[朋友] 사이의 사귐, 이 다섯 가지는 천하의 공통된 도이다. 지(知)·인(仁)·용(勇), 이 세 가지는 천하의 공통된 덕[達德]이니 그것을 행하게 하는 것은 하나이다.

《中庸》曰: 天下之達道五, 所以行之者三. 曰君臣也·父子也·夫婦也·昆弟也·朋友之交也, 五者天下之達道也; 知·仁·勇三者, 天下之達德也, 所以行之者一也.

주희(朱熹)가 말하였다.[2]

"공통된 도는 천하고금(天下古今)에서 함께 따라야 할 길이니, 곧 이

---

1 《중용장구(中庸章句)》20장에 나온다.
2 《중용장구(中庸章句)》20장에 나온다.

른바 《서경(書經)》〈순전(舜典)〉의 '오전(五典)'**3**이며, 《맹자(孟子)》〈등문공 상(滕文公上)〉의 '부자(父子)는 친함[親]이 있고 군신(君臣)은 의리[義]가 있고 부부(夫婦)는 분별[別]이 있고 장유(長幼)는 차례[序]가 있고 친구[朋友]는 믿음[信]이 있어야 한다'가 이것이다.

지(知)는 이것[達道]을 아는 것이고, 인(仁)은 이것을 체득하는 것이고, 용(勇)은 이것에 힘써 행하는 것이다. 이것을 일러 공통된 덕[達德]이라고 하니, 천하와 고금(古今)에서 얻은 이치[理]이기 때문이다.

'하나[一]라는 것은 곧 성실함[誠]일 뿐이다. 공통된 도는 비록 사람이 똑같이 따르는 것이나 이 세 가지 덕(德)이 없으면 이것을 행할 수 없으며, 공통된 덕은 비록 사람이 똑같이 얻는 것이나 한 가지라도 성실[誠]하지 못하면 인욕(人欲)이 사이에 끼어서 덕은 덕다운 덕이 아니게 된다."

朱熹曰: "達道者天下古今所共由之路, 卽《書》所謂五典·孟子所謂'父子有親, 君臣有義, 夫婦有別, 長幼有序, 朋友有信'是也. 知所以知此也, 仁所以體此也, 勇所以强此也. 謂之達德者, 天下古今所同得之理也. 一則誠而已矣. 達道雖人所共由, 然無是三德則無以行之, 達德雖人所同得, 然一有不誠, 則人欲間之而德非其德矣."

《중용(中庸)》에서 말하였다.

혹은 태어나면서 이것[達道]을 알고, 혹은 배워서 이것을 알고, 혹은 애

---

3 오전(五典): 《대학연의보》 권67 주) 17 참조.

를 써서 이것을 아는데, 그 아는 것에서는 똑같다. 혹은 편안히 이것을 행하고, 혹은 이롭게 여겨서 이것을 행하고, 혹은 억지로 힘써서 이것을 행하는데, 그 성공하는 것에서는 똑같다.

或生而知之, 或學而知之, 或困而知之, 及其知之一也. 或安而行之, 或利而行之, 或勉强而行之, 及其成功一也.

주희(朱熹)가 말하였다.[4]

"그것을 아는 것[知之]'의 앎과 '그것을 행하는 것[行之]'의 행함은 공통된 도[達道]라고 말한다. 분별하여 말하면 아는 것은 지(知)요, 행하는 것은 인(仁)이니, 아는 것[知之]과 성공(成功)에 이르게 하는 것은 한 가지로서 용(勇)이다. 그 등급으로 말하면 나면서부터 알아 쉽게 행하는 것은 지(知)이고, 배워서 알아 이롭게 여겨서 행하는 것은 인이며, 애써 배워서 알아 부지런히 행하는 것은 용이다. 대개 사람의 본성이 비록 선하지 않음이 없으나 기품(氣稟)이 동일하지 않으므로, 도(道)를 들음에 이르고 늦음이 있으며 도를 행함에 어렵고 쉬움이 있는 것이다. 그러나 스스로 힘쓰고 쉬지 않으면 그 이르는 경지는 똑같다."

朱熹曰: "知之者之所知, 行之者之所行, 謂達道也. 以其分而言, 則所以知者知也, 所以行者仁也, 所以至於知之成功而一者勇也; 以其等而

<hr />

4 《중용장구(中庸章句)》 20장에 나온다.

言, 則生知安行者知也, 學知利行者仁也, 困知勉行者勇也. 蓋人性雖

無不善而氣稟有不同者, 故聞道有蚤莫, 行道有難易, 然能自强不息則

其至一也."

여대림(呂大臨)이 말하였다.[5]

"들어가는 길은 비록 다르나 이르는 경지는 똑같으니, 이것이 중용
(中庸)이 되는 까닭이다. 만일 나면서부터 아는 것[生知]과 쉽게 행하는
것[安行]의 자질을 바라나 따라갈 수 없다고 여기고, 애써 배워서 아는
것[困知]과 부지런히 행하는 것[勉行]을 가볍게 여겨 성공을 이룰 수 없
다고 말한다면 이것이 바로 도(道)가 밝아지지 못하고 행해지지 못하
는 까닭이다."

呂大臨曰: "所入之塗雖異而所至之域則同, 此所以爲中庸. 若乃企生知安

行之資爲不可幾及, 輕困知勉行謂不能有成, 此道之所以不明·不行也."

공자(孔子)가 말하였다.[6]

"배움을 좋아함은 지(知)에 가깝고, 힘써 행함은 인(仁)에 가깝고, 부끄
러움을 앎은 용(勇)에 가깝다. 이 세 가지를 알면 몸을 닦는 것을 알 것이

5 《중용장구(中庸章句)》 20장에 나온다.

6 《중용》에 나온다.

고, 몸을 닦는 것을 알면 남을 다스리는 것을 알 것이며, 남을 다스리는 것을 알면 천하와 국가[國]와 집안[家]을 다스리는 것을 알 것이다."

子曰: "好學近乎知, 力行近乎仁, 知恥近乎勇. 知斯三者則知所以修身, 知所以修身則知所以治人, 知所以治人則知所以治天下國家矣."

주희(朱熹)가 말하였다.[7]

"이는 공통된 덕[達德]에 미치지 못하였지만 덕(德)에 들어가기를 구하는 일을 말한 것이다. 윗글에서 삼지(三知: 生知·學知·困知)는 지(知)가 되고, 삼행(三行: 安行·利行·勉行)은 인(仁)이 됨을 통틀어 보면 이 세 가지의 가까운 것[三近]은 용(勇)의 다음이다. 이 세 가지는 삼근(三近: 好學·力行·知恥)을 가리켜 말한 것이다. 다른 사람은 자신에 대비하여 일컬은 것이고, 천하(天下)와 나라[國]와 집안[家]은 다른 사람의 경우를 끝까지 적용한 것이다."

朱熹曰: "此言未及乎達德而求以入德之事, 通上文三知爲知·三行爲仁, 則此三近者勇之次也, 斯三者指三近而言. 人者對己之稱, 天下國家則盡乎人矣."

여대림(呂大臨)이 말하였다.[8]

---

7 《중용장구(中庸章句)》 20장에 나온다.

"어리석은 사람은 스스로 옳다고 하여 구하지 않으며, 스스로 사사로이 하는 사람은 인욕을 따라가서 돌아올 줄 모르며, 나약한 사람은 남의 아래가 됨을 달갑게 여겨 사양하지 않는다. 그러므로 배움을 좋아함이 지(知)는 아니지만 충분히 어리석음을 깨뜨릴 수 있고, 힘써 행함이 인(仁)은 아니지만 충분히 사사로움을 잊을 수 있으며, 부끄러움을 아는 것이 용(勇)은 아니지만 충분히 나약함에서 벗어날 수 있다."

> 呂大臨曰: "愚者自是而不求, 自私者徇人欲而忘返, 懦者甘爲人下而不辭, 故好學非知然足以破愚, 力行非仁然足以忘私, 知恥非勇然足以起懦."

신은 이렇게 생각합니다. 이치[理]가 사람에게 있으니 사람마다 같이 따르는 것이 도(道)이고, 사람마다 같이 얻는 것이 덕(德)이며, 사람마다 같이 보존하는 것이 성(誠)입니다. 천하고금의 사람들이 같이 따르는 것을 자신에게 얻음이 덕이고, 천하고금의 사람들이 같이 얻은 것을 마음에 보존함이 성입니다. 그것을 알지 않으면 보이는 것이 없고, 그것을 행하지 않으면 얻는 것이 없습니다.

배우는 자들이 나면서부터 알아 쉽게 행하는 경지에는 이르지 못하니, 이것이 배워서 알아 이롭게 여겨 행하고 애써 배워서 알아 부지런히 행하는 노력이 없어서는 안 되는 까닭입니다. 가르치는 자들이

---

8 《중용장구(中庸章句)》 20장에 나온다.

그 자질의 가까운 것을 따라 인도하여 각각 그 지극한 경지에 이르게
한다면 천하에 버려지는 재능은 없을 것입니다.

臣按: 理之在人, 人人所同由者道也, 人人所同得者德也, 人人所同存
者誠也. 得天下古今人所同由者於己, 德也; 存天下古今人所得者於
心, 誠也. 非知之則無所見, 非行之則無所得. 學者未至於生知·安行之
域, 此學知利行·困知勉行之功所以不可無也, 教者因其資質之近而導
以入之, 使各至其至焉, 則天下無棄才矣.

《중용(中庸)》에서 말하였다.

성(誠)하려는 것[誠之]은 선(善)을 택하여 굳게 잡는 것이니, 널리 배우며
[博學], 자세히 물으며[審問], 신중히 생각하며[愼思], 밝게 분별하며[明辨], 독실
하게 행하여야 한다[篤行].

誠之者擇善而固執之者也, 博學之, 審問之, 愼思之, 明辨之, 篤行之.

주희(朱熹)가 말하였다.[9]

"성인(聖人)의 덕은 천리(天理)와 섞여서 구분되지 않으니, 진실하고
무망(無妄)하여 생각하거나 힘쓰지 않아도 조용히 도(道)에 맞다. 성인
에 미치지 못하면 인욕(人欲)의 사사로움이 없을 수는 없으니, 덕을 행

---

9 《중용장구(中庸章句)》 20장에 나온다.

하는 것에서 모두 잘할 수는 없다. 그러므로 생각하지 않고는 얻을 수 없기 때문에 반드시 선(善)을 택한 이후에야 선을 분명하게 할 수 있고, 힘쓰지 않고는 도(道)에 맞을 수가 없어서 반드시 굳게 잡은 뒤에야 자신을 성(誠)하게 할 수 있다.

배우고 묻고 생각하고 분별함은 선을 택하여 앎[知]이 되는 것이니 배워서 아는 것이고, 독실하게 행함은 굳게 잡아서 인(仁)이 되는 것이니 이롭게 여겨 행하는 것이다."

> 朱熹曰: "聖人之德渾然天理, 眞實無妄, 不待思勉而從容中道, 未至於聖則不能無人欲之私, 而其爲德不能皆實, 故未能不思而得則必擇善然後可以明善, 未能不勉而中則必固執而後可以誠身. 學·問·思·辨·所以擇善而爲知, 學而知也; 篤行所以固執而爲仁, 利而行也."

《중용혹문(中庸或問)》에서 말하였다.

어떤 이가 묻기를 "배우고, 묻고, 생각하고, 분별함에도 역시 순서가 있습니까?"라고 하자, 주희(朱熹)가 답하기를 "배움이 넓어진 후에 사물의 이치가 갖추어지니, 그러므로 (사물의 이치를) 비교하여 의심이 들어 질문이 있는 것이다. 자세하게 질문한 이후에 사우(師友)의 정(情)을 다하게 되니, (사우의 정을) 반복하여 그 단서를 드러낼 수 있어야 생각할 수 있는 것이다. 삼가 생각하면 정밀하고 섞이지 않으니, 스스로 얻는 바가 있어서 분별할 수 있다. 밝게 분별하면 분명하여 어긋남이 없으므로 의혹됨이 없어 행함에서 드러날 수 있다. 독실하게 행하면 무릇 배우고 묻고 생각하고 분별하여 얻은 것이 또한 모두 반드시 실천되고 빈말이 되지 않을 것이다."라고 하였다.

> 或曰: "學·問·思·辨·亦有序乎?" 朱熹曰: "學之博, 然後有以備事物
> 之理, 故能參伍之以得所疑而有問; 問之審, 然後有以盡師友之情, 故
> 能反覆之以發其端而可思; 思之謹, 則精而不雜, 故能有所自得而可以
> 施其辨; 辨之明, 則斷而不差, 故能無所疑惑而可以見於行; 行之篤, 則
> 凡所學·問·思·辨而得之者又必皆踐其實而不爲空言矣."

요로(饒魯)[10]가 말하였다.[11]

　"배움은 반드시 넓게 한 이후에 천하의 견문을 모아서 사물의 이치를 두루 알게 된다. 물음은 반드시 자세하게 살핀 이후에 그 배우는 것의 의심되는 바를 바로잡게 되니 마음속에 스스로 얻는다. 분별함

---

10 요로(饒魯): 남송 요주(饒州) 여간(餘干) 사람이다. 자는 백여(伯輿) 또는 중원(仲元)이고, 호는 쌍봉(雙峰)이며, 사시(私諡)는 문원(文元)이다. 황간(黃幹)과 이번(李燔)을 사사했는데, 황간이 대단히 아꼈다. 일찍이 과거에 응시했지만 떨어지자 경학(經學)에 전념했고, 치지역행(致知力行)을 강조했다. 붕래관(朋來館)과 석동서원(石洞書院)을 세워 후학을 가르쳤다. 주희(朱熹)의 이학(理學)을 계승했는데, 만년에는 주정(主靜)에 치우친 경향을 보였다. 저서에 《오경강의(五經講義)》와 《춘추절전(春秋節傳)》, 《학용찬술(學庸纂述)》, 《학용십이도(庸學十二圖)》, 《논맹기문(論孟紀聞)》, 《태극삼도(太極三圖)》, 《서명도(西銘圖)》, 《근사록주(近思錄注)》 등이 있었지만 대부분 전하지 않는다. 지금은 《백록서원교규(白鹿書院敎規)》와 《정동이선생학칙(程董二先生學則)》 등에 일부가 남아 있을 뿐이다. 그 밖의 저서에 《요쌍봉강의(饒雙峰講義)》가 있다.

11 《중용장구대전(中庸章句大全)》 20장에 "널리 배우며[博學], 자세히 물으며[審問], 신중히 생각하며[愼思], 밝게 분별하며[明辨], 독실하게 행하여야 한다[篤行]."라고 하였는데, 그 세주(細註)에 쌍봉(雙峰) 요씨(饒氏)가 한 말이 나온다.

은 반드시 밝게 한 이후에 공사(公私)와 의리(義利), 시비(是非)와 진망(眞妄: 참과 거짓)이 구별되니, 아주 작은 차이에서도 잘못됨에는 이르지 않는다. 선(善)을 택하여 여기에 이르면 가히 정밀하다고 말할 수 있을 것이다.

이와 같이 하고서 독실한 행동을 더하면 일상생활에서 아직 미묘한 생각에서부터 드러난 행위에 이르기까지 반드시 이로움[利]를 버리고 의(義)로 나아갈 수 있고, 옳은 것을 취하고 그른 것을 버릴 수 있어서 인욕(人欲)의 사사로움이 천리(天理)의 바름을 빼앗을 수 없을 것이고, 무릇 배우고 묻고 생각하고 분변하여 얻은 것을 모두 실천할 것이다. 잡은 바가 이와 같다면 그 굳기가 어떠하겠는가."

> 饒魯曰: "學必博然後有以聚天下之見聞, 而周知事物之理, 問必審然後有以祛其學問之所疑, 而自得於心, 辨必明然後有以別其公私義利・是非眞妄於毫釐疑似之間, 則不至於差繆, 擇善至此可謂精矣. 如是而加以篤行, 則日用之間由念慮之微以達於事爲之著, 必能去利而就義, 取是而舍非, 不使人欲之私得以奪乎天理之正, 而凡學・問・思・辨之所得者皆有以踐其實矣. 所執如此, 其固爲何如?"

허겸(許謙)[12]이 말하였다.[13]

"'널리 배움[博學]'은 총괄하여 말한 것이니, 성현(聖賢)이 항상 널리

---

12 허겸(許謙): 《대학연의보》 권70 주) 45 참조.

13 《논어(論語)》〈안연편(顏淵篇)〉에 "樊遲問仁, 子曰, 愛人. 問知, 子曰, 知人."이라고 나온다.

배우는 것으로 가르쳤다. 공자(孔子)는 "문(文)으로써 널리 배운다."라고 하였고,[14] 안자(顔子)는 "문으로써 나를 넓혔다."라고 하였고,[15] 맹자(孟子)는 "널리 배우고 상세하게 말하여라."[16]라고 하였다. 대개 배움을 행하는 규모가 크지 않아 얕고 적게 보고 들은 것으로 어찌 도(道)를 알 수 있겠는가. 묻는 것과 생각하는 것 이하는 한 가지 일과 한 마디 구절을 따라가면서 깨달아 안다. 묻는 것은 모름지기 자세히 살핌이고 대답하는 것은 말은 다하고 의미가 통하게 하니, 번지(樊遲)[17]가 인(仁)과 지(知)를 물은 것과 같다.

이미 스승에게 듣고서도 또한 친구에게 질문하니, 반드시 그 뜻을 안 이후에야 그친다. 이미 물어서 터득하고도 또한 그것을 생각하고 그 마음에 자득하게 한다. 생각은 반드시 삼가야 하는 것이니, 생각이 미치지 못하는 것은 신중한 것이 아니고 생각이 지나친 것도 신중한 것이 아니며, 생각이 부족한 것도 신중한 것이 아니고 생각이 너무 치우친 것도 신중한 것이 아니다. 생각하여 이미 그것을 얻었는데도 또 더욱 (사물의 이치를) 분별하고 분석하니, 명철해져서 매우 작은 의

14　공자(孔子)는 … 말하였고: 《논어(論語)》〈옹야편(雍也篇)〉에 나온다.

15　안자(顔子)는 … 말하였고: 《논어(論語)》〈자한편(子罕篇)〉에 나온다.

16　맹자(孟子)는 … 말하였다: 《맹자(孟子)》〈이루장구 하(離婁章句下)〉에 나온다.

17　번지(樊遲, 기원전 515~?): 춘추시대 노(魯)나라 사람으로 제(齊)나라 사람이라고도 한다. 공자(孔子)의 제자로, 이름은 수(須)이고, 자는 자지(子遲)다. 일찍이 계씨(季氏)에게 벼슬했다. 공자보다 36살 연하로, 비교적 공자의 측근으로 일을 했던 것으로 보인다. 공자의 수레를 몰았다는 기록이 《논어(論語)》〈위정편(爲政篇)〉에 나온다. 그가 관심을 가졌던 분야는 앎[知]과 어짊[仁]의 문제였던 것 같은데, 그다지 총명한 제자는 아니어서 엉뚱한 질문, 예컨대 농사짓는 법이나 채소 가꾸는 법 따위를 공자에게 물어 소인(小人)이라는 비난을 듣기도 했다. 재치는 없었어도 비교적 성실하고 순박한 성격의 소유자였다. 송나라 진종(眞宗) 대중상부(大中祥符) 2년(1009) 익도후(益都侯)에 추봉되었다.

심과 막힘이 없게 한 후에야 그것을 적용하여 일을 행하는 데에 독실해지는 것이다."

許謙曰: "博學是總說, 聖賢每敎人博學, 夫子謂博學於文, 顔子謂博我以文, 孟子謂博學而詳說之, 蓋爲學規模不廣, 淺見譾聞, 安能知道? 問·思以下是逐一事一節理會, 問須是詳審, 使答者辭盡意暢, 如樊遲問仁知, 旣聞於師, 又質於友, 必達其意而後止, 旣問而得之, 又思之使自得於心. 思則必愼, 思之不及非愼也, 思之過非愼也, 思之泛非愼也, 思之鑿非愼也. 思旣得之, 又加辨析, 使明徹無纖毫疑滯, 然後措之行事而篤焉."

신은 이렇게 생각합니다. 성(誠)하려는 도리는 선(善)을 택하여 굳게 잡는 데에 있으니, 선을 택하여 굳게 잡는 것은 널리 배우며[博學], 자세히 물으며[審問], 신중히 생각하며[愼思], 밝게 분별하며[明辨], 독실하게 행하여야 하는 것[篤行]에 있습니다. 《중용장구(中庸章句)》에서는 이 다섯 가지가 성(誠)하려는 항목이라고 하였습니다. 정자(程子)가 말하기를, "이 다섯 가지 가운데 한 가지라도 폐지하면 배움이 아니다."라고 하였으니, 배우는 자가 어찌 차례를 따르지 않고서도 그 성공을 아울러 이룰 수 있겠습니까.

臣按: 誠之之道在乎擇善·固執, 所以擇善而固執之者則在乎博學·審問·愼思·明辨·篤行焉. 《章句》謂此五者誠之之目也, 程子曰 "五者廢其一, 非學也", 學者烏可不循序而兼致其功乎?

《중용(中庸)》에서 말하였다.

배우지 않으면 몰라도 배우기로 한 경우 잘하지 못하면 그만두지 않는다. 묻지 않으면 몰라도 묻기로 한 경우 알지 못하면 그만두지 않는다. 생각하지 않으면 몰라도 생각하기로 한 경우 터득하지 못하면 그만두지 않는다. 분별하지 않으면 몰라도 분별하기로 한 경우 분명하지 않으면 그만두지 않는다. 행하지 않으면 몰라도 행하기로 한 경우 독실하지 않으면 그만두지 않는다. 남이 한 번에 잘하면 나는 백 번을 하며 남이 열 번에 잘하면 나는 천 번을 한다. 과연 이 도(道)를 할 수 있다면 비록 어리석더라도 반드시 명철해지고 비록 유약하더라도 반드시 강해질 것이다.

> 有弗學, 學之弗能弗措也; 有弗問, 問之弗知弗措也; 有弗思, 思之弗得弗措也; 有弗辨, 辨之弗明弗措也; 有弗行, 行之弗篤弗措也. 人一能之己百之, 人十能之己千之, 果能此道矣, 雖愚必明, 雖柔必强.

주희(朱熹)가 말하였다.[18]

"군자(君子)의 배움은 하지 않으면 그만이지만 하려면 반드시 그 완성을 요구하니, 그러므로 항상 그 공력을 백배로 쓴다."

> 朱熹曰: "君子之學不爲則已, 爲則必要其成, 故常百倍其功."

---

18 《중용》 20장에 나온다.

주희(朱熹)가 또 말하였다.[19]

"명철해짐은 선을 택함[擇善]의 효과요, 강해짐은 굳게 잡음[固執]의 효과이다.【신은 이렇게 생각합니다. 주우(朱右)[20]가 자사(子思)의 뜻을 말하였으니, 그 대략에 "사람이 배우지 않는 자도 배우고, 질문하지 않는 자도 질문을 하는 경우가 있으니, 배우고 질문하는 것을 그만두지 않는다면 반드시 이룸이 있을 것이다."라고 하였다. 주자(朱子)는 배움[學]이라는 글자로 구(句)를 삼았고, 또 '하지 않으면 그만이다'라고 한 것은 사람이 배우지 않거나 질문하지 않는 경우가 있음을 말한 것이다. 아래의 '남이 한 번에 잘하면 나는 백 번을 한다'는 말과는 서로 뜻이 통하지 않으니, 그 설명 역시 나름의 이치가 있습니다.】"

又曰: "明者擇善之功, 强者固執之效【按, 朱右謂子思之意, 蓋曰人有弗學者學之, 有弗問者問之, 學之問之弗得弗措, 則爲必要其成. 朱子以'學'字爲句, 且曰弗爲則已, 則人有弗學弗問者矣, 與下文'人一己百'等語文不相貫, 其說亦有理】"

여대림(呂大臨)이 말하였다.[21]

"군자(君子)가 배우는 까닭은 기질(氣質)을 잘 변화시키기 위해서일 뿐이니, 덕(德)이 기질을 이기면 어리석은 자가 명철함에 나아갈 수

---

19 《중용》20장에 나온다.
20 주우(朱右, 1314~1376): 명나라 초기 절강(浙江) 임해(臨海) 사람이다. 자는 백현(伯賢) 또는 서현(序賢)이고, 호는 추양자(鄒陽子)다. 명나라 초에 사국(史局)에 나갔고, 진부우장사(晉府右長史)에 올랐다. 진덕영(陳德永)에게 수학했다. 저서에 《춘추류편(春秋類編)》과 《백운고(白雲稿)》, 《심의고오(深衣考誤)》, 《삼사구현(三史鉤玄)》, 《진한문형(秦漢文衡)》, 《역대통기요람(歷代統紀要覽)》, 《원사보유(元史補遺)》, 《서전발휘(書傳發揮)》 등이 있다.
21 《중용》20장에 나온다.

있고, 유약한 자가 강함에 나아갈 수 있다. (덕이 기질을) 이기지 못하면 비록 배움에 뜻을 두더라도 또한 어리석은 자가 명철해지지 못하고 유약한 자가 서지 못할 것일 뿐이다. 대개 고르게 선(善)하고 악(惡)이 없는 것은 성(性)이니, 사람마다 똑같은 것이다. 타고난 어리석음과 명철함, 강함과 유약함이 같지 않은 것은 재(才)이니, 사람마다 다른 것이다.

성(誠)하려는 것은 그 같음을 회복하고 그 다름을 변화시키는 것이다. 대저 아름답지 못한 자질로 아름답게 변하기를 구하는데, 백배의 공력을 들이지 않으면 그것을 이루기에는 부족하다. 지금 아둔하고 어리석고 흩어져 없어지는 배움으로 혹은 하기도 하고 혹은 중단하기도 하면서 아름답지 못한 자질을 변화시키기를 원하다가 변화하지 못한 것을 "타고난 자질이 아름답지 못한 것은 배워서 변화시킬 수 있는 것이 아니다."라고 말한다면, 이는 과연 스스로 포기하는 것이기 때문에 매우 불인(不仁)함이 되는 것이다."

呂大臨曰: "君子所以學者爲能變化氣質而已, 德勝氣質則愚者可進於明·柔者可進於强, 不能勝之則雖有志於學亦愚不能明·柔不能立而已矣. 蓋均善而無惡者性也, 人所同也, 昏明强弱之稟不齊者才也, 人所異也, 誠之者所以反其同而變其異也. 夫以不美之質求變而美, 非百倍其功不足以致之, 今以鹵莽滅裂之學, 或作或輟以變其不美之質, 及不能變則曰天質不美, 非學所能變, 是果於自棄, 其爲不仁甚矣."

신은 이렇게 생각합니다. 배움에는 기질을 변화시키는 것이 가장 어려운 것입니다. 배워서 자신의 기질을 변화시킬 수 있다면 그것은 배움의 완성입니다. 가르침을 베풀어서 사람의 기질을 변화시킬 수 있으니, 이것은 가르침의 완성입니다.

臣按: 爲學最是變化氣質爲難, 爲學而能變己之氣質, 則其學成矣, 施教而能變人之氣質則其敎成矣.

《중용(中庸)》에서 말하였다.

그러므로 군자(君子)는 덕성(德性)을 높이고 학문을 말미암으며, 광대함에 이르고 정미함을 다하며, 고명(高明)을 다하고 중용(中庸)을 따르며, 옛것을 익히고 새것을 알며, 후함을 돈독히 하여 예(禮)를 높인다.

故君子尊德性而道問學, 致廣大而盡精微, 極高明而道中庸, 溫故而知新, 敦厚以崇禮.

주희(朱熹)가 말하였다.[22]

"존(尊)은 공경하고 받들어 잡는 뜻이요, 덕성은 내가 하늘의 바른 이치를 잡은 것이다. 도(道)는 말미암음[由]이다. 온(溫)은 마치 따뜻하게 데움[燖溫]의 온과 같으니, 그러므로 예전에 이것을 배우고 다시 때때로 익힘을 말한다. 돈(敦)은 더욱 도탑게 함이다. 덕성을 높임[尊德性]

---

22 《중용》 27장에 나온다.

은 마음을 보존하여 도체(道體)의 큼을 다하는 것이고, 학문을 말미암음[道問學]은 지식을 지극히 하여 도체의 세세함을 다하는 것이니, 이두 가지는 덕(德)을 닦고 도를 모으는 큰 단서이다.

아주 작은 정도의 사사로운 뜻으로써 스스로 가리지 아니하고 아주 작은 정도의 사사로운 욕심으로써 스스로 얽매이지 아니하며, 자기가 아는 것에 빠져들고, 자기가 잘 하는 것을 돈독하게 함이니, 이는 모두 마음을 보존하는 것들이다.

이치를 분석함에는 털끝만한 차이가 있지 않게 하고 일을 처리함에는 지나치거나 미치지 못함의 잘못이 있지 않게 하며, 이치와 의리는 알지 못하던 것을 날마다 알게 하고 절문(節文)은 삼가지 못하던 것을 날마다 삼가게 하니, 이는 모두 앎을 이루는 것[致知]들이다.

대개 마음을 보존하지 않으면 앎이 이룸이 없고, 마음을 보존하는 자는 또한 앎을 이루지 않아서는 안 된다. 그러므로 이 다섯 구절은 큰 것과 작은 것이 서로 보완이 되고 처음과 끝이 상응하여 성현(聖賢)이 덕에 들어가는 방법을 보여 준 것이 이보다 더 자세함이 없으니, 배우는 자는 마땅히 마음을 다해야 할 것이다."

朱熹曰: "尊者, 恭敬奉持之意. 德性者, 吾所受於天之正理. 道, 由也.
溫, 猶燖溫之溫, 謂故學之矣, 復時習之也. 敦, 加厚也. 尊德性所以存
心而極乎道體之大也, 道問學所以致知而極乎道體之細也, 二者修德凝
道之大端也. 不以一毫私意自蔽, 不以一毫私欲自累, 涵泳乎其所已知,
敦篤乎其所能, 此皆存心之屬也; 析理則不使有毫釐之差, 處事則不
使有過不及之謬, 理義則日知其所未知, 節文則日謹其所未謹, 此皆致
知之屬也. 蓋非存心無以致知, 而存心者又不可以不致知, 故此五句大

신은 이렇게 생각합니다. 덕성을 높임[尊德性]과 학문을 말미암음[道問學], 이 두 가지는 유자(儒者)가 배우는 큰 단서로 한쪽이라도 없어서는 안 됩니다. 광대함을 이루고[致廣大] 고명을 다하고[極高明] 옛것을 익히고[溫故] 돈독하게 하는[敦厚], 이 네 가지는 덕성을 높이는 항목입니다. 정미를 다하고[盡精微] 중용을 따르며[道中庸] 새로운 것을 알고[知新] 예를 숭상하는[崇禮], 이 네 가지는 학문을 말미암는 항목입니다.

주자(朱子)가 "큰 것과 작은 것이 서로 돕고 처음과 끝이 서로 이어 통하여, 성현(聖賢)이 덕에 들어가는 방법을 보여 준 것이 이보다 더 자세함이 없다."라고 말한 것은, 대개 이 두 가지가 서로 있을 수는 있으나 없앨 수는 없으니, 한 쪽으로 치우친다면 성인(聖人)의 도(道)와 유자(儒者)의 배움[學]이 아닙니다. 저 육구연(陸九淵)[23]이라는 사람은 오로지 한 가지로만 배움을 삼고자 하였으니, 어찌 이러한 이치가 있겠습니까.

臣按: 尊德性・道問學二者, 儒者爲學之大端也, 二者不可偏廢. 致廣大・極高明・溫故・敦厚四者, 尊德性之目也; 盡精微・道中庸・知新・崇禮四者, 道問學之目也. 朱子謂其"大小相資・首尾相應, 聖賢所示入

---

23 육구연(陸九淵, 1139~1192): 남송 무주(撫州) 금계(金溪) 사람이다. 자는 자정(子靜)이고, 호는 존

德之方, 莫詳於此", 蓋二者可相有而不能相無, 偏其一則非聖人之道·
儒者之學矣. 彼陸九淵者乃欲專以其一爲學, 烏[24]有是理哉?

《맹자(孟子)》〈이루장구 하(離婁章句下)〉에서 맹자(孟子)가 말하였다.

"도(道)에 맞는 자가 도에 맞지 않는 자를 길러 주며, 재주 있는 자가 재
주 없는 자를 길러 준다. 그러므로 사람들이 어진 부형(父兄)이 있음을 즐
거워하는 것이다. 만일 도에 맞는 자가 도에 맞지 않는 자를 버리며 재주
있는 자가 재주 없는 자를 버린다면 현명한 자[賢者]와 현명하지 못한 자[不
肖]의 거리는 그 간격이 한 치도 못된다."

孟子曰: "中也養不中, 才也養不才, 故人樂有賢父兄也. 如中也棄不中, 才
也棄不才, 則賢不肖之相去其間不能以寸."

주희(朱熹)가 말하였다.[25]

재(存齋) 또는 상산옹(象山翁)이며, 시호는 문안(文安)이다. 주희(朱熹)와 이름을 나란히 했지
만 견해는 대립하여 학계를 양분하는 학문적 세력을 형성했는데, 사상적 계보로는 모두
정호(程顥)와 정이(程頤)의 학문을 계승했다. 주희와 서신으로 논쟁하면서 아호(鵝湖)에서 만
나 변론을 벌였다. 두 사람은 서로의 학문을 존중하여 도의적 교유는 변하지 않았다. 명
나라의 왕수인(王守仁)이 그의 사상을 계승해 육왕학파(陸王學派)를 형성했다. 저서에 어록
과 서간, 문집을 수록한 《상산선생전집(象山先生全集)》 36권이 있다.

24 烏:《대학연의보(大學衍義補)》 사고전서본에는 '鳥'로 되어 있다.
25 《맹자집주(孟子集註)》〈이루장구 하(離婁章句下)〉에 나온다.

"지나침[過]과 이르지 못함[不及]이 없는 것을 중(中)이라고 말하고, 충분히 훌륭한 일을 할 수 있는 것을 재(才)라 말한다. 기름[養]은 차차 길러 내고, 교화하고 훈육해서 그가 스스로 변화하기를 기다림을 말한다. 현(賢)은 도(道)에 맞고 재주가 있는 자를 말한다. 어진 부형(父兄)이 있음을 즐거워함은 마침내 자신을 이루어 줄 수 있음을 즐거워하는 것이다. 부형이 된 자가 만일 자제(子弟)들이 어질지 못하다 하여 갑자기 끊어 버리고 가르칠 수 없다고 여긴다면 자신도 또한 중(中)에서 벗어나고 재주가 없는 것이니, 그 거리의 간격이 얼마나 되겠는가."

朱熹曰:"無過不及之謂中, 足以有爲之謂才, 養謂涵育薰陶俟其自化也, 賢謂中而才者也. 樂有賢父兄者, 樂其終能成己也. 爲父兄者若以子弟之不賢遂遽絶之而不能敎, 則吾亦過中而不才矣, 其相去之間能幾何哉?"

장식(張栻)[26]이 말하였다.[27]

"중(中)은 덕(德)을 가지고 말한 것이고, 재(才)는 자질을 가지고 말한 것이다. 오직 덕이 있는 자가 성정(性情)을 기를 수 있고 지나치거나 이르지 못하는 근심이 없기 때문에 도(道)에 맞음[中]이라고 말하고, 한쪽으로 치우쳐서 스스로 바르게 될 수 없는 것을 도에 맞지 않음[不中]이라고 말한다. 하늘로부터 부여받은 자질이 아름답고 빼어나서 충

---

26 장식(張栻):《대학연의보》권71 주) 7 참조.
27 《계사맹자설(癸巳孟子說)》권4에 나온다.

직하고 온후함, 강직하고 굴하지 않음, 총명하고 민첩함과 같은 것들을 모두 '재주가 있다[才].'고 말하고, 부여받은 자질이 아름답지 못하고 성질이 부드럽고 약하며 겁이 많고 어리석어서 도리에 어두운 데로 흐르니 '재주가 없다[不才].'고 말한다

부형이 자제에 대하여 그들이 도에 맞지 않고 재주가 없음을 보면 마땅히 가르칠 것을 생각한다. 그들을 가르치는 방법[道]은 그를 기르는 것만 같은 것이 없다. 기른다는 것은, 천지가 만물을 기름에 비와 이슬이 적셔 주고, 바람과 번개가 흔들어 주며, 조화로운 기운이 훈도하는 것과 같으니, 어찌 끊어짐이 있겠는가. 그러므로 물(物)이 낳아지고 길러지는 것이다. 부형이 자제를 기르는 도(道) 역시 마땅히 이와 같다. 관용으로 너그럽게 대하고, 의리로 점점 나아가게 하고 충신(忠信)으로 완성되게 하며, 그 밝음을 열어서 그 미혹됨을 제거하고 그 방향으로 인도하여 스스로 깨우치도록 하니, 대저 어찌 세월의 공이겠는가. 저들이 비록 도에 맞지 않고 재주가 없더라도 기른 지가 오래되니 어찌 싹이 없겠는가. 만일 싹이 있다면 기르는 방법을 더하여 시행할 수 있는 것이다."

張栻曰: "中者以德言, 才者以質言. 惟有德者爲能涵養性情而無過不及之患, 故謂之中, 而其倚於一偏者不能自正者則謂之不中; 天資美茂如忠厚·剛毅·明敏之類皆謂之才, 而其資稟之不美以陷於刻薄柔懦愚暗之流則謂之不才. 父兄之於子弟, 見其不中不才也則當思所以教之, 教之之道莫如養之, 養之者如天地涵養萬物, 其雨露之所霑·風雷之所振·和氣之薰陶, 寧有間斷乎哉? 故物以生遂焉, 父兄養子弟之道亦當如是也, 寬裕以容之, 義理以漸之, 忠信以成之, 開其明以祛其惑, 引之

신은 이렇게 생각합니다. 《맹자(孟子)》의 이 장은 부형(父兄)이 자제(子弟)에 대하여 반드시 그들을 가르치고 기름이 있어야 한다고 말하였습니다. 그러나 국가가 신하에 대해서와 스승이 제자에 대해서도 역시 그러하지 않은 것이 없습니다. 진실로 (국가나 스승이) 그들을 기를 수 없다고 하여 끊어 버린다면 그 사이의 거리가 도에 맞지 않고 재주가 없는 자제에 대해 부형이 그렇게 한 것과 무엇이 다르겠습니까.

臣按: 孟子此章言父兄之於子弟必當有以教養之, 然國家之於臣下·師儒之於子弟亦莫不然, 苟不能養之而棄絶之, 則其間之相去其與父兄之於不中不才子弟何異哉?

《맹자(孟子)》 〈고자장구 상(告子章句上)〉에서 맹자(孟子)가 말하였다.

"인(仁)은 사람의 마음이요, 의(義)는 사람의 길이다. 그 길을 버리고 따르지 않으며 그 마음을 버리고 찾을 줄을 모르니, 애처롭다. 사람이 닭과 개를 잃어버리면 찾을 줄을 알지만 마음을 잃고서는 찾을 줄을 알지 못한다. 학문하는 길은 다른 것이 없으니, 그 마음을 잃은 것을 찾을 뿐이다."

孟子曰: "仁, 人心也; 義, 人路也. 舍其路而不由, 放其心而不知求, 哀哉! 人有雞犬放則知求之, 有放心而不知求. 學問之道無他, 求其放心而已矣."

정이(程頤)가 말하였다.[28]

"마음은 지극히 중요하고, 닭과 개는 지극히 가벼운데 닭과 개를 잃어버리면 그것을 찾을 줄을 알지만 마음을 잃어버리면 찾을 줄을 모르니, 어찌 그 지극히 가벼운 것을 좋아하고 그 지극히 중요한 것을 잊어버리는가. 생각하지 않을 뿐이다.[29] 성현의 헤아릴 수 없이 많은 말은 다만 사람이 장차 마음을 잃어버리려고 할 때 그것을 묶어 두고, 되풀이해서 몰입하고 스스로 높은 곳을 향해서 탐구하게 하고, 아래에서 배워서 위에 도달하게 하려는 것이다."

程頤曰: "心至重, 雞犬至輕, 雞犬放則知求之, 心放則不知求, 豈愛其至輕而忘其至重哉? 弗思而已矣. 聖賢千言萬語, 只是欲人將已放之心約之使反復入身來, 自能尋向上去, 下學而上達也."

주희(朱熹)가 말하였다.[30]

---

28 《이정유서(二程遺書)》 권1에 나온다.
29 마음은 … 뿐이다: 《이정유서(二程遺書)》 권25에 나온다.
30 《맹자집주(孟子集註)》 〈고자장구 상(告子章句上)〉에 나온다.

"인(仁)은 마음의 덕이니 정자(程子, 伊川)가 말한 '마음이 곡식의 씨와 같고 인은 낳는 이치[性]이다.'라는 것이 이것이다. 그러나 다만 인이라고만 말하면 사람들이 자신에게 절실한 줄을 모른다. 그러므로 돌이켜서 인심(人心)이라고 이름하였으니, 이 몸이 만 가지 변화를 주고받는 주인이 되어서 잠시도 잃어서는 안 됨을 볼 수 있다. 의(義)는 일을 행하는 것의 마땅함이니 이것을 사람의 길[人路]이라고 말하였으니, 그렇다면 출입하고 왕래할 적에 반드시 따라야 할 길이 되어서 잠시라도 버려서는 안 됨을 볼 수 있다.

애처롭다[哀哉]는 두 글자를 가장 자세하게 음미해야 하니, 사람이 근심하고 두려워해서 깊이 살펴야 하는 부분이다. 위에서는 인의(仁義)를 겸하여 말하고 아래에서는 오로지 잃어버린 마음을 찾는 것만을 논한 것은 잃어버린 마음을 찾으면 인에서 어그러지지 않고 의가 그 가운데에 있기 때문이다.

학문하는 일이 진실로 한 가지가 아니지만 그 도(道)는 잃어버린 마음을 찾는 데에 있을 뿐이다. 대개 이와 같이 하면 지기(志氣)가 청명하고 의리(義理)가 밝게 드러나서 위에 도달할 수 있고, 그렇지 못하면 어둡고 어리석고, 방종하여 비록 학문에 종사한다 하더라도 끝내 드러내어 밝아질 수는 없을 것이다."

朱熹曰: "仁者心之德, 程子所謂'心如穀種, 仁則其生之性'是也. 然但謂之仁則人不知其切於己, 故反而名之曰人心, 則可以見其爲此身酬酢萬變之主而不可須臾失矣. 義者行事之宜, 謂之人路, 則可以見其爲出入往來必由之道而不可須臾舍矣. 哀哉二字最宜詳味, 令人惕然有深省處. 上兼言仁義而下專論求放心者, 能求放心則不違於仁而義在其中

矣. 學問之事固非一端, 然其道則在於求其放心而已, 蓋能如是則誌氣
淸明·義理昭著而可以上達, 不然則昏昧放逸, 雖日從事於學而終不能
有所發明矣."

신은 이렇게 생각합니다. 채연(蔡淵)³¹이 말하기를 "어떤 이가 단지
《맹자(孟子)》에 '다른 것이 없을 뿐이다.'라는 말을 보고 곧 반드시 독
서와 궁리를 할 필요는 없고 다만 마음을 보존하는 것이 중요하다는
주장을 세웠으니, 마침내 이단의 학문으로 흐르게 되었다. 《맹자집주
(孟子集註)》에서 말하기를 '학문하는 일은 진실로 한 가지가 아니나 그
도(道)는 마음을 잃어버린 것을 찾는 데 있을 뿐이다.'고 하였다. 이는
바로 맹자의 본래 뜻을 밝혀 이단의 학문이 잘못된 것을 보여 주어 배
우는 자가 마땅히 깊이 새겨 음미하도록 하였다."³²라고 하였습니다.
제 생각으로 이른바 이단의 학문이라는 것은 당시의 육구연(陸九淵)
을 가리키는 것이지만, 지금의 배우는 자들도 오히려 그것을 빌려 세
상을 미혹시키고 학문을 폐하니, 통렬하게 끊어야 함이 매우 마땅합
니다.

---

31 채연(蔡淵, 1156~1236): 남송 건주(建州) 건양(建陽) 사람으로 자는 백정(伯靜)이고, 호는 절재(節
齋)다. 채원정(蔡元定)의 맏아들이다. 가학을 이으면서 주희(朱熹)를 사사했다. 벼슬길에 나
가지 않고 학문과 강학에 힘썼다. 《주역》을 깊이 연구하여 명망을 받았는데, 상수학(象數
學)과 의리학(義理學)을 종합하려는 입장을 취했다. 저서에 《역상의언(易象意言)》과 《주역경
전훈해(周易經傳訓解)》, 《시사문(詩思問)》, 《괘효사지(卦爻辭旨)》, 《여론(餘論)》, 《논맹사문(論孟思
問)》 등이 있다.
32 채연(蔡淵)이 … 하였다: 《맹자집주대전(孟子集註大全)》 〈고자장구 상(告子章句上)〉에 나온다.

臣按: 蔡淵曰: "或者但見孟子有'無他而已矣'之語, 便立爲不必讀書窮理, 只要存本心之說, 所以卒流於異學. 《集注》謂'學問之事固非一端, 然其道則在於求放心而已', 正所以發明孟子之本意, 以示異學之失, 學者切宜玩味." 竊考其所謂異學者, 蓋指當時陸九淵也, 至今學者猶有假之以惑世廢學, 切宜痛絶.

《맹자(孟子)》〈고자장구 상(告子章句上)〉에서 맹자(孟子)가 말하였다.

"예(羿)【(羿는) 활쏘기를 잘한 자이다.】가 사람에게 활쏘기를 가르칠 적에 반드시 활을 완전히 당기는 데[彀]에 뜻을 두게 하니【(志는) 기약함[期]과 같다.】【(彀는) 활을 완전히 당김이다.】 활쏘기를 배우는 자【(學은) 활쏘기를 배움을 말한다.】 역시 반드시 활을 완전히 당기는 데에 뜻을 둔다. 큰 목수【(大匠은) 도목수[工師]이다.】가 사람을 가르칠 적에 반드시 규구(規矩)【(規矩는) 목수의 도구이다.】로써 하니, 목수 일을 배우는 자 역시 반드시 규구로써 한다."

孟子曰: "羿【善射者】之敎人射必志【猶期也】於彀【弓滿也】, 學【謂學射】者亦必誌於彀. 大匠【工師也】誨人必以規矩【匠之法也】, 學者亦必以規矩."

주희(朱熹)가 말하였다.[33]

"이 장은 일은 반드시 법이 있은 뒤에야 이루어질 수 있으니, 스승

---

33 《맹자집주(孟子集註)》〈고자장구 상(告子章句上)〉에 나온다.

이 이것을 버리면 가르칠 수 없고 제자가 이것을 버리면 배울 수 없음을 말한 것이다. 하찮은 기예도 그러한데 하물며 성인의 도(道)에 있어서이겠는가."

> 朱熹曰: "此章言事必有法然後可成, 師舍是則無以敎, 弟子舍是則無以學, 曲藝且然, 況聖人之道乎?"

장식(張栻)이 말하였다.[34]

"구(彀)는 쇠뇌를 당겨서 목표하는 곳으로 향하는 것이고, 사(射)는 과녁에 맞는 것을 목표로 하는 것이다. 그러나 예(羿)가 사람을 가르치는 데에서 당기는 것에 뜻을 두게 하되 과녁은 저쪽에 있고 당기는 것은 이 마음에 있어서, 마음이 여기에 보존되면 비록 맞지 않더라도 멀지 않을 것이다. 배움은 성현이 되는 것을 배우는 것이니, 성현은 어떻게 하여야 도달할 수 있는가. 자기 자신에게서 구할 뿐이다. 자신에게서 그 법[則]이 대개 멀지 않으니 마음이 같은 것은 사람이 본래 가지고 있는 것이니, 배움은 역시 이것을 보존할 뿐이고, 이것을 보존하면 성현의 경지에 점차 들어갈 수 있다.

규구(規矩)는 방형과 원형을 만드는 것으로, 도목장이 사람을 가르치는 데에 규구를 사용하게 할 뿐이고, 정교한 것에서는 도목장이 가르칠 수 있는 것이 아니고 그 사람에게 있는 것이다. 그러나 정교한 것도 진실로 규구에서 벗어나지 않는다. 배우는 사람이 도(道)에 대해

---

34 《계사맹자설(癸巳孟子說)》 권6에 나온다.

서 그 행함에 진도가 있고 나아감에 순서가 있으니, 쇄소응대(洒掃應對)부터 예의(禮儀) 3백 가지과 위의(威儀) 3천 가지에 이르는 것이 다만 나무에게 규구(規矩)가 있는 것과 같으니, 역시 이것을 따를 뿐이다.

형이상(形而上)의 이치에 이르러서는 그 사람이 터득한 것이 어떠하냐에 달려 있으니, 형이상은 진실로 쇄소응대의 사이에서 벗어나지 않는다. 이것을 버리고 도를 구하는 것은 규구를 버리고 정교함을 구하는 것과 같다. 이 장이 예로 든 두 개의 단서는 남을 가르치는 자와 남에게 가르침을 받는 자가 모두 몰라서는 안 된다."

張栻曰: "鵠者弩張回的處也, 射者期於中鵠也, 然羿之教人使志於鵠, 鵠在彼而鵠在此, 心心存乎此, 雖不中不遠矣. 學者學爲聖賢也, 聖賢曷爲而可至哉? 求之吾身而已, 求之吾身其則蓋不遠, 心之所同然者, 人所固有也, 學者亦存此而已, 存乎此則聖賢之門牆可漸而入也. 規矩所以爲方圓, 大匠誨人使之用規矩而已, 至於巧則非大匠之所能誨, 存乎其人焉, 然巧固不外乎規矩也. 學者之於道, 其爲有漸, 其進有序, 自洒掃·應對至於禮儀之三百·威儀之三千, 猶木之有規矩也, 亦循乎此而已. 至於形而上之之理則在其人所得, 何如形而上者? 固不外乎灑掃·應對之間也, 舍是以求道, 是猶舍規矩以求巧也. 此章所擧二端, 教人者與受教於人者皆不可以不知."

신은 이렇게 생각합니다. 이 장은 가르침을 베풀고 가르침을 받는 방법을 말하였습니다. 주희(朱熹)가 말하기를 "스승이 이것을 버리면 가르칠 수 없고 제자가 이것을 버리면 배울 수 없다."라고 하였고, 장식(張栻)이 말하기를 "남을 가르치는 자와 남에게 가르침을 받는 자가 모두 몰라서는 안 된다."라고 하였습니다.

臣按: 此章言施教受教之法, 朱熹謂"師舍是則無以教, 弟子舍是則無以學", 張栻謂"教人者與受教於人者皆不可不知".

《맹자(孟子)》〈고자장구 하(告子章句下)〉에서 맹자(孟子)가 말하였다.
"가르침에는 또한 방법이 많으니, 내가 좋게 여기지 않아 거절함으로써 가르쳐 주는 것 또한 그를 가르치는 것일 따름이다."

孟子曰: "教亦多術矣, 予不屑之教誨也者, 是亦教誨之而已矣."

주희(朱熹)가 말하였다.[35]
"다술(多術)은 한 가지가 아님을 말한다. 설(屑)은 깨끗함[潔]이다. 그 사람을 깨끗하게 여기지 않아 거절한 것이니, 이른바 '좋게 여기지 않아 거절함으로써 가르쳐 줌[不屑之教誨].'이라는 것이다. 그 사람이 만일 이에 감동되어 물러가 스스로 자신의 잘못을 닦고 살핀다면 이 또한 내가 그를 가르쳐 준 것이다."

朱熹曰: "多術言非一端. 屑, 潔也. 不以其人爲潔而拒絶之, 所謂不屑

---

35 《맹자집주(孟子集註)》〈고자장구 하(告子章句下)〉에 나온다.

之敎誨也. 其人若能感此退自修省, 則是亦我敎誨之也."

윤돈(尹焞)[36]이 말하였다.[37]

"때로는 억제하거나 때로는 북돋아주고 때로는 인정해 주고 때로는 인정해 주지 않음을 각기 그 재질에 따라 돈독히 해 주니, 가르침이 아닌 것이 없음을 말하였다."

尹焞曰: "言或抑或揚或與或不與, 各因其材而篤之, 無非敎也."

장식(張栻)이 말하였다.[38]

"사람을 가르치는 방법은 한 가지로는 충분하지 않다. 성현(聖賢)이 사람을 가르침에 진실로 게으르지 않았다. 그러나 때로는 쉽게 가르치지 않은 경우가 있으니 (가르치는 것을) 거부한 것이 아니라 이 역시 그를 가르친 것이다. 그러나 설령 좋게 여기지 않아서 거절하는 것으로써 가르쳐 주는 경우에도 역시 몇 가지 갈래가 있다. 어떤 경우는 가르치는 데에 공부하는 방법만을 가르치고 자세한 것은 해 주지 않아 스스로 깨우치게 하고, 어떤 경우는 등급을 뛰어넘는 것을 두려워

---

36 윤돈(尹焞): 《대학연의보》 권71 주) 29 참조.
37 《맹자집주(孟子集註)》 〈고자장구 하(告子章句下)〉에 나온다.
38 《계사맹자설(癸巳孟子說)》 권6에 나온다.

해서 차례가 있는 것을 알려 주니, 성현의 글에는 이와 같은 것이 많다. 또 그 신뢰가 돈독하지 않은 것이 있으면 문하에 머물게 하지 않고 스스로 그것을 구하게 하니, 맹자(孟子)가 조교(曹交)에게 한 경우와 같다.[39] 행동이 아름답지 못하면 거절하고 보지 않아서 그에게 알게 하니, 공자(孔子)가 유비(孺悲)에게 한 경우와 같다.[40] 이러한 것들 역시 모두 쉽게 가르치지는 않았으나 가르친 것이다. 대개 성현의 말과 행동은 가르침이 아닌 것이 없으니 배우는 자가 잘 살펴 이해하는지의 여부에 달려 있을 따름이다."

> 張栻曰: "敎人之道, 不一而足. 聖賢之敎人, 固不倦也, 然有時而不輕
> 其敎誨者, 非拒之也, 是亦所以敎誨之也. 然就不屑敎誨之中, 亦有數
> 端焉. 或引而不發而使之自喩, 或懼其蹟等, 而告之有序. 聖賢之書, 若

---

39 맹자(孟子)가 … 같다:《맹자집주(孟子集註)》〈고자장구 하(告子章句下)〉에, 조교(曹交)가 맹자(孟子)에게 수업하기를 청하였는데, 맹자는 도(道)를 알기 어려운 이유는 사람들이 구하지 않는 것이라고 하면서 돌아가 찾는다면 남은 스승이 있을 것이라고 하였다. 주희(朱熹)의 주에 "조교는 어른을 섬기는 예(禮)가 이미 지극하지 못하였고, 도를 구하는 마음이 또 돈독하지 못하였다. 그러므로 맹자가 효제(孝弟)로써 가르치고 그 수업함을 용납하지 않았으니, 공자의 '남은 힘이 있으면 문(文)을 배운다'는 뜻이고, 또한 좋게 여기지 않아 거절하는 것으로 가르치는 것[不屑之敎誨]이다."라고 하였다.

40 공자(孔子)가 … 같다:《논어(論語)》〈양화(陽貨)〉에 "유비(孺悲)가 공자(孔子)를 뵙고자 하였는데, 공자는 병이 있다고 사양하고 명령을 전달하는 자가 문밖으로 나가자, 슬(瑟)을 가져다가 타면서 노래를 부르면서 유비로 하여금 듣게 하였다."라고 하였다. 그 주석에서 주희는 "유비는 노나라 사람이니, 일찍이 공자에게 사의 상례를 배웠는데, 이때에 반드시 죄를 얻었을 것이다. 그러므로 공자가 병이 있다고 사양하고, 다시 그로 하여금 병 때문이 아님을 알게 하여 일깨워 준 것이다."라고 하였으며, 정호(程顥)는 "이것은 맹자가 말한 '좋게 여기지 않아 거절하는 것으로 가르치는 것[不屑之敎誨].'이라는 것이니, 그를 깊이 가르쳐 준 것이다."라고 하였다.

是者多矣. 又有以其信之未篤, 則不留於門, 使自求之, 如孟子之於曹
交. 以其行之未善, 則拒而不見, 而使之知之, 如孔子之於孺悲. 凡此,
亦皆爲不輕其敎誨, 而乃所以敎誨之也. 蓋聖賢言動, 無非敎也. 在學
者領略之何如耳."

신은 이렇게 생각합니다. 선대의 유학자인 진웅(陳熊)이 말하기를 "좋
게 여기지 않아 거절함으로써 가르치는 것은 차마 그를 거절한 것
이 아니니 실제로는 장차 격려하고 진보시키려고 한 것이다."[41]라고
하였습니다. 이 역시 여러 방법들 가운데 가르치는 한 가지 방법입
니다.

臣按: 先儒謂不屑敎, 非忍而絶之, 實將激而進之. 是亦多術中敎誨之
一術也.

《맹자(孟子)》〈진심장구 상(盡心章句上)〉에서 맹자(孟子)가 말하였다.
"군자가 가르치는 방법이 다섯 가지이니, 단비[時雨]가 변화시킨 것과
같은 경우도 있고, 덕(德)을 이루게 하는 경우도 있으며, 재질을 통달하게
하는 경우도 있고, 물음에 답한 경우도 있으며, 개인적으로 선(善)을 가지

---

41 좋게 … 것이다:《맹자집주대전(孟子集註大全)》〈고자장구 하(告子章句下)〉 16장 소주(小註)에
나온다.

고 (자신을) 다스리는 경우도 있다. 이 다섯 가지는 군자가 가르치는 방법이다."

孟子曰: "君子之所以敎者五, 有如時雨化之者, 有成德者, 有達財者, 有答問者, 有私淑艾者, 此五者君子之所以敎也."

주희(朱熹)가 말하였다.[42]

"(군자가 가르치는) 다섯 가지 방법은 대개 인품(人品)의 고하(高下)나 혹은 거리의 원근(遠近)과 시대의 선후(先後)가 똑같지 않음으로 인한 것이다. 단비[時雨]는 때맞춰 내리는 비이다. 초목이 자랄 적에 파종하고 잘 북돋아 주어 사람의 노력이 이미 지극하지만 스스로 변화하지 못하니, 이때 부족한 것은 비의 자양(滋養)일 뿐이다. 이때에 비가 내리면 그 변화가 빠르다. 사람을 가르치는 묘함 역시 이와 같으니, 예를 들면 공자(孔子)가 안자(顔子), 증자(曾子)를 대한 것과 같은 것이 이런 경우이다.

재(財)는 재질[材]와 같다. 각각 그 장점에 따라 그를 가르치는 것이다. 덕을 이루게 함[成德]은 공자가 염백우(冉伯牛)[43]와 민자건(閔子騫)[44]을

---

42 《맹자집주(孟子集註)》〈진심장구 상(盡心章句上)〉에 나온다.

43 염백우(冉伯牛, 기원전 544~?): 춘추시대 노(魯)나라 사람으로 이름은 경(耕)이고 자는 백우(伯牛)이다. 공자(孔子)의 제자로 덕행(德行)으로 이름이 났다. 공자가 노나라 사구(司寇)로 있을 때 중도재(中都宰)로 삼았다. 질병에 걸려 위독해지자 공자가 문병을 한 뒤 손을 잡고 슬퍼하면서 "이런 사람에게 이런 병이 걸리다니, 운명이로구나[斯人也而病而有斯疾 命也夫]."라고 말했다. 송나라 진종(眞宗) 대중상부(大中祥符) 2년(1009) 동평공(東平公)에 추봉되었다.

대한 것과 같은 것이다. 재질을 통달하게 함[達財(材)]은 공자가 자로(子路)45와 자공(子貢)46에 대해서와 같은 경우이다. 가령 그의 물음에 답하다는 공자가 번지(樊遲)47에 대한 것과 맹자(孟子)가 만장(萬章)48에 대한 것과 같은 경우이다.

사(私)는 마음속[竊]이고, 숙(淑)은 선함[善]이며, 예(艾)는 다스림[治]이다. 사람이 간혹 문하에 이르러 수업하지 못하고 다만 군자의 도(道)를 다른 사람에게 듣고 마음속에서 선(善)으로 그 자신을 다스린다면 이 또한 군자의 가르침이 영향을 준 것이니, 예를 들면 공자(孔子)가 진항(陳亢)49에 대한 것과 맹자가 이지(夷之)에 대한 것과 같은 경우가

---

44 민자건(閔子騫, ?~?): 춘추시대 노(魯)나라 사람으로 이름은 손(損)이고, 자는 자건(子騫)이다. 공자(孔子)의 제자였으며, 효성과 덕행으로 유명하다. 어려서 부모로부터 모진 학대를 받았지만 효도를 극진히 하여 부모를 감동시켰다고 한다. 권력 앞에서도 굽히지 않는 의기를 지녔었다. 송나라 진종(眞宗) 대중상부(大中祥符) 2년(1009) 낭야공(瑯邪公)에 추봉(追封)되었다.

45 자로(子路, 기원전 543~기원전 480): 춘추시대 노(魯)나라 변(卞) 사람으로 이름은 중유(仲由)고, 계로(季路)로도 불렸다.

46 자공(子貢, 기원전 520?~기원전 456?): 춘추시대 위(衛)나라 사람으로 성은 단목(端木)이고, 이름은 사(賜)며, 자가 자공이다. 공문십철(孔門十哲)의 한 사람으로 재아(宰我)와 더불어 언어와 사령(辭令)에 뛰어났다고 한다. 이재가(理財家)로서도 알려져 수천 금(金)의 재산을 모았다. 공자가 죽은 뒤 노나라를 떠나 위(衛)나라에 가서 벼슬했으며, 제(齊)나라에서 죽었다. 일찍이 제·오·진·월(齊吳晉越) 등 여러 나라에 가서 유세하여 오나라로 하여금 제나라를 공격하게 해 노나라를 구했다. 송나라 진종(眞宗) 대중상부(大中祥符) 2년(1009) 여양공(黎陽公)에 추봉되었다.

47 번지(樊遲): 《대학연의보》 권72 주) 17 참조.

48 만장(萬章): 전국시대 제(齊)나라 사람으로 맹자(孟子)의 제자다. 《맹자(孟子)》 만장장구(萬章章句)에 그가 맹자에게 도를 묻고 대화한 기록이 나온다.

49 진항(陳亢, 기원전 511?~?): 춘추시대 말기 진(陳)나라 사람으로 자는 자원(子元) 또는 자항(子亢), 자금(子禽)이다. 공자(孔子)의 제자다. 송나라 진종(眞宗) 대중상부(大中祥符) 2년(1009) 남돈후(南頓侯)에 추봉되었다.

이것이다. 맹자 역시 말하기를 '나는 공자의 문하의 제자가 되지는 못하였다. 나는 개인적으로 여러 사람에게서 직접 배우지는 못했으나 그들을 본받아서 도와 학문을 닦았다.'라고 하였다. 성현이 가르침을 베풂은 각기 그 재질에 따라 작은 사람은 작게 이루어 주고 큰 사람은 크게 이루어 주니, 버려지는 사람이 없다."

朱熹曰: "五者蓋因人品高下, 或相去遠近先後之不同. 時雨, 及時之雨也, 草木之生, 播種封植人力已至而未能自化, 所少者雨露之滋耳, 及此時而雨之則其化速矣, 教人之妙亦猶是也, 若孔子之於顏·曾是已. 財與材同, 各因其所長而教之者也, 成德如孔子之於冉·閔, 達材如孔子之於由·賜. 就所問而答之, 若孔孟之於樊遲·萬章也. 私, 竊也; 淑, 善也; 艾, 治也. 人或不能及門受業, 但聞君子之道於人而竊以善治其身, 是亦君子教誨之所及, 若孔孟之於陳亢·夷之是也, 孟子亦曰 '予未得爲孔子徒也, 予私淑諸人也'. 聖賢施教各因其材, 小以成小, 大以成大, 無棄人也."

장식(張栻)이 말하였다.[50]

"《예기(禮記)》〈학기(學記)〉에 '그 적절함이 시(時)이다.'라고 하였으니, 이른바 단비[時雨]가 변화시키는 것과 같다. 때에 알맞은 비가 만물을 낳고 기르는 것과 같은 것을 말한다. 지금 만물(萬物)의 싹이 나오려고 하고 껍질이 터지려고 하니, 이때에 비가 내리면 모두 이루어

---

50 《계사맹자설(癸巳孟子說)》 권7에 나온다.

질 수 있다. 대개 빠르지도 않고 늦지도 않으며 그 적절한 때를 맞추어 그것과 만나니, 다른 데에서 구할 필요가 없는 것이다. 군자의 가르침은 살피는 것이 자세하니, 가르치는 사람과 배우는 사람에게 마치 만물이 단비를 맞은 것과 같아서 도달한 사람과 도달하지 못한 사람 사이에 서로 의뢰하는 바가 깊게 한다. 구산(龜山) 양시(楊時)[51]는 공자가 증자(曾子)에게 '나의 도(道)는 한 가지로 그것을 관통한다.'라고 말한 것과 같은 것이 이것이라고 하였다. 대개 증자는 질문한 적이 없지만 공자가 불러서 그에게 말해 주었으니, 적절한 때에 맞춘 경우이다.

덕(德)을 이루게 하는 것은 그 가지고 있는 덕에 따라 이루게 하는 것이니, 안자(顏子)와 민자건(閔子騫), 중궁(仲弓)[52]과 같은 경우이다. 그 덕이 보존된 것은 비록 그 사람에게 보존되어 있지만, 그것을 완성하

---

51 양시(楊時, 1053~1135): 북송 말기 검남(劍南) 장락(長樂) 사람으로 자는 중립(中立)이고, 호는 구산(龜山)이다. 채경(蔡京)이 나라를 망치고 백성들에게 해를 끼친다고 비판했고, 왕안석(王安石)의 학문을 극력 배척했다. 신종(神宗) 희녕(熙寧) 9년(1076) 진사가 되었지만, 관직에 나가지는 않았다. 고종(高宗)이 즉위하자 공부시랑(工部侍郞)이 되었다. 정호(程顥)와 정이(程頤) 형제에게 사사(師事)했는데, 특히 형 정호의 신임을 받았다. 정호와 정이의 도학을 발전시켜 낙학(洛學)의 대종(大宗)이 되었고, 문하에서 주자(朱子)와 장식(張栻), 여조겸(呂祖謙) 등 뛰어난 학자가 많이 배출되었다. 유초(游酢), 여대림(呂大臨), 사량좌와 함께 정문사선생(程門四先生)으로 불렸다. 시호는 문정(文靖)이다. 저서에 《구산집(龜山集)》 42권과 《구산어록(龜山語錄)》 4권, 《이정수언(二程粹言)》 2권 등이 있다.

52 중궁(仲弓, 기원전 522~?): 춘추시대 말기 노(魯)나라 사람으로 이름은 염옹(冉雍)이다. 공자(孔子)의 제자로 안연(顏淵), 민자건(閔子騫) 등과 함께 덕행(德行)에 뛰어났다. 계손씨(季孫氏)의 가신(家臣)을 지냈지만 자신을 낮추었고, 정치적 수단이 있어 공자로부터 한 나라를 다스릴 만한 인물이라는 평을 받았다. 공자에게 정치에 대해 묻기도 했다. 한미(寒微)한 집안 출신이었지만 매우 어질어 공자에게 칭찬을 받았다. 송나라 진종(眞宗) 대중상부(大中祥符) 2년(1009) 천하비공(天下邳公)에 추봉되었다.

는 것은 성인(聖人)이다. 재질을 통달하게 하는 것은 그 재질에 따라 통달하게 하니, 자공(子貢)의 통달과 자로(子路)의 과단성과 염구(冉求)[53] 의 기예와 같다. 하늘로부터 부여받은 자질에 따라 통달하게 한 것이니, 그들의 재질을 다하게 하는 것이 곧 가르침의 공(功)이다."

張栻曰: "記曰 '當其可之謂時.', 所謂有如時雨之化者也. 言如時雨之造化萬物也. 今夫物之萌者欲發, 甲者欲拆, 於是時也, 而雨及之, 則皆得以遂矣. 蓋不先不後, 當其可而適與之會, 無待於彼之求也. 君子之敎, 其察之精矣, 於其告之得之者, 如物之被時雨焉. 其於欲達未達之間, 所賴者深矣, 龜山楊氏以爲如告曾子以'吾道一以貫之'是也. 蓋曾子未嘗問, 而夫子呼以告之, 當其可也. 成德者, 因其有德而成之, 如顏·閔·仲弓之徒, 其德之所存, 雖存乎其人, 而成之者, 聖人也. 達材者, 因其材而達之, 如賜之達, 由之果, 求之藝, 隨其天資所稟而達之, 使盡其材, 則敎之功也."

신은 이렇게 생각합니다. 이 장은 성현(聖賢)이 가르치는 방법을 말하였습니다. 선대의 유학자인 조순손(趙順孫)이 말하기를 "군자가 다른 사람을 가르치는 것은 천지가 물(物)을 낳는 것과 같이 각각 그 재질

---

53 염구(冉求, 기원전 522~?): 춘추시대 말기 노(魯)나라 사람으로 자는 자유(子有) 또는 염유(冉有)며, 염옹(冉雍), 염경(冉耕)과 친족이다. 공자(孔子)의 제자로 정사(政事)에 밝아 계손씨(季孫氏)의 가신(家臣)이 되었다. 계씨(季氏)를 위해 재물을 모으고 세금을 거두었는데, 공자는 제자들에게 그를 성토하게 했다. 송나라 진종(眞宗) 대중상부(大中祥符) 2년(1009) 팽성공(彭城公)에 추봉되었다.

에 따라서 돈독하게 한다."[54]라고 하였습니다. 천지(天地)는 버리는 물(物)이 없고, 성현은 버리는 사람이 없습니다.

臣按: 此章, 聖賢施敎之道. 先儒謂君子之敎人, 如天地之生物, 各因其材而篤焉. 天地無棄物, 聖賢無棄人.

《맹자(孟子)》〈진심장구 상(盡心章句上)〉에서 말하였다.

공손추(公孫丑)가 말하기를 "도(道)는 높고 아름다우나 하늘에 오르는 것과 같아서 따라갈 수 없을 듯합니다. 그런데도 어찌하여 저들로 하여금 거의 도달할 수 있다고 여기게 하여 날마다 부지런히 힘쓰게 하지 않습니까?"라고 하였다. 맹자가 말하기를 "큰 목수가 졸렬한 목공을 위하여 먹줄과 먹통을 고치거나 폐하지 않으며, 예(羿)가 졸렬한 사수를 위하여 활시위를 당기는 기준[彀]을 변경하지 않는다. 군자는 활시위를 당기기만 하고 쏘지 않으나【引은 활을 당기는 것이다.】【發은 화살을 쏘는 것이다.】 실제로 쏘는 것처럼 하고서【躍如는 좋아하며 나가는 것이다.】 중도(中道)에 서 있으면 할 수 있는 자가 따르는 것이다."라고 하였다.

公孫丑曰: "道則高矣美矣, 宜若登天然, 似不可及也, 何不使彼爲可幾及而日孳孳也." 孟子曰: "大匠不爲拙工改廢繩墨, 羿不爲拙射變其彀率【彎弓之限】, 君子引【引弓也】而不發【發矢也】, 躍如【如踴躍而出也】也, 中道而立, 能者

---

54 군자가 … 한다:《맹자집주대전(孟子集註大全)》〈진심장구 상(盡心章句上)〉 40장 소주(小註)에 나온다.

從之."

　주희(朱熹)가 말하였다.[55]

　"다른 사람을 가르치는 자는 모두 바꿀 수 없는 법이 있으니, 스스로 (기준을) 낮추어 배우는 자들이 능하지 못함을 따르는 것을 용납할 수 없음을 말한 것이다. 또 활시위를 당기는 기준[彀率]에 의거하여 말하기를 '군자가 사람을 가르침에 다만 그것을 배우는 원칙을 전수해 주고 이미 터득한 신묘함은 말해 주지 않으니, 이는 마치 활 쏘는 자가 활시위를 당기기만 하고 화살을 발사하지 않는 것과 같다. 그러나 말해 주지 않은 것이 이미 실제로 쏜 것처럼 앞에 나타난 것과 같다'라고 하였다. 중(中)은 지나치거나 도달하지 못함이 없음을 말하니, '중도에 서 있다[中道而立].'는 어렵지도 않고 쉽지도 않음을 말하는 것이고, '능한 자가 따른다[能者從之].'는 배우는 자가 마땅히 스스로 힘써야 함을 말한 것이다.

　이 장은 도(道)는 일정한 체(體)가 있고 가르침은 이루어진 원칙이 있으니, 낮은 것을 높여서는 안 되고 높은 것을 낮추어서는 안 되며, 말해도 드러낼 수 없고 침묵해도 감출 수 없음을 말한 것이다."

　朱熹曰: "言敎人者皆有不可易之法, 不容自貶以徇學者之不能也, 又因

---

55 《맹자집주(孟子集註)》〈진심장구 상(盡心章句上)〉에 나온다.

> 殼率而言君子教人但授以學之之法, 而不告以得之之妙, 如射者之引弓
> 而不發矢然, 其所以不告者已如踴躍而見於前矣. 中者無過不及之謂,
> 中道而立言其非難非易, 能者從之言學者當自勉也. 此章言道有定體,
> 教有成法, 卑不可抗, 高不可貶, 語不能顯, 默不能藏."

장식(張栻)이 말하였다.[56]

"공손추(公孫丑)의 생각은 맹자(孟子)의 도(道)가 높고 커서 배우는 자가 나아가기 어려운 근심이 있다고 여겨서 조금 낮추어 나아가게 하여 거의 도달하게 하는 데에 부지런하도록 바란 것이다. 무릇 성인(聖人)의 도는 천하의 바른 이치이니, 지나쳐서도 안 되고 미치지 못해서도 안 된다. 낮은 곳에서 보면 매우 높다고 여겨져서 높은 것이 중(中)이 되는 것을 알지 못하며, 좁은 곳에서 보면 매우 크다고 여겨져서 큰 것이 정상이 되는 것을 알지 못한다. 저것을 따라 영합하면 도가 되는 바가 아니다. 그러므로 맹자는 큰 목수의 먹줄과 예(羿)의 활시위를 당기는 기준에 비유하였다. 대개 먹줄은 고칠 수 있으면 먹줄이 아니고, 활시위를 당기는 기준은 변할 수 있으면 활시위를 당기는 기준이 아니다.

군자가 사람을 가르침은 활시위를 당기지만 쏘지 않고, 당겨서 방향을 향하도록 하니, 쏘는 것은 저들에게 달려 있다. 좋아하며 나아가는 것은 그 스스로 얻는 것을 말하니, 마음에 흥기하는 바가 있는

---

56 《계사맹자설(癸巳孟子說)》 권7에 나온다.

것과 같다. 대개 의리(義理)는 본래 그 마음에 보존되어 있는데, 예전에는 가라앉아 있었으나 지금 흥기했을 따름이다. 도는 중(中)을 지극함으로 삼아 중도(中道)에 서면 능한 자는 진실로 따르고 능하지 못한자는 역시 그를 어떻게 할 수 없다. 다만 큰 목수가 먹줄을 설치하고, 예(羿)가 활시위를 당기는 기준을 두어 보여 주니 잘하고 잘하지 못한것은 그 사람에게 달려 있을 뿐이다. 중도에 서면 잘하는 자는 그를따른다는 것이, 이것이 바르고 큰 체(體)이고 천지의 상태[精]이다."

張栻曰: "公孫之意, 以爲孟子之道高大, 學者有難進之患. 欲少抑而就之, 庶其可以幾及, 而爲之孳孳也. 夫聖人之道, 天下之正理, 不可過也, 不可不及也. 自卑者視之, 以爲甚高, 而不知高之爲中也. 自隘者視之, 以爲甚大, 而不知大之爲常也. 徇彼而遷就, 則非所以爲道矣. 故孟子以大匠之繩墨, 羿之彀率爲譬. 夫繩墨而可改, 則非所以爲繩墨矣. 彀率而可變, 則非所以爲彀率矣. 君子之敎人, 引而不發, 引之使向方, 而發則係於彼也. 躍如者, 言其自得之, 如有所興起於中也. 蓋義理素存乎其心, 向也陷溺, 而今焉興起耳. 道以中爲至, 中道而立, 其能者固從之, 其不能者, 亦莫如之何也已. 亦猶大匠設繩墨, 羿爲設彀率以示人, 其能與不能, 則存乎其人耳. 中道而立, 能者從之. 此正大之體, 而天地之情也."

《맹자(孟子)》〈진심장구 상(盡心章句上)〉에서 말하였다.

공도자(公都子)가 말하기를 "등경(滕更)이 문하에 있을 때에 예우할 대상으로 볼 수 있는데도 (선생께서) 그의 물음에 대답하지 않은 것은 어째서입니까?"라고 하였다. 맹자가 말하기를 "귀한 신분을 믿고 물으며, 어짊을 믿고 물으며, 나이 많음을 믿고 물으며, 공로가 있음을 믿고 물으며, 저의를 가지고 묻는 경우는 모두 대답하지 않은 것이니, 등경이 이 가운데 두 가지를 가지고 있었다."라고 하였다.

> 公都子曰: "滕更之在門也, 若在所禮而不答, 何也?" 孟子曰: "挾貴而問, 挾賢而問, 挾長而問, 挾有勳勞而問, 挾故而問, 皆所不答也. 滕更有二焉."

조기(趙岐)[57]가 말하였다.[58]

"등경(滕更)은 등(滕)나라 군주의 아우로 (맹자에게) 찾아와서 배운 자이다. 두 가지는 귀한 신분을 믿음[挾貴]과 어짊을 믿음[挾賢]을 말한다."

> 趙岐曰: "滕更, 滕君之弟來學者也. 二, 謂挾貴挾賢也."

---

57 조기(趙岐, 108?~201): 후한 경조(京兆) 장릉(長陵, 섬서성 咸陽) 사람으로, 초명은 가(嘉)고, 자는 빈경(邠卿) 또는 대경(臺卿)이다. 환제(桓帝) 영흥(永興) 2년(154) 사공연(司空掾)으로 불렸다. 피씨장(皮氏長)과 경조윤공조(京兆尹工曹) 등을 거쳤다. 환관 당형(唐衡)에 대해 비판하다가 가속과 친척들이 살해당하자 화를 피해 변성명하고 북해(北海)에서 떡을 팔며 생활했다. 당형이 죽자 다시 나와 삼부(三府)에서 서로 불러 병주자사(幷州刺史)에 올랐는데, 당파에 연좌되어 면직되었다. 영제(靈帝) 때 당고(黨錮)를 당해 10여 년을 보냈다. 헌제(獻帝) 때 불려 의랑(議郎)에 오르고 태상(太常)으로 옮겼다. 마융(馬融)의 형의 딸에게 장가들어 마융에게 《주례(周禮)》에 대해 묻기도 했다. 당시 학풍과 달리 《논어》와 《맹자》의 가치를 매우 높게 평가했다. 저서에 《맹자장구(孟子章句)》가 십삼경주소(十三經注疏)에, 《삼보결록(三輔決錄)》이 묘반림(茆泮林)의 십종고일서(十種古逸書)에 각각 수록되어 있다.

58 《맹자집주(孟子集註)》 〈진심장구 상(盡心章句上)〉에 나온다.

윤돈(尹焞)이 말하였다.[59]

"믿는 바가 있으면 도를 받아들이는 마음이 전일하지 못하니, 이 때문에 대답해 주지 않으신 것이다."

尹焞曰: "有所挾, 則受道之心不專, 所以不答也."

주희(朱熹)가 말하였다.[60]

"군자가 비록 사람을 가르치기를 게을리하지 않으나 또 뜻이 정성스럽지 못한 자를 미워한 것이다."

朱熹曰: "君子雖誨人不倦, 又惡夫意之不誠者."

장식(張栻)이 말하였다.[61]

"도(道)를 받아들이는 것은 마음을 비우는 것으로 바탕을 삼는다. 비어 있으면 받아들이지만, 믿는 바가 있다면 사사로운 생각이 가슴속에 먼저 뒤섞여서 가르칠 수 있겠는가. 그러므로 아무것도 없이 비어있는 비천한 사람은 성인이 과연 두 갈래의 가르침을 다하였다. 그러나 등경이 문하에 있을 때에 예우할 대상으로 볼 수 있는데도 그의

---

59 《맹자집주(孟子集註)》〈진심장구 상(盡心章句上)〉에 나온다.

60 《맹자집주(孟子集註)》〈진심장구 상(盡心章句上)〉에 나온다.

61 《계사맹자설(癸巳孟子說)》 권7에 나온다.

물음에 대답하지 않았다. 등경에게 대답하지 않은 까닭을 생각하게
하여 믿는 바를 힘써 없앨 것을 바란 것이군요!"

張栻曰: "受道者, 以虛心爲本. 虛則受, 挾則私意先橫於胸中, 而可告
語乎? 故空空之鄙夫, 聖人未嘗不竭兩端之敎. 而滕更在門, 若在所禮
而不答也. 使滕更思其所以不答之故, 於其所挾, 致力以銷弭之, 其庶
幾乎."

《순자(荀子)》〈권학(勸學)〉에서 순자(荀子)[62]가 말하였다.

학문은 어디에서 시작하고 어디에서 끝나는가. 그 방법을 말하면 경
전을 암송하는 것에서 시작하여 예(禮)를 읽는 것에서 끝난다. 그 의리를
말하면 선비가 되는 것에서 시작하여 성인이 되는 것에서 끝난다. 진심
을 다해 오랫동안 노력하면 (그 경지에) 들어갈 수 있으니 학문은 죽음에
이른 이후에야 그친다.

군자의 학문은 귀로 들어오고, 마음에 드러나고, 사지에 펴지고, 움직
임과 고요함에 드러난다. 소인의 학문은 귀로 들어오고, 입으로 나가는

---

62 순자(荀子, 기원전 298?~기원전 238?): 전국시대 말기 조(趙)나라 사람으로 성은 순(荀)씨고, 이
름은 황(況)이다. 순경(荀卿) 또는 손경자(孫卿子) 등으로 존칭된다. 《사기》에 전기가 전하는
데 정확성이 없지만, 진(秦)나라와 조나라에서 유세했다. 초(楚)나라 춘신군(春申君)의 천거
로 난릉(蘭陵)의 수령이 되었다. 기원전 238년 춘신군이 암살되자 벼슬에서 물러나 그곳에
서 문인교육과 저술에 전념하며 여생을 마쳤다. 저술은 당시 이미 성문(成文)으로 된 부분
이 있었지만, 현존하는 《순자》 20권 32편은 유향(劉向)이 당시 있었던 322편을 편집하여
《손경신서(孫卿新書)》 32편으로 편찬한 것을, 당나라 양량(楊倞)이 순서를 바꾸고 주를 붙여
《손경자(孫卿子)》라 했고, 나중에 간단히 《순자》라 불리게 된 것이다.

데, 입과 귀의 사이는 겨우 네 치일뿐이다.

《荀子》曰: 學惡(音烏)乎始, 惡乎終? 曰其數則始乎誦經·終乎讀禮, 其義
則始乎爲士·終乎爲聖人, 眞積力久則入, 學至乎沒而後止也. 君子之學也,
入乎耳, 著乎心, 布乎四體, 形乎動靜: 小人之學也, 入乎耳, 出乎口, 口耳
之間, 財四寸耳.

신은 이렇게 생각합니다. 정이(程頤)가 말하기를 "배움이 지극하지 않
더라도 그 말이 지극한 경우 그 말을 따르면 역시 도(道)에 들어갈 수
있다.《순자(荀子)》에서는 '진심을 다해 오랫동안 노력하면 이에 (그 경
지에) 들어갈 수 있다.'라고 하였는데, 순경(荀卿)은 원래 이것을 알지
못한 것이다."[63]라고 하였습니다. 신은 이것이 이른바 현인(賢人)이지
만 성인의 도를 말한 것이라 생각합니다.

臣按: 程頤謂學未至而其言至者, 循其言亦可以入道.《荀子》曰 "眞積
力久乃入", 荀卿元不知此, 臣竊謂此所謂賢人而言聖人之道也.

양자(楊子)[64]가 말하였다.[65]

학문에 힘쓰는 것은 스승을 구하는 데에 힘쓰는 것만 못하다. 스승은
사람의 모범이나, 법식이 법식답지 않고 모범이 모범답지 않은 경우가

---

63 배움이 … 것이다:《이정유서(二程遺書)》권25에 나온다.

적지 않다. 시장에서의 작은 다툼으로는 다른 사람의 뜻을 이길 수 없고, 한 권의 책으로는 이설(異說)을 이길 수 없다. (그러나) 시장의 작은 다툼에서 반드시 공평함을 세울 수 있고, 한 권의 책으로도 반드시 스승을 세울 수 있다. 익히고 또 익혀라! 그릇된 것을 익혀 옳은 것을 이기는데, 하물며 옳은 것을 익혀 그릇된 것을 이기는 것에서이겠는가. 아! 배우는 자는 그 옳음을 살필 뿐이다. 어떤 이가 "어떻게 옳은 것을 알고 익히겠습니까?"라고 물으니, 대답하기를 "해와 달을 보고 여러 별들이 작음을 알며, 성인을 우러러보고 여러 이설들의 작음을 안다."라고 하였다.

《揚子》曰: 務學不如務求師, 師者人之模範, 模不模·範不範爲不少矣, 一闤之市, 不勝異意焉, 一卷之書, 不勝異說焉. 一闤之市必立之平, 一卷之書必立之師. 習乎習, 以習非之勝是也, 況習是之勝非乎? 於戲, 學者審其是而已矣. 或曰焉知是而習之? 曰視日月而知衆星之蔑(微也)也, 仰聖人而知衆說之小也.

64 양자(楊子, 기원전 53~18): 양자(楊子)는 양웅(楊雄 또는 揚雄)을 말한다. 전한 촉군(蜀郡, 사천성) 성도(成都) 사람으로 자는 자운(子雲)이다. 40여 살 때 처음으로 경사(京師)에 가서 문장으로 부름을 받아, 성제(成帝)의 여행에 수행하며 쓴 〈감천부(甘泉賦)〉와 〈하동부(河東賦)〉, 〈우렵부(羽獵賦)〉, 〈장양부(長楊賦)〉 등을 썼는데, 화려한 문장이면서도 성제의 사치를 꼬집는 풍자도 잊지 않았다. 나중에 왕망(王莽) 밑에서도 일해 대부(大夫)가 되었다. 천록각(天祿閣)에서 책을 교정했다. 시대에 적응하지 못한 자신의 불우한 원인을 묘사한 〈해조(解嘲)〉와 〈해난(解難)〉도 독특한 여운을 주는 산문이다. 학자로서 각 지방의 언어를 집성한 《방언(方言)》과 《역경(易經)》에 기본을 둔 철학서 《태현경(太玄經)》, 《논어》의 문체를 모방한 《법언(法言)》, 《훈찬편(訓纂篇)》 등을 저술했다.

65 《법언(法言)》 〈학행편(學行篇)〉에 나온다.

사마광(司馬光)[66]이 말하였다.[67]

"남방의 풍속은 이마에 먹물로 문신을 새기는 것을 아름다움으로 여기고, 강(羌)과 융(戎)의 풍속은 주검을 불태우는 것을 영광으로 여긴다. 익힌 것을 편안히 여겨서 잘못된 것을 알지 못하니, 작은 도(道)를 익히는 것도 이러한 부류이다. 사람이 진실로 성인의 도에 마음을 다한다면 여러 이설들을 배우기에는 부족한 것임을 쉽게 알 수 있다."

司馬光曰: "南方之俗以雕題爲美, 羌戎之俗以焚尸爲榮, 安於所習不知其非, 習小道者亦類於此. 人苟盡心於聖人之道, 則衆說之不足學易知矣."

---

66 사마광(司馬光, 1019~1086): 북송 섬주(陝州) 하현(夏縣) 사람으로 자는 군실(君實)이고, 호는 우부(迂夫) 또는 우수(迂叟)며, 시호는 문정(文正)으로, 사마지(司馬池)의 아들이다. 왕안석(王安石)이 시행한 신법(新法)을 극력 반대하여 "조종의 법은 바뀔 수 없다(祖宗之法不可變)"는 이유로 왕안석, 여혜경(呂惠卿) 등과 여러 차례 논쟁을 벌이다가 추밀부사(樞密副使)를 사퇴하고 영흥지군(永興知軍)으로 나갔다. 신종(神宗) 희녕(熙寧) 4년(1071) 서경어사대(西京御史臺)에 있다가 물러나 15년 동안 낙양(洛陽)에 살면서 역사서를 편찬하는 데 전념했을 뿐 시사(時事)는 입에 담지 않았다. 철종(哲宗)이 즉위하여 태황태후(太皇太后) 고씨(高氏)가 임조(臨朝)하자 문하시랑(門下侍郞)으로 기용되고, 좌복야(左僕射)에 오르면서 조정을 장악했다. 유지(劉摯)와 범순인(范純仁), 범조우(范祖禹), 여대방(呂大防) 등을 기용하면서 신법을 철폐하고 옛 제도를 회복시켰다. 재상으로 있은 지 8개월 만에 죽어 태사(太師)에 추증되었다. 처음에 전국시대부터 진이세(秦二世)까지의 역사를 엮어 《통지(通志)》 8권을 편찬했는데, 영종(英宗)의 명령으로 이를 속찬하게 되고, 신종이 이름을 《자치통감(資治通鑑)》이라 고쳐 불렀다. 원풍(元豐) 7년(1084) 완성했다. 그 밖의 저서에 《속수기문(涑水紀聞)》과 《사마문정공집(司馬文正公集)》, 《계고록(稽古錄)》 등이 있다.

67 《법언(法言)》 권1 〈학행편(學行篇)〉 사마광(司馬光)의 소주(小註)에 나온다.

양자(楊子)가 또 말하였다.[68]

배움이라는 것은 군자가 되는 것을 구하는 것이다. 구하고서도 얻지 못한 경우는 있지만, 구하지 않고서 얻은 자는 없었다.

> 又曰: 學者所以求爲君子也, 求而不得者有矣, 夫未有不求而得者也.

신은 이렇게 생각합니다. 이치에는 선(善)도 있고 악(惡)도 있으며, 사람에게는 군자도 있고 소인도 있습니다. 사람이 되어 군자가 되기를 구하고 소인이 되려고 하지 않으나, 배우지 않으면 할 수 없습니다. 배움이라는 것은 선을 밝히고 악을 제거하는 것입니다. 선이 밝혀지고 악이 제거되면 소인이 되지 않고 군자가 됩니다.

> 臣按: 理有善有惡, 人有君子有小人, 爲人而求爲君子而不爲小人, 非學不能也, 學也者所以明善而去惡也, 善明而惡去, 則不爲小人而爲君子矣.

한유(韓愈)[69]가 말했다.[70]

"옛날의 배우는 자에게는 반드시 스승이 있으니, 스승은 도(道)를 전하고 일을 배우며 의혹을 풀어 주는 사람이다. 사람은 태어나면서 아는 자가 아닌데, 누가 의혹이 없을 수 있겠는가. 의혹이 있는데도 스승을 따르

---

68 《법언(法言)》〈학행편(學行篇)〉에 나온다.

지 않으니, 그 의혹됨을 끝내 풀 수 없다. 이 때문에 도가 보존되는 곳은 스승이 있는 곳이다.

아! 스승의 도가 전해지지 않은 것이 오래되었으니, 사람이 의혹이 없고자 하나 어렵다. 옛날의 성인은 다른 사람보다 매우 뛰어났으나 오히려 또 스승을 따라다니면서 물었다. 지금의 보통사람들은 성인보다 한참 아래인데도, 스승에게 배우는 것을 부끄러워한다. 그러므로 성인은 더욱 성인이 되고, 어리석은 사람은 더욱 어리석어진다."

韓愈曰: "古之學者必有師, 師者所以傳道·受業·解惑也. 人非生而知之者, 孰能無惑? 惑而不從師, 其爲惑也終不解矣. 是故道之所存, 師之所存也. 嗟乎, 師道之不傳也久矣, 欲人之無惑也難矣. 古之聖人其出人也遠矣, 猶且從師而問焉, 今之衆人其下聖人也亦遠矣, 而恥學於師, 是故聖益聖·愚益愚."

주돈이(周惇頤)[71]가 말하였다.[72]

"어떤 이가 '누가 천하(天下)를 선(善)하게 만듭니까?'라고 물으니, 대답하기를 '스승이다.'라고 하였다. (어떤 이가) '무슨 뜻입니까?'라고 물으니, 대답하기를 '성(性)이라는 것은 강직함과 부드러움, 선함과 악함의 중(中)

---

69 한유(韓愈, 768~824): 당나라 하남(河南) 하양(河陽) 사람으로 자는 퇴지(退之)고, 창려선생(昌黎先生)으로도 불린다. 유가의 사상을 존중하고 도교와 불교를 배격했으며, 송나라 이후의 도학(道學)의 선구자가 되었다. 저서에 《창려선생집(昌黎先生集)》 40권과 《외집(外集)》 10권, 《유문(遺文)》 1권 등이 있다. '당송팔대가(唐宋八大家)' 가운데 한 사람이다.

70 〈사설(師說)〉에 나온다.

일 뿐이다. 도달하지 못한 것으로 말하면 강직[强]의 선은 의로움·정직·
단호함·엄하고 굳셈·근본이 단단함이 되고, 강직의 악은 사나움·편협
함·제멋대로 날뜀이 된다. 부드러움의 선은 자애로움·순응함·겸손함
이 되고, 부드러움의 악은 나약함·결단력이 없음·사악하고 아첨함이
된다.

오직 중(中)이라는 것만이 조화롭고 절도에 맞으며, 천하의 공통된 도
이고 성인의 일이다. 그러므로 성인이 가르침을 세워 사람으로 하여금
스스로 그 악을 바꾸고, 스스로 그 중(中)에 이르러 머무르게 하였다. 그
러므로 먼저 깨우친 사람은 뒤에 깨우친 사람을 깨우쳐 어두운 자가 밝
음을 구하니 스승의 도(道)가 세워진다. 스승의 도가 세워지면 선한 사람
이 많아지고, 선한 사람이 많아지면 조정이 바르게 되고 천하가 다스려
진다.'라고 하였다.”

周惇頤曰: “或問曰曷爲天下善? 曰師. 曰何謂也? 曰性者剛柔善惡中而已
矣. 不達, 曰剛善爲義·爲直·爲斷·爲嚴毅·爲幹固, 惡爲猛·爲隘·爲强

---

71 주돈이(周惇頤, 1017~1073): 북송 도주(道州) 영도(營道, 호남성 道縣) 사람으로 본명은 돈실(敦實)
이었지만 영종(英宗)의 이름 때문에 ‘돈이’로 고쳤다. 자는 무숙(茂叔)이고, 호는 염계(濂溪)
며, 시호는 원공(元公)이다. 《주역》에 정통했고, 명리(名理)를 논하기 좋아했으며, 무극(無極)
과 태극(太極), 이기(理氣), 심성명(心性命) 등의 철학 범주를 제안하고, 입성주정(立誠主靜) 학
설을 세워 도학(道學)을 창시한 사람이 되었다. 공자묘(孔子廟)에 종사되었다. 염학(濂學)의
창시자로, 정호(程顥), 정이(程頤), 소옹(邵雍), 장재(張載)와 함께 ‘북송오자(北宋五子)’ 중 한 사
람이다. 정호와 정이가 그의 문하에서 공부했다. 진단(陳摶)의 〈무극도(無極圖)〉를 참고하여
세계의 본체 및 형성 발전을 도식화한 〈태극도(太極圖)〉를 완성했다. 저서에 《태극도설(太
極圖說)》과 《통서(通書)》 등이 있으며, 청나라 사람이 편찬한 《주자전서(周子全書)》가 있다.

72 《통서(通書)》에 나온다.

梁, 柔善爲慈·爲順·爲巽, 惡爲懦弱·爲無斷·爲邪佞, 惟中也者和也, 中
節也, 天下之達道也, 聖人之事也. 故聖人立敎俾人自易其惡, 自至其中而
止矣. 故先覺覺後覺·暗者求於明而師道立矣, 師道立則善人多, 善人多則
朝廷正而天下治矣."

주희(朱熹)가 말하였다.[73]

"이것은 이른바 성(性)을 부여받은 기질로 말한 것이다. 강직함과 부
드러움은 진실로 음양이 크게 나뉘고 그 가운데 또 각각 음양(陰陽)이
있어서 선악으로 나뉜다. 악(惡)은 진실로 바르지 않은 것이 되고, 선
(善) 또한 반드시 모두 중(中)을 얻은 것은 아니다. 중은 조화[和]이고, 천
하의 공통된 도(道)이니, 이것은 성의 바름을 얻은 것을 말한다. 그러
나 조화를 중이라 삼은 것은 중용(中庸)과 부합하지 않는다. 대개 이 발
현함에 나아가 지나침과 미치지 못함이 없다는 것을 말한 것이니,《서
경(書經)》에서 이른바 '진실로 그 중도[中]를 잡아라.'와 같은 것이다.

악을 바꾸면 강함과 부드러움이 모두 선이 되어, 엄하고 굳세고 자
애롭고 순종하는 덕이 있고 제멋대로 날뛰고 나약한 병통이 없다. 그
중(中)에 이르면 혹은 엄하고 굳세게 되고 혹은 자애롭고 순하게 되는
것이 또 모두 절도에 맞아 크게 지나치거나 미치지 못하는 편벽됨이

73 《주원공집(周元公集)》권1〈통서(通書)〉에 부기된〈통서해(通書解)〉에 나온다. 주희(朱熹)는 1187년
(주희 58세) 주돈이의〈통서(通書)〉에 주석을 한〈통서해(通書解)〉를 완성하였으며,《주원공
집(周元公集)》〈통서(通書)〉에 부기되어 있다.

없게 된다. 스승은 사람의 악을 다스리고 사람의 중(中)하지 않음을 바로잡을 뿐이다. 스승의 도가 세워진다면 선한 사람이 많아지고, 선한 사람이 많아지면 조정이 바르게 되고 천하가 다스려지니, 이것이 천하가 선하게 되는 까닭이다."

朱熹曰: "此所謂性以氣稟而言也, 剛柔固陰陽之大分, 而其中又各有陰陽以爲善惡之分焉, 惡者固爲非正而善者亦未必皆得乎中也. 中也者和也, 天下之達道也, 此以得性之正而言也, 然其以和爲中與中庸不合, 蓋就已發無過不及者而言之, 如《書》所謂'允執厥中'者也, 易其惡則剛柔皆善, 有嚴毅慈順之德而無强梁懦弱之病矣, 至其中則其或爲嚴毅或爲慈順也, 又皆中節而無太過不及之偏矣. 師者所以攻人之惡正人之不中而已矣, 師道立則善人多, 善人多則朝廷正而天下治, 此所以爲天下善也."

《통서(通書)》에서 주돈이(周惇頤)가 또 말하였다.

"성인은 하늘을 바라고, 현인은 성인을 바라고, 선비는 현인을 바란다. 이윤(伊尹)과 안연(顏淵)은 대현(大賢)이다. 이윤은 그 군주가 요순(堯舜)이 되지 못한 것을 부끄러워하고, 한 사람이라도 제자리를 얻지 못하면 시장에서 매 맞는 것처럼 여겼다. 안연은 노여움을 (다른 사람에게) 옮기지 않았고 잘못을 두 번 하지 않았으며, 석 달 동안 인(仁)에서 벗어나지 않았다. 이윤이 뜻한 바에 뜻을 두고, 안자(顏子)가 배운 바를 배워 (그들을) 넘어서면 성인이 되고 (그들에게) 도달하면 현인이 되고 (그들에게) 도달하지 못하더라도 역시 명성을 잃지 않을 것이다."

又曰: "聖希天, 賢希聖, 士希賢. 伊尹·顏淵, 大賢也, 伊尹恥其君不爲堯舜, 一夫不得其所若撻於市, 顏淵不遷怒不貳過, 三月不違仁, 志伊尹之所志, 學顏子之所學, 過則聖及則賢, 不及則亦不失令名."

주희(朱熹)가 말하였다.[74]

"세 가지의 경우는 그 쓰임이 얕고 깊음에 따라 도달하는 곳이 가깝거나 멀게 된다. 명성을 잃지 않는 것은 성취한 실질이 있기 때문이다."

朱熹曰: "三者隨其用之淺深以爲所至之近遠, 不失令名, 以其有爲之實也."

호굉(胡宏)[75]이 말하였다.[76]

"주자(周子: 周惇頤)는 사람들이 과거에 합격하여 자신을 영화롭게 하

---

74 《주원공집(周元公集)》 권1 〈통서(通書)〉에 부기된 〈통서해(通書解)〉에 나온다.

75 호굉(胡宏, 1106~1161): 남송 건녕(建寧) 숭안(崇安, 복건성) 사람으로 자는 중인(仲仁)이고, 호는 오봉(五峰)이다. 호안국(胡安國)의 아들이고, 남송 호상학파(湖湘學派)의 개창자다. 어린 시절 양시(楊時)와 후중량(侯仲良)에게 배웠다. 아버지의 이학사상(理學思想)을 계승하여 도학 진흥을 평생의 임무로 여겼다. 형산(衡山) 아래에서 20여 년을 지냈는데, 장식(張栻)이 사사했다. 이(理)를 우주의 본체로 본 정주학파와 심(心)을 우주의 본체로 본 육구연파(陸九淵派)와는 달리, 성(性)을 우주의 본체로 보았다. 저서에 《지언(知言)》과 《오봉집(五峰集)》, 《황왕대기(皇王大紀)》 등이 있다.

고 집안을 부유하게 하며, 세상의 칭찬을 구하는 것을 일로 삼을까 염려하였기 때문에, 이윤(伊尹)이 뜻한 바에 뜻을 두라고 하였다. 사람들이 견문(見聞)을 넓히거나 문사(文辭)에 노력하거나 지혜와 능력을 자랑하거나 불교[佛敎: 공적(空寂)]를 사모하는 것을 일삼을까 염려하였기 때문에, 안자(顔子)가 배운 것을 배우라고 하였다."

胡宏曰: "周子患人以發策決科榮身肥家·希世取寵爲事也, 故曰志伊尹之所志; 患人以廣聞見·工文辭·矜智能·慕空寂爲事也, 故曰學顔子之所學."

주돈이(周惇頤)가 또 말하였다.[77]

"성인의 도(道)는 귀에 들어와 마음에 보존된다. 그것을 쌓으면 덕행이 되고, 그것을 행하면 사업(事業)이 되는데, 저렇게 문사(文辭)만을 한다면 비루해진다."

又曰: "聖人之道, 入乎耳, 存乎心, 蘊之爲德行, 行之爲事業, 彼以文辭而已者陋矣."

정이(程頤)가 말하였다.[78]

---

76 《주원공집(周元公集)》 권1 〈통서(通書)〉에 부기된 〈통서해(通書解)〉에 나온다.

77 《통서(通書)》에 나온다.

"성현의 말은 부득이하니, 대개 이러한 말이 있으면 이러한 이치가 밝아지고 이러한 말이 없으면 천하의 이치에 빠짐이 있다. 저 농기구와 그릇과 같은 기물들이 하나라도 만들어지지 않으면 살아가는 방법에 부족함이 있는 것과 같다. 성현의 말을 비록 그치려고 하여도 가능하겠는가. 그러나 천하의 이치를 다 포함하면서도 또 매우 간략하게 하였다. 후세의 사람들이 처음 책을 잡으면 문장을 우선시하니 그 지은 것이 자칫하면 성인보다 많다. 그러나 그것이 있다고 도움 되는 바가 없고, 그것이 없어도 모자란 것이 없으니, 곧 쓸모없는 군더더기 말이다. 군더더기에 그치는 것뿐 아니라 이윽고 그 요점을 얻지 못해 진실에서 떠나고 바름을 잃어 도리어 반드시 도(道)에 해가될 것이다."

> 程頤曰: "聖賢之言不得已也, 蓋有是言則是理明, 無是言則天下之理有闕焉, 如彼耒耜·陶冶之器一不制則生人之道有不足矣, 聖賢之言雖欲已得乎? 然其包函盡天下之理, 亦甚約也. 後之人始執卷則以文章爲先, 而其所爲動多於聖人, 然有之無所補, 無之無所缺, 乃無用之贅言也, 而止於贅而已, 旣不得其要則離眞失正, 反害於道必矣."

78 《이정문집(二程文集)》권10 〈답주장문서(答朱長文書)〉에 나오며, 《근사록(近思錄)》권2 〈위학(爲學)〉에도 실려 있다. 주장문(朱長文)은 중국 북송(北宋) 때의 학자이다. 소주(蘇州) 오현(吳縣) 사람으로 자는 백원(伯源), 호는 낙포(樂圃)이다. 태산선생(泰山先生) 손복(孫復)에게서 《춘추(春秋)》를 배웠으며, 태산학파(泰山學派)의 전인(傳人)이 되었다. 저서로는 《역의(易意)》, 《오군도경속기(吳都圖經續記)》, 《묵지편(墨池編)》, 《낙포여고(樂圃餘稿)》등이 있다.

주희(朱熹)가 말하였다.[79]

"옛날의 성현은 그 문(文)이 성대하다고 할 만하다. 그러나 애초에 어찌 이와 같은 문(文)을 짓는 데에 배울 뜻이 있었겠는가. 마음속에 이러한 실제가 있으면 반드시 밖에는 이러한 문이 있으니, 하늘에 이러한 기운이 있으면 반드시 해와 달과 별의 빛남이 있고, 땅에 이러한 형상이 있으면 반드시 산과 시내와 풀과 나무가 늘어져 있게 되는 것과 같다. 성현(聖賢)의 마음이 이미 이처럼 깨끗하고 밝고 순수한 실질이 있어 그 안에 크고 단단하게 채워졌다. 그 밖으로 드러나는 것도 역시 반드시 자연스럽게 조리 있고 분명하여 광휘가 드러나 덮을 수 없고 반드시 언어에 의탁할 필요도 없으나, 서책에 드러난 이후에 문(文)이라고 하였다.

다만 한 몸으로 모든 일에 접하여 무릇 그 말하고 침묵하는 사이에 사람들이 볼 수 있는 것은 가는 곳마다 모두 문(文)이 아닌 것이 없다. 우선 가장 뛰어난 것을 들어 말하면《주역(周易)》의 괘획(卦劃),《서경(書經)》의 기언(記言),《시경(詩經)》의 영가[詠歌: 시가(詩歌)],《춘추(春秋)》의 술사(述事),《예기(禮記)》의 위의(威儀),《악경(樂經)》의 절주(節奏)가 모두 이미 나열되어 육경(六經)이 되어서 만세(萬世)에 드리우니, 그 문의 성대함은 후세에서는 진실로 미칠 수 없다. 그러나 그 성대하면서도 미칠 수 없는 것들이 어찌 유래한 바가 없겠는가마는 세상에서 또한 알지 못할 뿐이다."

朱熹曰: "古之聖賢其文可謂盛矣, 然初豈有意學爲如是之文哉? 有是

---

79 《회암집》 권70 〈잡저(雜著) 독당지(讀唐志)〉에 나온다.

實於中則必有是文於外, 如天有是氣則必有日月星辰之光耀, 地有是形
則必有山川草木之行列, 聖賢之心既有是精明純粹之實, 以磅礴充塞乎
其內則其著見於外者, 亦必自然條理分明・光輝發越而不可掩蓋, 不必
托於言語・著於簡冊而後謂之文, 但是一身接於萬事, 凡其語默人所可
得而見者無適而非文也, 姑擧其最而言則《易》之卦畫・《書》之記言・
《詩》之詠歌・《春秋》之述事・與夫《禮》之威儀・《樂》之節奏, 皆已列爲
六經而垂萬世, 其文之盛後世固莫能及, 然其所以盛而不可及者, 豈無
所自來而世亦莫之識已."

정이(程頤)가 말하였다.[80]

"옛날에는 배우는 것이 하나였고, 지금은 배우는 것이 셋이니, 이단(異
端)은 허용되지 않았다. 첫째는 사장(詞章)의 학문이고, 둘째는 훈고(訓詁)
의 학문이고, 셋째는 유자(儒者)의 학문이다. 도(道)를 추구하고자 한다면
유자의 학문을 버려서는 안 된다. 배움은 곧 도를 목표로 삼고, 사람은
곧 성인(聖人)을 목표로 삼는 것을 말한다."

程頤曰: "古之學者一, 今之學者三, 異端不與焉. 一曰詞章之學, 二曰訓詁
之學, 三曰儒者之學. 欲趣道, 舍儒者之學不可, 言學便以道爲志, 言人便
以聖爲志."

---

80 《이정유서(二程遺書)》 권18 〈유원승수편(劉元承手編)〉에 나온다.

신은 이렇게 생각합니다. 정이(程頤)는 지금 배우는 것이 세 가지로 사장(詞章)·훈고(訓詁)·유자(儒者)가 있다고 말했습니다. 신의 생각으로는 사장과 훈고 모두 유학(儒學)의 일입니다. 사장으로 의사를 전달하고 훈고로 경전을 해석하니, 유자는 진실로 이것을 제외하고는 학문으로 삼을 수는 없습니다. 다만 지엽적인 문장을 짓는 것에만 멋대로 뜻을 두어 의리(義理)에 근본하지 않고, 언어라는 말단에 뜻이 국한되어 도리(道理)를 구하지 않으면 안 됩니다.

> 臣按: 程氏言今之學者有三, 謂詞章·詞詁·儒者也. 臣竊以謂詞章·訓詁皆儒學之事也, 詞章以達意, 訓詁以解經, 儒者固不能外此以爲學, 但肆意乎枝葉之文而不根乎義理, 局志於言語之末而不求夫道理則不可也.

《이정유서(二程遺書)》에서 말하였다.

어떤 이가 "옛날의 도(道)는 이와 같이 밝은데 후세의 도는 이와 같이 밝지 못하니, 그 까닭은 무엇입니까?"라고 묻자, 정이(程頤)가 대답하기를 "이는 다름이 아니라, 도를 아는 자가 많으면 도가 밝아지고 도를 아는 자가 적으면 도가 밝아지지 않는다. 아는 자의 많고 적음 역시 가르침에서 말미암는다."라고 하였다.

> 或問: "古之道如是之明, 後世之道如是不明, 其故何也?" 程頤曰: "此無他, 知道者多卽道明, 知道者少卽道不明也, 知者多少亦由乎敎也."

진덕수(眞德秀)가 말하였다.[81]

"노(魯)나라로 예를 들어 말한다면 지금에는 하나의 큰 주에 불과하지만, 일시에 큰 현자(賢者) 10여 인이 출현하였으니, 어찌 이것이 가르침이 있어서 이루어진 것이 아니겠는가. 대개 성인(聖人)이 이미 출현하였으므로 많은 현자가 있었다. 후세에는 천하가 커지고 2천년이 지났지만, 한 사람의 안연(顏淵)과 민자건(閔子騫) 같은 자를 구하여도 얻을 수 없었다."

眞德秀曰: "以魯國言之止及今之一大州, 然一時間所出大賢十餘人, 豈不是有敎以致然也? 蓋是聖人既出, 故有許多賢者, 以後世天下之大, 經二千年間, 求如一顏 · 閔者不可得也."

신은 이렇게 생각합니다. 정이(程頤)는 도(道)를 아는 자의 많고 적음이 모두 가르침에서 말미암는다고 말하였습니다. 학교의 설치와 사유(師儒)의 가르침이 진실로 천하에 없어서는 안 됩니다.

臣按: 程氏謂知道多少皆由乎敎, 則學校之設 · 師儒之敎, 誠不可無於天下也.

---

81 《이정유서(二程遺書)》 권17에 나온다. 구준(邱濬)은 이를 진덕수(眞德秀)의 말이라고 보았으나, 《이정유서》에 실려 있는 것으로 보아 정이(程頤)의 말인 듯하다. 이 구절은 "어떤 이가 묻기를 '옛날의 도는 이와 같이 밝은데, 후세의 도가 이와 같이 밝지 않으니, 그 까닭은 무엇입니까?'라고 하였다[或問古之道如是之明, 後世之道如是不明, 其故何也]."라는 질문에 대한 대답이다.

정이(程頤)가 또 말하였다.[82]

"《주역(周易)》〈감괘(坎卦)〉육사(六四)의 효사(爻辭)에 '맺음을 들이되 통한 곳으로부터 한다[納約自牖].'라고 하였다. 사람의 마음에는 가려진 곳도 있고 통하는 곳도 있는데, 통하는 곳은 밝은 곳이다. 마땅히 그 밝은 곳에 나아가서 고하니, 믿음을 구한다면 쉬울 것이다. 오직 임금에게 고하는 것만이 이와 같아야 할 뿐만이 아니라, 가르치는 것 또한 그러하다. 가르침은 반드시 사람의 장점에 나아가야 하니, 장점은 마음의 밝은 곳이다. 그 마음의 밝은 곳으로부터 들어간 이후에 미루어서 그 나머지에 도달한다. 맹자(孟子)가 말한 '덕(德)을 이루게 하고 재주를 통달하게 한다[成德達材].'[83]가 이것이다."

> 又曰: "《坎》之六四納約自牖, 人心有所蔽有所通. 通者明處也, 當就其明處而告之求信則易也, 非惟告於君者如此, 爲敎者亦然. 夫敎必就人之所長, 所長者心之所明也, 從其心之所明而入, 然後推及其餘, 孟子所謂成德達材是也."

신은 이렇게 생각합니다. 정이(程頤)가 "'핵심을 들이되 통한 곳으로

---

82 《이천역전》 권2 〈감괘(坎卦)〉에 나온다.

83 덕(德)을 … 한다: 《맹자(孟子)》〈진심장구 상(盡心章句上)〉에 "군자가 가르치는 방법이 다섯 가지이니, 단비[時雨]가 변화시킨 것과 같은 경우도 있고, 덕(德)을 이루게 하는 경우도 있으며, 재질을 통달하게 하는 경우도 있고, 물음에 답한 경우도 있으며, 개인적으로 선(善)을 가지고 (자신을) 다스리는 경우도 있다. 이 다섯 가지는 군자가 가르치는 방법이다."라고 하였으니, 덕(德)을 이루게 하는 것과 재질을 통달하게 하는 것은 각각 장점에 따라 가르친 것이다.

부터 한다[納約自牖].'를 오직 임금에게 고하는 것만이 이와 같아야 할 뿐만이 아니라, 가르치는 것 또한 그러하다."라고 한 것은 대개 다른 사람을 가르침에 반드시 그 통하는 것에 나아가 그 가려진 곳을 열면 들어가기 쉬운 것을 말한 것입니다.

臣按: 程頤謂納約自牖非惟告於其君如此, 爲敎者亦然, 蓋告敎於人, 必就其所通以開其所蔽, 則易入也.

양시(楊時)[84]가 말하였다.

"배움은 성현(聖賢)이 행한 것을 배우는 것이다. 성현이 행한 것을 하고자 하면 모름지기 성현이 터득한 도(道)를 들어야 한다. 만약 단지 고금의 일을 널리 통달하여 문장을 짓고 충성스럽고 신의로우며 성실하여 의로운 선비가 되려고 할 뿐이라면 예로부터 이와 같은 사람은 적지 않았다. 그러나 (이러한 사람들이) 도를 들었다고 여긴다면 이는 불가하다. 배우고서 도를 듣지 않는다면 배우지 않은 것과 같다.[85]

학문에 뜻을 둔 선비는 마땅히 천하에 할 만한 이치와 볼 만한 도가 있음을 알아서, 마땅히 깊이 생각하여 마음이 갈라져서 쉽게 어두워지지 않게 하고, 마땅히 돈독하게 지켜서 힘이 부족하여 쉽게 빼앗기지 않게 한다. 마땅히 몸으로 체득하고 마음으로 증험한다면 천지(天地)의 마음이 저절로 눈앞에서 드러나 옛사람들의 요점이 이미 나에게 있는 것이다.

---

84 양시(楊時): 《대학연의보》 권72 주) 51 참조.

85 배움은 … 같다: 《귀산집(龜山集)》 권20 〈어록(語錄) 여항소문(餘杭所聞)〉에 나온다.

그렇지 않다면 (남에게) 들은 것을 그대로 되풀이하는 학문[口耳之學]을 면하지 못한다.[86]

옛날에 배우는 사람은 성인을 스승으로 삼았는데도 학문이 미치지 못하였기 때문에 그 덕(德)에 차이가 있었다. 사람들은 성인이 되기 어려움을 보았기 때문에 무릇 배워서 성인을 이를 수 있는 것이라고 한다면 반드시 미쳤다고 말하면서 속으로 비웃었다. 성인(聖人)은 진실로 쉽게 다다를 수 없으나, 만약 성인을 버리고서 배운다면 이는 무엇을 가지고 모범을 취하려고 하는 것인가. 성인을 스승으로 삼는 것은 활쏘기를 배우면서 표적을 세우는 것과 같다. 그러나 이곳에 표적을 세운 뒤에야 활 쏘는 자가 보고 적중하기를 구할 수 있다. 만일 맞고 맞지 않는 경우는 사람에게 달려 있을 뿐이니, 표적을 세우지 않는다면 무엇을 기준으로 삼겠는가."[87]

楊時曰: "學者學聖賢之所爲也, 欲爲聖賢之所爲, 須是聞聖賢所得之道, 若只要博通古今爲文章, 忠信愿愨不爲非義之士而已, 則古來如此等人不少, 然以爲聞道則不可, 學而不聞道猶不學也. 志學之士當知天下無不可爲之理, 無不可見之道, 思之宜深毋使心支而易昏, 守之宜篤毋使力淺而易奪, 要當以身體之·以心驗之則天地之心自陳露於目前, 古人之大體已在我矣, 不然, 未免口耳之學. 古之學者以聖人爲師, 其學有不至, 故其德有差焉. 人見聖人之難爲也, 故凡學以聖人爲可至, 必以爲狂而竊笑之. 夫聖人固未

---

86 학문에 … 못한다:《귀산집(龜山集)》권27 〈잡저(雜著) 권학(勸學)〉에 나온다.
87 옛날에 … 삼겠는가:《귀산집(龜山集)》권10 〈어록(語錄) 형주소문(荊州所聞)〉에 나온다.

易至, 若舍聖人而學, 是將何所取則乎? 以聖人爲師猶學射而立的, 然的立
於此然後射者可視之而求中, 若其中不中則在人而已, 不立之的以何爲準?"

신은 이렇게 생각합니다. 활쏘기는 반드시 표적을 목표로 하니 표적
을 세우지 않는다면 표준으로 삼을 것이 없어서 어디에 활을 쏘겠습
니까. 유학자의 배움 또한 그렇습니다. 이 때문에 배움은 성인을 목
표로 삼아야 한다고 하였습니다.

臣按: 射者必志於的, 不立的則無以爲準, 而何以射哉? 儒者之學亦然,
故曰學以聖人爲的.

주희(朱熹)가 〈백록학규(白鹿學規)〉[88]에서 말하였다.[89]

"부자유친(父子有親) · 군신유의(君臣有義) · 부부유별(夫婦有別) · 장유유서(長幼
有序) · 붕우유신(朋友有信) 이상은 다섯 가지 가르침의 조목이니, 요(堯)와 순
(舜)이 설(契)을 사도(司徒)로 삼아서 다섯 가지 가르침을 공경히 편 것이 곧

---

88 〈백록학규(白鹿學規)〉: 〈백록학규〉는 백록동서원(白鹿洞書院)의 학규(學規)이다. 백록동에는
당(唐) 이래로 국학(國學)을 두었고, 송(宋)나라 초기에는 서원을 두었는데 그 뒤 황폐해진
것을 주자(朱子)가 복구하고 교학(教學)의 요령을 만들어 게시하였다. 이것을 백록동서원
학규라 한다. 여기에는 오교(五敎)의 목(目) · 수신(修身) · 접물(接物) · 처사(處事)의 요(要), 위학
(爲學)의 서(序)에 관한 규모가 들어 있다.

89 《회암집(晦庵集)》 권74 〈백록동서원게시(白鹿洞書院揭示)〉에 나온다.

이것이다. 배우는 자는 이것을 배울 뿐이다.

배우는 순서 또한 다섯 가지가 있으니 그 구별은 다음과 같다. 널리 배우고[博學], 자세히 묻고[審問], 신중하게 생각하고[愼思], 명확히 분별하고[明辨], 돈독하게 행하는 것[篤行] 이상은 배우는 순서이다. 학(學)·문(問)·사(思)·변(辨) 네 가지는 이치를 궁구하는 것[窮理]이다.

돈독하게 행하는 일은 몸을 닦는 것부터 일을 처리하고 사물을 접하는 것에 이르기까지 또한 각각 요점이 있으니 그 구별은 다음과 같다. 말은 충성스럽고 믿음직하며, 행동은 돈독하고 공경스럽고, 분노와 사욕을 참고 억제하며, 잘못을 고쳐 선으로 옮겨가는 것, 이상은 몸을 닦는 요점[修身之要]이다. 의로움을 바르게 하고 이익을 도모하지 않으며, 도를 밝히고 공(功)을 헤아리지 않는 것, 이상은 일을 처리하는 요점[處事之要]이다. 자신이 하고자 하지 않는 것을 남에게 시키지 않고, 행하여 얻지 못하면 자기 자신에게 돌이켜 구하니, 이상은 사물을 접하는 요점[接物之要]이다.”

朱熹《白鹿學規》曰: “父子有親, 君臣有義, 夫婦有別, 長幼有序, 朋友有信, 右五敎之目, 堯舜使契爲司徒敬敷五敎卽此是也. 學者學此而已, 而其所以學之之序亦有五焉, 其別如左: 博學之, 審問之, 愼思之, 明辨之, 篤行之, 右爲學之序. 學·問·思·辨四者所以窮理也, 若夫篤行之事則自修身以至於處事接物, 亦各有要, 其別如左: 言忠信, 行篤敬, 懲忿窒欲, 遷善改過, 右修身之要; 正其義不謀其利, 明其道不計其功, 右處事之要; 己所不欲勿施於人, 行有不得反求諸己, 右接物之要.”

신은 이렇게 생각합니다. 주희(朱熹)의 이 학규(學規)는 비록 배우는 자를 위하여 만들었으나 성현(聖賢)이 성현이 되는 까닭과 배우는 것과 가르치는 것이 모두 여기에서 벗어나지 않습니다. 이른바 이치의 당연함을 알아서 그 자신에게 반드시 그렇게 하기를 요구하니, 배우는 자는 모두 이것으로 자신에게 요구하고 가르치는 자는 모두 이것으로 남에게 요구합니다. 사람마다 모두 이렇다면 도(道)가 밝아져서 행해지니 천하에 어찌 고르지 않음이 있겠습니까.

臣按: 朱氏此規雖爲學者而設, 然聖賢之所以爲聖賢, 及其所以爲學與所以施教者, 皆不外乎此也. 所謂知其理之當然而責其身以必然, 凡爲學者皆以是而責諸己, 施教者皆以是而求諸人, 人人皆然則道明而行矣, 天下豈有不平也哉?

장식(張栻)[90]이 말하였다.[91]

"천하(天下)에는 물(物)이 많아서 의논이 일치하지 않고, 번잡하고 어지러워 눈앞에서 날마다 변한다. 즐거울 만하고, 화낼 만하고, 사모할 만하고, 놀랄 만하니, 눈과 귀를 썻고 마음과 뜻을 움직이는 것들을 어찌 다 헤아릴 수 있겠는가. 그러나 내가 작은 몸으로 그것을 감당하니, 밖에서 유혹하는 것을 알아서 한 번이라도 그 (마음과 뜻이) 머무를 바를 잃어버린다면 물(物)에 옮겨진다. 무릇 사람은 만물을 거느리고 부린다. 그러나 도리어 물에게 부림을 당하여도 괜찮은가. 이 때문에 학문을 익히는 것

---

90 장식(張栻):《대학연의보》권71 주) 7 참조.

91 《남헌집(南軒集)》권15〈송장형주서(送張荊州序)〉에 나온다.

을 귀하게 여긴다.

학문을 익히고 이치를 밝힌다면 천하의 만물을 잡아도 완고하지 않고 천하의 변화에 응하여 구애받지 않는다. 내가 천하의 만물에 대해서 싫어하는 것이 없고 만물이 나를 얽매는 것이 없어서 모두 나에게 부림을 받는 것이 된다. 내가 천하의 일에 대해 싫어하는 것이 없고 일이 나를 어지럽힘이 없으니 모두 내 마음의 묘한 작용이다. 어찌 여유로움이 있지 않겠는가. 그러나 학문을 강하는 것을 어찌 다른 것에서 구하겠는가. 앎을 이루는 것일 뿐이다. 앎은 내가 본래 가지고 있는 것이니 육경(六經)[92]을 근본으로 하여 그 쌓은 것을 드러내니, 천년을 널리 살펴서 그 변화를 지극히 하는 것이다. 사물(事物)에 나아가 자신이 직접 다다라서 초연히 사물의 큰 근본[大宗]을 안다면 덕(德)이 진전되고 일이 넓어지는 그러한 경지에 이를 것이다."

張栻曰: "天下之物衆矣, 紛紜膠轕, 目[93]更於前, 可喜可怒, 可慕可愕, 所以蕩耳目而動心志者何可勝計, 而吾以藐然之身當之, 知誘於外, 一失其所止則遷於物. 夫人者統役萬物者也, 而顧乃爲物役, 其可乎哉? 是以貴於講學也. 講學而明理, 則執天下之物不固, 而應天下之變不膠, 吾於天下之物無所惡而物無以累我, 皆爲吾役者也, 吾於天下之事無所厭而事無以汩我, 皆吾心之妙用也, 豈不有餘裕乎? 然所謂講學者, 寧他求哉? 致其知而已. 知者吾所固有也, 本之六經以發其蘊, 泛觀千載以極其變, 卽事卽物, 身親格

---

92 육경(六經):《대학연의보》권71 주) 84 참조.

93 目:《대학연의보(大學衍義補)》 사고전서본에는 "日"로 되어 있으며,《남헌집(南軒集)》〈송장형주서(送張荊州序)〉에도 "日"로 되어 있다.

之, 超然會夫大宗, 則德進業廣有其地矣."

신은 이렇게 생각합니다. 장식(張栻)의 큰 뜻은 "사람이 만물을 거느려 물에 부림을 당하지 않으니, 학문을 익히는 공이 있음이 귀한 것입니다. 학문을 강하는 것은 앎을 이루는 것에 있습니다. 육경(六經)을 근본으로 하여 쌓은 것을 발현하고, 천년을 대략 살펴서 변화를 지극히 하는 것입니다. 사물(事物)에 대해서 자신이 직접 이르러 초연히 사물의 큰 근본[大宗]을 안다면 덕이 진전되고 일이 넓어지는 경지가 됩니다."라고 말한 것입니다. 아! 배우고서 사물의 큰 근본을 이해한다면 배움의 전체가 갖추어지고, 큰 작용이 두루 미칩니다.

臣按: 張栻大意謂, 人所以統役萬物而不爲物役者, 貴乎有講學之功也. 講學在乎致知, 本之六經以發其蘊, 泛觀千載以極其變, 卽事卽物, 身親格之, 超然會夫大宗以爲進德廣業之地. 吁, 學而會夫大宗, 則學之全體具而大用周矣.

황간(黃幹)[94]이 말하였다.[95]

"태극(太極)이 있어 음양(陰陽)이 구분되고, 음양이 있어 오행(五行)이 갖

---

94 황간(黃幹, 1152~1221): 남송 복주(福州) 민현(閩縣, 복건성 福州) 사람. 자는 직경(直卿)이고, 호는 면재(勉齋)며, 시호는 문숙(文肅)이다. 황우(黃瑀)의 아들이다. 젊어서 주희(朱熹)에게 배웠는

추어진다. 태극은 음양·오행으로 오묘하게 합해져서 사람과 만물이 생겨난다. 사람에게 부여된 것이 빼어나고 신령스러워 정기(精氣)가 엉겨서 형상[形]이 되고, 혼백이 섞이어 정신(情神)이 되고, 오상(五常)이 갖추어져 본성[性]이 되고, 사물에 감응하여 정(情)이 되고, 작용에 놓여 일[事]이 된다. 만물[物]이 생겨남에 비록 치우치고 또 막혔으나 역시 태극과 음양·오행이 행한 것이 아님이 없다. 이 도(道)의 근원이 하늘에서 나온 것이라서 그러하다.

성인(聖人)은 또 뛰어난 가운데에서도 뛰어남을 얻었으니 가장 신령스러운 자이다. 이에 하늘을 이어서 극(極)을 세우고 도통(道統)의 전함을 얻었다. 그러므로 천지(天地)에 참여하고 화육(化育)을 돕고, 인류을 다스려서 사람들에게 그 생겨남[生]을 따라서 각각 그 본성[性]을 보존하게 하고, 도통을 드러내 밝혀 천하 후세에 보였으니 모두 고증할 수 있다.

요(堯)가 순(舜)에게 명하였으니 '그 중(中)을 잡아라.'라고 하였다.[96] 중(中)은 기울거나 치우치는 것이 없고 지나치거나 미치지 못하는 것이 없다는 말이다. 마음에 보존되어 기울거나 치우침이 없고, 일에 적용되어 지나치거나 미치지 못함이 없으면 태극에 부합한다. 이것이 요가 하늘[天]에게서 얻은 것이고, 순이 요에게서 도통을 얻은 것이다.

데, 주희가 딸을 시집보냈다. 주희가 위독했을 때 자신의 저서를 모두 그에게 남겨 학문을 잇도록 했다. 백록동서원(白鹿洞書院)에서 강학했다. 나중에 불려 대리승(大理丞)이 되었지만, 돌아와 고향에서 강학하며 생애를 마쳤다. 처음엔 스승의 학설을 고수했지만, 나중에는 육학(陸學)과 조화시키려 했다. 저서에 《서설(書說)》과 《면재집(勉齋集)》,《육경강의(六經講義)》,《예기집주(禮記集注)》,《논어통석(論語通釋)》,《논어의원(論語意原)》,《중용총론(中庸總論)》,《중용총설(中庸總說)》,《경해(經解)》,《성현도통전수총서설(聖賢統傳授總叙說)》등이 있다.

95 《면재집(勉齋集)》 권3 〈성현도통-전수총서설(聖賢道統傳授總叙說)〉에 나온다.

96 요(堯)가 … 하였다:《논어(論語)》〈요왈(堯曰)〉에 나온다.

순이 우(禹)에게 명령하였으니 '인심(人心)은 오직 위태롭고 도심(道心)은 매우 희미하니, 오직 정밀하게 하고 오직 한결같이 하여 그 중(中)을 잡아라.'라고 하였다.[97] 순은 요의 명을 따라서 중을 잡는 이유를 미루어서 인심은 형상과 기운[形氣]의 사사로움이고, 도심(道心)은 본성과 천명[性命]의 바름이라고 여겼다.

정밀하게 살피고 한결같이 지킨다면 도심이 주인이 되고 인심이 천명[命]을 따른다. 그렇다면 마음을 보존하고 일에 적용하는 것이 진실로 그 중심[中]을 잡을 수 있다. 정(精)이라고 말하고, 일(一)이라고 말하였으니, 이것은 또 순이 요에게서 도통을 얻은 것이고, 우가 순에게서 도통을 얻은 것이다.

탕(湯)의 경우에는 "의(義)로 일을 제재하고 예(禮)로 마음을 제재하라."라고 하였다.[98] 이것은 또 요의 중(中)과 순의 정일(精一)에 따라서 제재하는 법을 미루어 적용한 것이다. 예(禮)로써 마음을 제어하고 의(義)로써 일을 제어하면 도심이 항상 보존되어 중을 잡을 수 있다. 예라고 말하고, 의라고 말하였으니, 이것은 또 탕이 우에게 도통을 얻은 것이다.

문왕(文王)의 경우에는 '드러내지 않으나 또한 있는 듯하고 싫어함이 없이 또한 보존한다.'라고 하였다.[99] 이것은 탕이 예로써 마음을 제어한다는 것이다. '듣지 않아도 법도에 맞으며 간언을 올리지 않아도 선(善)의 경지에 들었다'[100]라고 한 것은 탕이 의로써 일을 제어한 것이니, 이는 문왕이 탕에게서 도통을 얻은 것이다.

---

97 순(舜)이 … 하였다: 《서경》 〈우서(虞書) 대우모(大禹謨)〉에 나온다.

98 탕(湯)의 … 하였다: 《서전(書傳)》 〈상서(商書)〉에 나온다.

99 문왕(文王)의 … 하였다: 《시전(詩傳)》 〈대아 문왕지십(大牙 文王之什)〉에 나온다.

100 듣지 … 들었다: 《시전(詩傳)》 〈대아 문왕지십(大牙 文王之什)〉에 나온다.

무왕(武王)의 경우에는 〈단서(丹書)〉의 경계를 받았으니,[101] '공경하는 마음이 태만해지는 마음을 이기면 길(吉)하고, 의로운 마음이 욕심을 이기면 뜻대로 된다.'라고 하였다. 주공(周公)이 엮은 《주역(周易)》의 효(爻)에서 '공경함으로써 마음을 바르게 하고, 의로써 행동을 곧게 한다.'[102]라고 하였다. 경(敬)을 말한 것은 문왕이 마음을 제어한 것이고, 의를 말한 것은 문왕이 일을 제어한 것이다. 이것은 무왕과 주공이 문왕에게서 도통을 얻은 것이다.

공자(孔子)의 경우에는 '문(文)에서 널리 배우고 예로써 요약한다.'[103]라고 말하였고, 또 '문(文)·행(行)·충(忠)·신(信)'[104]이라고 말하였고, 또 '자기의 사욕을 이겨 예에 돌아간다.'[105]라고 말하였다. 《대학(大學)》을 저술하여 '격물(格物)·치지(致知)·성의(誠意)·정심(正心)·수신(修身)·제가(齊家)·치국(治國)·평천하(平天下)'[106]라고 하였으니, 또한 여러 성인들이 마음을 제재하고 일을 제재한 뜻이 아님이 없다. 이것은 또 공자가 주공에게서 도통을 얻은 것이다.

안자(顔子)가 '박문약례(博文約禮)'와 '극기복례(克己復禮)'의 말을 얻었고,[107]

101 무왕(武王)의 … 받았으니: 고대에 있었다고 하는 책 이름, 무왕이 천자가 되어 통치하는 방법을 묻자 강태공이 이 책을 전수하였는데 그 안에 '敬勝怠者吉 怠勝敬者滅 義勝欲者從 欲勝義者凶'라는 글이 있었다고 한다.

102 공경함으로써 … 한다: 《주역(周易)》 〈건괘(乾卦)〉에 나온다.

103 문(文)에서 … 요약한다: 《논어(論語)》 〈옹야(雍也)〉에 나온다.

104 문(文) … 신(信): 《논어(論語)》 〈술이(述而)〉에서 "공자(孔子)께서는 네 가지로써 가르치셨으니, 문(文)·행(行)·충(忠)·신(信)이었다"라고 하였다.

105 자기의 … 돌아간다: 《논어(論語)》 〈안연(顔淵)〉에 나온다.

106 격물(格物) … 평천하(平天下): 《대학(大學)》에 나온다.

107 안자(顔子)가 … 얻었고: 《논어(論語)》 〈자한(子罕)〉에서 안연은 '부자[孔子]께서는 사람을 친근하게도 잘 이끄시어 문(文)으로써 나를 넓혀 주셨고, 예(禮)로써 요약해 주셨다'라고 하였

중자(曾子)가 《대학》의 뜻을 얻었기 때문에 도통의 전함을 몸소 받은 것이 이와 같다.

자사(子思)의 경우에는 먼저 (보고 듣지 못하는 데에서도) 경계하며 두려워하며 혼자만이 아는 마음을 삼가고, 다음은 지(知)·인(仁)·용(勇)이고, 성(誠)으로 마쳤다.[108]

맹자(孟子)의 경우에는 우선 흐트러진 마음을 구하고, 그다음으로 의리를 축적[集義]하고, [사단(四端)을] 넓혀서 충실하게 채우는 것으로 통합하였다.[109] 이것이 또 맹자가 자사에게서 도통을 얻은 것이 이와 같다.

주돈이[周子]의 경우에는 성(誠)을 근본으로 삼고 욕심[欲]을 경계로 삼았으니, 이는 또 주돈이(周敦頤)가 공자·맹자의 전해지지 않은 실마리를 이은 것이다.

이정(二程)[110]의 경우에는 '함양하는 공부는 반드시 경(敬)에 힘써야 하고, 학문에 나아감은 앎을 이루는 데 있다.'[111]라고 하였다. 또 '밝지 않으면 동(動)이 있을 곳이 없고, 동하지 않으면 밝음이 쓰일 곳이 없다.'[112]라

<hr />

고, 《논어》〈안연(顔淵)〉에서 안연(顔淵)이 인(仁)을 묻자 '극기복례(克己復禮)가 인을 하는 것이다'라고 하였다.

108 자사(子思)의 … 마쳤다: 자사(子思)가 편집하였다는 《대학(大學)》에서 도(道)에 대해 '보지 않는 것에도 경계하고 삼가며, 듣지 않는 것에도 두려워하며 숨겨진 곳보다 드러남이 없으며 작은 일보다 나타남이 없으니, 그러므로 군자는 혼자만이 아는 마음을 삼가는 것이다'라고 하였으며, 지(智)·인(仁)·용(勇)을 도(道)에 들어가는 문으로 삼았으며, 마지막으로 천도(天道)와 인도(人道)를 성(誠)으로 설명하였다.

109 맹자(孟子)의 … 통합하였다: 《맹자(孟子)》〈고자장구 상(告子章句上)〉에서 '학문을 하는 길은 다른 것이 없다. 방심(放心)을 찾을 뿐이다'라고 하였고, 〈공손추 상(公孫丑上)〉에서 호연지기(浩然之氣)는 의리를 축적하여 생겨나고, 사단(四端)을 넓혀서 채워야 함을 말하였다.

110 이정(二程): 송나라의 두 유학자 정호(程顥), 정이(程頤) 형제를 말한다.

111 함양하는 … 있다: 《이정유서(二程遺書)》〈유원승수편(劉元承手編)〉에 나온다.

고 하여 사물잠[四箴]을 지어 극기(克己)의 뜻을 드러내었다. 이것은 이정이 주돈이에게서 도통을 얻은 것이다.

선사(先師) 문공[文公: 주희(朱熹)]의 학문은 사서(四書)에 드러났는데, 그 요점은 더욱 《대학》을 도에 들어가는 처음으로 삼았으니 모두 경을 잡아 지키는 것이다. 성의·정심·수신하여 제가·치국·평천하에 드러냈으니, 밖으로는 그 규모의 큼을 다하였고 안으로는 그 절목의 상세함을 다하였다. 이것이 또 선사께서 이정에게서 도통을 얻은 것이다.

성현들이 서로 전하여 대대로 가르침을 세운 것이 찬연하고 명백하며 하늘에 드리워진 상(象)이 뚜렷하여 바꿀 수 없다. 비록 상세함과 간략함이 같지 않으나 더욱 익힐수록 더욱 밝아지니 배우는 자가 마땅히 따르고 이어서 동일하게 지켜야 한다. 이것을 어기면 잘못되니, 그러므로 그 중요한 내용을 모아서 밝힌다. 경(敬)에 거하여 근본을 세우고, 이치를 궁구하여 앎을 이루고, 자기를 이겨서 사의(私意)를 없애고, 성(誠)을 보존하여 실질을 이룬다. 이 네 가지로써 마음을 보존한다면 수많은 성현들이 도를 전하여 사람들을 가르친 것이 여기에서 벗어나지 않는다."

黃幹曰: "有太極而陰陽分, 有陰陽而五行具, 太極二五妙合而人物生, 賦於人者秀而靈, 精氣凝而爲形, 魂魄交而爲神, 五常具而爲性, 感於物而爲情, 措諸用而爲事, 物之生也雖偏且塞, 而亦莫非太極二五之所爲, 此道原之出於天者然也. 聖人者又得其秀之秀而最靈者焉, 於是繼天立極而得道統之傳, 故能參天地贊化育而統理人倫, 使人各遂其生·各全其性者, 其所以發明道統以示天下後世者皆可考也. 堯之命舜則曰 '允執厥中', 中者無所偏倚

---

112 밝지 … 없다: 《근사록(近思錄)》 〈위학(爲學)〉에 나온다.

無過不及之名也，存諸心而無偏倚，措之事而無過不及，則合乎太極矣，此堯之得於天者，舜之得統於堯也．舜之命禹則曰‘人心惟危，道心惟微，惟精惟一，允執厥中’，舜因堯之命而推其所以執中之由，以爲人心形氣之私也，道心性命之正也，精以察之，一以守之，則道心爲主而人心聽命焉，則存之心·措之事，信能執其中，曰精曰一，此又舜之得統於堯，禹之得統於舜者也．其在成湯則曰以義制事·以禮制心，此又因堯之中舜之精一而推其制之之法，制心以禮·制事以義則道心常存，而中可執矣，曰禮曰義，此又湯之得統於禹者也．其在文王，則曰‘不顯亦臨，無射亦保’，此湯之以禮制心也，不聞亦式·不諫亦入，此湯之以義制事也，此文王之得統於湯者．其在武王，受丹書之戒則曰‘敬勝怠者吉，義勝欲者從’，周公繫《易》爻之辭曰‘敬以直內，義以方外’，曰敬者文王之所以制心也，曰義者文王之所以制事也，此武王·周公之得統於文王者也．至於夫子，則曰‘博學於文，約之以禮’，又曰‘文行忠信’，又曰‘克己復禮’，其著之《大學》曰‘格物致知，誠意正心，修身齊家，治國平天下’，亦無非數聖人制心制事之意焉，此又孔子得統於周公者也．顏子得於博文約禮·克己復禮之言，曾子得之《大學》之義，故其親受道統之傳者如此．至於子思則先之以戒懼謹獨，次之以知仁勇，而終之以誠；至於孟子則先之以求放心，而次之以集義，終之以擴充，此又孟子得統於子思者然也．及至周子，則以誠爲本·以欲爲戒，此又周子繼孔孟不傳之緒者也．至二程子，則曰‘涵養須用敬，進學則在致知’又曰‘非明則動無所之，非動則明無所用’而爲四箴以著克己之義焉，此二程得於周子者也．先師文公之學見之《四書》而其要則尤以《大學》爲入道之序，蓋持敬也，誠意正心修身而見於齊家治國平天下，外有以極其規模之大而內有以盡其節目之詳，此又先師之得其統於二程者也．

聖賢相傳, 垂世立敎, 粲然明白, 若天之垂象昭昭然而不可易也, 雖其詳略之不同者愈講而愈明也, 學者之所當遵承而同守也, 違乎是則差也, 故嘗撮其要指而明之, 居敬以立其本, 窮理以致其知, 克己以滅其私, 存誠以致其實, 以是四者而存諸心, 則千聖萬賢所以傳道而敎人者不越乎此矣."

신은 이렇게 생각합니다. 도학(道學)의 전수는 요순(堯舜)으로부터 일어나 공자(孔子)에게서 갖추어져 맹자(孟子)에 이르러 그 이후에 사라졌습니다. 중간에 끊어진 것이 천여 년으로 송(宋)나라 주자[周子: 주돈이(周敦頤)]가 비로소 다시 그 단서를 열었습니다. 열어서 분명하게 한 것은 이정(二程)이고, 실마리를 이어 완성시킨 것은 주자(朱子)입니다. 주자(朱子) 문하의 고제(高弟)와 제자로서 직접 그 진수를 전수받은 자는 면재(勉齋) 황간(黃幹) 한 사람뿐입니다. 그가 주자(朱子) 문하에 있는 것은 또한 공자 문하에 증자(曾子)가 있는 것과 같습니다. 터득한 것을 입으로 전하고 마음으로 준 것이 가장 적절하였으므로 성현(聖賢)의 도통(道統)을 총괄하여 서술해 전수한 것이 진실하면서도 적확하며 상세하면서도 분명하니, 여러 유학자들이 도달할 수 있는 바가 아닙니다. 그 책의 끝에다가 또 중요한 내용을 모아서 밝히니, "경(敬)에 거하여 근본을 세우고, 이치를 궁구하여 앎을 이루고, 자기를 이겨서 사사로움을 없애고, 성(誠)을 보존하여 실재를 이루어야 한다."라고 하였습니다. 성현이 도(道)를 전하는 요점을 일으켜 밝히고, 배우는 자들에게 도에 들어가는 방법을 가리켜서 빠짐없이 보여 주었습니다.

신이 삼가 육경(六經)과 제자(諸子)의 말을 정리해 보니, 도와 배움[學]

에 대해 언급한 것들이 있었습니다. 천하에 가르칠 만한 것들은 책에 다가 갖추어 실었고 황간의 이 말로 끝을 맺었습니다. 대개 옛사람들 이 전수한 실제를 뽑아내어 후세 사람들이 학문을 가르치는 기준으 로 삼았으니, 그들이 향할 바를 알게 하려고 한 것입니다.

臣按: 道學之傳, 起自堯舜而備於孔子, 至孟子沒, 中絶者千有餘年, 有 宋周子始復開其端, 闡而明之者二程, 緖而成之者朱子也. 朱門高弟 弟子親得其眞傳者, 勉齋黃氏一人, 其在朱門亦猶孔門之有曾子焉, 其 得之口傳心授者最爲親切, 故其總敍聖賢道統所以傳授者 眞而的·詳 而明, 有非諸儒所及者, 至其篇末又撮其要指而明之, 所謂居敬以立其 本·窮理以致其知·克己而滅其私·存誠以致其實, 所以發明聖賢傳道 之要·指示學者入道之方 無餘蘊矣. 臣謹剟六經諸子之言有及於道與 學而可以成敎於天下者, 備載於篇而終之以黃氏斯言, 蓋摘出前人傳授 之實以爲後人敎學之準, 使之知所嚮方云.

이상 도학(道學)을 밝혀서 가르침을 완성함(하)

以上明道學以成敎敎(下)

대학연의보

(大學衍義補)

一

권73

교화를 숭상함[崇敎化]

경술에 근본하여 가르침으로 삼음(상의 상) [本經術以爲敎(上之上)]

《주역(周易)》〈계사전 상(繫辭傳上)〉에서 말하였다.

역(易)에 태극(太極)이 있으니, 이것[太極]이 양의(兩儀)¹를 낳고 양의가 사상(四象)²을 낳고 사상이 팔괘(八卦)³를 낳는다.

---

1 양의(兩儀): 태극(太極)에서 분화된 것이 양의(兩儀)이니, 곧 음(陰)과 양(陽)을 가리키며 양을 표시하는 양효(陽爻)와 음을 표시하는 음효(陰爻)가 생기게 되었다. 양을 대표하는 것은 하늘이고, 음을 대표하는 것은 땅이다.

2 사상(四象): 양의(兩儀)에서 다시 분화된 것이 사상이니, 소양(少陽)과 노양(老陽), 소음(少陰)과 노음(老陰)을 가리킨다. 즉 양의(陽儀)의 위에 각각 양효(陽爻)와 음효(陰爻)를 더하여 이루어진 것으로, 양중(陽中)의 양(陽)을 노양, 양중의 음(陰)을 소음, 음중(陰中)의 양을 소양, 음중의 음을 노음이라 한다. 노양을 태양(太陽), 노음을 태음(太陰)이라고도 한다.

3 팔괘(八卦): 팔괘는 사상(四象) 위에 다시 양효(陽爻)와 음효(陰爻)를 더하여 이루어진 것으로 역(易)의 기본이 된다. 노양(老陽)의 위에 양효를 더하면 건(乾)이 되고 음효를 더하면 태(兌)가 되며, 소음(少陰)의 위에 양효를 더하면 리(離)가 되고 음효를 더하면 진(震)이 되며, 소양(少陽)의 위에 양효를 더하면 손(巽)이 되고 음효를 더하면 감(坎)이 되며, 노음(老陰)의 위에

《周易》: 易有太極, 是生兩儀, 兩儀生四象, 四象生八卦.

주희(朱熹)가 말하였다.[4]

"하나[一]가 매양 둘[二]을 낳음은 자연의 이치이다. 역(易)은 음양(陰陽)의 변화이고, 태극(太極)은 그 이치[理]이다. 양의(兩儀)는 처음 한 획을 그어 음(陰)과 양(陽)을 나눈 것이고, 사상(四象)은 다음 두 번째 획을 그어 태(太)와 소(少)를 나눈 것이며, 팔괘(八卦)는 다음 세 번째 획을 그어 삼재(三才: 天, 地, 人)의 상(象)을 처음 갖춘 것이다. 이 몇 마디 말은 실로 성인이 역(易)을 지은 자연(自然)의 차례이니, 털끝만큼도 지혜와 힘을 빌리지 않고 이루어진 것이다. 괘(卦)를 긋고, 시초[蓍]를 세는 차례가 모두 그러하다."

朱熹曰: "一每生二, 自然之理也. 易者, 陰陽之變, 太極者其理也, 兩儀者始爲一畫以分陰陽, 四象者次爲二畫以分太少, 八卦者次爲三畫而三才之象始備. 此數言者實聖人作易自然之次第, 有不假絲毫智力而成者, 畫卦·揲蓍其序皆然."

호일계(胡一桂)[5]가 말하였다.[6]

양효를 더하면 간(艮)이 되고 음효를 더하면 곤(坤)이 된다.

4 《주역본의(周易本義)》〈계사전 상(繫辭傳上)〉에 나온다.

"이것은 복희(伏羲)가 처음 팔획(八畫)을 그은 것을 밝힌 것이다. 팔괘(八卦)는 작은 이룸[小成]의 괘(卦)이니【(小成之卦는) 삼획(三畫)의 괘(卦)이다.】, 건(乾)이 첫 번째요, 태(兌)가 두 번째요, 리(離)가 세 번째요, 진(震)이 네 번째요, 손(巽)이 다섯 번째요, 감(坎)이 여섯 번째요, 간(艮)이 일곱 번째요, 곤(坤)이 여덟 번째이다.

복희가 괘마다 이와 같이 그은 것은 아니다. 단지 이는 태극(太極)【(太極은) 이치[理]이다.】으로부터 양의(兩儀)가 생겨나니 제1획에 두 가지이고【(二는) 양의(陽儀)와 음의(陰儀)이다.】, 양의가 사상(四象)을 낳으니 제2획에 네 가지이며【(四는) 태음(太陰), 소음(少陰), 태양(太陽), 소양(少陽)이다.】, 사상이 팔괘를 낳으니 제3획에 여덟 가지이다. 이른바 '처음으로 팔괘를 그었다'가 이것이다."

胡一桂曰: "此明伏羲始畫八卦也. 八卦爲小成之卦【三畫之卦】, 乾一·兌二·離三·震四·巽五·坎六·艮七·坤八, 伏羲不是逐卦如此畫, 只是自太極【理也】生兩儀爲第一畫者二【陽儀·陰儀】, 兩儀生四象爲第二畫者四【太陰·少陰·太陽·少陽】, 四象生八卦爲第三畫者八, 所謂始畫八卦者此也."

5 호일계(胡一桂): 송나라 온주(溫州) 영가(永嘉) 사람. 자는 덕부(德夫)고, 호는 인재(人齋)다. 도종(度宗) 함순(咸淳) 6년(1270) 천거되었지만 벼슬길에 나가지 않고, 고향에서 학생들을 가르쳤다. 옹엄수(翁嚴壽)에게 배웠고, 《주관(周官)》의 경국제도(經國制度)를 정밀히 연구했다. 저서에 《고주례보정(古周禮補正)》과 《사서제강(四書提綱)》, 《효경전찬(孝經傳贊)》, 《자의구의강의(字義口義講義)》, 《인재존고(人齋存稿)》, 《주역계몽익전(周易啓蒙翼傳)》 등이 있다.

6 《주역계몽익전(周易啓蒙翼傳)》 상편(上篇)에 나온다.

신은 이렇게 생각합니다. 선대의 유학자인 장식(張栻)이 말하기를 "역(易)은 낳고 낳는 묘함이요, 태극(太極)은 낳고 낳는 것의 근원이다."[7]라고 하였습니다. 일(一)이 이(二)를 낳고, 이가 사(四)를 낳고, 사가 팔(八)을 낳고, 팔이 삼십이(三十二)를 낳고, 삼십이가 육십사(六十四)를 낳았으니, 정이(程頤)가 "배(倍)를 더하는 법이다."[8]라고 말하였으니, 이것을 한 마디로 표현한 것입니다. 이는 역학(易學)의 강령(綱領)이니, 책 속에 나오는 가장 중요한 뜻입니다.

> 臣按: 先儒謂易者生生之妙, 而太極者所以生生者也. 一生二, 二生四, 四生八, 八生三十二, 三十二生六十四, 程頤所謂加一倍法者, 一言以蔽之矣. 此易學綱領開卷第一義.

《주역(周易)》〈계사전 상(繫辭傳上)〉에서 말하였다.

---

7 역(易)은 … 근원이다:《남헌집(南軒集)》권19〈서(書)〉에 장식(張栻)이 회숙(晦叔) 오욱(吳昱)에게 보낸 편지에 나온다.

8 정이(程頤)가 … 법이다:《주역전의(周易傳義)》〈역본의도(易本義圖)〉 '복희육십사괘차서지도(伏羲六十四卦次序之圖)' 부록(附錄)에서 주자(朱子)가 말하기를 "'역(易)에 태극(太極)이 있으니, 이 것[太極]이 양의(兩儀)를 낳고 양의가 사상(四象)을 낳고 사상이 팔괘(八卦)를 낳는다.'는 이 한 구절은 바로 공자가 복희가 괘를 그은 자연의 형체와 차례를 발명한 것이니, 가장 간절하고 긴요하다. 고금에 설명한 자들 중에 오직 강절(康節: 邵雍)과 명도(明道: 程顥) 두 선생이 이 것을 알았다. 그러므로 강절의 말에 '1이 나뉘어 2가 되고 2가 나뉘어 4가 되고 4가 나뉘어 8이 되고 8이 나뉘어 16이 되고 16이 나뉘어 32가 되고 32가 나뉘어 64가 되었으니, 뿌리에 줄기가 있고 줄기에 가지가 있는 것과 같아서 더욱 커질수록 더욱 적어지고 더욱 세세해질수록 더욱 많아진다.'고 하였으며, 명도는 이것을 '배[一倍]를 더하는 법이다.'라고 하였으니, 공자의 말을 발명함이 또 가장 간절하고 긴요하다고 할 것이다."라고 하였다.

이 때문에 하늘이 신묘한 물건【(神物은) 시초[蓍]과 거북[龜]을 말한다.】을 내자
성인(聖人)이 본받으며, 천지(天地)가 변화하자 성인이 본받으며, 하늘이
상(象)을 드리워 길흉(吉凶)을 나타내자 성인이 형상하며, 하수(河水)에서
도(圖)가 나오고 낙수(洛水)에서 서(書)가 나오자 성인이 본받았다.

> 是故天生神物【謂蓍龜】, 聖人則之; 天地變化, 聖人效之; 天垂象見吉凶, 聖
> 人象之; 河出圖·洛出書, 聖人則之.

주희(朱熹)가 말하였다.[9]
"이 네 가지는 성인(聖人)이 역(易)을 만든 근거이다."

> 朱熹曰: "此四者聖人作易之所由也."

장식(張栻)이 말하였다.[10]
"하늘에 통하는 것이 하수(河水)이다. 용마(龍馬)가 도(圖)를 지고 나
왔으니, 이는 성인의 덕(德)이 위로 하늘에 짝하여 하늘이 그 상세함
을 내려 준 것이다. 땅의 가운데 있는 것이 낙수(洛水)이다. 신묘한 거
북[龜]이 서(書)를 지고 나왔으니, 성인의 덕(德)이 아래로 땅에 미쳐서
땅이 그 단서를 드러낸 것이다. 성인이 그것을 본받았다. 그러므로

---

9 《주역본의(周易本義)》〈계사전 상(繫辭傳上)〉에 나온다.
10 《남헌역설(南軒易說)》 권1에 나온다.

역(易)이 세상에서 일어났다. 그러한 후에 상(象)과 수(數)를 내세워 백성보다 먼저 쓰고, 괘(卦)와 효(爻)를 내세워 백성보다 먼저 행하여 천하 후세에 보인 것이다."

張栻曰: "通於天者河也, 有龍馬負圖而出, 此聖人之德上配於天而天降其祥也; 中於地者洛也, 有神龜戴書而出, 聖人之德下及於地而地呈其瑞也. 聖人則之, 故易興於世然後象數推之, 以前民用, 卦爻推之, 以前民行而示天下後世也."

신은 이렇게 생각합니다. 선대의 유학자인 주희(朱熹)가 말하기를 "네 가지는 성인(聖人)이 역(易)을 만든 근거이다."라고 말하였으니, 신물(神物)이 첫 번째이고, 천지(天地)가 변화하는 것이 두 번째이며, 하늘이 상(象)이 드리우는 것이 세 번째이고, 《하도(河圖)》와 《낙서(洛書)》가 네 번째입니다. 이는 성인이 역을 만든 근거가 다만 한 가지 단서로 한 가지 물(物)을 삼은 것이 아님을 안 것입니다. 해설하는 사람들은 어리석게도 "성인이 《하도》를 본받아 역을 지었다."라고 말하였으니, 그것이 어찌 그렇겠습니까. 대개 성인은 한 마음에 온갖 이치를 다 갖추었으니, 우연히 한 가지 물(物)로 인하여 의(義)를 일으킨 것이겠습니까.

臣按: 先儒謂四者聖人作易之由, 神物一也, 天地變化二也, 天垂象三也, 《河圖》·《洛書》四也. 是知聖人作易之由非止一端爲一物也, 說者乃顯顯謂聖人則河圖以作易, 其然豈其然哉? 蓋聖人畢具衆理於一心,

《주역(周易)》〈계사전 하(繫辭傳下)〉에서 말하였다.

옛날 포희씨(包羲氏)가 천하(天下)에 왕노릇 할 적에, 우러러 하늘의 상(象)을 살펴보고 숙여서 땅의 법(法)을 살펴보며, 새와 짐승의 무늬와 천지(天地)의 마땅함을 살펴보았다【마땅히 '천(天)'이라는 글자가 있어야 한다.】. 가까이는 자신에게서 취하고 멀리서는 물(物)에서 취하여, 이에 비로소 팔괘(八卦)를 만들어 신명(神明)의 덕(德)에 통(通)하고 만물(萬物)의 실정[情]을 따랐다.

古者包犧氏之王天下也, 仰則觀象於天, 俯則觀法於地, 觀鳥獸之文與【當有天字】地之宜, 近取諸身, 遠取諸物, 於是始作八卦以通神明之德, 以類萬物之情.

《주역본의(周易本義)》〈계사전 하(繫辭傳下)〉에서 주희(朱熹)가 말하였다.

"굽어보고 우러러봄과 멀고 가까운 곳에서 취한 것이 같지 않으나, 음(陰)과 양(陽)이 생겨나고 없어지는 두 가지 단서를 징험하는 것에 불과하다. 신명(神明)의 덕(德)은 굳세거나 따르며 움직이거나 그치는 것과 같은 본성[性]이고, 만물(萬物)의 실정[情]은 우뢰, 바람, 산, 못과 같은 상(象)이다."

신은 이렇게 생각합니다. 신물(神物)·변화(變化)·천상(天象)·도서(圖書)
는 성인(聖人)이 그것을 통해 역(易)을 만들었으며, 천문(天文)·지리(地
理)·인신(人身)·물칙(物則: 만물의 법칙)은 성인이 그것에서 취하여 괘(卦)
를 만들었습니다. 역에서는 그 강령[綱]을 말하였고 괘에서는 그 조목
[目]을 말하였습니다.

臣按: 神物·變化·天象·圖書, 聖人由之以作易; 天文·地理·人身·物
則, 聖人取之以作卦. 易言其綱, 卦言其目.

《주역(周易)》〈설괘전(說卦傳)〉에서 말하였다.

하늘[天]과 땅[地]이 자리를 정하고 산(山)과 못[澤]이 기(氣)를 통하며, 우레
[雷]와 바람[風]이 서로 부딪히고, 물[水]과 불[火]이 서로 해치지 않아 팔괘(八
卦)가 서로 번갈아서 작용한다.

天地定位, 山澤通氣, 雷風相薄, 水火不相射, 八卦相錯.

《주역본의(周易本義)》〈설괘전(說卦傳)〉에서 주희(朱熹)가 말하였다.[11]

소옹(邵子: 邵雍)¹²이 말하기를 "이는 복희(伏羲) 팔괘(八卦)의 자리이니, 건(乾)은 남쪽에 있고 곤(坤)은 북쪽에 있으며, 리(離)는 동쪽에 있고 감(坎)은 서쪽에 있으며, 태(兌)는 동남쪽에 거하고 진(震)은 동북쪽에 거하며, 손(巽)은 서남쪽에 거하고 간(艮)은 서북쪽에 거하였다. 이에 팔괘(八卦)가 서로 섞이어 육십사괘(六十四卦)를 이루었으니, 이른바 '선천(先天)의 학(學)'이라는 것이다."라고 하였다.

> 朱熹曰: "邵子曰: '此伏羲八卦之位, 乾南·坤北·離東·坎西, 兌居東南·震居東北·巽居西南·艮居西北, 於是八卦相交而成六十四卦, 所謂先天之學也'."

《주역(周易)》〈설괘전(說卦傳)〉에서 말하였다.

상제(上帝)【(帝는) 하늘의 주재(主宰)이다.】가 진(震)에서 나와 손(巽)에서 깨끗하고 리(離)에서 서로 만나보고 곤(坤)에 일을 맡기고 태(兌)에서 기뻐하고 건(乾)에서 싸우고 감(坎)에서 위로하고 간(艮)에서 이룬다.

---

11 《주역본의(周易本義)》〈설괘전(說卦傳)〉에 나온다.

12 소자(邵子, 1011~1077): 소자(邵子)는 소옹(邵雍)을 말한다. 송나라 범양(范陽) 사람으로 나중에 하남(河南)으로 옮겼다. 자는 요부(堯夫)고, 호는 안락선생(安樂先生) 또는 이천옹(伊川翁)이며, 시호가 강절(康節)이라 소강절(邵康節)로 주로 불린다. 북해(北海) 이지재(李之才)가 공성령(共城令)으로 있을 때《하도(河圖)》,《낙서(洛書)》와 천문, 역수(易數)를 배웠다. 선천학(先天學)을 창시하고 만물은 모두 태극(太極)에서 말미암아 변화 생성된다고 주장했다.《황극경세서(皇極經世書)》62편을 지어 천지간 모든 현상의 전개를 수리로 해석하고 그 장래를 예시했으며, 또《관물내외편(觀物內外編)》2편에서 허심(虛心)과 내성(內省)의 도덕수양법을 설명했다. 그 밖의 저서에《관물편(觀物篇)》과《선천도(先天圖)》가 있다.

帝【天之主宰】出乎震, 齊乎巽, 相見乎離, 致役乎坤, 說言乎兌, 戰乎乾, 勞乎坎, 成言乎艮.

《주역본의(周易本義)》〈설괘전(說卦傳)〉에서 주희(朱熹)가 말하였다.[13]

소자(邵子)가 말하기를 "이 괘(卦)의 자리는 곧 문왕(文王)이 정한 것이니, 이른바 '후천(後天)의 학(學)'이라는 것이다."라고 하였다.

朱熹曰: "邵子曰: '此卦位乃文王所定, 所謂後天之學也.'"

신은 이렇게 생각합니다. 선천(先天)과 후천(後天)의 말은 처음에 〈건괘(乾卦) 문언전(文言傳)〉에서 나왔습니다.[14] 그러나 (여기에서는) 하늘보다 앞선 것과 하늘보다 뒤선 것을 말하였을 뿐입니다. 송(宋)나라 소옹(邵雍)에 이르러 처음으로 '하늘[天]과 땅[地]이 자리를 정한 것' 이하는 복희(伏羲) 선천의 역(易)이 되고, '상제(上帝)가 진(震)에서 나와' 이하는 문왕(文王) 후천의 역이 되었습니다. 각각 방위에 차례가 있으니, 나누

---

13 《주역본의(周易本義)》〈설괘전(說卦傳)〉에 나온다.

14 선천(先天)과 … 나왔습니다: 《주역(周易)》〈건괘(乾卦) 문언전(文言傳)〉에 "무릇 대인(大人)이란 천지(天地)와 그 덕(德)이 합하며, 일월(日月)과 그 밝음이 합하며, 사시(四時)와 그 질서가 합하며, 귀신(鬼神)과 그 길흉(吉凶)이 합하여, 하늘보다 먼저 하여도 하늘이 어기지 않으며 하늘보다 뒤에 하여도 천시(天時)를 받드나니, 하늘도 어기지 않는데 하물며 사람에게 있어서며, 귀신에게 있어서랴."라고 하였다.

어 마주하며 둘러싸는 그림을 만들었습니다.

> 臣按: 先天·後天之言, 始見於《乾》之《文言》, 然謂先於天後於天焉耳,
> 至宋邵雍始以天地定位以下爲伏羲先天易, 帝出乎震以下爲文王後天
> 易, 各有方位之次, 分爲橫圜之圖.

《논어(論語)》〈술이(述而)〉에서 공자(孔子)가 말하였다.

(하늘이) 나에게 몇 년의 수명을 빌려주어 마침내《주역(周易)》을 배우게 한다면 큰 잘못이 없을 것이다.

> 子曰: "加我數年, 五十以學《易》, 可以無大過矣."

《논어집주(論語集註)》〈술이(述而)〉에서 주희(朱熹)가 말하였다.[15]

"이 장의 내용이 《사기(史記)》〈공자세가(孔子世家)〉에는 '나에게 몇 년의 수명을 빌려주어 이와 같이 하면 내가 역(易)에 빈빈(彬彬)할 것이다[假我數年, 若是我於易則彬彬矣].'라고 되어 있어, '가(加)'는 바로 '가(假)'로 되어 있고 '오십(五十)'이라는 글자는 없다. 이때에 공자(孔子)의 나이가 이미 70세에 가까웠을 것이니, 오십이라는 글자가 잘못된 것임은 틀림없다. 역(易)을 배우면 길흉(吉凶)·소장(消長)의 이치[理]와 진퇴(進退)·존망(存亡)의 도(道)에 밝아진다. 그러므로 큰 잘못은 없을 수 있는 것

---

15 《논어집주(論語集註)》〈술이(述而)〉에 나온다.

이다. 이는 성인(聖人)께서 역의 이치의 무궁함을 깊이 살펴보고, 이것을 말하여 사람들을 가르쳐서 [역을] 배우지 않으면 안 되고, 또 쉽게 배울 수 없음을 알게 한 것이다."

朱熹曰: "此章之言,《史記》作 '假我數年, 若是我於易則彬彬矣', '加'正作 '假'而無 '五十'字, 蓋是時孔子年已幾七十矣, '五十'字誤無疑也. 學易則明乎吉凶消長之理·進退存亡之道, 故可以無大過. 蓋聖人深見易道之無窮, 而言此以教人, 使知其不可不學, 而又不可以易而學也."

진덕수(眞德秀)[16]가 말하였다.[17]

"성인이 역(易)을 만든 것은 음양(陰陽)이 자라나고 사라지는 이치를 미루어 밝힌 것에 불과할 따름이다. 양(陽)이 자라나면 음(陰)이 사라지고 음이 자라나면 양이 사라지니, 하나가 사라지면 하나가 자라나는 것은 하늘의 이치이다. 사람으로서 역을 배운다면 길흉(吉凶)이 자라나고 사라지는 이치를 알 것이다.

음과 양으로 대구를 지어 말한다면 양은 선(善)이 되고 길(吉)이 되며, 음은 악(惡)이 되고 흉(凶)이 된다. 오직 양만을 말한다면 양은 스스로 길(吉)도 있고 흉도 있어서 대개 양이 중(中)을 얻으면 길하고 중(中)하지 않으면 흉하니, 음도 또한 그러하다. 하늘의 이치로 말한다면 소식(消息)과 영허(盈虛)가 되고, 사람의 일로 말한다면 존망(存亡)과

16 진덕수(眞德秀):《대학연의보》권69 주) 31 참조.
17 《서산문집(西山文集)》권31에 나온다.

진퇴(進退)가 된다. 대개 사라지면 비게 되고 자라나면 채워지니, 해가 중천에 있으면 기울고 달이 차면 이지러지며, 더위가 심하면 서늘해지고 서늘함이 심하면 더워지니, 이것은 천도(天道)가 그칠 수 없는 것이다.

사람이 이를 체득할 수 있다면 마땅히 나아가야 할 때 나아가고 마땅히 물러나야 할 때 물러나며, 마땅히 보존해야 할 때 보존하고 마땅히 없애야 할 때 없앤다. 이와 같다면 인도(人道)를 얻어서 하늘에 부합할 것이다. 그러므로 공자(孔子)는 나아갈 만하면 나아가고 물러날 만하면 물러나며, 오래 머무를 만하면 오래 머물고 속히 떠날 만하면 속히 떠나며,[18] 등용이 되면 도(道)를 행하고 버려지면 은둔한다고 하였으니,[19] 이것은 공자 자신, 전체가 모두 역(易)인 것이다."

眞德秀曰: "聖人作易, 不過推明陰陽消長之理而已, 陽長則陰消, 陰長則陽消, 一消一長, 天之理也. 人而學易則知吉凶消長之理, 以陰陽對言則陽爲善爲吉·陰爲惡爲凶, 獨言陽則陽自有吉有凶, 蓋陽得中則吉·不中則凶, 陰亦然. 以天理言則爲消息盈虛, 以人事言則爲存亡進退, 蓋消則虛·長則盈, 如日中則昃, 月盈則虧, 暑極則寒, 寒極則暑,

---

18 오래 … 떠나며: 《맹자(孟子)》〈만장장구 하(萬章句下)〉에 "공자(孔子)가 제(齊)나라를 떠날 적에 (밥을 지으려고) 쌀을 담갔다가 건져 가지고 떠나셨고, 노(魯)나라를 떠날 적에는 말하기를 '더디고 더디다. 내 걸음이여.'라고 하였으니, 이는 부모의 나라를 떠나는 도리이다. 속히 떠날 만하면 속히 떠나고 오래 머무를 만하면 오래 머물며, 은둔할 만하면 은둔하고 벼슬할 만하면 벼슬한 것은 공자(孔子)이다."라고 하였다.

19 등용이 … 하였으니: 《논어(論語)》〈술이(述而)〉에 나온다. "공자가 안연에게 말하기를 '등용이 되면 도(道)를 행하고 버리면 은둔하는 것을 오직 나와 너만이 이것을 가지고 있다.'라고 하였다."

此天道所不能已也, 人能體此則當進而進·當退而退·當存而存·當亡
而亡, 如此, 則人道得而與天合矣. 故孔子可以進則進, 可以退則退, 可
以久則久, 可以速則速, 用之則行, 舍之則藏, 此孔子之身人[20]體, 皆
易也."

신은 이렇게 생각합니다. 《사기(史記)》〈공자세가(孔子世家)〉에 "공자가
늦게 《주역(周易)》을 좋아하여 그것을 읽음에 묶어 놓은 끈이 세 번 끊
어졌다."라고 말하였으니, 대개 더욱 정밀하게 살펴본 것일 뿐이요,
이때에서야 비로소 《주역》을 배웠다는 말은 아닙니다. 주희(朱熹)가
말하기를 "이 장의 큰 뜻은 '크게 잘못이 없다'에 있는 것이지, '오십'이
라는 말에 있는 것은 아니다."라고 하였습니다.

臣按: 史謂夫子晩而好《易》, 讀之韋編三絶, 蓋尤加精審爾, 非謂至此
始學《易》也. 朱熹謂此章大指在無大過, 不在五十上.

주돈이(周惇頤)[21]가 말하였다.[22]

"크구나, 역(易)이여! 성명(性命)의 근원이구나!"

---

20 人: 《대학연의보(大學衍義補)》 사고전서본에는 '全'으로 되어 있어, 번역에서는 이를 따른다.

21 주돈이(周惇頤, 1017~1073): 《대학연의보》 권72 주) 71 참조.

22 《통서(通書)》 상권(上卷)에 나온다.

周惇頤曰: "大哉, 易也! 性命之源乎!"

주돈이(周惇頤)가 또 말하였다.[23]

"성인(聖人)의 정밀함[精]을 괘(卦)를 그어 보이며, 성인의 온축됨[蘊]을 괘를 통해 편다. 괘를 긋지 않으면 성인의 정밀함을 보일 수 없으며, 괘가 아니면 성인의 온축됨을 거의 모두 들을 수 없다. 역(易)이 어찌 오경(五經)의 근원이 되는 것에서 그치겠는가. 그것은 천지(天地)와 귀신(鬼神)의 그 윽함이구나!"

又曰: "聖人之精, 畫卦以示; 聖人之蘊, 因卦以發. 卦不畫, 聖人之精不可得而見; 微卦, 聖人之蘊殆不可悉得而聞. 易何止五經之源? 其天地鬼神之奧乎?"

주희(朱熹)가 말하였다.[24]

"정(精)은 정밀하고 은미하다는 뜻이다. (괘를) 긋기 전의 역(易)은 지극히 요약된 이치이다. 복희(伏羲)가 괘(卦)를 그어서 오로지 이것을 밝혔을 따름이다. 온(蘊)은 무릇 괘 가운데에 있는 것으로 길흉(吉凶)·소장(消長)의 이치와 진퇴(進退)·존망(存亡)의 도(道)와 같으니, 지극히 넓

---

23 《주원공집(周元公集)》 권1에 나온다.
24 《주원공집(周元公集)》 권1 주희(朱熹)의 주석에 나온다.

은 업(業)이다. 괘가 있으면 따라서 형상화한다. 음양(陰陽)은 저절로 그러한 변화가 있고, 괘획(卦畫)은 저절로 그러한 형체가 있으니, 이것이 《주역(周易)》이라는 책이 문자(文字)와 의리(義理)의 조종(祖宗)이 되는 이유이다. 그러나 여기에서 그치지 않고, 음양을 관장하는 것이, 비록 천지의 큼과 귀신의 그윽함이더라도 그 이치는 괘를 그은 가운데에 갖추지 않은 것이 없다. 이는 성인(聖人)의 정밀함[精]과 온축됨[蘊]이 반드시 여기에 담겨 있는 것이다."

朱熹曰: "精者精微之意, 畫前之易, 至約之理也, 伏羲畫卦專以明此而已. 蘊謂凡卦中之所有, 如吉凶消長之理·進退存亡之道, 至廣之業也, 有卦則因以形矣. 陰陽有自然之變, 卦畫有自然之體, 此《易》之爲書所以爲文字之祖·義禮之宗也. 然不止此, 蓋凡管於陰陽者, 雖天地之大·鬼神之幽, 其理莫不具於卦畫之中焉, 此聖人之精蘊所以必於此而寄之也."

신은 이렇게 생각합니다. 주희(朱熹)가 또 역(易)에 정밀함[精]이 있고 온축됨[蘊]이 있음을 말하였으니, '사(師)는 정(貞)이니, 장인(丈人)이라야 길(吉)하다'[25]와 같습니다. 이것이 성인(聖人)의 정밀함이고 (괘를) 긋기 전의 역(易)이니, 바꿀 수 없는 신묘한 이치입니다. 백성을 포용하고 무리를 기르는 경우에는 괘(卦)를 따라 펴니, 이것이 그 온축됨입니다. 이는 하나일 뿐만이 아니라 64괘가 모두 마땅히 이와 같은 경우입니다.

25　사(師)는 … 길(吉)하다:《주역(周易)》〈사괘(師卦)〉에 나온다.

臣按: 朱熹又謂易有精有蘊, 如師貞丈人吉, 此聖人之精·畫前之易, 不可易之妙理, 至於容民畜衆處, 因卦以發蓋其蘊也. 非獨此一段, 凡六十四卦皆當以此推之.

정호(程顥)가 말하였다.[26]

"상천(上天)의 일은 소리도 없고 냄새도 없다. 그 본체[體]를 역(易)이라 말하고, 그 이치[理]를 도(道)라 말하고, 그 쓰임[用]을 신(神)이라 말한다."

程顥曰: "上天之載無聲無臭, 其體則謂之易, 其理則謂之道, 其用則謂之神."

정호(程顥)가 또 말하였다.[27]

"역(易)이 수(數)에서 일어났다는 것은 잘못되었다. 이치[理]가 있은 뒤에 상(象)이 있고 상이 있은 뒤에 수(數)가 있으니, 역은 상을 통해 이치를 밝히고 상을 통해 수를 안다. 그 뜻[義]을 안다면 상과 수는 그 안에 있다."

又曰: "義[28]起於數, 非也. 有理而後有象, 有象而後有數, 易因象以明理, 由象而知數, 得其義則象數在其中矣."

---

26 《주역전의(周易傳義)》〈역설강령(易說綱領)〉에 나온다.
27 《주역전의(周易傳義)》〈역설강령(易說綱領)〉에 나온다.
28 義: 《대학연의보(大學衍義補)》 사고전서본에는 '易'으로 되어 있어, 번역에서는 이를 따른다.

《주역전의(周易傳義)》〈역전서(易傳序)〉에서 정이(程頤)가 말하였다.

"역(易)은 변역(變易)이니, 때에 따라 변역하여 도(道)를 따른다. 그 책이 넓고 크며 모두 갖추어져서, 장차 성명(性命)의 이치[理]에 순(順)하며 유명(幽明)의 일에 통하며 사물(事物)의 실정[情]을 다하여 물(物)을 열고 일[務]을 이루는 도(道)를 보여 준다.

지극히 은미한 것은 이치이고, 지극히 드러난 것은 상(象)이다. 체(體)와 용(用)이 하나의 근원이고, 드러남과 은미함이 간격이 없으니, 회통(會通)을 살펴 그 전례(典禮)를 행한다면[29] 말[辭]이 갖추어지지 않음이 없다. 그러므로 잘 배우는 자들은 반드시 가까운 것에서 말[言]을 구하니, 가까운 것을 소홀히 여기는 자들은 말[言]을 아는 자가 아니다. 내가 전하는 것은 말[辭]이니, 말[辭]을 통해서 그 뜻을 터득하는 것은 사람들에게 달려 있다."

程頤曰: "易, 變易也, 隨時變易以從道也. 其爲書也廣大悉備, 將以順性命之理·通幽明之故·盡事物之情, 而示開物成務之道也. 至微者理也, 至著者象也, 體用一源, 顯微無間, 觀會通以行其典禮, 則辭無所不備, 故善學者求言必自近, 易於近者非知言者也. 予所傳者辭也, 由辭以得其意則在乎人焉."

---

29 회통(會通)을 … 행한다면: 《주역전의(周易傳義)》〈계사전(繫辭傳)〉에 나온다. 회(會)는 이치가 모여 있어 빠뜨릴 수 없는 곳을 말하고, 통(通)은 이치가 행할 수 있어 막힘이 없는 곳을 말하며, 전례(典禮)는 떳떳한 예(禮)로 법도와 같은 말이다.

범염덕(範念德)[30]이 말하였다.[31]

"역(易)과 때[時]와 도(道)는 모두 하나이다. 그것이 움직여서 쉬지 않는 것으로 말한다면 역(易)이고, 그것이 미루어 옮겨 가서 일정함이 없는 것으로 말한다면 때이며, 그것이 그러하게 되는 이치로 말한다면 도(道)이다."

> 範念德曰: "易也・時也・道也, 皆一也. 自其流行不息而言之則謂之易, 自其推遷無常言之則謂之時, 而其所以然之理則謂之道."

신은 이렇게 생각합니다. 역(易)이 역인 이유는 이치[理]가 있고 수(數)가 있기 때문입니다. 이치를 말하는 자들은 정이(程頤)를 종주(宗主)로 삼았고, 수(數)를 말하는 자들은 소옹(邵雍)을 종주로 삼았습니다. 주희(朱熹)가 《주역본의(周易本義)》와 《역학계몽(易學啓蒙)》을 지음에 이르러 비로소 두 가지의 설을 겸하였습니다.

선대의 유학자[황진(黃震)][32]가 말하기를 "정이의 역학[程學]은 이치를

---

30 범염덕(範念德): 건녕부(建寧府) 건양(建陽) 사람이다. 자(字)는 백숭이다. 유면지(劉勉之)의 둘째 딸과 결혼하여 주희의 인척이 되었다. 남송 융흥 원년 주희가 숭안 오부리에 있을 때 수학하였으며, 후에 건양의 한천정사(寒泉精舍)에 따라가서 배웠다. 건도 3년 임택(林擇)과 함께 주희를 따라 장사(長沙)에서 장식(張栻)을 방문하고 형산(衡山)에 올랐다. 순희 2년 4월 주희와 여조겸(呂祖謙)이 한천정사에서 회합을 열었을 때에 참석하였으며, 5월에는 다시 주희를 따라 연산(鉛山) 아호(鵝湖)의 모임에 참석하였다.

31 《회암집(晦庵集)》 권39 주희와 주고받은 편지에 나온다.

32 황진(黃震, 1212~1280): 남송 경원부(慶元府) 자계(慈溪) 사람으로 자는 동발(東發)이고, 호는 유월(兪越)이며, 사시(私諡)는 문결선생(文潔先生)이다. 도종(度宗) 때 사관검열(史館檢閱)이 되어 영종(寧宗)과 이종(理宗) 양조의 《국사(國史)》와 《실록(實錄)》을 편찬했다. 주돈이(周敦頤)와 이

말하니, 이치라는 것은 사람의 마음이 함께 하는 것이다. 지금 그 정이의 《역전(易傳)》을 읽는 자들은 수긍하여 곧 마음까지 합치하였다. 소옹의 역학[邵學]은 수(數)를 말하니, 수는 소강절(邵康節)이 홀로 한 것이다. 지금 그 그림을 얻더라도 어떻게 미루어 징험할 수 있겠는가. 이치에 밝은 자는 비록 수를 알지 못하더라도 스스로 흉(凶)을 피하고 길(吉)을 따를 수는 있지만, 수를 배우는 자들이 만일 이치에 밝지 못하면 반드시 사람을 버리고 하늘만을 말하는 데에 이른다. 이치를 궁구하여 정밀하게 한다면 자신을 닦을 수 있고 다른 사람을 다스릴 수 있다. 수를 말함에 정밀하지 못하면 또 장차 기술(技術)로 흐를 것이다. 역(易)은 비록 복서(卜筮)로 알려졌으나, 추보(推步)[33]로는 알려지지 못하였다. 한(漢)나라 때에 납갑(納甲),[34] 비복(飛伏),[35] 괘기(卦氣)[36] 등 무

정(二程), 주희(朱熹)를 학문의 모범으로 삼았다. 주희의 삼전제자(三傳弟子) 왕문관(王文貫)을 사사했고, 하기(何基) 등과 함께 주자학을 계승 발전시킨 주요 인물이다. 저서에 《황씨일초(黃氏日鈔)》와 《고금기요(古今紀要)》, 《고금기요일편(古今紀要逸編)》, 《무진수사전(戊辰修史傳)》 등이 있다.

33 추보(推步): 역법에 따라 여러 가지 사항을 계산하는 것을 말한다. 음양가(陰陽家)들이 오성(五星: 목성, 화성, 금성, 수성, 토성)의 도수로써 혼단절기(昏旦絶氣)의 차이를 추산(推算)함을 말한다.

34 납갑(納甲): 한대(漢代) 역학(易學)의 술어(述語)이다. 팔괘(八卦)와 천간(天干), 오행(五行), 방위(方位)를 서로 배합시켰으므로 이렇게 이름한다. 서한(西漢)의 경방(京房)과 삼국시대의 우번(虞翻)은 이 방법에 의하여 역(易)을 설명하였다. 복서가(卜筮家)들을 위해 괘(卦)와 효(爻)를 간지(干支)와 오행(五行)의 근원에 분배시키는 방법이다.

35 비복(飛伏): 한대(漢代) 역학(易學)의 술어(述語)이다. 괘(卦)를 본 사람을 비(飛)라 하고 보지 못한 사람을 복(伏)이라 한다. 또 비(飛)를 미래, 복(伏)을 과거 일로 하기도 하였다. 한(漢)나라의 유학자들은 이 방법으로 길흉(吉凶)을 점쳤다. 《경씨역전(京氏易傳)》에 기재되어 있으며, 청(淸)나라 혜동(惠棟)의 《역한학(易漢學)》에 보충하여 설명되어 있다.

36 괘기(卦氣): 한대(漢代) 역학(易學)의 술어(述語)이다. 역(易)의 괘(卦)와 사시(四時)의 기후를 서로 짝하므로 이렇게 부른다. 서한(西漢)의 학자 맹희(孟喜)·경방(京房) 등에서 시작된 역리(易

릇 추보의 기술들이 역(易)에 의거하여 설명하지 않은 것이 없으나 역
에는 실제로 그러한 것이 없다. 지금 소옹의 학문[邵學]이 전해지지 않
으나 이치로써 역을 말하는 것만 못하니, 일상생활하는 사이에 가는
곳마다 역이 아님이 없다."[37]라고 하였습니다.

臣按: 易之爲易, 有理·有數, 言理者宗程頤, 言數者宗邵雍, 至朱熹作
《本義》《啓蒙》, 始兼三[38]家說. 先儒謂程學言理而理者人心之所同, 今
讀其《傳》犁然卽與心合; 邵學言數, 數者康節之所獨, 今得其圖若何而
可推驗. 明理者雖不知數自能避凶而從吉, 學數者儻不明理必至舍人而
言天, 窮理而精則可修己治人, 言數不精且將流於技術. 易雖古[39]以卜
筮而未聞以推步, 漢世納甲·飛伏·卦氣凡推步之術無不倚易爲說, 而
易實無之, 今邵學無傳, 不若以理言易, 則日用常行無往非易矣.

《주역전의(周易傳義)》〈역설강령(易說綱領)〉에서 말하였다.
역(易)을 볼 때에는 우선 때[時]를 알아야 한다. 무릇 여섯 효(爻)는 사람
마다 쓰임이 있으니, 성인(聖人)은 성인의 쓰임이 있고, 현인(賢人)은 현인
의 쓰임이 있고, 백성[衆시은 백성의 쓰임이 있고, 배우는 자는 배우는 자

理)의 학설(學說)이다. 진(震)·이(離)·태(兌)·감(坎)의 4괘를 4계절에 배속시키니, 진(震)은 동
방이 되어서 봄, 이(離)는 남방이 되어서 여름, 태(兌)는 서방이 되어서 가을, 감(坎)은 북방
이 되어서 겨울에 속한다. 4괘의 24효(爻)를 다시 1년의 24절기(節氣)와 관련지었다.

37 정이의 … 없다:《황씨일초(黃氏日抄)》권6〈독역(讀易)〉에 나온다.

38 三:《대학연의보(大學衍義補)》사고전서본에는 '二'으로 되어 있어, 번역에서는 이를 따른다.

39 古:《대학연의보(大學衍義補)》사고전서본에는 '咎'로 되어 있어, 번역에서는 이를 따른다.

의 쓰임이 있고, 임금은 임금의 쓰임이 있고, 신하는 신하의 쓰임이 있어서 통하지 않는 것이 없다.

> 看易且要知時, 凡六爻人人有用, 聖人自有聖人用, 賢人自有賢人用, 衆人自有衆人用, 學者自有學者用, 君有君用, 臣有臣用, 無所不通.

《주역전의(周易傳義)》〈역설강령(易說綱領)〉에서 말하였다.

성인(聖人)이 가장 깊이 마음을 쓴 부분은 온전히 〈계사전(繫辭傳)〉에 담겨 있다.

> 聖人用意深處, 全在《繫辭》.

장재(張載)[40]가 말하였다.[41]

"역(易)은 군자(君子)를 위하여 도모한 것이고, 소인(小人)을 위하여 도모한 것은 아니다."

> 張載曰: "易爲君子謀, 不爲小人謀."

---

40 장재(張載): 《대학연의보》 권68 주) 27 참조.

41 《장자전서(張子全書)》 권3에 나온다.

소옹(邵雍)이 말하였다.[42]

"군자(君子)가 역(易)에 대하여, 상(象)을 완미하고 수(數)를 완미하고 말[辭]을 완미하고 뜻[意]을 완미한다. 대저 역(易)은 성인(聖人)이 군자를 자라게 하고 소인을 사라지게 하는 도구이니, 그 자라남에 아직 그러하지 않은 것을 열어 주고 그 사라짐에 아직 그러하지 않은 것을 닫아 준다. 하나가 사라지고 하나가 자라나며, 하나가 닫히고 하나가 열리는 것이 혼연하여 자취가 없으니, 천하(天下)의 지극히 신령스러운 자가 아니면 그 누가 여기에 참여할 수 있겠는가."

邵雍曰: "君子於易, 玩象·玩數·玩辭·玩意. 夫易者, 聖人長君子消小人之具也, 及其長也辟之於未然, 及其消也闔之於未然, 一消一長·一闔一辟, 渾渾然無跡, 非天下之至神, 其孰能與於此?"

신은 이렇게 생각합니다. 선대의 유학자[소옹(邵雍)]가 말하기를 "상(象)을 완미하고 수(數)를 완미하고 말[辭]을 완미하고 뜻[意]을 완미한다."라고 하였으니, 이것이 역(易)을 배우는 방법입니다.

臣按: 先儒謂玩象·玩數·玩辭·玩意, 此學易之法.

양시(楊時)[43]가 말하였다.[44]

---

42 《황극경세서(皇極經世書)》 권13에 나온다.

"대저 역(易)은 자신에게서 구하여야 알 수 있는 것이다."

楊時曰: "夫易, 求之吾身斯可見矣."

주희(朱熹)가 말하였다.[45]

"역(易)이라는 책은 문자(文字)와 의리(義理)의 조종(祖宗)이다."

朱熹曰: "易之爲書, 文字之祖·義理之宗."

주희(朱熹)가 또 말하였다.[46]

"역(易)에는 두 가지 뜻이 있다. 하나는 변역(變易)[47]이니 유행(流行)하는 것이며, 하나는 교역(交易)[48]이니 대대(對待)[49]하는 것이다."

---

43 양시(楊時): 《대학연의보》권72 주) 51 참조.

44 《구산집(龜山集)》권13에 나온다.

45 《주원공집(周元公集)》권1 주희(朱熹)의 주석에 나온다.

46 《주자어류(朱子語類)》권65에 나온다.

47 변역(變易): 변하여 바뀜을 말한다. 변(變)은 형체와 모양이 아주 다른 물건처럼 되는 것이고, 역(易)은 다른 물건으로 대신하는 것과 같은 것이다.

48 교역(交易): 물(物)로써 물(物)을 바꾸어 왕래하는 것을 교역이라고 한다. 《주역(周易)》〈계사전 하(繫辭傳下)〉에 "한낮에 시장을 만들어 천하(天下)의 백성들을 오게 하고 천하(天下)의 재물을 모아서 교역(交易)하고 물러가 각각 제 살 곳을 얻게 하였으니, 서합괘(噬嗑卦)에서 취하였다."라고 하였다.

49 대대(對待): 대립하면서 서로 끌어당기는 관계를 말한다. 상대가 존재함에 의하여 비로소 자기가 존재한다고 하는 관계, 상호대립하면서 상호의존하는 관계이다. 《주역(周易)》의

又曰: "易有兩義, 一是變易, 是流行者; 一是交易, 是對待者."

주희(朱熹)가 또 말하였다.[50]

역(易)의 말에, 대저 양(陽)이 길하면 음(陰)이 흉하고, 또한 양이 흉하면 음이 길한 것이 있으니, 이는 마땅히 해야 할 것이 있고 마땅히 하지 말아야 할 것이 있는 것이다. 만약 마땅히 해야 하는데도 하지 않거나 마땅히 하지 않아야 하는데도 한다면 비록 양이라도 또한 흉하다.

又曰: 易中之辭, 大抵陽吉而陰凶, 亦有陽凶而陰吉者, 蓋有當爲有不當爲, 若當爲而不爲·不當爲而爲之, 雖陽亦凶.

역(易)에 '이롭고[利] 정(貞)하다', '정하면 길(吉)하다', '영정(永貞)함이 이롭다' 따위를 많이 말하였으니, 모두 사람들에게 바름을 지키게 하는 것이다.[51]

易中多言利貞, 貞吉, 利永貞之類, 皆是要人守正.

음양을 설명하는 데서 많이 나타난다.

50 《주자어류(朱子語類)》 권65에 나온다.

51 역(易)에 … 것이다:《주자어류(朱子語類)》 권34에 나온다.

《주역전의(周易傳義)》〈역설강령(易說綱領)〉에서 주희(朱熹)가 또 말하였다. "역(易)은 대개 사람들이 두려워하고 살펴서 반성하게 하고자 하는 것이다."

又曰: "易大槪欲人恐懼修省."

신은 이렇게 생각합니다. 《주역(周易)》은 오경(五經)의 근본이고 만세(萬歲)의 문자(文字)가 나온 근원이며, 의리(義理)가 이로부터 말미암아 생긴 것입니다. 오경에 흩어져 드러난 것은 모두 배우는 자들이 인륜(人倫)과 일상생활에서 마땅히 지켜야할 일입니다. 마땅히 해야 할 것과 마땅히 하지 않아야 할 것의 그 이치가 역(易)에 갖추어져 있으니, 행하거나 그칠 수 있는 단서가 여기에서 결정됩니다. 경(經)은 읽으면서 《주역》을 읽지 않는 것은 나무에 뿌리가 없고 물에 근원이 없는 것과 같습니다.

臣按: 《易》者五經之本源, 萬世文字之所自出, 義理之所由生者也. 散見於五經者, 皆學者人倫日用所當爲之事, 而其所以當爲與不當爲者, 其理則具於易, 可行與止之幾於是乎決焉. 是讀經而不讀《易》, 如木之無本·水之無源也.

《주역전의(周易傳義)》〈역설강령(易說綱領)〉에서 주희(朱熹)가 말하였다. 복희(伏羲)가 팔괘(八卦)를 그었으니, 다만 이 몇 획이 천하 만물(萬物)의

이치[理]를 다 포함하였다. 배우는 자가 말[辭]에서 이해하는 것은 얕고 상
[象]에서 이해하는 것은 깊다.

> 伏羲畫八卦, 隻此數畫該盡天下萬物之理, 學者於言上會得者淺, 於象上會
>
> 得者深.

《주역전의(周易傳義)》〈역설강령(易說綱領)〉에서 주희(朱熹)가 또 말하였다.
"무릇 한 괘(卦)와 한 효(爻)를 읽을 때에는 곧 점을 쳐서 얻은 것처럼 여
겨, 마음을 비우고 괘사(卦辭)와 효사(爻辭)가 가리키는 바를 찾아서, 길흉
(吉凶)과 가부(可否)를 결정한 뒤에 그 상(象)이 그리된 까닭을 살피고 그 이
치[理]가 그리된 까닭을 찾아 일에 적용한다. 위로는 왕공(王公)으로부터
아래로는 서민(庶民)에 이르기까지 몸을 닦고 나라를 다스림에 모두 쓸 수
있다."

> 又曰: "凡讀一卦一爻, 便如占筮所得, 虛心以求其辭義之所指, 以爲吉凶可
>
> 否之決然後, 考其象之所以然者, 求其理之所以然者, 推之於事, 使上自王
>
> 公, 下至民庶, 所以修身治國皆有可用."

역(易)을 보는 자들은 모름지기 이치[理], 상(象), 수(數), 말[辭] 네 가지를
알아야 한다.[52]

---

52 역(易)을 … 한다:《주자어류(朱子語類)》권67 이통(李通)의 말에 나온다.

看易者須識理・象・數・辭四者.

《주역전의(周易傳義)》〈역설강령(易說綱領)〉에서 주희(朱熹)가 또 말하였다.
"역(易)을 읽는 법은 먼저 정경(正經) 괘사(卦辭)와 효사(爻辭)를 읽고 깨닫
지 못하면 〈단전(彖傳)〉, 〈상전(象傳)〉, 〈계사전(繫辭傳)〉등을 통해 이해해야
한다."

又曰: "讀易之法, 先讀正經, 不曉則將彖・象・繫來解."

신은 이렇게 생각합니다. 정자(程子)가 역(易)을 논함에 말[辭]・변화
[變]・상(象)・점괘[占]를 말하였고, 소옹(邵雍)이 역을 논함에 상・수(數)・
말・뜻[意]을 말하였으며, 주자(朱子)가 논함에서는 이치[理]・수・상・말
을 말하였습니다. 세 사람의 해설이 비록 같지는 않으나 이른바 말과
상은 모두 빠뜨리지 않았습니다. 어찌 역에 이치, 수, 변화, 점괘가 있
는데 뜻이 그 안에 있지 않겠습니까. 이른바 상과 말은 평소 일이 없
을 때에 마땅히 살펴서 완미해야 할 것이니, 더욱 간절한 것입니다!
　정자의 설은 곧 공자(孔子)의 설이니, 이른바 '역(易)에는 성인(聖人)의
도(道) 네 가지가 있다'[53]라고 하였습니다. 우리 나라[明]의 조겸(趙謙)[54]

---

53 역(易)에는 … 있다: 《주역전의(周易傳義)》〈계사전 상(繫辭傳上)〉에 "역(易)에는 성인(聖人)의 도
(道)가 네 가지가 있다. 이것을 써서 말하는 자는 그 말[辭]을 숭상하고 이것을 써서 움직이

388

이 "〈건괘(乾卦)〉의 초구(初九)는 변화이니, 잠겨 있는 용[潛龍]은 상이고, 쓰지 말라는 것[勿用]은 점괘이다. 초구(初九)에 '잠겨 있는 용이니, 쓰지 말아야 한다'는 것은 말이다."라고 말하였습니다. 상을 말하고 점괘를 말하지 않은 것은 점괘가 그 상 가운데에 있기 때문이고, 점괘를 말하고 상을 말하지 않은 것은 상이 그 점괘 가운데에 있기 때문이니, 이것으로 끝까지 적용해본다면, 그 귀결점은 384효(爻)가 단지 '때[時]'라는 한 글자일 뿐입니다.

신의 생각으로는, 정씨(程氏)는 공자가 '역(易)의 본래 뜻은 동정(動靜)과 관완(觀玩)의 쓰임'이라고 설명한 것에 근본하였습니다.[55] 소옹과 주희(朱熹)의 두 설은 사람들에게 역을 읽는 방법을 가르친 것입니다. 역을 배우는 자들은 반드시 세 사람의 설을 같이 참고하여 구하여야

는 자는 그 변화[變]를 숭상하고, 이것을 써서 기물(器物)을 만드는 자는 그 상(象)을 숭상하고 이것을 써서 점(占)을 치는 자는 그 점괘[占]를 숭상한다."라고 하였으며, 《주역전의(周易傳義)》〈역전서(易傳序)〉에는 앞의 〈계사전 상(繫辭傳上)〉의 말을 인용하고 덧붙여서 "길흉(吉凶)·소장(消長)의 이치[理]와 진퇴(進退)·존망(存亡)의 도(道)가 말에 갖추어져 있으니, 말[辭]을 미루어 괘(卦)를 상고하면 변화[變]를 알 수 있으니, 상(象)과 점괘[占]가 그 가운데에 들어 있다."라고 하였다.

54 조겸(趙謙, 1352~1395): 명나라 절강(浙江) 여요(餘饒) 사람. 초명은 고칙(古則)이고, 자는 휘겸(撝謙)이며, 호는 경대외사(瓊臺外史)다. 육경백씨(六經百氏)의 학문을 두루 연구했는데, 특히 육서(六書)에 정통해서 당시 사람들이 고고선생(考古先生)이라 불렀다. 정사표(鄭四表)의 문하에서 배웠다. 문자와 음운에 정밀하여 홍무(洪武) 12년(1379) 명을 받아 경사(京師)로 와서 《정운(正韻)》을 편수하는 데 참여했다. 국자감전부(國子監典簿)와 경산현학교유(瓊山縣學教諭)를 지냈다. 저서에 《성음문자통(聲音文字通)》과 《육서본의(六書本義)》, 《조화경륜도(造化經綸圖)》, 《고고속계서(考古續戒書)》 등이 있다.

55 정씨(程氏)는 … 근본하였습니다: 《주역전의(周易傳義)》〈역전서(易傳序)〉에 "군자가 거처할 때에는 그 상(象)을 살피고 말[辭]을 완상하며, 움직일 때에는 변화[變]를 살피고 그 점괘[占]를 완상하니, 말을 알고도 뜻을 통달하지 못한 자는 있지만 말을 알지 못하고서 뜻을 통달할 수 있는 자는 있지 않다."라고 하였다.

만 거의 깨달을 수 있을 것입니다. 【이상 역을 논하였습니다.】

臣按: 程氏論易曰辭·曰變·曰象·曰占, 邵氏論易曰象·曰數·曰辭·曰意, 至於朱氏之論則曰理·曰數·曰象·曰辭焉. 三家之說雖不同, 然所謂辭·象者皆未有遺焉者也, 豈不以易有理·有數·有變·有占而其意寓乎其中, 所謂象與辭者, 平居無事之時所當觀而玩者, 尤爲要切乎? 程氏之說, 卽孔子之說, 所謂易有聖人之道四焉者也. 我朝趙謙謂, 如《乾》之初九變也, 潛龍象也, 勿用者占也, 初九潛龍勿用辭也, 有言象而不言占者占在象中, 有言占而不言象者象在占中, 以此推之盡矣, 要其歸則三百八十四爻隻是一時字. 臣竊以謂, 程氏本孔子說易之本指動靜觀玩之用, 邵·朱二說敎人讀易之法也, 學易者必兼三說以求之, 思過半矣. 【以上論易】

《상서정의(尙書正義)》[56] 〈상서서(尙書序)〉에서 공안국(孔安國)[57]이 말하였다.

---

56 《상서정의(尙書正義)》: 당대(唐代) 공영달(孔穎達)의 《상서(尙書)》 주해서로, 《오경정의(五經正義)》의 하나이다. 원래 《상서》는 진(秦)나라의 박사였던 복생(伏生)이 전한 29편의 《금문상서(今文尙書)》 외에 한(漢)나라 때 새로 발견되어 공안국(孔安國)이 정리하여 전했다는 《고문상서(古文尙書)》가 있었으나, 이는 얼마 지나지 않아 없어졌다. 《상서정의》가 저본으로 삼은 것은 동진(東晉) 초에 매색(梅賾)이 다시 발견하였다는 판본인데, 이 판본 중 《금문상서》에도 있는 29편을 제외한 나머지는 송(宋)나라 때부터 위작(僞作)이라는 의심을 받았고, 염약거(閻若璩)의 《상서고문소증(尙書古文疏證)》으로 위작이 거의 증명되었다. 따라서 《상서정의》의 저본이 된 《고문상서》는 원래의 《고문상서》와는 다른 책으로 보통 《위고문상서(僞古文尙書)》라고 불린다. 《상서정의》의, 주(注)는 공안국의 주(注)(《상서공씨전(尙書孔氏傳)》)를 표준으로 하고 소(疏)는 유작(劉焯), 유현(劉炫)의 의소(義疏)를 기본으로 하면서 채대보(蔡大寶), 소의(巢猗), 비감(費甝), 고표(顧彪) 등의 의소(義疏)를 참조하였다. 기본적으로 공안국의

"공자(孔子)가 분전(墳典)[58]을 토론하되 요순시대부터 주(周)나라에 이르기까지를 나누어서 번잡하고 어지러운 것을 삭제하고 근거 없는 속된 말을 끊어 버려 대강을 드러내고 긴요한 일을 가려내니, 세상에 널리 가르침을 세우기에 충분하다. 전(典)[59]·모(謨)[60]·훈(訓)[61]·고(誥)[62]·서(誓)[63]·명(命)[64]의 글은 모두 100여 편이다. 지극한 도(道)를 크게 넓혀서 임금에게 규범을 보이신 것이다. 제왕(帝王)의 제도는 너무도 명백하여 드러내어 행할 만하니, (공자의 제자) 3천 명의 문도들이 모두 그 뜻을 받들었다."

孔安國曰: "孔子討論墳典, 斷自唐虞以下, 訖於周. 芟夷煩亂, 剪截浮辭,

수에 따라 성분을 이해하였나.

57 공안국(孔安國): 전한 노(魯, 산동성 曲阜) 사람이다. 자는 자국(子國)이고, 공자의 11대손이며, 공충(孔忠)의 아들이다. 《상서(尚書)》고문학의 시조다. 무제(武帝) 때 박사(博士)를 지내고, 간대부(諫大夫)와 임회태수(臨淮太守)에 이르렀다. 《시(詩)》는 신공(申公)에게 배우고, 《상서》는 복생(伏生)에게 받았다. 노공왕(魯共王)이 공자의 옛 집을 헐었을 때 과두문자(蝌蚪文字)로 된 《고문상서(古文尚書)》와 《예기(禮記)》, 《논어》, 《효경(孝經)》이 나왔다. 아무도 이 글을 읽지 못한 것을 금문(今文)과 대조하여 고증, 해독하여 주석을 붙여 《상서공씨전(尚書孔氏傳)》《공전상서(孔傳尚書)》》을 지었다. 이 일에서 고문학(古文學)이 비롯되었다고 한다. 현전하는 《상서공씨전》은 명나라 학자들의 고증에 의해 위탁(偽托)된 것으로 확인되었다.

58 분전(墳典): 삼분(三墳)과 이전(二典)이다. 삼분(三墳)은 복희(伏羲)·신농(神農)·황제(黃帝)의 글이고, 이전(二典)은 서경(書經)의 요전(堯典)·순전(舜典)이다.

59 전(典): 〈요전(堯典)〉·〈순전(舜典)〉 등이 있다.

60 모(謨): 〈고요모(皋陶謨)〉 등이 있다.

61 훈(訓): 〈이훈(伊訓)〉 등이 있다.

62 고(誥): 〈탕고(湯誥)〉·〈대고(大誥)〉·〈강고(康誥)〉·〈주고(酒誥)〉·〈소고(召誥)〉·〈낙고(洛誥)〉 등이 있다.

63 서(誓): 〈감서(甘誓)〉·〈탕서(湯誓)〉·〈태서(泰誓)〉·〈목서(牧誓)〉·〈비서(費誓)〉·〈진서(秦誓)〉 등이 있다.

64 명(命): 〈고명(顧命)〉·〈문후지명(文侯之命)〉 등이 있다.

舉其宏綱, 撮其機要, 足以垂世立教. 典·謨·訓·誥·誓·命之文凡百篇,
所以恢弘至道, 示人主以軌範也. 帝王之制坦然明白, 可舉而行, 三千之徒
並受其義."

《정씨경설(程氏經說)》에서 정이(程頤)가 말하였다.[65]

"상고(上古)에 비록 이미 문자(文字)가 있어서 법도를 세우고 다스림
에 자취가 있는 것을 실었는데, 사관을 두어 그 일을 기록한 것은【(識
은) 음이 지(志)이다.】요(堯)임금 때부터 시작되었다."

程頤曰: "上古雖已有文字而制立法度, 爲治有迹, 得以紀載, 有史官以
職[66]【音志】其事, 自堯始耳."

신은 이렇게 생각합니다. 선대의 유학자[오징(吳澄)]가 말하기를 "서
(書)라는 것은 사(史)가 기록한 것으로, 율(聿)과 기(者)로 구성되었다.
율은 옛날의 필(筆)자이니, 붓을 가지고 문자를 써서 간책에 기록하였
다. 서라는 것은 뜻[㫆]과 음[聲]을 합친 것이다.[67] 복희(伏羲)가 처음으로

---

65 《정씨경설(程氏經說)》〈원서(原序)〉에 나온다.

66 職:《대학연의보(大學衍義補)》 사고전서본에는 '識'로 되어 있어, 번역에서는 이를 따른다.

67 서(書)라는 … 것이다: 서(書)는 해성(諧聲) 문자이다. 해성은 육서의 하나로, 두 개의 글자를
합하여 하나의 글자를 이루는데, 한쪽은 뜻, 다른 한쪽은 음을 나타낸 것이다. 형성(形聲)
이라고도 한다.

팔괘(八卦)를 그었고, 황제(黃帝) 때에 창힐(蒼頡)[68]이 처음으로 문자를 만들었다. 무릇 문자에 통달하고 글씨를 잘 쓰는 사람을 '사(史)'라고 하였으니, 임금의 좌우에 사를 두어서 그 말과 행동을 쓰게 하였다. 요순(堯舜) 이전에는 세상이 질박하고 일이 간략하여 자세히 상고할 수는 없어서, 공자가 요순 이후부터 사의 기록을 나누어서 우(虞)·하(夏)·상(商)·주(周), 사대(四代)의 서(書)를 정하였다."[69]라고 하였습니다.

臣按: 先儒謂《書》者史之所紀錄也, 從聿從者, 聿古筆字, 以筆書成文字, 載之簡冊, 曰書者, 諧聲. 伏羲始畫八卦, 黃帝時蒼頡始制文字, 凡通文字能書者謂之史, 人君左右有史以書其言動. 堯舜以前世質事簡, 莫可考詳, 孔子斷自堯舜以後史所紀錄, 定爲虞·夏·商·周四代之書.

《상서정의(尙書正義)》〈상서서(尙書序)〉에서 공영달(孔穎達)[70]이 말하였다.

"그것은 상고(上古)의 글이었기 때문에 《상서(尙書)》라고 칭하였다. 이 말은 복생(伏生)[71] 이후에 이어졌으니, '상(尙)'자는 바로 복생이 추가한 것

---

68 창힐(蒼頡): 황제(黃帝) 또는 복희(伏羲)의 신하로 새의 발자국을 보고 처음으로 글자[한자(漢字)]를 만들었다고 한다.

69 서(書)라는 … 정하였다:《서찬언(書纂言)》권1에 나온다.

70 공영달(孔穎達):《대학연의보》권69 주) 23 참조.

71 복생(伏生): 제남(濟南) 사람이다. 원래 진(秦)의 박사(博士)였다. 효문제(孝文帝) 때《상서(尙書)》에 능통한 사람을 찾았으나 아무도 찾지 못하다가, 복생이 잘 안다는 소문을 듣고 그를 초빙하려고 하였다. 그러나 복생은 90세가 넘었기에 국가의 제도를 관장하는 장고(掌故)의 벼슬에 있는 조조(朝錯)를 복생에게 보내어 배우게 하였다. 진나라의 분서갱유(焚書坑儒) 때 벽에《상서》를 숨겼고, 한나라 때 다시 찾았지만 단지 29편뿐이었다. 그러나 이후 많은 학자들이《상서》를 논할 수 있었다.

임을 알 수 있다."

> 孔穎達曰: "以其上古之書, 謂之《尚書》, 此文繼伏生之下, 則知'尙'字乃伏
> 生所加也."

신은 이렇게 생각합니다. 상(尙)의 뜻은 숭상함[上]이 됩니다.[72]

> 臣按: 尙訓爲上.

《이정유서(二程遺書)》에서 정이(程頤)가 말하였다.[73]

"《상서(尙書)》를 볼 때에는 모름지기 이제삼왕(二帝三王)[74]의 도(道)를 보
아야 하니, 이전(二典: 堯典·舜典)에서는 요 임금이 백성을 다스리는 바와 순
이 임금을 섬기는 바를 구해야 한다."

> 程頤曰: "看《書》須要見二帝三王之道, 如二典卽求堯所以治民·舜所以
> 事君."

---

72 상(尙)의 … 됩니다: 《상서정의(尙書正義)》〈상서서(尙書序)〉의 공영달의 소(疏)에 "'상(尙)'을
'상(上)'의 뜻으로 해석하면 '상(尙)'의 뜻은 '상(上)'이 되니, '상(上)'이란 것은 아래에서 사모하
고 숭상하는 것이다. 그러므로 뜻이 통하게 된다."라고 하였다.

73 《이정유서(二程遺書)》 권24에 나온다.

74 이제삼왕(二帝三王): 이제(二帝)는 요(堯)임금과 순(舜)임금, 삼왕(三王)은 하(夏)나라 우왕(禹王),
상(商)나라 탕왕(湯王), 주(周)나라 문왕(文王)과 무왕(武王)이다.

《주자어류(朱子語類)》에서 주희(朱熹)가 말하였다.[75]

　"이전(二典: 堯典·舜典)과 삼모(三謨: 大禹謨·皐陶謨·益稷) 등의 편은 뜻과 이치가 명백하니, 매 구절마다 실제의 이치이다. 요(堯)가 임금이 된 것, 순(舜)이 신하가 된 것, 고요(皐陶)[76]·직(稷)[77]·설(契)[78]·이윤(伊尹)[79]·부열(傳說)[80] 등의 말과 행동을 깊게 완미하기에 가장 좋으니, 이를 미루어 짐작하여 자신으로부터 실천하면 그 뜻은 특별할 것이다."

> 朱熹曰: "二典三謨等篇, 義理明白, 句句是實理, 堯之所以爲君·舜之所以爲臣, 皐陶·稷·契·伊·傳輩, 所言所行, 最好綢繆玩味, 體貼向自家身上來, 其味自別."

75　《주자어류(朱子語類)》 권62 〈중용(中庸)〉 1에 나온다.

76　고요(皐陶): 성은 언(偃)이고, 구도(咎陶), 구요(咎繇) 혹은 고요(皐繇)라 불리기도 한다. 황제(黃帝)의 장남인 소호(少昊)의 후예이다. 요순(堯舜) 시기의 신하로, 순임금 때에 형법(刑法)을 관장하던 이관(理官)이 되었다.

77　직(稷): 순(舜)임금의 신하로 농사를 맡은 사람이다. 이름은 기(棄)이고, 주(周)나라의 시조이다.

78　설(契): 《대학연의보》 권67 주) 67 참조.

79　이윤(伊尹): 상(商)나라 초기 사람이다. 이름이 이(伊)고, 윤(尹)은 관직 이름이다. 지(摯)라고도 한다. 노예였다가 유신씨(有莘氏)의 딸이 시집갈 때 잉신(媵臣)으로 따라갔다. 탕왕의 인정을 받아 등용되었다. 상나라를 건국하는 데 큰 공을 세워서 재상이 되었다. 탕왕이 죽은 뒤 외병(外丙)과 중임(仲壬) 두 임금을 보좌했다. 중임이 죽고 태갑(太甲)이 왕위에 올라 탕왕의 법을 따르지 않자 그를 동(桐)으로 축출하고 잠깐 섭정했다. 3년 뒤 태갑이 잘못을 뉘우치자 다시 왕위에 올렸다. 일설에는 이윤이 왕위를 찬탈하여 태갑을 쫓아냈는데, 7년 뒤 태갑이 돌아와 이윤을 죽였다고 한다.

80　부열(傳說): 상나라 고종(高宗) 때의 재상이다. 원래 부암(傳巖)에서 담장을 쌓는 노예였는데, 고종이 꿈에서 부열을 만나 그를 찾았다고 한다.

《주자어류(朱子語類)》에서 주희(朱熹)가 또 말하였다.[81]

"당우삼대(唐虞三代)[82]의 일이 아주 넓고 크고 아득하니 어찌 헤아릴 수 있겠는가. 성인의 마음을 구하는 것만 못하니, 요임금에게서는 백성을 다스리는 것을 살피고, 순(舜)에게서는 임금을 섬기는 것을 살피는 것과 같다. 또한 〈탕서(湯誓)〉에서 탕(湯)이 '(하 나라가 죄가 있으므로) 나는 하늘을 두려워하여 감히 바로잡지 않을 수 없다.'[83]라고 말한 것과 같으니, 깊이 생각하며 읽는다면 어찌 탕의 마음을 볼 수 없겠는가."

又曰: "唐虞三代事浩大闊遠, 何處測度? 不若求聖人之心, 如堯則考其所以治民, 舜則考其所以事君, 且如《湯誓》湯曰 '予畏上帝, 不敢不正', 熟讀, 豈不見湯之心."

신은 이렇게 생각합니다. 《상서(尚書)》의 큰 뜻은 하늘을 받들고 백성을 다스리고 임금을 섬기는 데에 있으니, 그것이 요점입니다. 정자와 주자가 《상서》를 논하였는데, 오로지 '요가 백성을 다스림'과 '순이 임금을 섬김'을 가리켜 말하였습니다. 대개 두 가지는 인륜의 지극함입니다. 순(舜)·우(禹)·성탕(成湯)·문왕(文王)·무왕(武王)이 백성을 다스리는 것은 우(禹)·고요(皐陶)·기(夔)[84]·익(益)[85]·직(稷)·설(契)·이윤(伊尹)·

---

81 《주자어류(朱子語類)》 권78 〈상서(商書)〉 1에 나온다.
82 당우삼대(唐虞三代): 당우(唐虞)는 도당씨(陶唐氏)인 요(堯)와 유우씨(有虞氏)인 순(舜)을 말하며, 요순(堯舜)이 통치했던 시대를 의미한다. 우당(虞唐)이라고도 한다. 삼대(三代)는 하(夏)·은(殷)·주(周) 왕조를 말한다.
83 나는 … 없다: 《서경(書經)》 〈상서(商書)〉에 나온다.

부열(傅說)·주공(周公)[86]·소공(召公)[87]이 임금을 섬기는 것과 같습니다. 그 마음은 같지 않은 적이 없으니, 말과 행동을 통해서 드러납니다.

臣按: 《書》之大義在奉天治民, 事君其要也. 程·朱二子論《書》, 專指堯治民·舜事君爲言, 蓋二者人倫之至也, 若夫舜·禹·成湯·文·武之所以治民, 禹·皐·夔·益·稷·契·伊·傅·周·召之所以事君, 其心未嘗不同, 因其所言所行而見也.

주희(朱熹)가 또 말하였다.[88]

"《상서(尙書)》를 처음 읽을 때 자신에게 상관이 없는 것 같더라도 면밀

---

84 기(夔): 요(堯)임금 때 기용되어 악정(樂正)을 맡았고, 순(舜)임금 때 전악(典樂)이 되었다. 나라의 자제들에게 음악을 전수했다. 오성(五聲)을 바르게 하고 육률(六律)을 조화롭게 만들었으며, 팔음(八音)을 고르게 하였다.

85 익(益): 백익(伯益) 또는 백예(伯翳), 백예(柏翳)라고도 한다. 순(舜)임금의 명령으로 우(虞)가 되어 초목조수(草木鳥獸)를 관장했다. 또 우(禹)임금 밑에서 치수를 도와 영(嬴)씨 성을 하사받아 영씨 성 제후(諸侯)의 조상이 되었다. 우임금이 하(夏)나라를 세운 뒤에는 재상으로 봉직했다. 우임금이 그를 선양(禪讓)할 사람으로 지목하자 우임금의 아들 계(啓)에게 양보하고 기산(箕山)의 남쪽에 숨어 살았다. 우물 파는 기술을 개발했다고 해서 정신(井神)으로 불린다.

86 주공(周公): 서주(西周)의 왕족(王族)으로, 이름은 단(旦)이고, 성은 희(姬)다. 문왕(文王)의 아들이자 무왕(武王)의 동생이다. 무왕을 도와 주(紂)를 쳐서 상(商)나라를 멸했다. 무왕이 죽은 뒤 나이 어린 성왕(成王)이 제위에 오르자 섭정이 되었다. 상(商)나라의 무경(武庚)과 녹부(祿夫), 주공의 동생 관숙(管叔)과 채숙(蔡叔) 등의 반란을 진압하였다. 죽은 뒤 성왕이 노나라에 천자의 예악(禮樂)을 하사해 그 덕에 보답했다. 저서에 《주례(周禮)》가 있다.

87 소공(召公): 소강공(召康公)이라고도 한다. 서주(西周) 초기 때 사람으로, 문왕(文王)의 서자이다. 주나라의 제후국가인 연(燕)나라의 시조로, 채읍(采邑)을 소(召)에 두었다. 주공(周公)과 함께 성왕(成王)을 보필하여 주나라 왕조의 기반을 확립시켰다. 시호는 강(康)이다.

88 《서산독서기(西山讀書記)》 권23 〈역요지(易要指)〉에 나온다.

하게 그것을 읽으면 비로소 요(堯)·우(禹)·탕(湯)·문왕(文王)의 일을 알게
되니, 자신에게 간절하지 않은 것이 없다."

> 又曰: "《尙書》初讀, 若於己不相關, 熟而誦之, 乃知堯·禹·湯·文之事, 無
> 非切己者."

《서경집전(書經集傳)》에서 주희(朱熹)가 또 말하였다.[89]

"흠(欽)[90]이라는 한 글자는 《상서(尙書)》를 관통하는 가장 중요한 뜻이
다. 읽는 자가 깊이 음미하여 터득하는 것이 있으면 《상서》전체가 여기
에서 벗어나지 않는다."

> 又曰: "欽之一字, 書中開卷第一義也, 讀者深味而有得焉, 則一經之全體不
> 外是矣."

주희(朱熹)가 또 말하였다.[91]

"고종(高宗)이 예전에 감반(甘盤)[92]에게 배웠다."[93]라고 하니, 육경(六經)[94]

---

89 《서경집전(書經集傳)》 권1 〈우서(虞書)〉에 나온다.

90 흠(欽): 《서경(書經)》 권1 〈우서(虞書)〉제일 첫 구절이 '왈약계고제요(曰若稽古帝堯), 왈방훈(曰放
勳), 흠명문사안안(欽明文思安安), 윤공극양(允恭克讓), 광피사표(光被四表), 격우상하(格于上下),' 이
다. 여기에서 '흠(欽)'은 '공경하다'라는 의미로 쓰였다.

91 장황(章潢)이 편찬한 《도서편(圖書編)》 10 〈학서서(學書敍)〉에 나온다.

92 감반(甘盤, ?~?): 상(尙)나라 고종(高宗) 때의 신하이다. 고종이 즉위하기 전에 그에게 글을 배
웠다. 나중에 즉위해서 정승으로 삼았다는 고사가 있어 사제(師弟) 관계를 말할 때 자주 나

에서 이 구절에 이르러 비로소 '학(學)'자를 말하였다.

> 又曰: "高宗舊學末[95]甘盤, 六經至此, 方言學字."

신은 이렇게 생각합니다. 《상서(尙書)》라는 책에서는 사람들은 모두 제왕이 다스리는 요체로만 알고 있고, 배우는 자들이 배우는 이유와 배움의 근원이 모두 여기에 근본하는 것은 알지 못합니다. 배움은 경(敬)으로 (마음을) 보존하고 기르며, 앎을 이루는 것으로 배움에 나아갑니다. 그 앎을 이루는 방법은 옛 가르침에서 배우고 다른 사람에게서도 배웁니다. 이로 말미암아 임금의 마음의 잘못을 바로잡아 잘못이 없는 경지에 이르게 하니, 백성들을 화합시키고 널리 편안하게 하는 교화는 요순(堯舜)시절에만 있지는 않습니다.

> 臣按:《書》之爲書, 人皆知其爲帝王爲治之要道, 而不知學者之所以爲學, 與其所以爲學者之本原, 皆本諸此. 學者存養以敬而進學以致知, 所以致其知者, 學於古訓・斅學於人也, 由是以格君心之非, 而致之於無過之地, 則時雍咸寧之化, 不在唐虞之世矣.

온다.

93 고종(高宗)이 … 배웠다:《서경집전(書經集傳)》〈열명 하(說命下)〉에 나온다.

94 육경(六經):《대학연의보》권71 주) 84 참조.

95 末:《대학연의보(大學衍義補)》사고전서본에는 '于'로 되어 있어, 번역에서는 이를 따른다.

《주자어류(朱子語類)》에서 주희(朱熹)가 또 말하였다.[96]

"《상서(尙書)》에 고문(古文)과 금문(今文)이 있는데, 고문은 벽 안에 있었던 책이고, 금문은 복생(伏生)이 입으로 전한 것이다."

又曰: "《書》有古文·今文, 古文乃壁中之書, 今文乃伏生口傳."

《주자어류(朱子語類)》에서 주희(朱熹)가 또 말하였다.

"《상서(尙書)》에는 두 가지 체제가 있으니, 매우 분명하게 이해할 수 있는 부분이 있고, 매우 이해하기 어려운 부분이 있다. 〈반경(盤庚)〉[97]·〈대고(大誥)〉[98]·〈다방(多方)〉[99]·〈다사(多士)〉[100]와 같은 편들은 아마도 당시에 (사람들을) 불러오게 하여 만나서 직접 명한 것이니, 당시의 설고(說誥)이다. 〈탕고(湯誥)〉[101]·〈미자지명(微子之命)〉[102]·〈군진(君陳)〉[103] 등 여러 편은

---

96 《주자어류(朱子語類)》 권78 〈상서(尙書)〉 1에 나온다.

97 〈반경(盤庚)〉: 상(商)나라 왕 반경이 귀족들의 교만하고 사치스런 풍조를 없애고, 수재를 피하려 한 백성들을 이끌고 도읍을 은(殷)으로 옮긴 것에 대해 신민(臣民)들이 원망하자 글을 써서 백성들에게 고한 내용이다. 고문과 금문에 모두 있다.

98 〈대고(大誥)〉: 성왕(成王)이 관숙의 무리를 정벌하겠다고 백성에게 고하는 내용으로, 대도(大道)를 부연한 글을 지어 반포하였다. 고문과 금문에 모두 있다.

99 〈다방(多方)〉: 성왕이 엄(奄)나라를 멸하고 돌아와 지은 글이다. 고문과 금문에 모두 있다.

100 〈다사(多士)〉: 주공(周公)이 낙읍(洛邑)에서 처음 정치를 할 때 왕명으로 여러 선비들을 모두 불러 고하였는데 이를 책으로 엮은 것이다. 고문과 금문에 모두 있다.

101 〈탕고(湯誥)〉: 탕왕(湯王)이 하나라를 정벌하고 박읍(亳邑)으로 돌아와서 지은 글이다. 고문에만 있다.

102 〈미자지명(微子之命)〉: 미(微)는 국명이고 자(子)는 작위(爵位)이다. 미자는 이름은 계(啓)이고, 제을(帝乙)의 장자이며, 주(紂)의 서모형(庶母兄)이다. 상 나라가 망하려 하는 것을 애통하게 여겨 기자(箕子)와 비간(比干)에게 상의한 내용이다. 고문과 금문에 모두 있다.

그 사명(詞命)을 수정한 것이다."[104]

> 又曰: "《書》有兩體, 有極分曉者, 有極難曉者, 如《盤庚》《大誥》《多方》
> 《多士》之類, 恐是當時召來而面命之, 自是當時一類說誥,[105] 至於《湯誥》
> 《微子之命》《君陳》諸篇, 則修其詞命."

주희(朱熹)가 또 말하였다.[106]

"이전(二典)과 삼모(三謨)의 여러 글들은 아마도 이미 지나간 것을 사관(史官)이 윤색한 것이고, 주고(周誥)[107] 등의 편들은 다만 오늘날 알아듣도록 타이르기 위해 알리는 글인 것 같다. 방언(方言)과 속된 말은 지역에 따라, 시기에 따라 각각 같지 않다."

> 又曰: "典謨諸書恐是會[108]經史官潤色來, 周誥諸[109]篇只似[110]今榜文曉諭,
> 方言俚語, 隨地隨時, 各自不同."

---

103 〈군진(君陳)〉: 주공(周公)이 죽자, 성왕이 신하 군진(君陳)에게 주공의 일을 대신하게 하면서 명령한 글이다. 고문에만 있다.

104 《상서(尙書)》에는 … 것이다: 《주자어류(朱子語類)》 권78 〈상서(尙書)〉 1에 나온다.

105 誥: 《주자어류(朱子語類)》에는 '話'로 되어 있다.

106 《주자어류(朱子語類)》 권78 〈상서(尙書)〉 1에 나온다.

107 주고(周誥): 《서경(書經)》의 글 가운데 〈대고(大誥)〉·〈강고(康誥)〉·〈주고(酒誥)〉·〈낙고(洛誥)〉 등이며, 주(周)나라 임금들의 고명(誥命)이다.

108 會: 《주자어류(朱子語類)》에는 '曾'으로 되어 있다.

109 諸: 《주자어류(朱子語類)》에는 '等'으로 되어 있다.

110 只似: 《주자어류(朱子語類)》에는 '恐是似'로 되어 있다.

여조겸(呂祖謙)[111]이 말하였다.[112]

"《상서(尙書)》에는 요(堯)·순(舜)·우(禹)·탕(湯)·문왕(文王)·무왕(武王)·고요(皐陶)·기(夔)·직(稷)·설(契)·이윤(伊尹)·주공(周公)의 정신과 마음가짐이 다 그 안에 있다. 《상서》를 보아도 마음이 있는 곳을 구하지 못한다면 대저 무슨 이익이 있겠는가. 옛사람의 마음을 구하고자 한다면 내 마음을 다한 후에야 옛사람의 마음을 알 수 있다."

> 呂祖謙曰: "《書》者, 堯·舜·禹·湯·文·武·皐·夔·稷·契·伊尹·周公之精神心術盡寓其中, 觀《書》不求心之所在, 夫何益? 欲求古人之心, 盡吾之心, 然後可以見古人之心."

《서경집전(書經集傳)》 서(序)에서 채침(蔡沈)[113]이 말하였다.[114]

"이제삼왕(二帝三王)의 정치는 도(道)에 근본하였고 이제삼왕의 도는 마음에 근본하였으니, 그 마음을 얻으면 도(道)와 다스림을 진실로 말할 수 있을 것이다. 어째서인가. 오직 정밀하게 하고 한결같이 하여 그 중(中)을 잡음[精一執中]은 요(堯)·순(舜)·우(禹)가 서로 전수한 심법(心法)이고, 중(中)을 세우고 극(極)을 세움[建中建極]은 상(商)나라 탕왕(湯王)과 주(周)나라 무왕(武王)이 서로 전수한 심법(心法)이다. 덕(德)과 인(仁)과 경(敬)과 성(誠)이 글자는 비록 다르지만 이치는 하나이니, 모두 이 마음의 묘함을 밝힌 것

---

111 여조겸(呂祖謙):《대학연의보》권67 주) 36 참조.
112 《서산독서기(西山讀書記)》권23 〈역요지(易要指)〉에 나온다.
113 채침(蔡沈):《대학연의보》권67 주) 27 참조.
114 《서경집전(書經集傳)》〈서(序)〉에 나온다.

이다.

하늘을 말함에 이르러서는 마음이 나온 근본을 엄하게 하였고, 백성을 말함에 이르러서는 마음이 말미암아 베풀어지는 것을 삼갔으니, 예악(禮樂)과 교화(敎化)는 이 마음이 일어난 것이요, 전장(典章)과 문물(文物)은 이 마음이 드러난 것이요, 집안이 가지런해지고 나라가 다스려져서 천하가 평안해짐은 이 마음이 적용된 것이니, 마음의 덕이 성대(盛大)하다고 할 것이다.

이제삼왕은 이 마음을 보존한 자이고, 하(夏)나라 걸왕(桀王)과 상(商)나라 주왕(紂王: 受王)은 이 마음을 잃은 자이며, 태갑(太甲)[115]과 성왕(成王)[116]은 애써서 이 마음을 보존한 자이니, 보존하면 다스려지고 잃으면 혼란해진다."

蔡沈曰: "二帝三王之治本於道, 二帝三王之道本於心, 得其心則道與治固可得而言矣. 何者? 精一執中, 堯·舜·禹相授之心法也; 建中建極, 商湯·周武相傳之心法也. 曰德曰仁曰敬曰誠, 言雖殊而理則一, 無非所以明此心之妙也. 至於言天則嚴其心之所自出, 言民則謹其心之所由施; 禮樂敎化,

---

115 태갑(太甲): 상(商)나라 3대 임금 태종(太宗)이다. 성탕(成湯)의 손자이고, 태정(太丁)의 아들이며, 중임(仲壬)을 이어 즉위했다. 즉위한 뒤 법을 어기고 방탕하게 생활하여 이윤(伊尹)에게 쫓겨났으나, 3년 뒤 자신의 잘못을 반성하자 이윤이 다시 복위시켰다. 일설에는 이윤이 태갑을 내쫓고 왕위에 올랐는데, 7년 뒤에 몰래 들어와 이윤을 죽이고 다시 왕위에 올랐다고 한다.

116 성왕(成王): 이름은 송(誦)이며, 무왕(武王)의 아들이다. 무왕이 죽었을 때 성왕이 어렸으므로 무왕의 아우 주공 단(周公旦)이 섭정(攝政)을 하였다. 이를 계기로 상(商)나라 왕족 무경(武庚)과 무왕의 아우인 관(管), 채(蔡) 형제의 반란이 일어났다. 주공은 이를 진압하고 다시 성왕과 함께 동이(東夷)로 원정하였다고 한다. 주나라의 성시(盛時)를 실현하였다고 한다.

心之發也; 典章文物, 心之著也; 家齊國治而天下平, 心之推也, 心之德其
盛矣乎. 二帝三王, 存此心者也; 夏桀·商受, 亡此心者也; 太甲·成王, 困
而存此心者也, 存則治·亡則亂."

신은 이렇게 생각합니다. 《상서(尙書)》의 큰 요체는 '진실로 그 중(中)
을 잡아라[允執厥中].'[117]의 한 마디 말에 있으니, '진실로 그 중(中)을 잡
는다'는 것은 인심(人心)과 도심(道心)이 나누어짐을 아는 데에 있습니
다. 이미 그 나누어지는 것을 알고 또 정밀하게 살피고 한결같이 그
것을 지킬 수 있으면 진실로 그 중(中)를 잡을 수 있습니다. 이는 요순
시대 성군(聖君)이 다스리는 요체가 한 마음에서 벗어나지 않을 뿐임
을 아는 것입니다. 그러므로 주희와 여조겸 및 채침이 모두 마음에
근본을 두고 말하였으니, 이는 사람들에게 《상서》를 읽는 요지를 보
인 것입니다.

臣按:《書》之大要在於"允執厥中"之一語, 而其所以信執其中者, 在知
人心·道心之所以分. 旣知其所以分, 又能精察而一以守之, 則信能執
之矣. 是知唐虞聖君, 爲治之要, 不出乎一心而已, 故朱·呂二子及蔡氏
皆本諸心爲言, 蓋示人以讀《書》旨要也.

---

117 진실로 … 잡아라:《서경(書經)》〈대우모(大禹謨)〉에 나온다. "인심은 위태롭고 도심은 은미
하니, 정하게 하고 한결같이 하여야 진실로 그 중도를 잡을 것이다."

진덕수(眞德秀)가 말하였다.[118]

"58편의 글은 한 마디 말도 하늘에 이르지 않음이 없고, 한 마디 말도 경(敬)을 위주로 하지 않음이 없다."

眞德秀曰: "五十八篇之書, 無一語不及天, 無一語不主敬."

동정(董鼎)[119]이 말하였다.[120]

"제왕(帝王)에 대한 책은 역대의 보배이니, 천하에서 집집마다 전해져서 사람들이 그것을 읊었다. 사람이 태어나 여덟 살 때에 소학(小學)에 입학하면 시(詩)와 서(書), 육예(六藝)[121]의 문(文)을 가르치니, 이것이 곧 이 책이다. 공자가 요순시대부터 주(周)나라에 이르기까지를 자른 것은, 오제(五帝)[122] 이전의 삼황(三皇)[123]은 세상이 아직 혼돈 몽매한 상태였고, 삼왕(三王)[124] 이후의 오패(五伯)[125]는 습속에 아직 권력과 술수가 있었기 때문이

---

118 《서산독서기(西山讀書記)》 권23 〈역요지(易要指)〉에 나온다.

119 동정(董鼎): 원나라 요주(饒州) 파양(鄱陽) 사람이다. 자는 계형(季亨)이고, 별호는 심산(深山)이다. 동몽정(董夢程)의 족제(族弟)고, 주희(朱熹)의 재전제자(再傳弟子)다. 황간(黃幹), 동수(董銖)를 사숙했다. 저서에 《서전집록찬주(書傳輯錄纂注)》와 《효경대의(孝經大義)》가 있다.

120 주이존(朱彝尊)이 찬한 《경의고(經義考)》 권73에 나온다.

121 육예(六藝): 고대 중국 교육의 여섯 가지 과목으로, 예(禮)·악(樂)·사(射)·어(御)·서(書)·수(數)이다.

122 오제(五帝): 중국 전설상의 황제인 복희(伏羲)·신농(神農)·황제(黃帝)·소호(少昊)·전욱(顓頊)이다.

123 삼황(三皇): 중국 고대 전설에 나타난 세 임금으로, 천황씨(天皇氏)·지황씨(地皇氏)·인황씨(人皇氏) 또는 수인씨(燧人氏)·복희씨(伏羲氏)·신농씨(神農氏) 또는 복희씨·신농씨·황제(黃帝)의 여러 설이 있다.

다. 그러므로 당(唐: 堯)나라에서 주(周)나라에 이르기까지 백 편의 글을 정함으로써 이로부터 암송하며 배우는 것이 간단하고 요긴하여 복잡하지 않고, 거행하는 것은 지나치거나 모자람이 없어서 폐단이 없다.

이 책 안에 '덕을 밝혀 백성들을 새롭게 한다[明德新民].'[126]는 강령과, '자신을 닦고 집안을 가지런히 하며 나라를 다스리고 천하를 평안히 한다[修齊治平].'[127]의 조목에 대해서는, 곧 《요전(堯典)》에서 이미 그 중요한 것을 다 말하였다. '위태롭고 은미하여 정밀하게 하고 한결같이 함[危微精一].'[128] 네 글자는 지행(知行)의 단서를 여는 것이고, '선을 주장하고, 한결같음에 합함[主善協一].'[129] 네 글자는 널리 배우고 예에 알맞게 행동하는 뜻을 보여 주는 것이다.

배움에 힘쓰고자 한다면 〈열명(說命)〉[130]은 도(道)에 들어가는 문이고, 잘

---

124 삼왕(三王): 중국 고대의 뛰어난 임금으로, 하(夏)나라의 우왕(禹王), 상(商)나라의 탕왕(湯王), 주(周)나라의 문왕·무왕(文王·武王)이다.

125 오패(五伯): 춘추오패(春秋五霸)라고도 한다. 춘추시대 5인의 패자를 이르는 말이다. 《순자(荀子)》에 의하면 제(齊)나라의 환공(桓公), 진(晉)나라의 문공(文公), 초(楚)나라의 장왕(莊王), 오(吳)나라의 합려(闔閭), 월(越)나라의 구천(勾踐)을 가리키는데, 진(秦)나라의 목공(穆公), 송(宋)나라의 양공(襄公)이나 오나라의 왕 부차(夫差) 등을 드는 경우도 있다.

126 덕을 … 한다: 《대학(大學)》에 나온다.

127 자신을 … 한다: 《대학(大學)》에 나온다.

128 위미정일(危微精一): 《서경(書經)》 〈대우모(大禹謨)〉의 "인심은 위태롭고 도심은 은미하니, 정하게 하고 한결같이 하여야 진실로 그 중도를 잡을 것이다[人心惟危 道心惟微 惟精惟一 允執厥中]." 이라는 말을 가리킨다.

129 주선협일(主善協一): 《서경(書經)》 〈함유일덕(咸有一德)〉의 "덕은 떳떳한 법이 없어 선을 주장함이 법이 되며, 선은 떳떳한 주장이 없어 능히 한결같음에 합한다[德無常師 主善爲師 善無常主 協于克一]." 이라는 말을 가리킨다.

130 열명(說命): 《서경(書經)》 상서(商書)의 편명이다. 상(商)나라 고종(高宗)과 재상 부열(傅說)이 주고 받은 명(命)과 고(誥)가 있어 치도(治道)의 모범이 되었다.

406

다스리고자 한다면 〈홍범(洪範)〉[131]은 세상을 다스리는 요체이다. 기타 하늘의 운행을 가지런하게 하는 경우는 희화(羲和)[132]의 역(曆)이 있으며, 지리를 정하는 경우는 〈우공(禹貢)〉[133]이 있으며, 관료를 정하는 경우는 〈주관(周官)〉[134]의 제도가 있으며, 자신을 닦고 사람을 임명하는 것은 〈무일(無逸)〉[135]·〈입정(立政)〉[136] 등의 편이 있다. 불타고 남은 것은 백 편에서 겨우 그 절반만 남아 있는데도, 큰 강령과 실제의 쓰임이 오히려 이와 같다."

---

131 홍범(洪範):《서경(書經)》주서(周書)의 편명이다. 하(夏)나라 우(禹)임금이 홍수를 다스릴 때 하늘로부터 받은 낙서(洛書)를 보고 만들었다고 하는 홍범구주(洪範九疇)이다. 홍범은 세상의 큰 규범이라는 뜻이며, 구주는 9조목의 큰 법, 또는 정치이념을 말한다. 주나라 무왕(武王)이 기자(箕子)에게 선정(善政)의 방법을 물었을 때 기자가 홍범구주로 교시하였다고 전해진다. 구주는 오행(五行)·오사(五事)·팔정(八政)·오기(五紀)·황극(皇極)·삼덕(三德)·계의(稽疑)·서징(庶徵)·오복육극(五福六極)이다.

132 희화(羲和): 천문과 역법을 관장했던 관리직이다. 황제 때 전문 기구를 두어 태양을 살폈다고 한다. 요임금 때 희중(羲仲)과 희숙(羲叔), 화중(和仲)과 화숙(和叔)이라는 두 쌍의 형제가 명령을 받고 각각 동·남·서·북에 머물며 해와 달과 별, 그리고 날씨를 관측하여 역법을 만들어 농사에 편의를 제공하였다고 한다. 하(夏)왕조 때 희씨와 화씨 두 개의 벼슬로 나누었고 그들의 후손이 대대로 그 벼슬을 맡았다고 한다.《산해경(山海經)》이나《회남자(淮南子)》등의 기록에서는 태양의 수레를 모는 신으로 나오거나, 동이족의 조상인 제준(帝俊)의 아내로 열 개의 태양을 낳았다는 전설 속 여신으로도 묘사되어 있다.

133 우공(禹貢):《서경(書經)》의 편명이다. 요(堯)임금 때 9년 동안 홍수가 나서 신하 곤(鯀)에게 명하여 다스리도록 했으나 공을 이루지 못했고, 순(舜)임금에 이르러 곤의 아들 우(禹)에게 명하여 다스리게 하여 10년 만에 공을 이루었다. 이 편은 중국 최고(最古)의 지리서(地理書)이다.

134 주관(周官):《서경(書經)》주서(周書)의 편명이다. 먼저 주관이 지어진 연유를 서술하였고, 다음은 당시 오관(五官)의 제도를 기록했으며, 관리는 덕을 닦는 데에 힘을 기울여야 한다고 기술했다.

135 무일(無逸):《서경(書經)》주공(周公)의 편명이다. 주공(周公)이 조카 성왕(成王)에게 안일에 빠지지 말라고 경계한 내용이다. 옛날부터 국가를 차지한 군주들은 모두 근(勤)으로써 나라를 일으키고, 일(逸)로써 폐하고 말았다는 훈계를 담고 있다.

136 입정(立政):《서경(書經)》주공(周公)의 편명이다. 관리들이 지켜야 할 본분과 임무에 대해서 밝혔다.

董鼎曰: "帝王之書, 曆代所寶, 天下家傳人誦之. 人生八歲入小學, 敎之以《詩》《書》六藝之文, 卽此書也. 孔子斷自唐虞訖於周者, 蓋以前乎五帝爲三皇, 世尙洪荒, 後乎三王爲五伯, 習尙權譎, 故自唐訖周以定百篇之書, 自是誦習者簡要而不繁, 擧行者中正而無弊. 一書之中, 其於明德・新民之綱, 修齊・治平之目, 卽《堯典》已盡其要, 而'危微精一'四言所以開知行之端, '王[137]善協一'四言所以示博約之義, 務學則《說命》其入道之門, 爲治則《洪範》其經世之要也, 他如齊天運則有羲和之曆, 定地理則有《禹貢》之篇, 正官僚則有《周官》之制度, 修己任人則有《無逸》《立政》諸書. 煨燼壞爛之餘, 百篇僅存其半, 而宏綱實用尙如此."

동정(董鼎)이 또 말하였다.

"육경(六經) 가운데 《상서(尙書)》보다 오래된 것은 없으니, 《역(易)》은 비록 복희(伏羲)에서 시작되었으나 괘(卦)는 있고 사(辭)는 있지 않았으며, 사는 문왕(文王) 때 시작되었을 뿐이다. 육경 가운데 《상서》보다 갖춰진 것은 없으니, 오경(五經)[138]은 각각 한 가지 일을 주로 하여 지었을 뿐이다.

《역》은 점치는 것을 주로 하였으니, 〈홍범(洪範)〉의 계의(稽疑)[139]에 해당된다. 《예기(禮記)》는 절문(節文)을 주로 하였으니, 〈우서(虞書)〉의 오례(五禮)[140]에 해당된다. 《시경(詩經)》은 영가(詠歌)를 주로 하였으니, 후기(后夔)의

---

137 王: '主'의 오자로 보인다.

138 오경(五經): 《시경(詩經)》・《서경(書經)》・《예기(禮記)》・《역경(易經)》・《춘추(春秋)》이다.

139 〈홍범(洪範)〉의 계의(稽疑): 《서경(書經)》 〈홍범(洪範)〉의 일곱 번째로, "점칠 사람을 가려 세우고서야 이에 명하여 점을 친다[擇建立卜筮人, 乃命卜筮]."고 한다.

악교(樂敎)[141]에 해당된다. 《주례(周禮)》는 관직을 설치한 것이니, 〈주관(周官)〉에서 육경(六卿)이 하속을 거느리는 일[142]에 해당된다. 《춘추(春秋)》는 포폄한 것이니, 고요(皐陶)가 덕을 명하고 죄를 토벌하는 것[143]에 해당된다. 오경은 각각 제왕이 정사를 하는 한 가지 단서를 주로 하고, 《상서》는 제왕이 정사를 하는 전체를 갖춘 것이다. 수신(修身)·제가(齊家)·치국(治國)·평천하(平天下)의 규모와 사업이 모두 이 책에 있다."[144]

又曰: "六經莫古於《書》, 《易》雖始於伏羲, 然有卦未有辭, 辭始於文王耳. 六經莫備於《書》, 五經各主一事而作耳, 《易》主卜筮, 《洪範》之稽疑也; 《禮》主節文, 《虞書》之五禮也; 《詩》主詠歌, 后夔之樂敎也; 《周禮》設官, 《周官》六卿率屬之事也; 《春秋》褒貶, 皐陶命德討罪之權也. 五經各主帝王政事之一端, 《書》則備紀帝王政事之全體, 修齊治平之規模·事業盡在此書."

---

140 〈우서(虞書)〉의 오례(五禮): 《서경(書經)》 〈순전(舜典)〉에, 순임금이 사시(四時)와 달을 맞추어 날짜를 바로잡으며 율(律)·도(度)·양(量)·형(衡)을 통일시키며 다섯 가지 예를 닦으며 다섯 가지 기물[瑞玉]을 똑같게 하시고 마치면 다시 순수(巡守)하였다는 내용이 있다[協時月, 正日, 同律度量衡, 修五禮, 如五器, 卒乃復].

141 후기(后夔)의 악교(樂敎): 《서경(書經)》 〈순전(舜典)〉에, 순임금이 기(夔)를 전악(典樂)으로 삼아서 천자에서 경대부에 이르기까지의 적자(適者)를 가르치라고 하는 내용이 있다[帝曰夔, 命汝典樂, 敎冑子].

142 〈주관(周官)〉에서 육경(六卿)이 하속을 거느리는 일: 《서경(書經)》 〈주관(周官)〉에, 육경(六卿)이 직책을 나누어 각기 관속을 거느려서 구목(九牧)을 창도하여 조민(兆民)을 후하게 이룬다는 내용이 있다[六卿分職, 各率其屬, 以倡九牧, 阜成兆民].

143 고요(皐陶)가 덕을 명하고 죄를 토벌하는 것: 《서경(書經)》 〈순전(舜典)〉에 순임금이 고요에게 죄를 다스리는 권한을 준 내용이 있고[帝曰皐陶, 蠻夷猾夏, 寇賊姦宄, 汝作士, 五刑有服, 五服三就, 五流有宅, 五宅三居, 惟明克允], 〈고요모(皐陶謨)〉에는 덕을 밝히는 내용이 있다[曰若稽古皐陶, 曰允迪厥德, 謨明弼諧].

144 수신(修身) … 있다: 《경의고(經義考)》 권73에 나온다.

신은 이렇게 생각합니다. 천하의 큰 도는 두 가지이니, 의리(義理)와 정치(政治)입니다. 《역(易)》은 의리의 근본이고, 《상서(尙書)》는 정치의 요체입니다. 이 때문에 육경 가운데에서 이 두 가지가 큰 것이 됩니다. 배우는 자는 경(經)을 배워서 유(儒)가 되고, 의리를 밝혀서 자신을 닦으며 정치를 행하여 다른 사람을 다스립니다. (그렇게 한다면) 배워서 할 수 있는 일을 마치는 것이고, 유자(儒者)의 전체대용(全體大用)이 갖춰지게 됩니다. 《역》은 그 본체이고, 《상서》는 그 쓰임입니다. 【이상 《상서》를 논하였습니다.】

臣按: 天下大道二, 義理·政治也, 《易》者義理之宗, 《書》者政治之要, 是以六經之書, 此爲大焉. 學者學經以爲儒, 明義理以修己, 行政治以治人, 學之能事畢矣, 儒者之全體大用備矣, 《易》者其體, 《書》者其用也.【以上論《書》】

이상 경술에 근본하여 가르침으로 삼음(상의 상)

以上本經術以爲敎(上之上)

대학연의보

(大學衍義補)

—

권74

교화를 숭상함 [崇敎化]

경술에 근본하여 가르침으로 삼음(상의 중) [本經術以爲敎(上之中)]

《서경(書經)》에서 말하였다.[1]
시(詩)는 뜻[志]을 말로 표현한 것이다.

> 《書》曰: 詩言志.

주희(朱熹)가 말하였다.[2]
"마음이 가는 바를 지(志)라고 한다. 마음이 가는 바가 있으면, 반드시 말에 나타난다. 그러므로 '시(詩)는 뜻[志]을 말로 표현한 것이다.'라고 하였다."

> 朱熹曰: "心之所之謂之志, 心有所之必形於言, 故曰 '詩言志'."

---

1 《서경(書經)》〈순전(舜典)〉에 나온다.
2 《서경집전(書經集傳)》〈순전(舜典)〉에 나온다.

신은 이렇게 생각합니다. 이것이 만세토록 이어지는 시를 말하는 시 작입니다. 선대의 유학자가 말하기를 "자연히 천지 만물이 있고 시의 이치는 그 안에 깃들어 있다."라고 하였습니다. 어린아이의 웃음과 아이의 노래는 모두 시의 정서는 있으나 아직 나타나지 않았고, 흙으로 만든 북에 사용하는 북채[桴以蕢], 흙으로 만든 북[鼓以土], 갈대로 만든 피리[籥以葦]는 모두 시의 표현이기는 하지만 완전하지는 않습니다. 저잣거리의 백성들이 의리를 받드는 노래와 임금과 신하의 노래가 모두 시입니다. 그러므로 '시는 뜻을 말로 표현한 것'이라고 하였습니다. 태강(太康)의 다섯 아우[五子]가 우임금이 경계한 것을 기술한 것[3]에 이르러서 시로써 서로 노래하고 읊으며 현재를 근심하고 옛날을 생각하니 (이때에) 변풍(變風)과 변아(變雅)가 이미 갖추어졌습니다.

> 臣按: 此萬世言詩之始. 先儒謂自有天地萬物而詩之理已寓, 嬰兒之嬉
> 笑·童子之謳吟皆有詩之情而未動也, 桴以蕢·鼓以土·籥以葦皆有詩
> 之用而未文也, 康衢順則之謠·元首股肱之歌皆詩也, 故曰 "詩言志".
> 至於五子述大禹之戒, 相與歌詠, 傷今而思古, 則變風·變雅已備矣.

---

3 《서경(書經)》〈하서(夏書)〉오자지가(五子之歌)에 나온다. 오자(五子)는 태강(太康)의 다섯 아우 이다. 태강은 하(夏)나라의 세 번째 국군(國君)이고, 아버지는 계(啓)다. 《태평어람(太平御覽)》 에서는 《제왕세기(帝王世紀)》를 인용해 29년 동안 재위했다고 했다. 《죽서기년(竹書紀年)》에 는 태강의 도성(都城)이 짐심(斟尋, 또는 斟鄩)에 있다고 했다. 매일 사냥에만 골몰하고 정치 는 돌보지 않아 결국 유궁씨(有窮氏) 부락의 수령 후예(后羿)에게 쫓겨나고 돌아오지 못했 다. 《상서(尙書)》 하서(夏書) 오자지가(五子之歌)에 그가 나라를 잃은 과정이 간략하게 기재되 어 있다. 죽은 뒤 동생 중강(中康)이 즉위했다.

《시대서(詩大序)》에서 말하였다.

"시(詩)는 뜻이 가는 것을 나타낸 것이니, 마음속에 있는 것을 뜻[志]이 라고 하고 말로 나타내면 시(詩)라고 한다."

《詩大序》曰: "《詩》者志之所之也, 在心爲志, 發言爲《詩》."

주희(朱熹)가 말하였다.

"마음이 가는 바를 지(志)라고 하니 시는 지(志)를 말한 것이다."

朱熹曰: "心之所之謂之志, 而《詩》所以言志也."

신은 이렇게 생각합니다. 선유가 말하기를 '이 한 구절이 시의 유래 를 말하였다.'라고 하였습니다.

臣按: 先儒謂此一節言《詩》之自出.

《시대서(詩大序)》에서 말하였다.

그러므로 득실을 바로잡고 천지를 움직이고 귀신을 감동시키는 것으 로 시(詩)와 같은 것은 없다.

故正得失·動天地·感鬼神, 莫近於《詩》.

주희(朱熹)가 말하였다.

"일에는 득실이 있는데, 시는 그 실제에 근거를 두고 읊으니 사람들이 삼가고 경계하고 떨쳐 일어나게 하고, 화평과 분노가 지극한 데이르게 한다. 또 음양의 기운을 통달해서 재앙을 다스리고 상서로움을 부르기에 충분하다. 대개 자연스러운 데에서 나오고 인위적인 힘을 빌리지 않으니, 이로 인하여 사람이 들어가는 것이 깊고, 공이 드러나는 것이 빠르므로 다른 가르침이 미칠 수 있는 것이 아니다."

> 朱熹曰: "事有得失, 《詩》因其實而諷詠之, 使人有所創艾興起, 至其和平怨怒之極, 又足以達於陰陽之氣而致災召祥, 蓋其出於自然而不假人力, 是以入人深而見功速, 非他敎之所及也."

《시대서(詩大序)》에서 말하였다.

선왕(先王)은 이것[是: 시(詩)]으로 부부(夫婦)를 바로잡으며, 효도와 공경을 이루며, 인륜을 두텁게 하며, 교화를 아름답게 하며, 풍속을 바꾸었다.

> 先王以是經夫婦・成孝敬・厚人倫・美敎化・移風俗.

주희(朱熹)가 말하였다.

"선왕은 문왕(文王), 무왕(武王), 주공(周公), 성왕(成王)을 가리킨다. 이것[是: 시(詩)]은 풍(風), 아(雅), 송(頌)의 바른 글[正經]을 가리킨다. 경(經)은 떳떳한 도리[常]이다. 여자가 안에서 바르고 남자가 밖에서 바르니, 이

것이 부부의 떳떳한 도리이다. 효(孝)는 아들이 어버이를 섬기는 것이고, 경(敬)은 신하가 임금을 섬기는 것이다. 처음 시를 지을 때에는 남녀의 사이에서 많이 나왔고 이어서 부자와 군신의 사이까지에 이르렀다. 그러므로 선왕이 시로 가르침을 삼아서 사람들에게 선(善)을 일으키고 잘못을 경계하게 하니, 부부가 도리를 따르고 부자와 군신이 도(道)를 이룬 까닭이다. 삼강(三綱)이 이미 올바르면 인륜이 두터워지고, 교화가 아름다워져서 풍속이 바뀐다."

朱熹曰: "先王指文·武·周公·成王, 是指風·雅·頌之正經. 經常也. 女正乎內, 男正乎外, 夫婦之常也. 孝者子之所以事父, 敬者臣之所以事君. 《詩》之始作, 多發於男女之間而達於父子君臣之際. 故先王以《詩》爲敎, 使入興於善而戒其失, 所以道夫婦之常而成父子君臣之道也. 三綱旣正則人倫厚·敎化美而風俗移矣."

신은 이렇게 생각합니다. 선대의 유학자가 말한 '부부의 떳떳한 도리'는 효(孝)와 경(敬)이 완성된 것입니다. 대개 천하의 도는 단지 부부를 따르는 가운데에서 나오고, 부부의 도는 중정(中正)을 따르는 가운데에서 나오니, 이 기상으로 어버이를 섬기면 효를 이루고, 임금을 섬기면 경을 이룹니다. 이로 인하여 인륜이 두터워지고 교화가 아름다워지고 풍속이 바뀌는 것은 모두 시의 효용에서 나온 것입니다.

臣按: 先儒謂夫婦之經者孝敬之成也, 蓋天下之道只從夫婦中, 而夫婦之道又只從中正中. 以此氣象事親則成孝, 事君則成敬, 由是而人倫厚·教化美·風俗移, 皆出於《詩》之功用也.

《시대서(詩大序)》에서 말하였다.

그러므로 시(詩)에는 육의(六義)가 있으니 첫째는 풍(風)이요, 둘째는 부(賦)요, 셋째는 비(比)요, 넷째는 흥(興)이요, 다섯째는 아(雅)요, 여섯째는 송(頌)이다.

故《詩》有六義焉, 一曰風·二曰賦·三曰比·四曰興·五曰雅·六曰頌.

주희(朱熹)가 말하였다.

"이 한 조항은 본래 《주례(周禮)》 대사(大師)의 관에서 나왔으니, 대개 300편의 강령이고 관할이다. 풍(風)·아(雅)·송(頌)은 음악의 부분을 말하는 것으로 풍은 15개의 《국풍(國風)》이 있고, 아는 대·소의 《아(雅)》가 있고, 송은 3개의 《송(頌)》이 있다. 부(賦)·비(比)·흥(興)은 풍(風)·아·송의 형식을 만드는 것이다. 부는 그 일을 바로 말한 것이고, 비는 저것으로 이것을 표현하였고, 흥은 사물에 의탁해서 노래를 지은 것이다. 대개 여러 사람이 비록 지은 것은 많으나 성음의 구분과 제작의 규모는 여기에서 벗어나지 않는다. 그러므로 대사가 국자(國子)를 가르침에 반드시 이 여섯 가지를 삼경(三經)과 삼위(三緯)로 삼으니, 무릇 시의 가락과 뜻을 모두 장차 풀어서 설명하지 않고 바로 읊어 깨닫게 하는 것이다."

朱熹曰: "此一條本出於《周禮》大師之官, 蓋三百篇之綱領管轄也. 風雅頌者, 聲樂部分之名也, 風則十五《國風》, 雅則大·小《雅》, 頌則三《頌》也. 賦·比·興則所以製作風·雅·頌之體也, 賦者直陳其事, 比者以彼狀此, 興者托物興詞. 蓋衆作雖多而其聲音之節·製作之體不外乎此. 故大師之敎國子必使之以是六者三經而三緯之, 則凡《詩》之節奏·指歸皆將不待講說而直可吟詠以得之矣."

《시대서(詩大序)》에서 말하였다.

윗사람이 풍(風)으로써 아랫사람을 교화하고 아랫사람은 풍으로써 윗사람을 비판한다. 이는 문장을 위주로 하면서 은근히 간하는 것이니, 이것을 말한 자는 죄를 받지 않고 이것을 듣는 자는 충분히 경계로 삼을 수 있다. 이 때문에 풍(風)이라고 한 것이다.

上以風化下, 下以風刺上. 主文而譎諫, 言之者無罪, 聞之者足以戒, 故曰風.

주희(朱熹)가 말하였다.

"풍(風)은 민간의 풍속에서 노래하는 시로, 만물(萬物)이 바람의 영향을 받아서 소리가 나고, 그 소리로 인해서 만물이 움직이는 것과 같다. '윗사람이 풍으로써 아랫사람을 교화한다'는 것은, 시가 아름답게 하거나 나쁘게 하는 그 풍이 위에서 나와서 아래에 영향을 미치는 것이다. '아랫

사람이 풍으로써 윗사람을 비판한다'는 것은 윗사람의 교화가 선하지 않으면 아랫사람이 또다시 노래함이니, 그 풍의 유래는 그 윗사람을 비판하는 것이다. 무릇 풍으로써 윗사람을 비판하는 것은 정치를 통해서 하지 않고 문장을 통해서 하며, 직언으로 간쟁하지 않고 뜻을 의탁하여 간쟁하니, 바람이 만물에 영향을 줄 때 피차간에 무심한 듯하나 움직임이 있는 것과 같다."

朱熹曰: "風者, 民俗歌謠之詩, 如物被風而有聲, 又因其聲以動物也. 上以風化下者, 詩之美惡, 其風皆出於上而被於下也. 下以風刺上者, 上之化有不善則在下之人又歌詠, 其風之所自以譏其上也. 凡以風刺上者皆不主於政事而主於文詞, 不以正諫而托意以諫, 若風之被物, 彼此無心而能有所動也."

《시대서(詩大序)》에서 말하였다.

왕도가 쇠하여 예의가 폐지되고 정교(政教)가 잘못되어 나라마다 정사가 다르고 집마다 풍속이 달라짐에 이르러 변풍(變風)과 변아(變雅)가 만들어졌다.

至於王道衰·禮義廢·政敎失, 國異政·家殊俗而變風·變雅作矣.

주회(朱熹)가 말하였다.

"나라마다 정치가 달라지고 집집마다 풍속이 달라진 것은, 천자(天子)

420

가 제후(諸侯)를 통솔하지 못하였기 때문에 나라마다 제멋대로 정치를 하게 된 것이고, 제후가 대부(大夫)를 통솔하지 못하였기 때문에 집집마다 제멋대로의 풍속이 생겨나게 된 것이다. 정풍(正風)과 변풍(變風)에 대한 설은 경전(經典)에서는 고증할 만한 분명한 글이 없다."

朱熹曰: "國異政·家殊俗者, 天子不能統諸侯, 故國國自爲政; 諸侯不能統大夫, 故家家自爲俗也. 正變之說, 經無明文可考."

《시대서(詩大序)》에서 말하였다.

그러므로 변풍(變風)은 정(情)에서 나와서 예의(禮義)에서 완성되었다. 정에서 발한 것은 백성의 본성[性]이고, 예의에서 완성됨은 선왕이 남긴 은택[澤]이다.

故變風發乎情, 止乎禮義. 發乎情, 民之性也; 止乎禮義, 先王之澤也.

주희(朱熹)가 말하였다.

"정(情)은 성(性)의 움직임이고, 예의는 성의 덕(德)이다. 움직이지만 그 덕을 잃지 않으면 선왕이 남긴 은택이 사람들에게 미친 것이 깊어서 이때까지 이르러서도 오히려 잊을 수 없는 것이다. 그러나 이 말은 역시 그 대개가 이와 같다는 것이지, 조금이라도 흐트러지면 예의가 많아진 데에는 이르지 못할 것이다."

> 朱熹曰: "情者性之動, 而禮義者性之德也. 動而不失其德, 則以先王之
> 澤入人者深, 至是而猶有不忘者也. 然此言亦其大槪有如此者, 其放逸
> 而不止乎禮義固已多矣."

《시대서(詩大序)》에서 말하였다.

이 때문에 일국(一國)의 일로서 한 사람의 근본에 관계됨을 '풍(風)'이라
하고, 천하의 일을 말하여 사방의 풍을 나타냄을 '아(雅)'라고 한다. 아는
정(正)이니 왕정이 이로 말미암아 흥하고 폐하게 됨을 말한 것이다. 정사
(政事)는 작고 큰 것이 있기 때문에 〈소아(小雅)〉가 있고, 〈대아(大雅)〉가 있
는 것이다. '송(頌)'은 성덕(盛德)의 모습을 찬미하여 그 성공을 신명에게
고한 것이다. 이것을 사시[四始: 풍·소아·대아·송]라 하니 시(詩)의 지극함
이다.

> 是以一國之事係一人之本謂之風, 言天下之事形四方之風謂之雅. 雅者正
> 也, 言王政之所由廢興也, 政有大小, 故有《小雅》焉有《大雅》焉. 頌者美盛
> 德之形容, 以其成功告於神明者也, 是謂四始詩之至也.

주희(朱熹)가 말하였다.

"형(形)이라는 것은 본체이면서 그것을 표현하는 것을 말한다.《소
아(小雅)》는 모두 왕정의 작은 일이고,《대아(大雅)》는 왕정의 큰 본체
를 말한다. 송(頌)은 모두 천자가 지은 교(郊)와 묘(廟)의 음악과 노래이

다. 《사기(史記)》에서 말하기를 '《관저(關雎)》의 마지막 장은 풍의 시작이고, 《녹명(鹿鳴)》은 《소아》의 시작이고, 《문왕(文王)》은 대아의 시작이고, 《청묘(淸廟)》는 송의 시작이다.' 라고 말하니 이른바 사시(四始)이다. 시(詩)가 시 되는 까닭은 여기에서 이미 다 나왔으니 후세에 비록 지은 것은 있으나 누가 이것을 능가하겠는가. 소옹[邵子]이 '《시경(詩經)》을 지은 이후에 세상에는 더 이상 시가 없다.'라고 한 것은 대개 이것을 말한다."

朱熹曰: "形者體而象之之謂, 《小雅》皆王政之小事, 《大雅》則言王政之大體也. 頌皆天子所製郊廟之樂歌, 《史記》曰 '《關雎》之亂以爲風始, 《鹿鳴》爲《小雅》始, 《文王》爲《大雅》始, 《淸廟》爲頌始', 所謂四始也. 《詩》之所以爲《詩》者, 至是無餘蘊矣, 後世雖有作者, 其孰能加於此乎? 邵子曰 '刪《詩》之後, 世不復有《詩》矣', 蓋謂此也."

신은 이렇게 생각합니다. 선대의 유학자인 소옹(邵雍)이 말하기를 "시를 지음은 그 유래가 오래되었다. 공자에 이르러 《시경(詩經)》을 지으니 남은 것이 없다. 후세에 지은 것은 쓸데없이 문장이 길고 장황하여 이것을 배운 자가 시를 감흥하고 관찰하고 사교하고 풍자할 수 있겠는가. 그것을 사용하는 자가 득실을 바로잡고, 천지를 움직이고, 인륜을 두텁게 하고, 교화를 아름답게 할 수 있겠는가. 후세 사람이 그것을 읽고 또 과연 정사에 통달하고, 남의 물음에 스스로 답할 수 있겠는가. 바람과 구름의 형상과 달과 이슬의 형태에 묘사하는 것에서는 무익한 점이 있지만, 슬픔과 사악함, 근심과 원망, 욕심을 따르고 슬픔을 확대하는 것과 같은 데에서는 다만 무익할 뿐만은 아니다."라고 하였습니다. 소옹의 말은 사람을 경계하기에 충분합니다. 아! 후세에 짓는 사람은 마땅히 3백편을 주로 하여 실제가 없는 헛된 말은 하지 않아야 합니다. 비록 체제가 모두 옛것에 다 맞지는 않지만 역시 옛 시인의 뜻에 비슷할 수는 있을 것입니다!

臣按: 先儒謂《詩》之作其來遠矣, 至夫子刪《詩》則無餘蘊, 後世作者連篇累牘, 學之者可以興觀群怨乎? 用之者可以正得失·動天地·厚人倫·美敎化乎? 後人讀之者又果可以達於政而專對乎? 至於風雲之狀·月露之形則固無益於事矣, 若夫哀淫愁怨·導欲增悲則又非徒無益也. 邵子之言, 警人深矣. 嗚呼, 後之有作者, 當以三百篇爲主而不爲無實之虛言, 雖其體製不皆盡合於古, 而亦可以得古詩人之意之仿佛矣乎!

《주례(周禮)》에서 말하였다.

대사(大師)가 여섯 가지의 시 형식을 가르치니, 풍(風)·부(賦)·비(比)·흥(興)·아(雅), 송(頌)이다. 여섯 가지 덕으로 근본을 삼고 여섯 가지 가락으로 음을 삼는다.

《周禮》: 大師敎六詩, 曰風·曰賦·曰比·曰興·曰雅·曰頌, 以六德爲之本, 以六律爲之音.

주희(朱熹)가 말하였다.

"여섯 가지 덕은 중(中)·화(和)·지(祗)·용(庸)·효(孝)·우(友)이다. 여섯 가지 가락은 황종(黃鍾)에서 무역(無射)까지를 여섯 양율(陽律)이라고 하고, 대려(大呂)에서 응종(應鍾)까지는 여섯 음율(陰律)이 된다. 그것은 서로 간격이 있으므로 육간(六間)이라고 한다."[4]

朱熹曰: "六德, 中·和·祗·庸·孝·友. 六律, 謂黃鍾至無射六陽律也, 大呂至應鍾爲六陰律, 與之相間, 故曰六間."

주희가 또 말하였다.
"육려(六呂)는 그 가르치는 처음과 끝은 오직 순(舜)의 뜻이다."

又曰: "六呂其爲敎之本末, 猶舜之意也."

《예기(禮記)》〈왕제(王制)〉에서 말하였다.
천자가 오년에 한번 순행하는 데 대사에게 시를 지어 올리도록 명하여 백성의 풍속을 관찰하였다.

《王制》曰: 天子五年一巡守, 命大師陳詩以觀民風.

---

4 중국 고대 역법에서는 십이율은 낮은 음으로부터 황종(黃鍾), 대려(大呂), 태주(太簇), 협종(夾鍾), 고선(姑洗), 중려(仲呂), 유빈(蕤賓), 임종(林鍾), 이칙(夷則), 남려(南呂), 무역(無射), 응종(應鍾)의 순으로 되어 있다.

방각(方慤)이 말하였다.

"시는 뜻을 말한 것이고, 풍은 윗사람을 따르는 것이니, 시(詩)의 말에 나타난 슬픔과 기쁨은 백성의 풍속이 후한지 박한지를 보여 주기에 충분하고, 백성의 풍속이 후한지 박한지는 윗사람의 정사의 득실을 알기에 충분하다. 그러므로 대사(大師)에게 시를 올리라고 명하였다."

方慤曰: "詩所以言志, 風所以從上, 詩言之哀樂足以見民風之厚薄, 民風之厚薄足以知上政之得失, 故命大師陳詩焉."

《논어(論語)》〈위정(爲政)〉에서 공자가 말하였다.

"《시경(詩經)》 3백 편은 한마디로 요약하면【蔽는 덮음[蓋]이다.】 '생각에 간사함이 없다[思無邪].'이다."

子曰: "《詩》三百, 一言以蔽【猶蓋也】之, 曰思無邪."

《논어집주(論語集註)》〈위정(爲政)〉에서 주희(朱熹)가 말하였다.

"《시경(詩經)》은 311편인데, 300편이라 말한 것은 큰 수로 말한 것이다. '생각에 간사함이 없다[思無邪].'는 것은 《시경》〈노송(魯頌) 경(駉)〉편의 말이다. 무릇 시(詩)의 말이 선한 것은 사람의 착한 마음을 감동시켜 분발하게 하고, 악한 것은 사람의 방탕한 뜻을 징계할 수 있으니, 그 쓰임은 사람들이 바른 성정(性情)을 얻는 데에 돌아가게 할 뿐이다. 그러나 그 말이 은미하고 완곡하며, 또 혹은 각각 한 가지 일만을 따라 말한 것이어서, 그 전체를 곧바로 지적한 것을 구하면 이와 같이 분명하고 또 뜻을 다 아우르는 것이 없다. 그러므로 공자夫子가 《시경》 300편은 오직 이 한 마디 말로 그 의미를 모두 포괄하기에 충분하다고 말하였으니, 다른 사람들에게 보여 준 뜻이 역시 매우 간절하다."

朱熹曰: "《詩》三百十一篇, 言三百者, 擧大數也. 思無邪, 《魯頌·駉》篇之辭. 凡詩之言善者可以感發人之善心, 惡者可以懲創人之逸志, 其用歸於使人得其情性之正而已, 然其言微婉, 且或各因一事而發, 求其直指全體則未有若此之明且盡者, 故夫子言《詩》三百篇而惟此一言足以盡蓋其義, 其示人之意亦深切矣."

신은 이렇게 생각합니다. "생각에 간사함이 없다[思無邪]."라는 한마디 말은 비록 《시경(詩經)》 전체의 의미를 다 요약하기에 충분합니다. 그러나 배우는 자들이 모름지기 305편에서 하나하나 각각 그 뜻을 자세히 연구하여 하나라도 다하지 않음이 없게 해야 합니다. 그러한 뒤에 '사무사(思無邪)' 세 글자로 요약하여 《시경》 300편을 읊는 요체로 삼는다면 시(詩)를 말할 만할 것입니다. 만일 어리석게도 "나는 생각에 간사함이 없다[吾思無邪]."라고 말하나 옛사람들의 뜻이나 훈고(訓詁)에 대강이라도 마음을 궁구하지 않고서 "나는 경전에 통달했다."라고 말한다면, 가능한 것이겠습니까.

《논어(論語)》〈팔일(八佾)〉에서 말하였다.

자하(子夏)가 말하기를 "'예쁜 웃음에 보조개가 예쁘며【(倩은) 보조개가 예
쁜 것이다.】 아름다운 눈에 눈동자가 선명함이여!【(盼은) 눈동자에 흑백이 분명
한 것이다.】 흰 비단으로 채색을 한다.'라고 하였으니【(素는) 분칠을 하는 자리
이다.】【(絢은) 채색이니 그림의 꾸밈이다.】, 무엇을 말한 것입니까?"라고 하였
다. 공자가 말하기를 "그림 그리는 일은 흰 비단을 마련하는 것보다 뒤에
하는 것이다."라고 하였다. 자하가 말하기를 "예(禮)가 뒤이겠군요."라고
하자, 공자가 말하기를 "나를 흥기시키는 자는 자하[商]로구나! 비로소 함
께 시(詩)를 말할 만하다."라고 하였다.

《논어집주(論語集註)》〈팔일(八佾)〉에서 주희(朱熹)가 말하였다.

"자하가 말한 이 시는 《시경(詩經)》에 수록되지 않은 것이다. 사람이

예쁜 보조개와 흑백이 분명한 눈동자의 아름다운 바탕을 가지고 있고, 또 화려한 채색의 꾸밈을 더하는 것이니, 마치 흰 바탕이 있고 채색을 더하는 것과 같음을 말한다. 자하(子夏)는 도리어 '흰 비단으로 채색을 한다.'라고 생각해서 물은 것이다. 회사(繪事)는 그림을 그리는 일이다. 후소(後素)는 흰 비단을 마련하는 것보다 뒤에 하는 것이다. 《주례(周禮)》〈동관고공기(冬官考工記)〉에 '그림 그리는 일은 흰 비단을 마련한 뒤에 한다.'라고 하였으니, 먼저 흰 비단으로 바탕을 삼은 뒤에 오색의 채색을 칠함을 말한 것이니, 마치 사람이 아름다운 자질이 있은 뒤에야 꾸밀 수 있는 것과 같다. 예(禮)는 반드시 충(忠)과 신(信)을 바탕으로 삼으니, 그림 그리는 일에 반드시 흰 비단을 우선으로 삼는 것과 같다. 기(起)는 분발함[發]과 같으니, '나를 흥기시킨다[起予].'는 말은 나의 의지를 일으켜 분발할 수 있게 함을 말한다."

朱熹曰: "此逸《詩》也. 言人有此倩盼之美質, 而又加以華采之飾, 如有素地而加采色也. 子夏疑其反謂以素爲飾, 故問之繪事繪畫之事也. 後素, 後於素也, 《考工記》曰 '繪畫之事後素功', 謂先以粉地爲質, 而後施五采, 猶人有美質然後可加文飾, 禮必以忠信爲質, 猶繪事必以粉素爲先. 起猶發也. 起予言能起發我之志意."

《논어집주(論語集註)》〈팔일(八佾)〉에서 사량좌(謝良佐)가 말하였다.

"자공(子貢)은 학문을 논함으로 인하여 시(詩)를 알았고,[5] 자하(子夏)는 시를 논함으로 인하여 학문을 알았다. 그러므로 모두 '함께 시를 말할 만하다'라고 한 것이다."

謝良佐曰: "子貢因論學而知詩, 子夏因論詩而知學, 故皆可與言詩."

《논어집주(論語集註)》〈팔일(八佾)〉에서 양시(楊時)가 말하였다.

"단맛은 여러 가지 맛을 받아들이고 흰 것은 채색을 받아들이니, 충신(忠信)한 사람이어야 예(禮)를 배울 수 있다. 만일 그 바탕이 없다면 예는 헛된 것인지라 제대로 행해지지 않으니, 이것이 '그림 그리는 일은 흰 비단을 마련하는 것보다 뒤에 한다[繪事後素].'는 말이다. 공자가 '그림 그리는 일은 흰 비단을 마련하는 것보다 뒤에 하는 것이다.'라고 말하자, 자하가 '예가 뒤이겠군요.'라고 말하였으니, 그 뜻을 잘 계승하였다고 말할 만하다. 말한 의미 이외에서 더 터득한 자가 아니면 가능하겠는가. 자하[商]와 자공[賜]이 시(詩)를 함께 말할 만했던 것은 이 때문이다. 만약 장구(章句)의 지엽적인 것에만 마음을 몰두하면 그 시를 해석하는 것이 고루할 뿐이다. 이른바 기여(起予)라는 것은 또한 '가르치고 배우면서 함께 성장한다[敎學相長].'는 뜻이다."

_____

아첨함이 없으며 부유하면서도 교만함이 없는 것이 어떻습니까?'라고 하자, 공자가 대답하기를 '그것도 괜찮으나, 가난하면서도 즐거워하며 부유하면서도 예를 좋아하는 자만은 못하다.'라고 하였다. 자공이 말하기를 '《시경(詩經)》에 「절단해 놓고 다시 그것을 간 듯하며, 쪼아 놓고 다시 곱게 연마한 듯하다」라고 하였으니, 아마도 이것을 말함일 것입니다.'라고 하였다. 공자가 말하기를 '사(賜)는 이제 비로소 함께 시를 말할 만하구나. 지나간 것을 말해 주면 올 것을 아는구나.'라고 하였다."

楊時曰: "甘受和, 白受采, 忠信之人可以學禮, 苟無其質, 禮不虛行, 此繪事後素之說也. 孔子曰 '繪事後素', 而子夏曰 '禮後乎', 可謂能繼其志矣. 非得之言意之表者, 能之乎? 商·賜可與言《詩》者, 以此. 若夫玩心於章句之末, 則其爲《詩》也固而已矣, 所謂起予則亦相長之義也."

신은 이렇게 생각합니다. 자공(子貢)은 가난함과 부유함의 도(道)를 논하면서 학문의 공(功)을 알았고, 자하(子夏)는 《시경(詩經)》의 그림 그리는 일은 흰 비단을 마련한 뒤에 하는 것을 논하면서 (忠信보다) 예(禮)가 뒤에 있다는 말을 알았습니다. 성인(聖人)은 두 현자(賢者)에 대해 모두 '비로소 시(詩)를 말할 만하다'라고 말하였습니다. 선대의 유학자[허겸(許謙)][6]가 말하기를 "'시(始)'라는 글자를 가볍게 지나쳐서는 안 된다. 이와 같이 비슷한 부류를 통해 확장한다면 비로소 겨우 시를 읽을 수 있는 것을 말한 것이다."라고 하였습니다.[7] 그러나 성인이 자공에게는 먼저 그 이름을 부르고 이어서 "지나간 것을 말해주면 올 것을 아는구나."라고 말하였고, 자하에게는 먼저 "나를 흥기시켰다."라고 말하고는 이어서 그 이름을 불렀습니다. 대개 이러한 이치가 은연중에 말밖에서 드러나 이것으로 인하여 저것을 얻을 수 있는 것이며, 이러한 이치가 넘칠 듯이 가슴 속에 쌓여 저것으로 인하여 이것을 분발시킴

---

6 허겸(許謙): 《대학연의보》 권70 주) 45 참조.

7 선대의 … 하였습니다: 《독사서총설(讀四書叢說)》 권4에 나온다. "'시(始)'라는 글자를 가볍게 지나쳐서는 안 된다. 이와 같이 비슷한 부류를 통해 확장한다면 비로소 겨우 시(詩)를 읽을 수 있는 것을 말한 것이지, 시(詩)의 쓰임을 다하기에 충분하다고 말한 것은 아니다."

이 있으니, 잘 배운 자가 아니면 할 수 없습니다. 그러한 방식을 써서 시를 배움에 더욱 친절합니다. 그러므로 성인이 여기에서 모두 그 이름을 불러서 그 친절한 가르침을 이루었습니다. 시를 배우는 자는 오히려 두 현인을 모범으로 삼아야 합니다.

臣按: 子貢因論貧富之道而知學問之功, 子夏則因論《詩》之繪事後素而知禮後之說, 二賢者聖人皆謂其始可以言詩. 先儒謂始字不可輕放過, 謂如此觸類而長, 方纔可以讀詩. 然聖人於子貢則先呼其名而繼以告諸往而知來者, 於子夏則先曰起予而呼其名繼焉, 蓋此理隱然見於言外, 因此而可以得彼, 此理盎然蘊於胸中, 因彼而有以發此, 非善學者不能也, 而用之以學詩尤爲親切, 故聖人於此皆呼其名而致其親切之訓, 學詩者其尙以二賢爲法.

《논어(論語)》〈팔일(八佾)〉에서 공자가 말하였다.

"《시경(詩經)》〈주남(周南) 관저(關雎)〉는 즐거우면서도 지나치지 않고, 슬프면서도 (조화[和]를) 해치지 않는다."

子曰: "《關雎》樂而不淫, 哀而不傷."

《논어집주(論語集註)》〈팔일(八佾)〉에서 주희가 말하였다.

"〈관저(關雎)〉는 〈국풍(國風) 주남(周南)〉이니 《시경(詩經)》의 첫 번째 편이다. 음(淫)은 즐거움이 지나쳐 그 바름을 잃은 것이요, 상(傷)은 슬픔이 지나쳐 조화를 해치는 것이다. 〈관저〉시는 후비(后妃)의 덕(德)이 마땅히 군자(君子)에 짝할 만하니, 구하여 얻지 못하면 자나 깨나 생각하며 몸을 뒤척거리는 근심이 없을 수 없고, 구하여 얻으면 거문고와 비파, 종과 북의 즐거워함이 있음이 마땅하다. 대개 그 근심이 비록 깊으나 조화를 해치지 않고, 그 즐거움이 비록 성대하나 그 바름을 잃지 않았다. 그러므로 공자(孔子)가 이와 같이 칭찬하니, 배우는 자들이 그 글을 음미하고 그 음(音)을 살펴서 성정(性情)의 바름을 알 수 있게 하고자 한 것이다."

朱熹曰: "《關雎》《周南 國風》詩之首篇也. 淫者樂之過而失其王[8]者也, 傷者哀之過而害於和者也. 《關雎》之詩, 言后妃之德宜配君子, 求之未得則不能無寤寐反側之憂, 求而得之則宜其有琴瑟·鍾鼓之樂, 蓋其憂雖深而不害於和, 其樂雖盛而不失其正, 故夫子稱之如此, 欲學者玩其辭·審其音而有以識其情性之正也."

신은 이렇게 생각합니다. 선대의 유학자 장식(張式)이 말하기를 "〈관저(關雎)〉시는 숙녀(淑女)를 얻어 군자(君子)의 배필로 함을 즐거워하고 거문고와 비파를 벗고, 종과 북으로 즐거워하는 데에 이르렀으니, 이른바 '즐거우면서도 지나치지 않은 것[樂而不淫]'이다. 요조(窈窕)함을 슬퍼하고 현명한 인재를 생각하여 잊지 않고 자나 깨나 늘 생각하며 잠을 이루지 못하고 이리저리 뒤척이는 데에 이르렀으니, 이른바 슬

---

8 王:《대학연의보(大學衍義補)》사고전서본에는 "正"으로 되어 있다.

프면서도 (조화[和]를) 해치지 않는 것[哀而不傷].'이다."[9]라고 하였습니다. 배우는 자들이 그 말을 음미하고 그 소리를 살펴서 그 성정(性情)의 사이에서 근원을 둔다면 역시 그 보존되는 바와 분발하는 바의 바름을 알 것입니다.

> 臣按: 先儒謂《關雎》之詩樂得淑女以配君子, 至於琴瑟友之·鍾鼓樂之, 所謂樂而不淫也, 哀窈窕·思賢才至於寤寐思服·, 所謂哀而不傷也. 學者玩其辭語·審其聲音而原其性情之際, 則亦有以識其所存所發之正也已.

《논어(論語)》〈자한(子罕)〉에서 공자가 말하였다.

"내가 위(衛)나라에서 노(魯)나라로 돌아온 뒤에야 악(樂)이 바르게 되어 아(雅)와 송(頌)이 각각 그 제자리를 얻게 되었다."

> 子曰: "吾自衛反魯, 然後樂正, 雅·頌各得其所."

《논어집주(論語集註)》〈자한(子罕)〉에서 주희가 말하였다.

"노(魯)나라 애공(哀公) 11년 겨울에 공자가 위(衛)나라에서 노나라로 돌아오니, 이때 주(周)나라의 예(禮)가 노나라에 남아 있었다. 그러나 시(詩)와 악(樂)이 또한 많이 손상되고 빠져서 순서를 잃었다. 공자가 사방의 나라들을 두루 돌아다녀 이리저리 상고하고 바로잡아 그 내

용을 알았는데, 만년에 도(道)가 끝내 행해질 수 없음을 알았다. 그러
므로 노나라로 돌아와 그것을 바로잡았다."

朱熹曰: "魯哀公十一年冬, 孔子自衛反魯, 是時周禮在魯, 然《詩》樂亦
頗殘缺失次, 孔子周流四方, 參互考訂以知其說, 晚知道終不行, 故歸
而正之."

홍흥조(洪興祖)가 말하였다.

"왕자(王者)의 자취가 사라지면서 시(詩)가 없어졌고, 그 보존된 것은
어그러지고 어지러워져서 순서를 잃었다. 공자(孔子)가 다시 다른 나
라에서 채집하여 돌아와 정리하여 저술한 것이 305편이 되니, 이에
아(雅)와 송(頌)이 각각 자기 자리를 얻었다."

洪興祖曰: "王者跡熄而《詩》亡, 其存者繆亂失次, 孔子復得之他國以
歸, 定著爲三百五篇, 於是雅·頌各得其所."

신은 이렇게 생각합니다. 《시경(詩經)》에는 삼경(三經)이 있으니, 풍
(風)·아(雅)·송(頌)입니다. 여기에서 아와 송만을 말하고 풍을 언급하
지 않은 것에 대해, 선대의 유학자 진식(陳埴)이 말하기를 "여러 나라
에 각각 바르지 않은 소리가 있어서 종묘와 조정에서 연주하지 않는
바였고, 이남[二南: 주남(周南)·소남(召南)]도 또한 방중(房中)에서 쓸 뿐이었
다. 그러므로 악(樂)을 바르게 했다는 것은 다만 아와 송에 대해서만

말했을 따름이다."[10]라고 하였습니다.

> 臣按:《詩》有三經, 風·雅·頌, 此言雅·頌而不及風者, 先儒謂列國各
> 有不正之聲, 廟朝所不奏, 二南亦用之房中耳, 故正樂止言雅·頌.

《논어(論語)》〈자로(子路)〉에서 공자가 말하였다.

"《시경(詩經)》 3백 편을 외웠지만 정치를 맡겨도 제대로 해내지 못하고,
사방에 사신으로 가서도 혼자서 처리하지 못한다면 비록 많이 외운 들
어디에 쓰겠는가."

> 子曰: "誦《詩》三百, 授之以政不達, 使於四方不能專對, 雖多亦奚以爲."

《논어집주(論語集註)》〈자로(子路)〉에서 정이(程頤)가 말하였다.

"모름지기 《시경(詩經)》을 읽지 않은 자는 정치를 맡아도 제대로 해
내지 못하고, 사신으로 가도 혼자서 처리할 수 없다. 이미 《시경》을
읽었어도 정치에 통달하고 혼자서 처리할 수 있어야 비로소 《시경》
을 읽은 것이다."

> 程頤曰: "須是未讀《詩》者授以政不達·使不能專對, 旣讀《詩》便達於
> 政·便能專對, 始是讀《詩》."

---

10 여러 … 따름이다:《목종집(木鍾集)》권1에 나온다.

《논어집주(論語集註)》〈자로(子路)〉에서 정이(程頤)가 또 말하였다.

"경서(經書)를 궁구하는 것은 장차 실용에 쓰려는 것인데, 세상에 시(詩)를 외우는 자들이 과연 정치에 종사하고 혼자서 처리할 수 있겠는가. 그렇다면 그 배운 것은 장구(章句)의 말단일 뿐이니, 이는 배우는 자들의 큰 근심이다."

又曰: "窮經將以致用也, 世之誦《詩》者果能從政而專對乎? 然則其所學者章句之末耳, 此學者之大患也."

《논어집주(論語集註)》〈자로(子路)〉에서 주희(朱熹)가 말하였다.

"전(專)은 홀로 하는 것이다. 시(詩)는 인정(人情)에 근본하고 사물의 이치를 갖추고 있어 풍속(風俗)의 성하고 쇠함을 증명하고 정치의 잘잘못을 볼 수 있으며, 그 말이 온후(溫厚)하고 화평(和平)하여 넌지시 말하여 깨우치는 데에 뛰어나다. 그러므로 시를 외우는 자는 반드시 정치에 통달하고 말을 잘하는 것이다."

朱熹曰: "專, 獨也. 《詩》本人情·該物理, 可以驗風俗之盛衰, 見政治之得失, 其言溫厚和平, 長於風諭, 故誦之者必達於政而能言也."

신은 이렇게 생각합니다. 《시경(詩經)》과 《역경(易經)》·《서경(書經)》·《춘추(春秋)》·《예기(禮記)》는 모두 합하여 오경(五經)이 됩니다. 그 네 개의 경(經)은 모두 성현(聖賢)이 편집하여 만든 것으로 훌륭한 임금[聖

君], 어진 재상[賢相], 위대한 현인[大賢], 군자(君子)의 언행(言行)과 공적(功績)을 적은 것입니다. 오직 《시경》의 시(詩)만이 도시와 시골의 보통 사람들의 기뻐하고 슬퍼하고 원망하고 노여워하는 말이 많고, 심지어 음탕하고 어지러운 일도 역시 간혹 있습니다. 다만 다른 나라에서 임시로 벼슬하는 신하[羈臣]·천첩(賤妾)의 말과 요(堯)·순(舜)·우(禹)·탕(湯)·문왕(文王)·무왕(武王)·주공(周公)·공자(公子)의 격언(格言)·대훈(大訓)이 아울러 나란히 경(經)이 되었으니, 아! 어찌 그 이유가 없는 것이겠습니까.

대개 사람이 태어남에 성정(性情)이 마음에 갖추어지고 뜻이 밖에 드러나는데, 반드시 말을 빌려 그것이 발현됩니다. 말은 그 마음에 쌓인 바를 발현하는데, 뜻에는 억양이 있기 때문에 말에 단장(短長)이 없을 수 없고, 마음에는 기쁘고 노하는 것이 있기 때문에 말에 슬픔과 기쁨이 없을 수 없으니, 마음에서 동하여 입으로 발현됩니다. 자연의 이치(理致)가 있고 자연의 음향(音響)이 있으니, 천기(天機: 천지조화)는 저절로 움직이고 천뢰(天籟: 자연의 소리)는 저절로 울리니, 이것이 시(詩)를 짓는 이유입니다.

시의 창작은 천리(天理)의 고유한 것에서 근원하고 천취(天趣)의 저절로 그러한 것에서 나옵니다. 시를 짓는 것[作之者]은 입을 통하여 소리를 내는 것이고, 시를 읊는 것[賦之者]은 마땅함에 따라 적용하는 것입니다. 혹 그것으로 인하여 나의 그칠 수 없는 정(情)을 펴고, 혹 그것으로 말미암아 나의 말할 수 없는 뜻을 드러내고, 혹 그것을 빌려 나의 밝히기 어려운 일을 밝힙니다. 장(章)에는 정해진 구(句)가 있을 필요가 없고, 구에는 정해진 글자가 있을 필요가 없습니다. 말이 따르며 이치가 순조롭고, 소리가 조화로우며 운(韻)이 화합하니, 여기에 완성된 것입니다. 진실로 이른바 의례(義例)라는 것이 있지 않았습니다. 또 어찌 훈고(訓詁)를 쓰겠습니까.

옛날에 공자가 이미 시를 산삭하여 경(經)으로 삼았고, 또 때때로 아름다운 말로 배우는 자들을 가르치기를 "《시경》300편을 외우더라도 정치를 맡겨 줌에 제대로 해내지 못하고, 사방에 사신으로 감에 혼자서 처리하지 못한다면 비록 많이 외운들 어디에 쓰겠는가."라고 하였습니다. 또 일찍이 그 아들[孔鯉]을 가르치면서 말하기를 "시를 배우지 않으면 말할 수 없다."라고 하였습니다. 이것으로 《시경》의 쓰임이 정치에 통달하고, 질문과 대답을 준비하고, 말의 바탕이 될 수 있음을 볼 수 있습니다.

지금 305편을 보고 여러 유학자들의 장(章)의 뜻과 해설을 참고해 보니, 그 사이 말은 정사(政事)의 시행과 홀로 대답할 때의 쓰임, 말할 때의 도움에는 미쳤지만 정치에 대한 것은 많이 있지 않았습니다. 간혹 한두 가지 잘라 취하여 적용한 것도 또한 역시 스스로 한계가 있으니, 성인이 어떤 까닭으로 말씀한 것인지 모르는 것입니다.

《대학(大學)》·《중용(中庸)》·《맹자(孟子)》등의 책을 고찰하는 데에 미쳐서, 무릇 세책이 《시경》의 말을 인용한 것을 취하여 그것을 살펴보고, 또 아울러 《예기(禮記)》가운데 〈학기(學記)〉·〈악기(樂記)〉·〈표기(表記)〉·〈방기(坊記)〉·〈치의(緇衣)〉 등의 편과 《좌씨춘추(左氏春秋)》·유향(劉向)의 《설원(說苑)》·《한시외전(韓詩外傳)》등 여러 책을 일일이 참고한 이후에야 공자 제자들이 《시경》을 독서하는 방법이, 후세에서 의례에 구애되고 훈고에 국한되는 것과는 다름을 알 수 있습니다.

증자(曾子)가 공자의 뜻을 서술해 《대학》을 짓는 데에 《시경》에서 10개를 인용하였고. 자사(子思)가 증자가 전해 준 것을 얻어 《중용(中

庸)》을 만드는 데에 《시경》에서 12개를 인용하였고, 맹자가 자사에게 배워 《맹자》 7편을 만드는 데에 《시경》에서 12~3개를 인용하였습니다. 그 의미를 탐구한 것에서 여러 유학자들이 《시경》의 뜻을 해설한 것과 온전히 합치되지 않는 것이 많습니다. 이로 말미암아 성인의 문하에서 사람들에게 《시경》을 읽는 것을 가르친 것을 보면, 반드시 주고받은 것이 있지만 의례와 훈고를 넘어서는 곳에서 이루어진 것이고, 세 사람이 서로 전한 것도 반드시 유래가 있습니다. 좌씨(左氏)가 지은 것과 한(漢)나라 유학자들의 설명한 것도 대개 역시 말미암은 바가 없는 것은 아니지만, 뒤에 《시경》을 배우는 자는 반드시 공자·증자·자사·맹자가 전한 것에 근본하고, 《논어(論語)》·《대학》·《중용》·《맹자》에서 인용한 것에 근거하여 《시경》 300편을 읊는 방법으로 삼아야 합니다.

이 때문에 "장구(章句)로 큰 벼리를 삼고 훈고로 작은 벼리를 삼으며, 읊어 창달하고 무젖어 체득하여, 성정은 은미한 사이에서 살피고 언행은 중심이 시작에서 살핀다."[11]라고 하였으니, 본래 주희가 이 말로 《시경》을 읽는 일정한 법으로 삼았습니다.

시는 일에서 말미암으나 일에서 떠나지 않고 시에 이르며, 일은 시에 의탁하나 시에서 벗어나지 않고서 일에 이릅니다. 자잘하게 나누지 않고, 마디마디 비교하지 않습니다. 여씨(呂氏)의 이 말을 취하여 시를 활용하는 방법으로 삼습니다. 대저 이와 같으면 공자의 문하에서 시를 배우는 방법은 거의 비슷합니다. 비록 그러하나 그렇지 않은 경우도 있습니다. 자공(子貢)은 학문을 논한 것으로 인하여 시(詩)를 알

---

11 장구(章句)로 … 살핀다: 《시경집전(詩經集傳)》 서문에 나온다.

왔고, 자하(子夏)는 시를 논한 것으로 인하여 학문을 알았습니다. "솔 개는 날아서 하늘에 이르거늘 물고기는 연못에서 뛰느니라[鳶飛戾天 魚 躍於淵]."에서, 자사(子思)는 위아래 하나의 이치가 드러남을 밝혔으니, 〈한록(旱麓)〉장의 뜻이 과연 이와 같겠습니까. '아름다우신 문왕이여! 아, 빛나며 공경히 그치셨다[穆穆文王, 於緝熙敬止].'¹²에서 주희는 '경지(敬 止)'를 공경하지 않음이 없고 머무르는 곳에서 편안하다고 하였는데, 뒷날의 해설은 또 어찌 이와 같지 않습니까.

여기서 시를 읽는 방법이 글을 따라 뜻을 찾는 것에 달려 있고, 시 를 활용하는 묘함이 또 문장을 끊어서 뜻을 취하는 데에 달려 있음을 알 수 있습니다. 배우는 자가 진실로 이 방법으로 305편에서 구하면 아(雅)에 대(大)·소(小)가 없게 되고, 풍(風)에 정(正)·변(變)이 없게 되며, 송(頌)에 상(商)나라·주(周)나라·노(魯)나라가 없게 됩니다. 진실로 뜻 은 마음에서 합하고 말은 이치에 맺어지고 일은 기(機)에 맞아서, 혹 은 정치에 베풀어지고 혹은 말에 발현되고 혹은 사신(使臣)으로 나감 에 쓰입니다. 무릇 날마다 베풀어지는 사이에 가는 곳마다 《시경》의 활용이 아닌 것이 없게 되니, 진실로 의례와 훈고의 말단에 구애되지 않습니다.

臣按:《詩》與《易》《書》《春秋》《禮》並爲五經, 其四經皆出自聖賢之制 作刪述, 所以紀載聖君賢相·大賢君子之言行事功, 惟《詩》之爲詩則多 里巷田野·匹夫匹婦歡悲怨怒之言, 甚至淫佚悖亂之事亦或有之, 顧使

---

12 아름다우신 … 그치셨다:《시경(詩經)》〈대아(大雅) 문왕지십(文王之什)〉에 나온다.

羈臣賤妾之辭禹[13]堯·舜·禹·湯·文·武·周公·孔子之格言大訓並列

以爲經, 嗚呼! 夫豈無其故哉? 蓋以人之生也, 性情具於中, 志趣見於

外, 必假言以發之也, 言以發其心之所蘊, 志有所抑揚言不能無短長,

心有所喜怒言不能無悲歡, 動於心而發之口, 有自然之理致, 有自然之

音響, 天機自動, 天籟自鳴, 此《詩》之所以作也. 《詩》之作也, 原於天

理之固有, 出於天趣之自然, 作之者應口而出聲, 賦之者隨宜而應用,

或因之以申吾不容己之情, 或由之以發吾不可言之意, 或假之以明吾難

顯白之事, 章不必有定句也, 句不必有定字也, 言從而理順, 聲和而韻

協, 斯得之矣, 固未有所謂義例也, 又惡用訓詁爲哉? 昔孔子旣刪《詩》

以爲經, 而又時時雅言以敎學者, 有曰"誦《詩》三百, 授之以政不達, 使

於四方不能專對, 雖多亦奚以爲", 又嘗以敎其子曰"不學《詩》, 無以

言", 則是《詩》之爲用可以達政事·備問對·資言談可見也. 今觀三百五

篇而律以諸儒之章旨·訓解, 其間言及於政事之施·專對之用·言談之

助政不多, 有間有一二剟取而施用之亦自有限, 不知聖人何故云云也.

及考之《大學》《中庸》《孟子》之書, 取凡三書所引《詩》言觀之, 而又旁

及於《禮記》中《學記》《樂記》《表記》《坊記》《緇衣》等篇, 與夫《左氏

春秋》·劉向《說苑》·《韓詩外傳》諸書一一參考, 然後知孔門讀《詩》之

法與後世拘於義例而局以訓詁者異焉. 曾子述孔子之意作《大學》凡十

引《詩》, 子思得曾子之傳作《中庸》凡十二引《詩》, 孟子學於子思作書

七篇凡十二三引《詩》, 究其旨義, 多與諸儒所訓解之《詩》意不全合, 由

是以觀聖門敎人讀《詩》, 必有所授受而出於義例訓詁之外者, 三子者

---

13 禹:《대학연의보(大學衍義補)》 사고전서본에는 "與"로 되어 있어 번역에서는 이를 따른다.

相傳必有所自, 而左氏之所賦・漢儒之所說, 蓋亦非無所因者矣. 後之
學《詩》者必也本孔・曾・思・孟之所傳, 據《論》《學》《庸》《孟》之所引,
以爲誦《詩》三百之法. 是故章句以綱之, 訓詁以紀之, 諷詠以昌之, 涵
濡以體之, 察之性情隱微之間, 審之言行樞機之始, 本朱子此言以爲讀
《詩》之常法; 《詩》因於事, 不遷事以就《詩》, 事寓於《詩》, 不遷《詩》
以就事, 不銖銖而析之, 不寸寸而較之, 取呂氏此言以爲用《詩》之活法,
夫如此其於孔門學《詩》之法其庶矣乎. 雖然, 未也, 子貢因論學而知
《詩》, 子夏因論《詩》而知學, "鳶飛戾天, 魚躍於淵", 子思以明上下一
理之察, 《旱麓》之章旨果若是乎? "穆穆文王, 於緝熙敬止", 朱子以"敬
止"爲無不敬而安所止, 他日之訓解又何不若是乎? 是知讀《詩》之法在
隨文以尋意, 用《詩》之妙又在斷章而取義也. 學者誠以是而求諸三百五
篇, 則雅無大・小, 風無正・變, 頌無商・周・魯, 苟意會於心, 言契乎理,
事適其機, 或施之政事, 或發於語言, 或用之出使, 與凡日用施於[14]之
間, 無往而非《詩》之用矣, 固不拘拘於義例・訓詁之末也.

공자(孔子)가 말하였다.[15]

"너희들은 어찌하여 시(詩)를 배우지 않느냐. 시는 (의지를) 흥기시킬 수
있으며, (정치의 득실을) 살필 수 있으며, (사람들과) 조화할 수 있으며, 원
망할 수 있으며, 가까이는 어버이를 섬길 수 있으며, 멀리는 임금을 섬길

14 於: 《대학연의보(大學衍義補)》 사고전서본에는 "爲"로 되어 있어 번역에서는 이를 따른다.
15 《논어(論語)》〈양화(陽貨)〉에 나온다.

수 있고, 새와 짐승, 풀과 나무의 이름을 많이 알게 한다."

子曰: "小子何莫學夫《詩》, 《詩》可以興·可以觀·可以群·可以怨, 邇之事
父, 遠之事君, 多識於鳥獸草木之名."

주희(朱熹)가 말하였다.[16]

"소자(小子)는 제자(弟子)이다. 흥(興)은 의지가 느껴서 일어나게 하
고, 관(觀)은 득실을 살펴보는 것을 말하고, 군(群)은 화합하면서 방탕
한 데로 흐르지 않음을 말하고, 원(怨)은 원망하면서도 성내지 않는
것을 말한다. 인륜(人倫)의 도(道)가 시(詩)에 갖추어지지 않음이 없으니
그 나머지도 또한 많은 지식의 바탕이 될 수 있는 것이다. 시를 배우
는 방법을 이 장에 다 말하였으니, 이 《시경(詩經)》을 읽는 자는 마땅
히 마음을 다하여야 할 것이다."

朱熹曰: "小子, 弟子也. 興謂感發志意, 觀謂考見得失, 群謂和而不流,
怨謂怨而不怒. 人倫之道, 《詩》無不備, 其緒餘又足以資多識, 學詩之
法, 此章盡之, 讀是經者所宜盡心也."

신은 이렇게 생각합니다. 선대의 유학자인 보광(輔廣)[17]이 말하기를

---

16 《논어집주(論語集注)》〈양화(陽貨)〉에 나온다.
17 보광(輔廣): 남송 조주(趙州) 사람으로 남도(南渡)한 뒤 수주(秀州) 숭덕(崇德)에 살았다. 자는

"《논어(論語)》에서 《시경(詩經)》을 언급한 것이 많으나, 오직 이 장이 가장 잘 설명하고 있다."[18]라고 하였습니다. 배우는 자가 진실로 여기에 마음을 다한다면 의지가 감동하여 일어나서 선(善)을 하는 것이 나태하지 않고, 득실(得失)을 살펴서 일에 의혹이 없고, 화합하여 방탕한 데로 흐르지 않아서 무리 짓는 떳떳함에 처하고, 원망하여도 성내지 않아서 인륜의 변화에 대처하고, 부모님께 효도하고 임금에게 충성하여 인륜(人倫)에서 가장 중요한 부분에 부끄러움이 없고, 여러 사물들을 널리 듣고 많이 알아서 아주 작은 사물이라도 놓치지 않습니다. 시(詩)의 유익함이 이미 많지 않겠습니까. 그 유익함이 많은 것이 이와 같으니 배우는 자가 마땅히 마음을 다해야 하는 것입니다.

臣按: 先儒謂《論語》之及《詩》者多矣, 而惟此章爲備, 學者苟於此盡心焉, 則有以感發其志意而爲善不懈, 有以考見其得失而於事無惑, 和而不流以處群居之常, 怨而不怒以處人倫之變, 孝父忠君而於人倫之大者無愧, 博物洽聞而於一物之小者不遺. 《詩》之爲益不旣多乎? 其爲益之多如此, 學者所宜盡心也.

한경(漢卿)이고, 호는 잠암(潛庵)이다. 보규(輔逵)의 아들이다. 처음에는 여조겸(呂祖謙)에게 배웠고 뒤에 주희(朱熹)를 사사했다. 영종(寧宗) 초에 위학(僞學)을 금하자 학생들이 다들 달아났지만 그는 동요하지 않았다. 정주(程朱)가 주장한 지경(持敬)을 덕에 나아가는 바탕으로 여겨 강조했다. 나중에 귀향하여 전이서원(傳貽書院)을 지으니 사람들이 전이선생(傳貽先生)이라 불렸다. 저서에 《어맹학용답문(語孟學庸答問)》과 《사서찬소(四書纂疏)》, 《육경집해(六經集解)》, 《시동자문(詩童子問)》, 《통감집의(通鑑集義)》 등이 있다.

18 《논어(論語)》에서 … 있다: 《논어찬소(論語纂疏)》 권9에 나온다.

《논어(論語)》〈양화(陽貨)〉에서 말하였다.[19]

공자(孔子)가 백어(伯魚)[20]에게 말하기를 "너는 〈주남(周南)〉과 〈소남(召南)〉을 배웠느냐. 사람으로서 〈주남〉과 〈소남〉을 배우지 않으면 담장을 정면으로 마주하고 서 있는 것과 같은 것이다."라고 하였다.

> 子謂伯魚曰: "女爲《周南》《召南》矣乎, 人而不爲《周南》《召南》, 其猶正牆面而立也與."

주희(朱熹)가 말하였다.[21]

"위(爲)는 배움[學]과 같다. 〈주남(周南)〉과 〈소남(召南)〉은 《시경(詩經)》의 첫머리 편명인데, 그 내용이 모두 자기 몸을 닦고 집안을 다스리는 일이다. 담장을 정면으로 마주하고 서 있다는 것은 지극히 가까운 곳에 나아가도 하나의 물건도 보이는 것이 없고 한 걸음도 나아갈 수 없음을 말한 것이다."

> 朱熹曰: "爲猶學也. 《周南》《召南》, 《詩》首篇名, 所言皆修身齊家之事. 正牆麵而立, 言卽其至近之地而一物無所見·一步不可行."

---

19 《논어(論語)》〈양화(陽貨)〉에 나온다.

20 백어(伯魚): 공리(孔鯉)를 말하니, 백어(伯魚)는 자이다. 공자의 아들로 중국 춘추시대 노나라 창평(昌平) 추읍(陬邑) 사람이다. 공자가 70세가 되던 50세에 죽었다.

21 《논어집주(論語集注)》〈양화(陽貨)〉에 나온다.

신은 이렇게 생각합니다. 선유(先儒)께서 《시경(詩經)》에 〈주남(周南)〉과 〈소남(召南)〉이 있다는 것은 《주역(周易)》에 〈건(乾)〉과 〈곤(坤)〉이 있다는 것과 같다고 하였습니다. 《시경(詩經)》을 배우는 자는 이곳으로부터 들어가니, 몸을 닦고 집안을 가지런히 하며 나라를 다스리고 천하를 평정하는 도(道)가 모두 이곳으로부터 나옵니다. 이 장과 '《시경》 300편을 외운다'²²는 것과 '너희들은 어찌하여 시를 배우지 않느냐'²³는 것은 모두 경서(經書)를 깊이 연구하여 활용하는 방법을 밝힌 것입니다.

臣按: 先儒謂《詩》有二《南》, 猶《易》有乾坤, 學《詩》者自此入, 而修齊治平之道皆自此出. 此章與誦《詩》三百·小子何莫學夫《詩》, 皆明窮經致用之道.

《맹자(孟子)》에서 말하였다.²⁴

함구몽(咸丘蒙)이 묻기를 "《시경(詩經)》에 이르기를 '온 하늘 아래가【(普는) 두루함이다.】 왕의 땅이 아닌 곳이 없으며 온 땅의 안이【(率은) 좋음이다.】 왕의 신하 아닌 자가 없다.'²⁵라고 하였습니다. 순(舜)이 이미 천자(天子)가

---

22 《시경(詩經)》 300편을 외운다: 《논어(論語)》 〈자로(子路)〉에 "《시경(詩經)》 300편을 외우더라도 정치를 맡겨 줌에 제대로 해내지 못하고, 사방에 사신으로 감에 혼자서 처리하지 못한다면 비록 많이 외운들 어디에 쓰겠는가."라고 하였다.

23 너희들은 … 않느냐: 《논어(論語)》 〈양화(陽貨)〉에 나온다.

24 《맹자(孟子)》 〈만장장구 상(萬章章句 上)〉에 나온다.

25 온 … 없다: 《시경(詩經)》 〈소아(小雅) 북산지십(北山之什) 북산(北山)〉에 나온다. 그 2장에 "온 하늘 아래가 왕의 땅이 아닌 곳이 없으며, 온 땅의 안이 왕의 신하 아닌 자가 없거늘, 대부

되었으니, 감히 묻겠습니다. 고수(瞽瞍)[26]를 신하로 삼지 않음은 어째서입니까?'라고 하였다. 맹자가 말하기를 "이 시(詩)는 이것을 말한 것이 아니다. (이 시를 지은 자가) 나라 일에 수고로워 부모를 봉양할 수 없어서 말하기를 '이것은 나라 일이 아님이 없는데 나만이 홀로 어질다고 하여 수고롭다.'라고 한 것이다. 그러므로 시를 해설하는 자는 글자로 말을 해치지 말고【(文은) 글자이다.】【(辭는) 말이다.】, 말로 본래의 뜻을 해치지 말며, (보는 자의) 뜻으로써 (지은 자의) 뜻에 맞추어야【(逆은) 맞이함이다.】 시(詩)를 알 수 있는 것이다. 만일 말대로라면 〈운한(雲漢)〉의 시(詩)에 이르기를 '주(周)나라에 남은 백성들이 조금이라도 남은 이가 없다.【(孑은) 독립한 모습이다.】【(遺는) 남음[餘]이다.】'라고 하였으니,[27] 진실로 이 말대로라면 이것은 주나라에 남은 백성이 없는 것이다."라고 하였다.

《孟子》: 咸丘蒙問曰: "《詩》云 '普【遍也】天之下, 莫非王土; 率【循也】土之濱, 莫非王臣', 而舜旣爲天子矣, 敢問瞽瞍之非臣, 如何?"曰: "是詩也, 非是之謂也. 勞於王事而不得養父母也, 曰此莫非王事, 我獨賢勞也. 故說《詩》者不以文【字也】害辭【語也】, 不以辭害誌, 以意逆【迎也】志, 是爲得之. 如以辭而已矣, 《雲漢》之詩曰 '周餘黎民, 靡有孑【獨立之貌】遺【脫[28]也】', 信斯言也, 是周無遺民也."

(大夫)가 고르지 못한지라 나만 종사하게 하여 홀로 어질다 하노라."라고 하였다.

26 고수(瞽瞍): 순(舜) 임금의 아버지.

27 〈운한(雲漢)〉의 … 하였으니: 《시경(詩經)》 〈대아(大雅) 탕지십(蕩之什) 운한(雲漢)에 나온다. 그 3장에 "가뭄이 너무 심한지라 밀쳐 낼 수가 없도다. 조심하고 두려워하여 벼락처럼 여기고 천둥처럼 여기노라. 주(周)나라에 남은 백성들이 반신(半身)도 남은 이가 없거늘 호천(昊天) 상제(上帝)가 나를 남겨 두지 않으시도다. 어찌 서로 두려워하지 않으리오. 선조의

정이(程頤)가 말하였다.[29]

"하나의 글자를 사용한 것이 문(文)이고 구절을 이룬 것이 사(辭)다."

程頤曰: "擧一字是文, 成句是辭."

장재(張載)가 말하였다.

"시(詩)에 대해 아는 자는 맹자만한 사람이 없다. 글의 뜻으로 시의 내용을 맞추었으니 시를 읽는 방법이다"

張載曰: "知詩莫如孟子. 以意逆志, 讀詩之法也."

주희(朱熹)가 말하였다.[30]

"시(詩)는 〈소아(小雅) 북산(北山)〉편이다. 시를 지은 자가 스스로 말

제사가 끊기게 되었도다."라고 하였다.

28 脫: 《시경(詩經)》 〈대아 운한(大雅 雲漢)〉에서 탈(脫)은 여(餘)와 같다고 하였다.

29 《논맹정의(論孟精義)》에 나온다. 《논맹정의》는 중국 송(宋)나라 때 주희가 찬한 《논어(論語)》, 《맹자(孟子)》의 주석서로 총 34권이다. 본래 주희는 1163년에 《논어》, 《맹자》에 관한 여러 설을 모아서 《논맹본의(論孟本意)》를 지었는데, 그 책은 전해지지 않는다. 8년 뒤 다시 정호, 정이, 장재, 범조우, 여희철, 여대림 등 12가의 설을 모아 《논맹정의》라 하고 서문도 썼다. 후에 예장군에서 간행하면서 다시 《논맹요의(論孟要義)》라 하였다. 또한 주자연보에 의하면 후에 다시 제목을 《논맹집의(論孟集義)》로 고쳤다고 한다. 《논어》 20권, 《맹자》 14권으로 이루어져 있으며, 강령(綱領) 1편은 권수에 포함시키지 않았다. 그의 《사서집주(四書集註)》 가운데 《논어》, 《맹자》에 대한 것은 이 책에서 추려 모은 것이다.

30 《맹자집주(孟子集註)》 〈만장장구 상(萬章句上)〉에 나온다.

하기를 '천하가 모두 왕의 신하인데 어찌하여 유독 나로 하여금 어질고 재주 있다 하여 수고롭게 하는가.'라고 한 것이니, 천자가 아버지를 신하로 삼을 수 있음을 말한 것은 아니다. 〈운한(雲漢)〉은 《시경(詩經)》 〈대아(大雅)〉의 편명이다. 시를 설명하는 방법은 한 글자로 한 구절의 뜻을 해치지 말고, 한 구절로 말을 만든 뜻을 해치지 말 것이며, 마땅히 자신의 뜻으로 시를 지은 이의 뜻을 맞추어 취해야 비로소 시를 알 수 있다. 만약 다만 그 말만 가지고 볼 뿐이라면 〈운한〉에서 말한 것과 같이 주(周)나라의 백성들로서 참으로 남은 사람이 없는 것이다. 오직 자신의 뜻으로 지은 자의 뜻을 맞춰 보면 이 시를 지은 자의 뜻이 가뭄을 근심하는 것에 있지, 진실로 남은 백성이 없다고 한 것은 아님을 알 것이다."

朱熹曰: "《詩》,《小雅 北山》之篇也. 作詩者自言天下皆王臣, 何爲獨使我以賢才而勞苦乎? 非謂天子可臣其父也.《雲漢》,《大雅》篇名也. 言說《詩》之法, 不可以一字而害一句之義, 不可以一句而害設辭之志, 當以己意迎取作者之志, 乃可得之. 若但以其辭而已, 則如《雲漢》所言, 是周之民眞無遺種矣, 惟以意逆之, 則知作詩者之志在於憂旱而非眞無遺民也."

주희(朱熹)가 또 말하였다.[31]

"의(意)는 자신의 뜻을 말하고 지(志)는 시인(詩人)의 뜻을 말한다. 역

---

31 《맹자집주(孟子集註)》 〈만장장구 상(萬章章句上)〉에 나온다.

(逆)은 맞이함이다. 그 이르고 이르지 못함과 더디고 빠름은 감히 스스로 단정해서는 안 되고 저쪽을 따르는 것이다."

又曰: "意謂己意, 志謂詩人之志. 逆, 迎之也, 其至否遲速不敢自必而聽於彼也."

《사기(史記)》에서 말하였다.[32]

옛날의 시(詩)는 본래 3천여 편이었으나 공자(孔子)가 중복되는 것을 버리고 예의(禮義)를 베풀 만한 것을 취하였으니 305편이다.

《史記》曰: 古詩本三千餘篇, 孔子去其重, 取其可施於禮義者三百五篇.

공영달(孔穎達)이 말하였다.[33]

"《서전(書傳)》에서 인용한 시를 살펴보건대, 현재 남아 있는 것이 많고 없어지거나 잃어버린 것이 적다. 그렇다면 공자가 기록한 것이 열에 아홉은 버렸다는 것을 받아들일 수 없으니 사마천(司馬遷)의 말은 믿을 수 없다."

孔穎達曰: "按《書傳》所引之詩, 見在者多, 亡逸者少, 則孔子所錄不容

---

32 《사기(史記)》〈공자세가(孔子世家)〉에 나온다.
33 《모시정의(毛詩正義)》에 나온다.

十分去九, 馬遷之言未可信也."

주희(朱熹)가 말하였다.

"305편 그 가운데 또한 반드시 모두 시행할 만한 예의(禮義)는 아니니, 다만 그 본 뜻을 보존하여 경계하는 거울로 삼았을 뿐이다."

朱熹曰: "三百五篇其間亦未必皆可施之禮義者, 但存其實以爲鑒戒耳."

정이(程頤)가 말하였다.[34]

"옛날 사람들은 어려서 노래하고 칭송하는 소리를 듣고, 자라서는 찬미하거나 비판함[美刺]의 뜻을 알았다. 그러므로 사람들의 배움이 시로 말미암아 일어났다. 후세에는 노사(老師)나 숙유(宿儒)조차도 오히려 시(詩)의 뜻을 알지 못하였으니 후학(後學)들이 어찌 흥기할 수 있겠는가."

程頤曰: "古之人幼而聞歌頌之聲, 長而識美刺之意, 故人之學由《詩》而興. 後世老師宿儒尙不知《詩》之義, 後學豈能興起乎?"

정이(程頤)가 또 말하였다.[35]

---

34 《이정유서(二程遺書)》〈유정부소록(游定夫所錄)〉에 나온다.

"〈주남(周南)〉·〈소남(召南)〉은 〈건괘(乾卦)〉·〈곤괘(坤卦)〉와 같다. 〈주남〉·〈소남〉의 시(詩)는 대개 성인이 취하여 천하국가의 법으로 삼았으니, 나라와 가정의 향인(鄕人)들이 모두 시가(詩歌)를 읊을 수 있게 하였다. 천하와 국가를 소유한 사람은 집안을 가지런히 하는 것에서부터 시작하지 않은 자는 없다. 그러므로 먼저 후비(後妃)를 말하고 다음으로 부인(夫人)을 말하고 또 다음으로 대부(大夫)의 아내[妻]를 말하였다. 옛사람들 가운데 몸을 닦아서 재위에 있게 된 사람이 있으니, 문왕이 이 사람이다. 그러므로 문왕을 읊은 시로써 이은 것이다."

又曰: "《周南》《召南》如乾坤, 二《南》之詩, 蓋聖人取之以爲天下國家之法, 使邦家鄕人皆得歌詠之也. 有天下國家者未有不自齊家始, 故先言後妃, 次言夫人, 又次言大夫妻, 而古人有能修之身以化在位者, 文王是也, 故繼之以文王之詩."

정이(程頤)가 또 말하였다.[36]

"배우는 자는 시(詩)를 보지 않을 수 없으니, 시를 보는 것은 곧 사람을 한 등급 성장하게 한다."

又曰: "學者不可不看《詩》, 看《詩》便使人長一格."

---

35 《이정유서(二程遺書)》〈유·정부소록(游定夫所錄)〉에 나온다.
36 《이정외서(二程外書)》〈전문잡기(傳聞雜記)〉에 나온다.

장재(張載)가 말하였다.

"마음을 평안하게 가진 뒤에야 시(詩)를 말할 수 있으니 깊이 빠져 노닐고 따르게 되면 문득 스스로는 알지 못하는 사이에 저절로 깨달아 웃게 될 것이다."

張載曰: "置心平易然後可以言《詩》, 涵泳從容則忽不自知而自解頤矣."

장재(張載)가 또 말하였다.

"시를 채집하는 경우에는 평이한 것을 귀하게 여기고, 어렵거나 특이한 것을 필요하지 않는다. 대개 시인의 정성(情性)은 온후하고 평이하며 정숙하니, 그 뜻이 평이하다. 그러므로 어렵고 험한 말이 없으니, 대체로 말하는 것이 모두 눈앞의 일이지만 의리가 그 가운데에 보존되어, 평이함으로써 구한다면 생각이 멀리 가서 넓어지고, 어렵고 특이할수록 더욱 얕고 천박해질 것이다."

又曰: "求《詩》者貴平易, 不要崎嶇. 蓋詩人之情性溫厚平易老成, 其志平易. 故無艱嶮之言, 大率所言皆目前事而義理存乎其中, 以平易求之則思遠以廣, 愈艱嶮則愈淺近矣."

사량좌(謝良佐)가 말하였다.

"시를 배우는 자는 모름지기 먼저 육의(六義)의 본체와 면모를 알고 읊어서 터득하는 것이다."

사량좌(謝良佐)가 또 말하였다.

"군자(君子)는 시(詩)에 대해 다만 그 말을 외울 뿐만 아니라 또 장차 그 정성(情性)을 살펴야 하고, 다만 그 정성을 살필 뿐만 아니라 또 선왕(先王)의 은택을 살펴야 한다. 대개 법도(法度)와 예악(禮樂)은 비록 사라졌으나 여기에서 오히려 모두 깊고 은미한 뜻을 얻어 전할 수 있다."

사량좌(謝良佐)가 또 말하였다.

"시는 모름지기 읊어서 터득하는 것이다. 예전의 시는 곧 지금의 가곡(歌曲)이다. 지금의 가곡도 때때로 사람을 감동시키니 시를 배우고도 도리어 그렇지 않다면 다만 글귀[章句]에만 빠져 있기 때문이다."

구양수(歐陽脩)가 말하였다.[37]

"시에서 상(商)나라와 주(周)나라를 서술한 것이 현조(玄鳥)[38]와 생민(生民)[39]에서 시작하여 위로는 직(稷)과 설(契)에 이르고, 아래로는 진영(陳靈)[40]에 이르니 1,500년이다. 여러 국가들의 임금, 신하들의 세대의 차례와 국가의 땅·산천·경계·그림[圖牒]·새와 짐승·풀과 나무·벌레·어류의 이름과 그 풍속·방언·훈고(訓詁)·성쇠(盛衰)·치란(治亂)·미자(美刺)의 이유에 이르기까지 싣지 않은 것이 없다."

> 歐陽修曰: "《詩》述商周, 自玄鳥生民, 上陳稷契, 下訖陳靈, 千五百年之間, 旁及列國君臣世次·國地·山川·封域·圖牒·鳥獸·草木·蟲魚之名, 與其風俗·方言·訓詁·盛衰·治亂·美刺之由, 無所不載."

유초(遊酢)[41]가 말하였다.

"시를 배우는 자는 사람의 선한 마음에 감동하여 일어날 수 있다. 《시

---

37 《문충집(文忠集)》〈시보보망후서(詩譜普亡後序)〉에 나온다.

38 현조(玄鳥): 《예기(禮記)》〈월령(月令)〉에 '음력 2월에 제비가 온다(仲春之月玄鳥至)'는 내용의 시가 있다.

39 생민(生民): 《시경(詩經)》〈대아 생민지십(大雅 生民之什)〉의 시를 가리킨다.

40 진영(陳靈, ?~기원전 599): 춘추시대 진나라의 임금. 이름은 평국(平國)이다. 대부(大夫) 공녕(孔寧), 의행보(儀行父)와 함께 대부 어숙(御叔)의 아내 하희(夏姬)와 사통했다. 설치(泄治)가 간하다가 피살당했다. 세 사람이 하씨 집에서 술을 마시고는 하희의 아들 하징서(夏徵舒)를 욕보였다. 화가 난 하징서가 궁수(弓手)를 매복시켜 살해했다. 15년 동안 재위했고, 시호는 영(靈)이다.

41 유초(遊酢, 1053~1123): 북송 건주(建州) 건양(建陽) 사람. 자는 정부(定夫) 또는 자통(子通)이고, 호는 녹산선생(鹿山先生) 또는 광평선생(廣平先生)이며, 시호는 문숙(文肅)이다. 유잠(游潛)의 아들이고, 유순(游醇)의 동생이다. 정호(程顥)와 정이(程頤)를 사사했고, 사량좌(謝良佐), 양시(楊

경(詩經)》〈소아 천보(小雅 天保)〉의 시를 보면 군신의 의리가 닦여지고,《시경》〈소아 당체(小雅 唐棣)〉의 시를 보면 형제의 우애가 돈독해지고,《시경》〈소아 벌목(小雅 伐木)〉의 시를 보면 벗과의 교우가 친밀해지고,《시경》〈주남 관저(周南 關雎)〉와《시경》〈소남 작소(小南 鵲巢)〉의 풍(風)을 보면 부부의 도리가 바르게 된다. 옛날의 왕부(王裒)[42]는 성품이 지극하여 제자들이《시경》〈소남 육아(小南 蓼莪)〉[43]를 읽는 것을 중단하기에 이르렀으니, 시가 선한 마음을 일으키는 것을 여기에서 볼 수 있다."

遊酢曰: "學詩者可以感發人之善心, 如觀《天保》之詩則君臣之義修矣, 觀《唐棣》之詩則兄弟之愛篤矣, 觀《伐木》之詩則朋友之交親矣, 觀《關雎》《鵲巢》之風則夫婦之經正矣. 昔王裒有至性, 而子弟至於廢講《蓼莪》, 則《詩》之興發善心, 於此可見矣."

時), 여대림(呂大臨)과 함께 '정문사선생(程門四先生)'으로 불린다. 특히《주역》을 중시했다. 저서에《역설(易說)》과《중용의(中庸義)》,《논어맹자잡해(論語孟子雜解)》,《시이남의(詩二南義)》 등이 있었지만 모두 없어졌고, 후세 사람들이 엮은《녹산문집(麁山文集)》이 남아 있다.

42 왕부(王裒, ?~311?): 서진(西晉) 성양(城陽) 영릉(營陵) 사람. 자는 위원(偉元)이다. 어릴 때부터 절조를 숭상했고, 박학다능(博學多能)했다. 나라에서 벼슬을 주려고 불렀지만 아버지 왕의(王儀)가 사마소(司馬昭)에게 억울하게 죽은 것을 슬퍼해 나가지 않고 여막(廬幕)에서 지내며 아침저녁으로 묘소 곁의 측백나무를 붙잡고 울자, 흐르는 눈물에 젖어 나무가 말라죽었다고 한다. 은거하여 학생을 가르쳤는데, 집안이 가난해 손수 농사를 지으면서 살았다. 낙양(洛陽)이 함락되자 친족들이 모두 강남(江南)으로 옮겼지만 무덤을 떠나지 못해 머물다가 비명에 죽었다.

43 《시경(詩經)》〈소남 육아(小南 蓼莪)〉:〈육아(蓼莪)〉는 부모가 돌아가신 후 그 은혜를 기리며 효도를 다하지 못했음을 슬퍼하는 내용으로, 왕부(王裒)가 이 시를 듣기만 해도 너무 슬퍼하였으므로 제자들이 이 시를 읽지 않았다.

주희(朱熹)가 말하였다.[44]

"《시경(詩經)》의 전체에는, 크게는 하늘의 도(道)의 정미함이, 작게는 사람이 하는 일의 사정이 모두 그 속에 있다."

朱熹曰: "《詩經》全體, 大而天道精微, 細而人事曲折, 無不在其中."

주희(朱熹)가 또 말하였다.[45]

"시가 경서(經書)가 된 것은 인사(人事)가 아래로 두루 미치고 천도(天道)가 위로 갖추어져 한 가지 이치도 갖추어지지 않음이 없기 때문이다."

又曰: "《詩》之爲經, 所以人事浹於下, 天道備於上, 而無一理之不具."

유근(劉瑾)[46]이 말하였다.

"시 300편을 통달하여 그 큰 뜻을 논하면 그 기쁨이 업신여기는 것에는 이르지 않고, 그 노함이 절교하는 것에는 이르지 않고, 그 원망이 어지럽히는 것에는 이르지 않고, 그 간언이 비방하는 것에는 이르지 않는다. 천시(天時)·해·별의 큼과 벌레·물고기·풀과 나무의 미미

---

44 《주자어류(朱子語類)》〈논어 술이(論語 述而)〉에 나온다.

45 《시경집전(詩經集傳)》〈원서(原序)〉에 나온다.

46 유근(劉瑾, ?~?): 원나라 안복(安福, 강서성) 사람으로 자는 공근(公瑾)이다. 경사(經史)에 정통했는데, 평생 은거하며 학문에 잠심했다. 저서에 《시전통석(詩傳通釋)》과 《악려성서(樂呂成書)》 등이 있다.

함과 인륜(人倫)·강상(綱常)의 도리와 풍속·토지의 마땅함과 천기(神祇)·조상의 제사와 예악(禮樂)·형정(刑政)의 시행이 모두 하늘과 사람이 서로 이치를 함께하여 모두 하나의 경서 안에 갖추어지지 않은 것이 없다."

> 劉瑾曰: "通三百篇而論其大義, 則其喜不至瀆·怒不至絶·怨不至亂·諫不至訐, 天時日星之大, 蟲魚草木之微, 人倫綱常之道, 風氣土地之宜, 神祇祖考之祀, 禮樂刑政之施, 凡天人相與之理, 莫不畢備於一經之中也."

주희(朱熹)가 또 말하였다.[47]

"〈주남(周南)〉·〈소남(召南)〉에 근본하여 그 단서를 구하고, 열국(列國)에 참여하여 그 변화를 다하고, 아(雅)에서 바로 하여 그 법을 크게 하고, 송(頌)에서 화평하게 하여 그침을 굳힌다. 이것이 시를 배우는 큰 뜻이다. 이에 장구(章句)로 큰 벼리를 삼고 훈고(訓詁)로 작은 벼리를 삼으며, 읊어 창달하고 무젖어 체득하여, 성정의 은미한 사이에서 살피고 언행의 추기의 시작에서 살핀다면 몸을 닦아 집안에 미치고 천하를 평안하고 고르게 하는 방법이 또한 다른 곳에서 구할 필요 없이 여기에서 얻어질 것이다."

> 又曰: "本之二《南》以求其端, 參之列國以盡其變, 正之於雅以大其規, 和之於頌以要其止, 此學《詩》之大旨也. 於是乎章句以綱之, 訓詁以紀之, 諷詠

---

47 《회암집(晦庵集)》〈전백공자서(傳伯拱字序)〉에 나온다.

以昌之, 涵濡以體之, 察之情性隱微之間, 審之言行樞機之始, 則修身及家
平均天下之道其亦不待他求而得之於此矣."

누군가가 "시(詩)가 어떻게 흥기시킵니까?"라고 묻자 주희(朱熹)가 말하
였다.
"시를 읽으면, 아름답지 못한 것을 보는 경우 사람을 부끄럽고 미워하
게 하고, 아름다운 것을 보는 경우 사람을 흥기시키게 한다."

問詩何以興, 朱熹曰: "讀《詩》見其不美者令人羞惡, 見其美者令人興起."

주희가 또 말하였다.[48]
"시를 읽는 방법은 다만 열심히 읽고 깊이 빠져들면 자연히 온화한 기
색이 마음으로부터 흘러나와 그 오묘한 곳을 말로는 표현할 수 없으니,
안배하여 나열할 필요도 없이 힘써 자연스럽게 말이 되는 것이다."

又曰: "讀《詩》之法, 只是熟讀涵泳, 自然和氣從胸中流出, 其妙處不可得而
言, 不待安排布置, 務自立說也."

---

48 《주자어류(朱子語類)》〈시(詩)〉에 나온다.

신은 이렇게 생각합니다. 진덕수(眞德秀)가 "시 300편은 비록 깨닫기 어려우나 지금 여러 선생들이 그 뜻을 밝혀서 분명히 알 수 있습니다. 만약 반복하여 깊이 빠져들 수 있어서 진실로 그 성정(性情)을 일으킨다면 이른바 '시에서 흥한다.'[49]는 것이 있지 않은 적이 없다"라고 하였습니다. 신이 살펴보건대 옛사람들은 임금의 맏아들[胄子]을 악(樂)으로 이끌어 가르쳤습니다. 지금 세상에는 예전의 악이 남아 있지 않으나 이른바 시는 진실로 삼대(三代)의 남겨진 소리입니다. 학교에서 평소에 쉴 때에 그들로 하여금 300편의 시를 읊게 하였으니 비록 그 가락이 전하지 않으나 지금 시골에서 마시며 부르는 《시경(詩經)》〈소아 녹명(小雅 鹿鳴)〉의 음조가 조금 부합하는 점이 있습니다. 비록 모두 옛사람들의 온전함과 같을 수는 없으나 또한 만에 하나는 비슷하다고 할 수 있으니 흥기하고 감발하고 징계하는 도에 도움이 없지는 않을 것입니다. 【이상 《시경》을 논하였다.】

臣按: 眞德秀有言: "三百篇雖難曉, 今諸老先生發明其義, 了然可知, 如能反覆涵泳, 眞可以感發其性情, 則所謂興於《詩》者, 未嘗不存也." 臣竊以謂, 古人敎冑子率以樂, 今世古樂不存, 而所謂《詩》者固三代之遺音也, 學校之中·閑居遊息之時, 俾其歌詠三百篇《詩》, 雖其節奏無傳, 然卽今鄕飮所歌《鹿鳴》之音調稍諧恊之, 縱不能皆如古人之全, 然亦可以仿佛其萬一也, 其於興起·感發·懲創之道不爲無助. 【以上論《詩》】

49　시에서 흥한다: 《논어(論語)》〈팔일(八佾)〉에 나온다.

이상 경술에 근본하여 가르침으로 삼음(상의 중)

以上本經術以爲敎(上之中)

대학연의보

(大學衍義補)

—

권75

교화를 숭상함[崇敎化]

경술에 근본하여 가르침으로 삼음(상의 하)[本經術以爲敎(上之下)]

공자(孔子)가 말하였다.

"나의 뜻은 《춘추(春秋)》에 있다."

孔子曰: "吾志在《春秋》."

신은 이렇게 생각합니다. 이 말은 당 현종(唐玄宗)이 지은 《효경》서문 (序文)에서 보입니다. 그 말은 하휴(何休)[1]의 《춘추공양전(春秋公羊傳)》서 문에 근거합니다. 서문의 말은 위경(緯經)[2]인 《효경구명결(孝經鉤命決)》

---

1 하휴(何休, 129~182): 후한 말기 임성(任城) 번현(樊縣) 사람으로 자는 소공(邵公)이다. 저서에 《춘추공양해고(春秋公羊解詁)》가 있는데, 이 책은 《공양전(公羊傳)》을 바탕으로 《춘추》의 미 언대의(微言大義)를 기술한 것이다. 그의 공양학은 한나라 경제(景帝) 때의 박사(博士) 호무생 (胡毋生)에서 비롯되어 동중서(董仲舒)를 거쳐 그에게 이어진 것으로, 청나라 말에 이르러 금 문공양학(今文公羊學)으로 개화했다.

2 위경(緯經): 위경(緯經)은 위서(緯書)로, 중국에서 유행하였던 신비적인 신앙에 의거한 일종 의 예언서를 총칭하는 것이다. 크게 참(讖), 하도낙서(河圖洛書), 경(經)에 대한 위서(緯書)로 분류할 수 있다. 명확하게는 알 수 없으나 전한 중엽부터 만들어져서 왕망 무렵에 성행하

에서 나왔습니다.

> 臣按: 此言見於唐玄宗所製《孝經序》, 其言本何休《公羊傳序》, 序之言
> 則出於緯經《孝經鉤命決》也.

맹자(孟子)가 말하였다.[3]

"세상이 쇠퇴하고 도(道)가 미미해져서 부정한 학설과 포학한 행실이
일어나, 신하로서 임금을 시해하는 자가 있으며 자식으로서 부모를 시해
하는 자도 있었다. 공자(孔子)가 이를 두려워하여 《춘추(春秋)》를 지으니,
《춘추》는 천자(天子)의 일이다. 이 때문에 공자가 말하기를 "나를 알아줄
것도 오직 《춘추》이며, 나를 죄줄 것도 오직 《춘추》일 것이다."라고 하신
것이다."

> 孟子曰: "世衰道微, 邪說暴行有作, 臣弑其君者有之, 子弑其父者有之, 孔
> 子懼, 作《春秋》. 《春秋》, 天子之事也, 是故孔子曰: '知我者其惟《春秋》
> 乎, 罪我者其惟《春秋》乎.'"

였던 것으로 추정한다. 위서의 내용에는 천인감응의 설에 의거하여 천문(天文), 점성, 서
상, 부명, 예악, 감생제설 등이 있는데, 이 중에서도 천문과 점성의 설이 가장 많다. 위서
에는 《춘추원명포(春秋元命包)》, 《하도악구기(河圖握矩記)》, 《효경구명결(孝經鉤命決)》 등이 있
었으나, 모두 산일되었다.
3 - 《맹자(孟子)》〈등문공장구 하(滕文公章句下)〉에 나온다.

호안국(胡安國)[4]이 말하였다.[5]

"공자[仲尼]가 《춘추(春秋)》를 지어 왕법(王法)으로 삼으니, 오전(五典)을 돈독하게 하고 예(禮)를 쓰는 것과 덕(德)이 있는 자에게 벼슬을 명하고 죄가 있는 자를 토벌하는 것, 그 큰 요체가 모두 천자(天子)의 일이다.[6] 공자(孔子)를 알아주는 자들은 이 책을 지은 것이 제멋대로 흐르는 인욕(人欲)을 막고 이미 없어진 천리(天理)를 보존해서 후세를 위한 염려가 지극히 심원하다고 말할 것이고, 공자에게 죄가 있다고 여기는 자들은 지위가 없는데도 242년 동안 남면하는 권세에 가탁하여 난신적자(亂臣賊子)들이 욕심을 금하고 함부로 펴지 못하게 하였다고 여기니, (그 정상이) 슬퍼할 만하다고 할 것이다."

胡安國曰: "仲尼作《春秋》以寓王法, 厚典庸禮, 命德討罪, 其大要皆天子之事也. 知孔子者, 謂此書之作, 遏人欲於橫流, 存天理於旣滅, 爲後

---

4 호안국(胡安國, 1074~1138): 송나라 건주(建州) 숭안(崇安) 사람이다. 자는 강후(康侯)고, 시호는 문정(文定)이며, 호연(胡淵)의 아들이다. 채경(蔡京)과 경남중(耿南仲)의 미움을 받았다. 고종(高宗)이 즉위하자 〈시정론(時政論)〉 21편을 올리면서 국세를 회복할 방책을 제시했다. 얼마 뒤 시독(侍讀)을 겸하면서 《춘추》를 전강(專講)했다. 나중에 주승비(朱勝非)의 등용을 반대하다가 파직되었다. 왕안석(王安石) 등이 《춘추》를 폐하여 학관(學官)에 세우지 않았으나, 그는 《춘추》의 학문이 쇠퇴한 것을 탄식하고 30년간 오로지 춘추를 강하여 《호씨춘추전(胡氏春秋傳)》 30권을 저술했다. 그 밖의 저서에 《춘추통지》, 《자치통감거요보유(資治通鑑擧要補遺)》 100권과 《문집》 15권 등이 있고, 후인이 편찬한 것으로는 《호씨전가록》이 있다.

5 《호씨춘추전(胡氏春秋傳)》 서문(序文)에 나온다.

6 공자[仲尼]가 … 일이다: 《서경(書經)》 〈고요모(皐陶謨)〉에 "하늘이 차례로 펴서 법을 두시니 우리 오전(五典)을 바로잡아 다섯 가지를 후하게 하시며, 하늘이 차례하여 예를 두시니 우리 오례(五禮)로부터 시작하여 다섯 가지를 떳떳하게 한다. … 하늘이 덕이 있는 자에게 벼슬을 임명하고, … 하늘이 죄가 있는 자를 토벌한다."라고 하였으니, 이를 축약한 것이다.

> 世慮至深遠也; 罪孔子者, 以謂無其位而托二百四十二年南面之權, 使
> 亂臣賊子禁其欲而不得肆則戚矣."

김이상(金履祥)[7]이 말하였다.[8]

"《춘추(春秋)》는 은공(隱公) 원년(元年) 기미(己未)부터 애공(哀公) 14년
경신(庚申)에 이르기까지 무릇 242년이다."

> 金履祥曰: "《春秋》起隱公元年己未之歲, 止哀公十四年庚申, 凡
> 二百四十二年."

김이상(金履祥)이 또 말하였다.[9]

"노(魯)나라에는 예로부터 《춘추(春秋)》가 있었다. (주나라가) 동쪽으
로 천도한 후 서법(書法)[10]에서 주공(周公)이 전례(典禮)를 지은 뜻을 잃어
버렸다.[11] 선악(善惡)과 시비(是非)가 분명하지 못하여 비록 시해하고 반

---

7 김이상(金履祥): 《대학연의보》 권71 주) 63 참조.

8 《맹자집주고증(孟子集註考證)》 권3에 나온다.

9 《맹자집주고증(孟子集註考證)》 권3에 나온다.

10 서법(書法): 고대에 사관이 역사를 편수하면서 사료를 처리함에 역사상의 일을 평론하고,
　　인물을 포폄하는 데에 각각 원칙과 체례(體例)가 있는 것을 서법이라고 한다.

11 노(魯)나라에는 … 잃어버렸다: 주(周)나라는 원래 호경(鎬京)에 도읍하였으나 유왕(幽王)이
　　덕(德)을 잃어 견융(犬戎)에게 시해당하고 아들 평왕(平王) 의구(宜臼)가 즉위하여 낙읍(洛邑)
　　으로 천도하였다. 이후로 왕실의 권위가 실추되고 정교(政教)가 천하(天下)에 미치지 못하

역하는 변고가 있더라도 또한 그 사실을 적지 못한 것이 많았다. 신하가 된 자들은 이 뜻을 알지 못하여 시해하고 반역하는 죄에 빠져 깨닫지 못하였고, 임금이 된 자들도 이 뜻을 알지 못하여 전후로 참람한 적(賊)이 있더라도 알지 못하였다. 그러므로 공자(孔子)가 옛 노나라의 역사를 따라 그것을 편찬하여 시비와 포폄(褒貶)을 환하게 알 수 있도록 하였다. 이로 인하여 모범과 경계로 삼을 것이 분명해지고, 난신적자(亂臣賊子)들이 두려워하여 잘 다스려짐을 이루는 법을 만세(萬世)에 드리울 수 있었으니, 그러므로 '지었다[作].'라고 말한다."

又曰: "魯舊自有《春秋》, 東遷之後書法失周公制作典禮之意, 善惡是非不明, 雖弑逆之變亦多不書其實, 使爲臣者不知此義陷於弑逆之罪而不覺, 爲人君者不知此義前後有讒賊而不見, 故孔子因魯史之舊而修之, 使是非褒貶昭然可見, 因此而鑒戒明, 亂臣賊子懼, 致治之法可垂萬世, 故謂之作."

신은 이렇게 생각합니다. 공자(孔子)가 말하기를 "나의 뜻은 《춘추(春秋)》에 있다."라고 하였으니, 이는 《춘추》 한 책에 진실로 성인(聖人)이 지향하는 바가 담겨 있다는 것입니다. 성인의 뜻은 임금을 높임[尊王]에 있었습니다. 그러나 그 덕(德)을 소유하고도 그 지위가 없어서 비록 임금을 높이고자 하여도 장차 어떻게 그 뜻을 행할 수 있었겠습니까. 이에 노(魯)나라의 역사를 빌려서 《춘추》를 지어 자신의 뜻을 폈

여 춘추시대(春秋時代)가 되었다.

습니다. 이 때문에 한 책 안에 12공(公) 242년이 있으니, 무릇 쓴 것에 자신이 임금을 높이는 뜻을 담지 않은 것이 없습니다.

그러나 후에 가르치고 해석하는 자들이 성인의 뜻이 가리키는 바를 알지 못하여 한 가지 일에 대해 하나로만 설명하였으니, 성인의 뜻이 아닙니다. 오직 맹자(孟子)가 공자의 손자[자사(子思)]에게 배워 홀로 서법(書法) 가운데에서 성인의 뜻을 얻어 말하기를 "《춘추》는 천자(天子)의 일이다."라고 하였습니다. 곧 이 한마디 말로 이 한 책을 푸니, 성인의 뜻이 환하게 천하 후세에 명백해져서 여러 유자(儒者)들의 분분한 설들을 한 번에 씻어버릴 수 있었습니다.

臣按: 孔子曰 "吾志在《春秋》", 是則《春秋》一書誠聖人誌向之所在也. 聖人之誌在於尊王, 然有其德而無其位, 雖欲尊王將何以行其誌哉? 於是假魯史作《春秋》以伸吾之志, 是以一書之中, 十二公二百四十二年, 凡所書者無非寓吾尊王之誌, 而後之訓釋者不知聖人之誌之所在, 因一事而爲一說, 非聖人誌矣. 惟孟子受學孔子之孫, 獨得聖人之誌於書法之中, 而爲之言曰 "《春秋》, 天子之事也", 卽此一言解此一書, 聖人之誌昭然明白於天下後世矣, 諸儒紛紛之說可一洗之.

맹자(孟子)가 또 말하였다.[12]

"옛날에 우(禹)가 홍수를 억제하자 천하(天下)가 평안해졌고, 주공(周公)이 이적(夷狄)을 겸병하고 맹수를 몰아내자 백성들이 편안하였고, 공자(孔

---

12 《맹자(孟子)》 〈등문공장구 하(滕文公章句下)〉에 나온다.

子)가 《춘추(春秋)》를 완성하자 난신적자(亂臣賊子)들이 두려워하였다."

> 又曰: "昔者禹抑洪水而天下平, 周公兼夷狄·驅猛獸而百姓寧, 孔子成《春
> 秋》而亂臣賊子懼."

장식(張栻)[13]이 말하였다.[14]

"《춘추(春秋)》를 완성하자 난신적자(亂臣賊子)들이 두려워하였다는 것
은 난신적자들의 정상(情狀)과 거짓을 다 보여 주어 토벌하고 끊어 버
리는 법을 드러낸 것이다. 만세(萬世)에 영원히 전하도록 한 것은 모두
그 자취를 숨기지 못하도록 하기 위함이다."

> 張栻曰: "成春秋而亂臣賊子懼者, 亂臣賊子之情僞畢見, 而討絶之法著
> 焉. 施於萬世, 皆無所遁其迹故也."

신은 이렇게 생각합니다. 난신적자(亂臣賊子)들이 두려워하였던 까닭
은 그들의 행동이 천자(天子)의 전례(典禮)를 어그러뜨리고 천자의 형법
[刑憲]을 침범했기 때문입니다.

> 臣按: 亂臣賊子之所以懼者, 以其所行所爲悖天子之典禮·犯天子之刑

---

13 장식(張栻): 《대학연의보》 권71 주) 7 참조.
14 《계사맹자설(癸巳孟子說)》 권3에 나온다.

憲也.

맹자(孟子)가 또 말하였다.[15]

"왕자(王者)의 자취가 종식됨에 시(詩)가 없어졌으니, 시가 없어진 뒤에 《춘추(春秋)》가 지어졌다. 진(晉)나라의 《승(乘)》과 초(楚)나라의 《도올(檮杌)》과 노(魯)나라의 《춘추》가 똑같은 것이다. 그 일은 제 환공(齊桓公)과 진 문공(晉文公)의 일이고, 그 문체(文體)는 사관(史官)의 문체이다. 공자(孔子)가 말하기를 '그 뜻[義]은 내[丘]가 취하였다.'라고 하였다."

孟子曰: "王者之跡熄而《詩》亡, 《詩》亡然後《春秋》作. 晉之《乘》·楚之《檮杌》·魯之《春秋》, 一也, 其事則齊桓·晉文, 其文則史, 孔子曰: '其義則丘竊取之矣.'"

주희(朱熹)가 말하였다.[16]

"'왕자의 자취가 종식되었다'는 것은 평왕(平王)이 동쪽[洛邑]으로 천도함에 정교(政敎)와 호령(號令)이 천하(天下)에 미치지 못함을 말한다.[17]

---

15 《맹자(孟子)》〈이루장구 하(離婁章句下)〉에 나온다.

16 《맹자집주(孟子集註)》〈이루장구 하(離婁章句下)〉에 나온다.

17 왕자의 … 말한다: 유왕(幽王)은 호경(鎬京)에 도읍하였으나 포악무도하여 견융(犬戎)에게 죽임을 당하였다. 이에 그의 아들인 평왕(平王)이 즉위하고 동쪽 낙읍(洛邑)으로 천도하였는데, 왕권이 크게 약화되어 천자(天子)라는 명칭만이 있었을 뿐 정교(政敎)와 호령(號令)이 천

'시가 없어졌다'는 것은 〈서리(黍離)〉가 강등되어 국풍(國風)이 됨에 아(雅)가 없어짐을 말한다.[18] 《춘추(春秋)》는 노(魯)나라 역사책의 이름이니, 공자(孔子)가 명칭을 그대로 따라서 일을 기록하고 삭제하되 노나라 은공(隱公) 원년(元年)에서 시작하였으니, 실제로는 주 평왕(周平王) 49년이다.

승(乘)은 뜻이 상세하지 않다. 조기(趙岐)[19]가 말하기를 '전부(田賦)·승마(乘馬)의 일에서 나왔다.'[20]라고 하였고, 어떤 이는 말하기를 '당시 행사(行事)를 기재함을 취하여 이름하였다.'라고 하였다. 도올(檮杌)은 흉악한 짐승의 이름이다. 옛날에 이 때문에 흉악한 자의 이름으로 삼았으니, 악한 일을 기록하여 경계를 남기는 뜻을 취한 것이다. 《춘추》는 일을 기록하는 자가 반드시 연도를 표시하여 사건의 앞에 놓고, 일 년에는 사계절이 있기 때문에 섞어서 예로 들어 기록한 책의 이름으로 삼은 것이다. 옛날에는 열국(列國)에 모두 사관(史官)이 있어서 당시의 일을 기록하는 것을 관장하였으니, 이 세 가지는 모두 그 기록한 책의 이름이다.

춘추시대(春秋時代)에 오패(五覇)가 차례로 일어났는데, 환공(桓公)과 문공(文公)이 가장 강성하였다. 사(史)는 사관(史官)이다. '취하였다[竊取].'는 것은 겸사(謙辭)이다. 《춘추공양전(春秋公羊傳)》에는 '그 말인즉 내가

하에 미치지 못하였다.

18 시가 … 말한다: 〈서리(黍離)〉는 《시경(詩經)》〈국풍(國風)〉의 편명이고, 아(雅)는 〈대아(大雅)〉, 〈소아(小雅)〉를 말한다. 어떤 대부가 옛날 도성이었던 호경(鎬京)을 지나다가 궁궐터가 기장밭이 된 것을 보고 서글퍼하여 지은 시인데 현재 〈국풍(國風)〉에 들어 있다.

19 조기(趙岐): 《대학연의보》권72 주) 57 참조.

20 전부(田賦) … 나왔다: 《맹자주소(孟子注疏)》권8 상(上)에 나온다.

책임이 있다.'라고 되어 있으니, 그 뜻이 또한 이와 같다. 이는 결단함
이 자신에게 있었음을 말한 것이니, 《사기(史記)》〈공자세가(孔子世家)〉
에서 말한 '기록할 것은 기록하고 삭제할 것은 삭제하여 자유(子游)와
자하(子夏)가 한마디 말도 도울 수 없었다'는 것이다."

朱熹曰: "王者之跡熄, 謂平王東遷而政敎號令不及於天下也. 《詩》亡,
謂《黍離》降爲國風而雅亡也. 《春秋》, 魯史記之名, 孔子因而筆削之,
始於魯隱公之元年, 實平王之四十九年也. 《乘》義未詳, 趙氏以爲興於
田賦乘馬之事, 或曰取記載當時行事而名之也. 《檮杌》, 惡獸名, 古者
因以爲凶人之號, 取記惡垂戒之義也. 《春秋》者, 記事者必表年以首事,
年有四時, 故錯擧以爲所記之名也. 古者列國皆有史官, 掌記時事, 此
三者皆其所記冊書之名也. 春秋之時, 五伯迭興而桓文爲盛. 史, 史官
也. 竊取者, 謙辭也, 《公羊傳》作 '其辭則丘有罪焉爾', 意亦如此, 蓋言
斷之在已, 所謂'筆則筆, 削則削, 遊·夏不能贊一辭'者也."

윤돈(尹焞)[21]이 말하였다.

"공자(孔子)가 《춘추(春秋)》를 지을 적에 또한 역사서의 형식으로 당
시의 일을 기록하였으니, 그 뜻은 천하(天下)의 그릇됨과 올바름을 결
정하여 모든 왕(王)의 큰 법(法)이 되었음을 말한 것이다."

尹焞曰: "言孔子作《春秋》, 亦以史之文載當時之事也, 而其義則定天下

---

21 윤돈(尹焞):《대학연의보》권71 주) 29 참조.

신은 이렇게 생각합니다. 시(詩)는 뜻을 말한 것이고 《춘추(春秋)》는 일을 기록한 것이니, 이치는 비록 같으나 체제가 다릅니다. 맹자(孟子)가 말하기를 "왕자(王者)의 자취가 종식됨에 시(詩)가 없어졌으니, 시가 없어진 뒤에 《춘추》가 지어졌다."라고 하였으니, 《춘추》가 어찌 시를 잇는 도구일 뿐이겠습니까. 맹자가 이것을 말하였는데, 해설하는 자[주희(朱熹)]가 말하기를 "'시가 없어졌다'는 것은 〈서리(黍離)〉가 강등되어 국풍(國風)이 됨에 아(雅)가 없어짐을 말한다."라고 하였습니다. 대저 아라는 것은 왕자(王者)가 연향하거나 조회할 때의 시입니다. 《춘추》에 기록된 것이 어찌 그 절차일 뿐이겠습니까. 그러나 "왕자의 자취가 종식됨에 시가 없어졌다"라고 하였는데, 자취라고 말한 것은 뜻하는 바가 있는 듯하니, 범범한 말이 아닙니다.

신의 생각은 다음과 같습니다. 선왕(先王)이 성대했던 시절에 제후(諸侯)가 해마다 천자에게 조회하였습니다. 예(禮)를 참고하고 형벌(刑罰)을 바르게 하여 그 덕(德)을 한결같이 하였습니다. 천자(天子)가 이에 참고하고 바르게 하여 상벌(賞罰)을 더하였습니다. 제후가 이미 조회한 이후에 천자가 5년에 한 번씩 순수(巡守)하고 또 태사(太師)에게 시를 올리게 명하여 백성들의 풍속을 살펴보았으니, 군덕(君德)이 선한지의 여부와 국정(國政)의 득실(得失)과 백성 풍속의 선악(善惡)이 민속(民俗)과 가요(歌謠) 사이에 드러난 것은 모두 위로 알려지게 되었습니다. 혹은 풍자하거나 혹은 찬미하니, 천자가 그것을 통해 출척(黜陟: 등용하거나 내침)과 형상(刑賞: 형벌과 포상)의 법을 베풀었습니다.

주(周)나라가 쇠퇴함에 제후들이 다시 조회 오지 않았으며, 천자도 다시 순수하지 않았으며, 태사도 다시 시를 채집하지 않아서 민간의 찬미와 풍자가 다시 위로 알려지지 못하였습니다. 따라서 천자의 상(賞)과 형벌이 다시 여러 나라들에 베풀어지지 못하였으니, 이른바 "시가 없어졌다"는 것입니다.

공자가 이에 노(魯)나라의 역사를 빌려서 《춘추》를 지었으니, 제후가 일을 행한 것에 따라 공정하게 더하거나 삭제하여 천자가 상과 형벌을 주는 뜻에 부쳤습니다. 대개 《시경(詩經)》은 11개 나라의 풍(風)을 나열한 것이고, 《춘추》는 또한 23개 나라의 일을 계통을 세워 기록한 것입니다. 《시경》에는 찬미와 풍자가 있으며, 《춘추》에는 포폄(褒貶)이 있습니다. 이것이 《춘추》를 지은 것이 시가 없어진 이후를 이을 수 있는 까닭일 것입니다!

어떤 이가 말하기를 "주 평왕(周平王) 49년에 《춘추》가 비로소 지어졌다. 그러나 〈백주(柏舟)〉[22]와 〈석인(碩人)〉[23] 등의 시는 모두 평왕(平王) 이후에 지어진 것인데, 어찌하여 시(詩)가 없어졌다라고 하는가?"라고 하였습니다. 이때의 시는 비록 민간에서 지어졌으나 채집되어 천자

---

[22] 〈백주(柏舟)〉: 《시경(詩經)》 〈용풍(鄘風)〉의 편명이니, 모서(毛序)에 "〈백주(柏舟)〉는 공강(共姜)이 스스로 맹세한 시이다. 위(衛)나라 세자인 공백(共伯)이 일찍 죽자, 그 아내인 공강(共姜)이 절개를 지키고 있었는데, 친정 부모가 수절하려는 뜻을 빼앗아 시집보내려 하였으므로 공강(共姜)은 맹세하고 허락하지 않았다. 그러므로 이 시를 지어 거절한 것이다.

[23] 〈석인(碩人)〉: 《시경(詩經)》 〈위풍(衛風)〉의 편명이니, 모서(毛序)에 "〈석인(碩人)〉은 장강(莊姜)을 불쌍히 여긴 시이다. 장공(莊公)이 사랑하는 첩에게 미혹되어 교만하고 위로 참람하게 하니, 장강(莊姜)은 어질어도 답례를 하지 않아 끝내 자식이 없었다. 그러므로 나라 사람들이 불쌍히 여기고 걱정한 것이다."라고 하였다.

에게 알려지지 못하여 또한 없는 것과 같으니, 비록 '시가 없어졌다' 하더라도 괜찮을 것입니다.

臣按:《詩》以言誌,《春秋》以紀事, 理雖同而體製則異也. 孟子曰"王者之跡熄而《詩》亡,《詩》亡然後《春秋》作",《春秋》豈繼《詩》之具哉? 而孟子以是爲言, 而解者曰"《詩》亡, 謂《黍離》降爲國風而雅亡也", 夫雅者王者燕享會朝之詩,《春秋》所紀者豈其倫哉? 然謂王者跡熄而《詩》亡, 謂之跡則似有所指之處, 非泛言也. 臣竊意以爲, 先王盛時, 諸侯歲朝於天子, 考禮正刑以一其德, 天子於是考之正之而加賞罰焉. 諸侯既朝之後, 天子五年一巡守, 又命太師陳詩以觀民風, 其君德之善否·其國政之得失·其民風之美惡見於民俗歌謠之間者皆得以上聞, 或刺或美, 天子因之而施黜陟·刑賞之典焉. 至於周衰, 諸侯不複朝覲, 天子不複巡守, 太師不複采詩, 而民間之美刺不複上聞, 天子之賞刑不複施於列國矣, 所謂《詩》亡也. 孔子乃假魯史以作《春秋》, 因諸侯之行事加以筆削之公, 而寓天子刑賞之意焉. 蓋《詩》列十有一國之風,《春秋》亦紀二十有三國之事;《詩》有美刺,《春秋》有褒貶, 此《春秋》之作所以繼於《詩》亡之後也歟! 或曰平王四十九年《春秋》始作, 然《柏舟》《碩人》等詩皆平王以後之作, 焉得謂之《詩》亡? 曰是時詩雖作於民間, 而不采之以聞於天子, 有亦如無, 雖謂之亡可也.

맹자(孟子)가 또 말하였다.[24]

"《춘추(春秋)》에는 의로운 전쟁이 없으니, (이 가운데) 저것이 이것보다 나은 것은 있다. 정(征)은 윗사람이 아랫사람을 정벌하는 것이니, 대등한

나라[敵國]끼리는 서로 정벌하지 못한다."

> 孟子曰: "《春秋》無義戰, 彼善於此則有之矣, 征者上伐下也, 敵國不相征也."

　　《맹자집주(孟子集註)》〈진심장구 하(盡心章句下)〉에서 주희(朱熹)가 말하였다.
　　"《춘추(春秋)》에는 제후(諸侯)들이 전쟁하고 정벌한 일을 쓸 때마다 반드시 비판과 폄하를 가하여 멋대로 군대를 일으킨 죄를 드러내었고, 의(義)에 합한다고 여겨 인정해 주는 것이 없다. 다만 그 가운데 저것이 이것보다 나은 것은 있으니, 예를 들면 소릉(召陵)의 군대[25]와 같은 부류가 이것이다. 정(征)은 다른 사람을 바로잡는 것이다. 제후가 죄가 있으면 천자(天子)가 그를 토벌하여 바로잡는 것이니, 이 때문에 《춘추》에는 의로운 전쟁이 없는 것이다."

> 朱熹曰: "《春秋》每書諸侯戰伐之事, 必加譏貶以著其擅興之罪, 無有以爲合於義而許之者, 但就中彼善於此則有之, 如召陵之師之類是也. 征所以正人也, 諸侯有罪則天子討而正之, 此《春秋》所以無義戰也."

24　《맹자(孟子)》〈진심장구 하(盡心章句下)〉에 나온다.

25　소릉(召陵)의 군대: 《춘추(春秋)》 희공(僖公) 4년 조에 "(제후가 초나라를 정벌하자) 초나라 굴완이 (제후의 군중으로) 와서 군중에서 맹약하고 소릉에서 결맹하였다."라고 하였다. 초나라가 천자국인 주나라에 공물을 바치지 않는다고 하여, 제 환공이 제후의 군대를 거느리고 초나라를 정벌해서 승리한 다음 초장 굴완과 소릉에서 회맹한 사실을 말한다.

신은 이렇게 생각합니다. 《춘추(春秋)》는 천자(天子)의 일이니, 제후(諸侯)에게 죄가 있어서 천자가 그것을 바로잡는 것은 의(義)입니다. 천자가 스스로 정벌하지 않고 제후에게 명령하여 그것을 정벌하는 것도 또한 의입니다. 제후로써 제후를 정벌하되 천자에게 명령을 부여받지 못한다면 의가 아닙니다. 이것이 《춘추》를 지은 까닭입니다.

臣按:《春秋》, 天子之事也. 諸侯有罪, 天子正之, 義也; 天子不自征, 命諸侯征之, 亦義也. 以諸侯伐諸侯而不稟命於天子, 則非義矣, 此《春秋》所以作也.

《춘추좌씨전(春秋左氏傳)》【성공(成公) 14년(기원전 577)이다.】에서 말하였다.

군자(君子)가 말하기를 "《춘추(春秋)》[26]의 말은 알기 어려운 것 같으면서도 알기 쉽고【(微는) 말이 숨긴 듯하다.】【(顯은) 뜻이 분명하다.】, 쉬운 것 같으면서도 뜻이 깊고【(뜻을) 기록하였다.】【(志而晦는) 기사(記事)를 요약해서 말하지만 일을 진술함에 문장을 미세하게 함을 일컫는다.】, 완곡하면서도 정돈되어 있고【(婉은)

---

26 《춘추(春秋)》: 춘추시대(春秋時代) 노(魯)의 은공(隱公) 원년(元年, 기원전 722)에서 애공(哀公) 14년(기원전 481)까지 12대 242년 동안의 역사를 편년체(編年體)로 기록하였다. 기원전 5세기 초에 공자가 노(魯)에 전해지던 사관(史官)의 기록을 직접 편수(編修)한 것으로 알려져 있다. 《춘추》는 명분(名分)에 따라 용어들을 엄격히 구별하여 서술하였고, 내용이 매우 간단하게 기록되어 의미를 파악하기가 쉽지 않다. 따라서 수많은 학자들이 이해를 돕고자 그 의미를 해석하고 풀이하는 주석서(註釋書)인 '전(傳)'을 지어 '춘추학(春秋學)'이 생겼다. 이 가운데 전국시대(戰國時代)에 공양고(公羊高)가 지은 《공양전(公羊傳)》, 곡량숙(穀梁俶, 穀梁赤이라고도 함)의 《곡량전(穀梁傳)》, 좌구명(左丘明)의 《좌씨전(左氏傳)》을 '춘추삼전(春秋三傳)'이라 한다. 《공양전(公羊傳)》과 《곡량전(穀梁傳)》은 경문(經文) 해석 중심이고, 《좌씨전(左氏傳)》은 《춘추》에 기록된 사실에 대한 실증적 해석을 중심으로 하고 있다.

완곡함[曲]이다.】【(章은) 편(篇)이다.】, 노골적인 표현을 쓰지만 품위가 없지 않
으며【(盡而不汙는) 그 사실을 다 기록하되 왜곡이 없게 하는 것을 말한다.】, 악행을 징
계하고 선행을 권한다. 성인(聖人)이 아니고서야 누가 이렇게 편찬할 수
있겠는가.”라고 하였다.

《左氏傳》【成公十四年】: 君子曰: “《春秋》之稱, 微【辭微】而顯【義顯】, 志【記也】
而晦【謂約言以記事, 事敍而文微】, 婉【曲也】而成章【篇也】, 盡而不汙【謂盡其事實無
所汙曲】, 懲惡而勸善, 非聖人誰能修之?”

《춘추곡량전(春秋穀梁傳)》에서 말하였다.

천하의 사업을 이루고 천하의 그릇됨과 올바름을 정하는 것은, 《춘추
(春秋)》보다 더 좋은 것이 없다.

《穀梁傳》曰: 成天下之事業, 定天下之邪正, 莫善於《春秋》.

장주(莊周)[27]가 말하였다.

“《춘추(春秋)》에서 세상을 다스리는 것은 선왕(先王)의 뜻이니, 논의[議]

---

27 장주(莊周, 기원전 369~기원전 289): 장자(莊子)이다. 전국시대 송나라 몽현(蒙縣) 사람으로, 도
가(道家)의 대표자다. 노자(老子)를 근원으로 하고 '도법자연(道法自然)'의 이론을 발전시켰으
며, 물아(物我)가 동등하며 시세에 안주하고 순리에 처할 것을 주장했다. 저서 《장자》는 원
래 52편이었다고 하는데, 현존하는 것은 진(晉)나라 곽상(郭象)이 정리한 33편이다. 그중에
서 내편이 그의 자작(自作)으로 원형에 가장 가깝다고 한다.

는 하되 가리지는 않는다[不辨]."

> 莊周曰: "《春秋》經世, 先王之志也, 議而不辨."

사마천(司馬遷)[28]이 말하였다.[29]

"내가 동중서(董仲舒)[30] 선생에게 듣기를, '주(周)나라의 도(道)가 무너질 때 공자(孔子)는 시절이 맞지 않고 도가 행해지지 않음을 알아서, 242년 동안의 옳고 그름을 천하의 본으로 삼고, 제후를 핍박하고 대부를 벌하는 것이 임금이 해야 할 일일 뿐이다.'라고 하였다. 공자가 말하기를, '내가 추상적인 말로 기록하려고 하였지만, (이는) 행한 일을 매우 절실하게 드러나게 하여 보게 하는 것만 못하다.'라고 하였다.

《춘추(春秋)》는 위로는 옛 삼왕(三王)의 도(道)를 밝히고 아래로는 인사

---

28 사마천(司馬遷, 기원전 145 추정~기원전 86 추정): 전한 좌풍익(左馮翊) 하양(夏陽) 사람이다. 자는 자장(子長)이고, 사마담(司馬談)의 아들이다. 아버지가 천문 역법과 도서를 관장하는 태사령(太史令)이 된 이후 무릉(武陵)에 거주하며 고문을 익혔다. 원봉(元封) 원년(기원전 110) 아버지가 죽으면서 《사기(史記)》의 완성을 부탁했고, 3년(기원전 108) 태사령이 되면서 황실 도서에서 자료 수집을 시작했다. 정화(征和) 3년(기원전 90) 《사기》를 완성했다.

29 《사기(史記)》 권130 〈열전(列傳) 태사공자서(太史公自序)〉에 나온다.

30 동중서(董仲舒, 기원전 170~기원전 120): 전한 신도(信都) 광천(廣川) 사람이다. 젊어서 《춘추공양전(春秋公羊傳)》을 공부했다. 무제(武帝) 때 현량대책(賢良對策)으로 백가(百家)를 몰아내고 유술(儒術)만을 존중할 것을 주장했는데, 무제가 받아들여 이후 2천 년 동안 유학(儒學)이 정통 학술로 자리하는 계기를 만들었다. 천도(天道)와 인사(人事)가 서로 부응한다고 하여 군신(君臣)과 부자(父子), 부부(夫婦)의 도도 모두 천의(天意)에서 나온다고 하면서 "하늘이 바뀌지 않으면 도도 바뀌지 않는다.(天不變 道亦不變)"고 주장했다. 저서에 《동자문집(董子文集)》과 《춘추번로(春秋繁露)》등이 있다.

(人事)의 기강(紀綱)을 분별하고, 싫어하고 의심하는 것을 구별하고 시비를 밝히고 망설여 결행하지 못함을 정한다. 선한 사람을 좋게 여기고 악한 사람을 미워하며, 어진 사람을 존경하고 못난 사람을 천시하며, 망하는 나라의 이름을 보존하고 끊어진 세대를 이으며, 황폐한 것을 고치고 피폐한 것을 일으키니, 왕도(王道)의 큼이다. 난세를 다스려서 바름으로 돌이키는 것은 《춘추》만한 것이 없다.

《춘추》의 글자는 수만 자로 이루어져 있고, 그 뜻은 수천이다. 만물의 모임과 흩어짐이 모두 《춘추》에 있다. 《춘추》 안에는 죽임을 당한 임금이 36명, 망한 나라가 52개국이며, 제후가 나라를 지키지 못하고 도망가는 모습은 너무 많아서 셀 수 없다. 그 이유를 살펴보면 모두 근본을 잃어버렸기 때문이다.

그러므로 《역(易)》에서 말하기를 '비록 그 어긋남이 극히 작다고 하더라도 그것이 잘못됨은 천리나 된다.'라고 하였다. 즉 신하가 임금을 죽이고 자식이 아버지를 죽이는 것은 하루아침에 이루어진 일이 아니라 오랫동안 쌓인 것이다.

나라를 소유한 자는 《춘추》를 몰라서는 안 되니, (이를 모른다면) 눈앞에 참소함이 있어도 보지 못하고 뒤에 적(賊)이 있어도 알지 못한다. 신하된 자가 《춘추》를 몰라서는 안 되니, (이를 모른다면) 떳떳한 일을 지키면서 그 마땅함을 알지 못하고, 변고를 당해도 그 권도(權道)을 알지 못한다.

임금과 아버지가 되고서 《춘추》의 뜻을 통달하지 못하면 반드시 원흉이라는 이름을 입고, 신하와 자식이 되고서 《춘추》의 뜻을 통달하지 못하면 반드시 찬역(簒逆)하여 죄인으로 죽는 죄에 빠진다. 실제로는 모두 선(善)으로 하려고 하였으나 그 뜻을 알지 못하여 헛된 말이라고 공격을 받아도 감히 변명할 수 없었다.

대저 예의(禮義)의 뜻을 통달하지 못하면 임금은 임금답지 않고, 신하
는 신하답지 않고, 아버지는 아버지답지 않고, 자식은 자식답지 않음에
이른다. 대저 임금이 임금답지 않으면 침범당하고, 신하가 신하답지 않
으면 죽임을 당한다. 아버지가 아버지답지 않으면 도(道)가 없어지고, 자
식이 자식답지 않으면 효성스럽지 않을 것이다. 이 네 가지는 천하의 큰
잘못이다. 천하의 큰 잘못으로 그에게 뒤집어씌우더라도 받아들이고 감
히 변명할 수 없는 것이니, 그러므로 《춘추》라는 것은 예의의 큰 근본
이다.”

司馬遷曰: “余聞之董生, 周道廢, 孔子知時之不用·道之不行也, 是非
二百四十二年之中, 以爲天下儀表, 貶諸侯討大夫以達王事而已矣. 子曰:
‘我欲載之空言, 不如見之於行事之深切著明也.’ 《春秋》上明三王之道, 下
辨人事之經紀, 別嫌疑, 明是非, 定猶與【去聲】, 善善惡惡, 賢賢賤不肖, 存
亡國, 繼絶世, 補敝起廢, 王道之大者也. 撥亂世反之正, 莫近於《春秋》.
《春秋》文成數萬, 其指數千, 萬物之散聚[31]皆在《春秋》. 《春秋》之中, 弑君
三十六·亡國五十二, 諸侯奔走不得保社稷者不可勝數, 察其所以, 皆失其
本已, 故《易》曰: ‘差以毫釐, 謬以千里.’ 故臣弑君·子弑父, 非一朝一夕之
故, 其漸久矣, 有國者不可以不知《春秋》; 前有讒而不見, 後有賊而不知,
爲人臣者不可以不知《春秋》. 守經事而不知其宜, 遭變事而不知其權, 爲
人君父者[32]而不通於《春秋》之義者, 必蒙首惡之名, 爲人臣子[33]不通於《春

31 散聚:《사기(史記)》〈열전(列傳) 태사공자서(太史公自序)〉에는 ‘聚散’으로 되어 있다.
32 者:《대학연의보(大學衍義補)》 사고전서본에는 없다.
33 爲人臣子:《대학연의보(大學衍義補)》 사고전서본에는 ‘爲人臣子而’로 되어 있다.

秋》之義者, 必陷簒逆誅死之罪, 其實皆以善爲之而不知其義, 被之空言不
敢辭. 夫不通禮義之指, 至於君不君·臣不臣·父不父·子不子, 夫君不君則
犯, 臣不臣則誅, 父不父則無道, 子不子則不孝, 此四者天下之大過也. 以
天下大過予之受而不敢辭, 故《春秋》者禮義之大宗也."

소식(蘇軾)[34]이 말하였다.[35]

"공자(孔子)는 노(魯) 나라의 역사 기록을 《춘추(春秋)》라고 하니, 한
결같이 예(禮)로써 판단한다. 무릇 《춘추》에서 칭찬하는 것은 예와 함
께하는 것이고, 낮추는 것은 예를 부정하는 것이다. 《사기(史記)》에서
말하기를 '예는 싫어함을 구별하고 은미한 것을 밝히고 망설여 결행
하지 못하는 것을 정하는데, 《춘추》는 한결같이 (예를) 취하여 판단한
다.'라고 하였다. 그러므로 무릇 천하의 그릇됨과 올바름과, 임금이
의심하고 결정하지 못하는 것은 모두 《춘추》에 이르러서야 정해졌
고, 《춘추》에서 정해지지 않은 것은 예에서 정해진다. 그러므로 사마
천[太史公]이 말하기를 '《춘추》라는 것은 예의(禮義)의 큰 근본이다.'라고

---

34 소식(蘇軾, 1037~1101): 북송 미주(眉州) 미산(眉山) 사람이다. 자는 자첨(子瞻) 또는 화중(和仲)
이고, 호는 동파거사(東坡居士) 등을 썼다. 소순(蘇洵)의 아들이고 소철(蘇轍)의 형으로 대소
(大蘇)라고도 불렸다. 왕안석(王安石)의 신법(新法)이 실시되자 구법당(舊法黨)으로 신종(神宗)
희녕(熙寧) 중에 그 불편함을 지적한 글을 올렸다가 항주통판(杭州通判)으로 전출되었다. 당
시(唐詩)가 서정적인 데 대하여 철학적 요소가 짙었고 새로운 시경(詩境)을 개척했다. 대표
작 〈적벽부(赤壁賦)〉가 있으며, 저서에 《동파칠집(東坡七集)》과 《동파지림(東坡志林)》, 《동파악
부(東坡樂府)》, 《구지필기(仇池筆記)》, 《논어설(論語說)》 등이 있다.
35 《동파전집(東坡全集)》 권40에 나온다.

하였다."

신은 이렇게 생각합니다. 정이(程頤) 역시 말하기를 "예는 한 번 잃으
면 오랑캐가 되고, 다시 잃으면 금수가 된다. 성인은 사람이 오랑캐
가 되는 것을 두려워하므로, 《춘추(春秋)》의 법은 극히 근엄하다."[36]라
고 하였습니다. 근엄하다고 한 까닭은 중화(中華)와 이적(夷狄)의 분별
이 더욱 절실하기 때문입니다.

왕통(王通)[37]이 말하였다.[38]

"왕도(王道)에서 《춘추(春秋)》라는 것은 가볍고 무거움을 재는 저울이고

---

36 예는 … 근엄하다: 《이정유서(二程遺書)》 권2상(上)에 나온다.

37 왕통(王通, 584~617): 수나라 강주(絳州) 용문(龍門) 사람이다. 자는 중엄(仲淹)이고, 시호는 문

굽고 곧음을 재는 먹줄이니, 버린다면 절충할 것이 없다."

王通曰: "《春秋》之於王道, 是輕重之權衡·曲直之繩墨也, 舍則無所折衷矣."

왕통(王通)이 또 말하였다.[39]

"《춘추(春秋)》는 천도(天道)로 마쳤구나. 그러므로 획린(獲麟)[40]에서 그쳤다."

又曰: "《春秋》其以天道終乎, 故止於獲麟."

한유(韓愈)[41]가 말하였다.

"《춘추(春秋)》는 근엄하다."

중자(文中子)다. 당나라 왕발(王勃)의 조부다. 강학에 힘을 쏟아 설수(薛收)와 방교(房喬), 이정(李靖), 위징(魏徵), 방현령(房玄齡) 등을 배출했다. 저서에 《문중자(文中子)》 10권[또는 《중설(中說)》]을 세상에 남겼다. 일찍이 《춘추(春秋)》를 모방해 《원경(元經)》[또는 《육경(六經)》]을 지었다. 그의 이론이 유자(儒者)들에게는 환영을 받지 못했다.

38 《중설(中說)》 권3 〈사군(事君)〉에 나온다.

39 《중설(中說)》 권7 〈술사(述史)〉에 나온다.

40 획린(獲麟): 서수획린(西狩獲麟)을 말한다. 서쪽으로 사냥을 가서 기린(麒麟)을 붙잡았다는 것으로, 절필(絶筆)한다는 뜻이다. 노 애공(魯哀公) 14년에 숙손씨(叔孫氏)가 서쪽으로 사냥을 가서 기린을 붙잡으니, 공자가 가서 보고 울면서 돌아오며, "내 도가 다했구나(吾道窮矣)."라고 하고, 자기가 짓던 《춘추(春秋)》에 "애공 14년 봄에 서수획린하다(哀公十四春西狩獲麟)."라고 쓰고 책을 끝냈다.

41 한유(韓愈): 《대학연의보》 권72 주) 69 참조.

韓愈曰: "《春秋》謹嚴."

한유(韓愈)가 또 말하였다.[42]

"공자가 《춘추(春秋)》를 지을 때, 제후들이 오랑캐의 예(禮)를 사용하면 오랑캐로 여기고, 중국의 예법을 배우면 중국인으로 여겼다."

此[43]曰: "孔子之作《春秋》, 諸侯用夷禮則夷之, 進於中國則中國之."

정이(程頤)가 말하였다.

"《춘추(春秋)》의 법은 지극히 근엄하여 중국이면서도 오랑캐의 예를 사용하면 오랑캐로 여겼다. 한유의 말로 그 뜻을 깊이 체득하였다."[44]

程頤曰: "《春秋》之法極謹嚴, 中國而用夷禮則夷之, 韓子之言深得其旨."

주돈이(周敦頤)[45]가 말하였다.[46]

"《춘추(春秋)》는 왕도를 바로 하고 큰 법을 밝히는 것이니, 공자가 후세

---

42 한유(韓愈)의 〈원도(原道)〉에 나온다.

43 此: 《대학연의보(大學衍義補)》 사고전서본에는 "又"로 되어 있어, 번역에서는 이를 따른다.

44 정이(程頤)가 … 체득하였다: 《이정유서》 권2상(上) 〈원풍기미여여숙동견이선생어(元豐己未呂與叔東見二先生語)〉에 나온다.

의 왕을 위하여 편찬하였다. 이전에 난신적자(亂臣賊子)로 죄를 지어 죽임을 당한 자들은 뒤에 산 사람들을 두려워하게 하는 바이다. 마땅하구나! 만세무궁토록 공자(夫子)를 왕으로 제사지내게 하였으니, 덕(德)에 보답하고 공(功)에 보답하는 것이 끝이 없구나."

> 周敦頤曰: "《春秋》正王道明大法也, 孔子爲後世王者而修也, 亂臣賊子誅死者於前, 所以懼生者於後也, 宜乎萬世無窮, 王祀夫子, 報德報功之無盡焉."

정이(程頤)가 말하였다.[47]

"오경(五經)은 도(道)가 실려 있는 글이고, 《춘추(春秋)》는 성인(聖人)의 쓰임이다. 오경에 《춘추》가 있는 것은 마치 법률에 판례가 있는 것과 같다. 율령(律令)은 오직 그 법만을 말한 것뿐이니, 판례에서 비로소 법의 쓰임을 볼 수 있다."

> 程頤曰: "五經, 載道之文;《春秋》, 聖人之用. 五經之有《春秋》, 猶法律之

---

45 주돈이(周敦頤):《대학연의보》권72 주) 71 참조.

46 《성리대전서(性理大全書)》권3에 나온다.

47 《이정유서(二程遺書)》권2상(上) 〈원풍기미여여숙동견이선생어(元豐己未呂與叔東見二先生語)〉에 "시서(詩書)는 도(道)가 실려 있는 글이고, 《춘추(春秋)》는 성인(聖人)의 쓰임이다(詩書載道之文春秋聖人之用)."라고 하였으며, 그 세주(細註)에 "다른 판본에는 이 아래에 '오경에 《춘추(春秋)》가 있는 것은 마치 법률에 판례가 있는 것과 같다. 율령(律令)은 오직 그 법만을 말한 것뿐이니, 판례에서 비로소 법의 쓰임을 볼 수 있다(一本此下云五經之有春秋猶法律之有斷例也律令惟言其法至於斷例則始見其法之用也).'라고 되어 있다"라고 하였다.

有斷例也, 律令惟言其法, 斷例始見法之用."

정이(程頤)가 또 말하였다.[48]

"오경(五經)은 마치 약의 처방과 같고, 《춘추(春秋)》는 마치 약을 써서 병을 치료하는 것과 같다. 성인이 사용하는 것은 전부 이 책에 들어 있다.[49] 《춘추》는 한 구절에 한 가지 일을 말한 것인데, 옳고 그름이 곧 여기에서 드러났으니, 바로 이치를 궁구하는 요체이다."

又曰: "五經如藥方, 《春秋》如用藥治病, 聖人之用全在此書. 《春秋》一句卽一事, 是非便見於此, 乃窮理之要."

정이(程頤)가 또 말하였다.[50]

"《춘추(春秋)》에서, 전문(傳文)은 죄인을 조사한 글[案]이 되고, 경문(經文)은 죄인을 판결한 글[斷]이 된다."

又曰: "《春秋》傳爲案, 經爲斷."

---

48 《이정유서(二程遺書)》 권15 〈입관어록(入關語錄)〉에 나온다.

49 오경(五經)은 … 있다: 《이정유서(二程遺書)》 권2상(上) 〈원풍기미여여숙동견이선생어(元豐己未呂與叔東見二先生語)〉에 나온다.

50 이정유서(二程遺書)》 권15 〈입관어록(入關語錄)〉에 나온다.

정이(程頤)가 또 말하였다.[51]

"전(傳)으로써 경(經)의 사적(事迹)을 고찰하고, 경으로써 전의 진위를 분별한다."

又曰: "以傳考經之事迹, 以經別傳之眞僞."

정이(程頤)가 또 말하였다.[52]

"복희(伏羲)·요(堯)·순(舜)으로부터 하(夏)·상(商)을 거쳐서 주(周)에 이르기까지 혹은 문(文)에 치우치거나 혹은 질(質)에 치우쳤으며, 혹은 옛 습관을 그대로 좇는 것을 더하거나 덜거나 하였으니, 그 변화가 이미 지극하고 그 법이 이미 상세하다. 이에 공자가 그 마땅함을 참작하여 모든 왕이 지켜야 하는 법도의 표준으로 삼았으니, 이것이 《춘추(春秋)》를 지은 이유이다."

又曰: "自伏羲·堯·舜歷夏·商以至於周, 或文或質, 因襲損益, 其變旣極, 其法旣詳, 於是孔子參酌其宜, 以爲百王法度之中·製, 此其所以《春秋》作也."

정이(程頤)가 지은 《춘추전(春秋傳)》 서문에서 말하였다.[53]

---

51 《이정유서(二程遺書)》 권22상(上) 〈이천어록(伊川語錄)〉에 나온다.
52 《이정유서(二程遺書)》 권18 〈류원승수편(劉元承手編)〉에 나온다.
53 《정씨외서(程氏外書)》 권11에 나온다.

"공자가 지은 《춘추(春秋)》는 모든 왕이 바꿀 수 없는 큰 법이 된다. 후세에는 《춘추》를 역사서로 보아 착한 것을 칭찬하고 악한 것을 비방하였을 뿐이라고 하니, 세상을 다스리는 큰 법에 이른다는 것을 알지 못하였다. 《춘추》의 큰 뜻은 수십 가지이니, 해와 별처럼 빛나서 쉽게 볼 수 있다. 오직 그 은미한 말과 그윽한 뜻을 때에 맞춰 마땅하게 하는 것이 알기 어려울 뿐이다. 혹 억제하기도 하고 풀어 주기도 하며, 혹 주기도 하고 빼앗기도 하며, 혹 나아가게 하고 물러가게 하며, 혹 감추기도 하고 드러내기도 하여야 의리(義理)의 편안함, 문질(文質)의 조화, 너그러움과 사나움의 마땅함, 시비(是非)의 공정함을 얻을 것이니, 곧 일을 제어하는 저울이고 도(道)를 헤아리는 법도이다.

무릇 모든 사물을 살핀 후에야 조화의 신묘함을 알게 되고, 많은 재목을 모은 후에야 집을 지을 때의 용도를 알게 된다. 한 가지 일과 한 가지 뜻에서 성인의 마음 씀을 살피려면 뛰어난 지혜가 아니면 불가능하다. 그러므로 《춘추》를 배우는 사람은 반드시 여유 있게 노닐고 푹 젖으며 묵묵히 알고 마음으로 통한 이후에야 그 은미함을 깨달을 수 있다."

頤作《春秋傳序》曰："夫子作《春秋》爲百王不易之大法, 後世以史視《春秋》, 謂襃善貶惡而已, 至於經世之大法則不知也. 《春秋》大義數十, 炳如日星, 乃易見也, 惟其微辭奧義, 時措從宜者, 爲難知耳, 或抑或縱·或予或奪·或進或退·或微或顯, 而得乎義理之安·文質之中·寬猛之宜·是非之公, 乃製事之權衡·揆道之模範也. 夫觀百物而後識化工之神, 聚衆材而後知作室之用, 於一事一義, 而欲窺聖人之用, 非上智不能也, 故學《春秋》者, 必優遊涵泳·默識心通, 然後能造其微也."

신은 이렇게 생각합니다. 정이(程頤)가 말하기를 "《춘추(春秋)》를 배우는 사람은 반드시 여유 있게 노닐고 푹 젖으며 묵묵히 알고 마음으로 통한 이후에야 그 은미함을 깨달을 수 있다."라고 하였습니다. 두예(杜預)[54]의 《좌전(左傳)》 서문에서도 또한 말하기를 "넉넉하게 하고 부드럽게 하여 스스로 탐구하도록 하고, 흐뭇하게 하고 만족스럽게 하여 스스로 다다르도록 한다. 강이나 바다의 물이 만물을 적시고, 큰 빗물이 널리 만물을 윤택하게 하는 것과 같다. 얼어붙었던 얼음이 풀리듯 의심이 풀리고, 순하게 이치를 깨달은 연후에 (참된 뜻을) 얻게 된다."라고 하였습니다.

두 사람의 말은 앞뒤가 서로 잘 맞으니 이것은 진실로 독서의 법이다만 《춘추》뿐만이 아니라는 것입니다. 그러나 《춘추》는 성인이 직접 쓴 것이기에 그 뜻을 가다듬는 것이 더욱 깊으니, 반드시 이와 같이 완미한 이후에 터득한 바가 있어 그 은미함을 깨닫는 것입니다.

> 臣按: 程頤謂"學《春秋》者, 必優遊涵泳‧默識心通然後能造其微", 杜預序《左傳》亦曰: "優而柔之使自求之, 饜而飫之使自趣之, 若江海之浸‧膏澤之潤, 渙然冰釋, 怡然理順, 然後爲得." 二子之言前後相契, 是誠讀書之法, 非但《春秋》也. 然《春秋》聖人所親筆者, 其用意尤深, 必如此玩味之然後有所得而造其微也.

---

54 두예(杜預, 222~284): 서진(西晉) 경조(京兆) 두릉(杜陵) 사람이다. 자는 원개(元凱)이고, 사마소(司馬昭)의 매부(妹夫)다. 《춘추(春秋)》에 뛰어나 스스로 좌전벽(左傳癖)이 있다고 말했다. 저서 《춘추좌씨경전집해(春秋左氏經傳集解)》는 후세에 통용하는 《좌전(左傳)》의 주본(注本)이 되었고, 십삼경주소(十三經注疏)에 편입되었다. 그 밖에 《춘추석례(春秋釋例)》와 《춘추장력(春秋長歷)》이 있다.

장재(張載)[55]가 말하였다.[56]

"《춘추(春秋)》라는 책은 예전에는 있지 않은 것이니, 곧 공자(孔子)가 스스로 지은 것이다. 오직 맹자(孟子)만이 그것을 알 수 있으니, 이치에 밝고 의리에 정밀한 자가 아니면 거의 배울 수 없다. 선대의 유학자들은 이 수준에 미치지 못하고도 풀었으니, 그러므로 그 설(說)들에 허술함이 많다."

張載曰: "《春秋》之書在古無有, 乃仲尼所自作, 惟孟子爲能知之, 非理明義精, 殆未可學. 先儒未及此而治之, 故其說多鑿."

신은 이렇게 생각합니다. 공양(公羊)[57] · 곡량(穀梁)[58] · 좌구명(左丘明)[59]은 비록 공자(孔子)를 보았지만 공자가 경(經)을 지은 큰 뜻은 다 알 수 없

---

55 장재(張載): 《대학연의보(大學衍義補)》 권68 주) 27 참조.

56 《장자전서(張子全書)》 권14에 나온다.

57 공양(公羊): 공양고(公羊高)이다. 전국시대 제(齊)나라 사람이다. 한(漢)나라 금문경학(今文經學)의 선구자다. 공자의 문인 자하(子夏)의 제자라 하며, 《춘추》를 연구하여 춘추대의(春秋大義)를 밝혔다. 자하는 그의 학문을 공양고에게 전하고, 공양고는 아들 평(平)에게 전했으며, 평은 아들 지(地)에게 전하고, 지는 아들 감(敢)에게 전하고, 감은 아들 수(壽)에게 전했다. 공양고가 전한 《춘추》는 처음에는 구두로 전해지다가 한나라 경제(景帝) 때 현손 공양수(公羊壽)와 그의 제자 호무생(胡毋生)에 이르러 비로소 책으로 완성되었다. 한무제(漢武帝) 때 공손홍(公孫弘)과 동중서(董仲舒) 등이 춘추공양학을 적극 추존하여 오경박사(五經博士)의 하나로 학관에 세워졌다. 그가 전한 《춘추공양전》은 《춘추좌씨전》, 《춘추곡량전》과 함께 춘추삼전(春秋三傳)이 되었다. 한나라 하휴(何休)의 해고(解詁)와 당나라 서언(徐彦)의 소가 있다.

58 곡량(穀梁): 곡량숙(穀梁俶) 또는 곡량적(穀梁赤)이다. 전국시대 때 노(魯)나라 사람이다. 자는 원시(元始)다. 자하(子夏)에게 《춘추(春秋)》를 배우고, 전(傳)을 지었는데, 이것을 《곡량전》이라 한다.

였습니다. 오직 맹자(孟子)만이 버금가는 성인, 큰 현인의 자질로써 공자의 손자[자사(子思)]를 따라서 배웠으며 집안 대대로 전해 내려오는 것을 받아서 큰 뜻이 여기에 있음을 알았습니다. 장재(張載)가 "오직 맹자만이 그것을 알 수 있다."라고 말하였으니, 이른바 "《춘추(春秋)》는 천자(天子)의 일이다."라는 한마디 말을 살펴보면 그가 아는 바를 알 수 있으니, 여러 유학자들은 미치지 못하는 바입니다. 여러 유학자들의 천 마디 만 마디 말은 모두 이 수준에서 벗어나지 못합니다.

> 臣按: 公羊·穀梁·左丘明雖及見孔子, 而不能盡知孔子所以作經之大意, 惟孟子以亞聖大賢之資, 從學孔子之孫, 得其家傳, 而知其大指所在. 張載謂惟孟子爲能知之. 觀其所謂"《春秋》, 天子之事"一言, 可見其所知, 非諸儒所及, 諸儒千言萬語, 皆不出乎此也.

소옹(邵雍)[60]이 말하였다.[61]

"《춘추(春秋)》는 모두 일을 가지고서 칭찬하거나 폄하하므로, 문장과 문장 사이에 다른 의미를 두는 것은 아니다. 그러므로 《춘추》는 본성[性]을 다하는 책이라고 말한다."

---

59 좌구명(左丘明): 춘추시대 노(魯)나라 산동(山東) 사람이다. 공자(孔子)와 같은 무렵 사람으로 본다. 노나라에서 사관(史官)을 지냈다고 한다. 《좌씨전(左氏傳)》과 《국어(國語)》의 저자로 일컬어진다. 좌구실명(左丘失明)이라는 사마천(司馬遷)의 말에 따라 맹좌(盲左)라고도 부른다. 청나라 말기의 학자 강유위(康有爲)는 《춘추좌씨전(春秋左氏傳)》은 유흠(劉歆)의 위작(僞作)이라 했다.

60 소옹(邵雍): 《대학연의보》 권73 주) 12 소자(邵子) 참조.

61 《황극경세서(皇極經世書)》 권13 〈관물외편 상(觀物外篇上)〉에 나온다.

邵雍曰: "《春秋》皆因事而褒貶, 非有意於其間, 故曰《春秋》盡性之書也."

소옹(邵雍)이 또 말하였다.[62]

"《춘추(春秋)》는 임금을 약하게 하고 신하를 강하게 하기 위해 지었으니, 명분(名分)의 책이라고 말한다."

又曰: "《春秋》爲君弱臣强而作, 故謂之名分之書."

소옹(邵雍)이 또 말하였다.[63]

"성인(聖人)의 경(經)은 혼연하여 자취가 없으니 천도(天道)와 같다. 《춘추(春秋)》는 그 일을 기록하여 선악(善惡)을 그 가운데에 드러내었다."

又曰: "聖人之經, 渾然無迹如天道焉, 《春秋》錄其事而善惡形於其中矣."

소옹(邵雍)이 또 말하였다.[64]

"《춘추(春秋)》는 공자(孔子)의 형서(刑書)이다. 공적과 허물은 서로 가릴

---

62 《황극경세서(皇極經世書)》 권13 〈관물외편 상(觀物外篇上)〉에 나온다.
63 《황극경세서(皇極經世書)》 권13 〈관물외편 상(觀物外篇上)〉에 나온다.
64 《황극경세서(皇極經世書)》 권13 〈관물외편 상(觀物外篇上)〉에 나온다.

수 없으니, 오패(五伯)[65]는 공적의 우두머리이면서 죄인의 괴수이다. 먼저 오패의 공적과 허물을 정하고 《춘추》를 배우면 큰 뜻이 세워진다."

又曰: "《春秋》, 孔子之刑書也. 功過不相掩, 五伯者功之首·罪之魁也, 先定五伯之功過而學《春秋》, 則大意立矣."

소옹(邵雍)이 또 말하였다.[66]
"오패(五伯)의 공적과 허물은 서로 가릴 수 없으니, 성인(聖人)은 먼저 그 공적을 칭찬한 후에 그 죄를 폄하한다. 그러므로 죄인이 공적이 있는 것도 또한 반드시 기록한다."

又曰: "五伯功過不相掩, 聖人先褒其功後貶其罪, 故罪人有功亦必錄之."

양시(楊時)[67]가 말하였다.[68]
"《춘추(春秋)》는 바로 성인(聖人)이 일을 처리하는 것이다. 다른 경전에서는 그 이치를 말하고, 이 경전에서는 그 쓰임을 말하였다. 이치가 이미 밝으면 그 쓰임은 알기가 어렵지 않다."

---

65 오패(五伯): 《대학연의보》 권73 주) 125 참조.
66 《황극경세서(皇極經世書)》 권13 〈관물외편 상(觀物外篇上)〉에 나온다.
67 양시(楊時): 《대학연의보》 권72 주) 51 참조.
68 《구산집(龜山集)》 권11 〈어록(語錄) 경사소문(京師所聞)〉에 나온다.

楊時曰: "《春秋》正是聖人處置事處, 他經言其理, 此經言其用, 理旣明則其用不難知也."

호굉(胡宏)[69]이 말하였다.[70]

"천리(天理)와 인욕(人欲)은 《춘추(春秋)》보다 명백하게 분별한 것이 없다. 성인이 사람을 가르칠 때에 인욕을 없애고 천리를 회복시키는 데에는 《춘추》보다 좋은 것이 없다."

胡宏曰: "天理人欲莫明辨於《春秋》, 聖人敎人消人欲, 復天理莫深於《春秋》."

이통(李侗)[71]이 말하였다.[72]

"《춘추(春秋)》의 한 가지 일은 각각 한 가지 전례를 드러내어 밝히니, 마치 산수(山水)를 바라보면서 걸어가면 형세가 같지 않은 것과 같으니, 한

---

69 호굉(胡宏): 《대학연의보》 권72 주) 75 참조.

70 《지언(知言)》 권4에 나온다.

71 이통(李侗, 1093~1163): 남송 남검주(南劍州) 검포(劍浦, 복건성 南平) 사람이다. 자는 원중(願中)이고, 호는 연평(延平)이며, 시호는 문정(文靖)이다. 나종언(羅從彦)에게 정자(程子)의 이학(理學)을 배워 이정(二程)의 삼전제자(三傳弟子)가 되었다. 양시(楊時), 나종언과 함께 '검남삼선생(南劍三先生)'으로 불렸다. 그의 문하에서 주희(朱熹)와 나박문(羅博文), 유가(劉嘉) 등이 배출됨으로써 이정(二程)의 학문이 주희에게 이어지는 교량적 역할을 했다. 저서에 주희가 편찬한 《이연평집(李延平集)》이 있다.

72 《연평답문(延平答問)》 부록(附錄)에 나온다.

가지 법에 구애되어서는 안 된다."

李侗曰: "《春秋》一事各是發明一例, 如觀山水徙步而形勢不同, 不可拘以
一法."

호안국(胡安國)[73]이 말하였다.[74]
"《춘추(春秋)》는 난신적자(亂臣賊子)를 죽이기 위해 지었으니, 그 법은 난
신적자의 무리들에게는 더욱 엄하다."

胡安國曰: "《春秋》爲誅亂臣賊子而作, 其法尤嚴於亂賊之黨."

호안국(胡安國)이 또 말하였다.[75]
"《춘추(春秋)》에 통달한 이후에 천하의 일을 저울질할 수 있다."

又曰: "通於《春秋》然後能權天下之事."

호안국(胡安國)이 또 말하였다.[76]

---

73 호안국(胡安國):《대학연의보》권75 주) 4 참조.
74 《춘추호전부록찬소(春秋胡傳附錄纂疏)》권4에 나온다.
75 《춘추호전부록찬소(春秋胡傳附錄纂疏)》권7에 나온다.
76 《춘추호전부록찬소(春秋胡傳附錄纂疏)》권수하(卷首下)에 나온다.

"《춘추(春秋)》의 글은 일이 같으면 말이 같은 것이 있으니, 후세 사람들은 인하여 그것을 일러 예(例)라고 하였다. 그러나 일이 같으면서 말이 다른 경우가 있으면 그 예가 변한다. 이 때문에 바른 예[正例]는 성인이 아니면 세울 수 없고, 변한 예[變例]는 성인이 아니면 판정할 수 없다. 바른 예는 천지의 떳떳한 도리이고, 변한 예는 예나 지금이나 통하는 마땅함이다. 오직 이치를 궁구하고 뜻을 정밀히 하여야 예 안에서 법을 볼 수 있고 법을 벗어나서 예에 통하는 것도 터득할 수 있다."

又曰: "《春秋》之文有事同則詞同者, 後人因謂之例. 然有事同而詞異則其例變矣. 是故正例非聖人莫能立, 變例非聖人莫能裁, 正例天地之常經, 變例古今之通誼, 惟窮理精義, 於例中見法·法外通例者, 斯得之矣."

호안국(胡安國)이 《춘추전(春秋傳)》 서문(序文)에서 또 말하였다.

"옛날에 여러 나라들이 각각 사관(史官)이 있어서 시사(時事)를 기록하는 일을 맡았다. 《춘추(春秋)》는 노나라의 역사일 뿐인데, 공자가 더 나아가 더 쓸 것은 쓰고 지울 것은 지워 버리니, 이것은 역사서를 벗어나서 마음을 전한 중요한 경전이다. 맹자가 근본이 되는 요지를 밝게 드러내어 지목하여 천자(天子)의 일로 삼은 것은 주(周)나라의 도가 쇠미해지고 하늘의 기강이 무너지고 난신적자가 당대에 자취를 이어서 인욕이 방자해지고 천리(天理)가 없어졌기 때문이다.

공자는 천리가 있는 곳이니, (공자가) 자신의 임무로 삼지 않고서 누가 가능하겠는가. 오전(五典)[77]이 돈독하지 않아 자신이 마땅히 서술하였고, 오례(五禮)[78]가 쓰이지 않으니 자신이 마땅히 가지런히 하였고, 오복

(五服)⁷⁹이 구분되지 않으니 자신이 마땅히 구분하기를 명하였고, 오형(五刑)⁸⁰이 쓰이지 않았으니 자신이 마땅히 징계하였다.

그러므로 말하기를 '문왕은 이미 세상을 떠났지만 도(道)가 이 몸에 있지 않겠는가. 하늘이 장차 이 도를 없애려 하셨다면 뒤에 죽는 사람(나 자신)이 이 도에 참여하지 못하였을 것이나, 하늘이 이 도를 없애려 하지 않으셨으니, 광(匡) 땅 사람들이 나를 어찌 하겠는가.'⁸¹라고 하였다. 성인은 하늘로써 스스로 처하니, 이 도의 흥하고 없어짐은 자신에게 달려 있지 다른 사람에게 달려 있겠는가. 그러므로 말하기를 '내가 추상적인 말로 기록하려고 하였지만, (이는) 행한 일을 매우 절실하고 드러내게 하여 보게 하는 것만 못하다.'라고 하였다. 추상적인 말은 다만 그 이치를 실을 수 있게 하고, 일을 행한 연후에 그 쓰임을 본다. 이러한 이유로 노나라 역사에 가탁하여 왕법을 드러내어 난세를 뒤집어 바르게 하였다."

安國《春秋傳》序曰: "古者列國各有史官掌記時事,《春秋》, 魯史爾, 仲尼

---

77 오전(五典):《대학연의보》권67 주) 17 참조.

78 오례(五禮):《대학연의보》권67 주) 18 참조.

79 오복(五服): 상(喪)을 당했을 때 죽은 사람과의 혈통 관계의 원근에 따라 다섯 가지로 구분되는 유교의 상복제도(喪服制度)이다. 3년의 참최(斬衰), 1년의 자최(齊衰), 9개월의 대공(大功), 5개월의 소공(小功), 3개월의 시마(緦麻)이다.

80 오형(五刑): 본래《서경》〈순전(舜典)〉의 유유오형(流宥五刑)에서 비롯되었다. 주나라 형서(刑書)인《여형(呂刑)》에 묵(墨: 먹줄로 죄명쓰기)·의(劓: 코 베기)·궁(宮: 거세)·비(剕: 발뒤꿈치 베기)·살(殺: 사형)의 다섯 가지 형벌이 소개되는데, 이는 신체를 훼손하는 체형이다. 그 뒤 수나라의 문제(文帝)는 예부터 내려온 형벌을 정리해《개황률(開皇律)》을 제정하였다. 이때 태·장·도·유·사의 오형제도를 확립하였다. 그리고 후대의 당·송·원·명 모두 이를 답습하였다.

81 문왕은 … 하겠는가:《논어(論語)》〈자한(子罕)〉에 나온다.

就加筆削, 乃史外傳心之要典也. 而孟氏發明宗旨, 目爲天子之事者, 周道
衰微, 乾綱解紐, 亂臣賊子, 接迹當世, 人欲肆而天理滅矣. 仲尼, 天理之所
在, 不以爲己任而誰可? 五典弗惇, 己所當敍; 五禮弗庸, 己所當秩; 五服弗
章, 己所當命; 五刑弗用, 己所當討. 故曰: '文王旣沒, 文不在茲乎? 天之將
喪斯文也, 後死者不得與於斯文也, 天之未喪斯文也, 匡人其如予何?' 聖人
以天自處, 斯文之興喪在己而由人乎哉, 故曰: '我欲載之空言, 不如見諸行
事之深切著明也.' 空言獨能載其理, 行事然後見其用, 是故假魯史以寓王
法, 撥亂世反之正."

호안국(胡安國)이 또 말하였다.[82]

"《춘추(春秋)》는 행해진 일에서 드러나니, 추상적인 말에 비할 것은 아
니다. 좋아함과 미워함을 공정하게 하는 것은 《시경(詩經)》의 정(情)에서
발현되고, 옛날과 오늘날을 참작하는 것은 《서경(書經)》의 일에서 꿰뚫을
수 있고, 떳떳한 법을 일으키는 것은 《예(禮)》의 경(經)에서 체득할 수 있
고, 충과 서에 근본하는 것은 《악경(樂經)》의 조화로움에서 이끌어 낼 수
있고, 권도(權道)를 드러내는 것은 《역경(易經)》의 변화에서 다할 수 있으
니, 모든 왕의 법도와 만세의 표준은 모두 《춘추》이 책에 있다."

又曰: "《春秋》見諸行事, 非空言比也. 公好惡則發乎《詩》之情, 酌古今則

---

82 《호씨춘추전(胡氏春秋傳)》서(序)에 나온다.

貫乎《書》之事, 興常典則體乎《禮》之經, 本忠恕則導乎《樂》之和, 著權制
則盡乎《易》之變, 百王之法度·萬世之準繩皆在此書."

주희(朱熹)가 말하였다.[83]
"《춘추(春秋)》는 형이하(形以下)의 것으로 위로는 형이상의 것을 말하
였다."

朱熹曰: "《春秋》以形而下者, 說上那形而上者去"

주희(朱熹)가 또 말하였다.[84]
"《춘추(春秋)》는 모두 난세(亂世)의 일이니, 성인이 모두 천리로 재단하
였다."

又曰: "《春秋》皆亂世之事, 聖人一切裁之以天理."

주희(朱熹)가 또 말하였다.[85]
"주나라가 쇠망하니, 왕의 상벌이 천하에 행해지지 않았으며, 제후 가

---

83 《주자어류(朱子語類)》 권67 〈역(易) 강령(綱領) 논역명인사(論易明人事)〉에 나온다.

84 《주자어류(朱子語類)》 권23 〈논어(論語) 위정편(爲政篇) 시삼백장(詩三百章)〉에 나온다.

운데 강한 자가 약한 자를 업신여기고 백성이 많은 자가 백성이 적은 자를 괴롭히니, 시비(是非)와 선악(善惡)이 이로 말미암아 분명하지 않고 인욕(人欲)이 방자해져 천리(天理)가 사라졌다. 공자는 노나라의 역사로 《춘추(春秋)》를 만들었는데, 옳은 것은 옳고 그른 것은 그르며 선한 것은 선하고 악한 것은 악하다고 하여, 이미 죽었어도 간사하고 아첨하는 신하를 벌하고 세상에 드러나지 않은 덕이 있는 사람의 숨은 빛을 드러나게 하니, 이러한 이유로 《춘추》가 완성되어 난신적자가 두려워하였다."

又曰: "周衰, 王者之賞罰不行於天下, 諸侯强陵弱·衆暴寡, 是非善惡由是不明, 人欲肆而天理滅矣. 夫子因魯史而修《春秋》, 是是而非非, 善善而惡惡, 誅奸諛於旣死, 發潛德之幽光, 是故《春秋》成而亂臣賊子懼."

주희(朱熹)가 또 말하였다.[86]

"《춘추(春秋)》의 큰 뜻에서 볼 수 있는 것은 난신(亂臣)을 죽이고 적자(賊子)를 토벌하며, 중국은 안에 두고 오랑캐를 밖에 두고, 왕은 귀하게 여기며 제후는 미천하게 여길 뿐이니, 반드시 글자 하나하나에 뜻이 있는 것은 아니다."

又曰: "《春秋》大指, 其可見者, 誅亂臣, 討賊子·內中國, 外夷狄·貴王賤伯而已, 未必字字有義也."

---

85 《회암선생문집(晦庵先生文集)》 권73에 나온다.

86 《주자어류(朱子語類)》 권83에 나온다.

주희(朱熹)가 또 말하였다.[87]

"성인(聖人)이 《춘추(春秋)》를 지음에 그 사건을 그대로 쓴 것에 불과하지만, 선악(善惡)이 저절로 드러난다."

又曰: "聖人作《春秋》, 不過直書其事, 善惡自見."

주희(朱熹)가 또 말하였다.[88]

"그 옳음을 바르게 하고 그 이익을 도모하지 않으며, 그 도를 밝게 하고 그 공을 헤아리지 않는 것이 《춘추(春秋)》의 큰 뜻이다."

又曰: "正其誼, 不謀其利, 明其道, 不計其功, 《春秋》之大指也."

주희(朱熹)가 또 말하였다.[89]

"《춘추(春秋)》는 본래 도를 밝히고 옳음을 바르게 하는 책이다. 오늘날 사람들은 단지 제나라와 진나라의 패업의 우열만을 비교하여 도리어 이익만을 도모하고 대의에는 어두웠다."

又曰: "《春秋》本明道正誼之書, 今[90]人止較齊晉伯業優劣, 反成謀利, 大

---

87 《주자어류(朱子語類)》 권133에 나온다.

88 《주자어류(朱子語類)》 권83에 나온다.

89 《주자어류(朱子語類)》 권83에 나온다.

90 今: 《대학연의보(大學衍義補)》 사고전서본에는 '後'라고 되어 있다.

504

義晦矣."

주희(朱熹)가 또 말하였다.[91]

"좌씨(左氏)는 일찍이 국사(國史)를 봄에 일을 살피는 것이 자못 정밀하였지만 단지 큰 뜻은 알지 못했다. 오로지 작은 부분에서만 이해하였고 종종 더 강학하지는 못하였다. 공양(公洋)과 곡량(穀梁)은 사건을 살피는 것이 매우 엉성했지만, 의리는 도리어 정밀하였다. 두 사람은 경학을 연구하는 사람으로 허다한 설화를 전해 얻었고 때때로 모두 더 국사(國史)를 보지는 않았다."

又曰: "左氏曾見國史, 考事頗精, 只是不知大義. 專去小處理會, 往往不曾講學. 公·穀考事甚疏, 然義理卻精. 二人乃經生, 傳得許多說話, 往往都不曾見國史."

장식(張栻)[92]이 말하였다.[93]

"《춘추(春秋)》는 일에 나아가서 천리(天理)를 밝히는 것이니, 이치를 궁구하는 요체이다. 그 책을 보고 큰 뜻을 취하는 것이 수십 가지인데, 판

---

91 《주자어류(朱子語類)》 권83에 나온다.

92 장식(張栻):《대학연의보》 권71 주) 7 참조.

93 《남헌집(南軒集)》 권19에 나온다.

단하여 정론(定論)을 삼아 그 누르거나 높임, 주거나 빼앗음, 가볍거나 무거움의 마땅함을 자세히 음미한다면 온갖 변화를 잴 수 있다."

> 張栻曰: "《春秋》卽事而明天理, 窮理之要也. 觀其書, 取其大義數十, 斷爲
> 定論, 而詳味其抑揚·予奪·輕重之宜, 則有以權萬變矣."

오징(吳澂)[94]이 말하였다.[95]

"주자(朱子)가 말하기를 '분석하여 정밀함을 다하여 어지럽지 않게 한 후에 그것을 합하여 크게 되어도 버릴 것이 없다.'라고 하였다. 《춘추(春秋)》를 읽는 방법도 역시 이러한 방법으로 찾을 수 있다."

> 吳澂曰: "朱子云: '析之有以極其精而不亂, 然後合之有以盡其大而無餘.'
> 讀《春秋》者其亦可以是求之矣."

신은 이렇게 생각합니다. 공자가 육경(六經)을 정리하고 기술하였는데, 다섯 가지는 모두 이전 시대의 제왕이 만든 것을 서술하였고, 이미 완성된 전적은 수정하여 그것을 만들었습니다. 오직 《춘추(春秋)》 한 경전만을 성인이 직접 손으로 수정하였으니, 무릇 평생의 마음가짐과 생각이 모두 이 한 책 안에 갖추어졌습니다.

---

94 오징(吳澂): 《대학연의보》 권67 주) 15 참조.
95 《오문정집(吳文正集)》 권19에 나온다.

배우는 사람은 오경(五經)에 대해 모두 마땅히 마음을 다해야 하지만 이 경전에 마땅히 더욱 뜻을 두어야 합니다. 이 때문에 하늘은 다 헤아릴 수 없으나 그 운행을 통해 묘함을 헤아릴 수 있고, 땅도 다 살펴볼 수 없으나 그 생물을 통해 큼을 살펴볼 수 있습니다. 성인의 마음도 구할 수는 없으나 그 자취를 통해 마음을 구할 수 있고 그 쓰임을 통해 본체를 구할 수 있습니다.

《춘추》라는 경전은 성인의 자취이고, 242년의 일을 저울로 재는 것이 그 쓰임입니다. 《춘추》에서 성인을 구하니 성인의 전체대용(全體大用)이 여기에 있습니다. 【이상 《춘추》를 논하였다.】

臣按: 孔子刪述六經, 其五者皆述前代帝王之作, 因其已成之典籍刪而修之者也, 惟《春秋》一經乃聖人親手筆削, 凡其平生之心術志意皆聚於一書之中. 學者於五經皆當究心, 而於此經尤當加意焉. 是故天不可測矣, 因其運行而測其妙; 地不可窺矣, 因其生物而窺其大; 聖人之心不可求矣, 因其迹而求其心, 因其用而求其體. 《春秋》之經, 聖人之迹, 而所以權衡二百四十二年之事者, 其用也. 即是以求聖人, 而聖人全體大用, 於是乎在矣. 【以上論《春秋》】

《예기(禮記)》〈예기(禮器)〉에서 말하였다.

경례(經禮: 큰 예) 3백 조항과 곡례(曲禮: 세부적인 예) 3천 조항은 그 이름은 한 가지이다.

《禮記》曰: 經禮三百, 曲禮三千, 其致一也.

주희(朱熹)가 말하였다.[96]

"경례(經禮) 3백 조항은 다름 아니라 《의례(儀禮)》에서 사(士)의 관례와 제후의 관례와 같은 종류이니, 이는 바로 큰 절목[大節]이다. 3백 조목이 있으니, 시가(始加), 재가(再加), 삼가(三加)와 같은 것이고 또 앉아 있을 때 시동(尸童)과 같이 하고[坐如尸], 서 있을 때 재계하는 것[立如齊]과 같은 종류이다. 모두 그 안에 하위 항목이 3천 조항이 있다."

> 朱熹曰: "經禮三百, 便是《儀禮》中士冠禮·諸侯冠禮之類, 此是大節, 有三百條; 如始加·再加·三加, 又如坐如尸·立如齊之類, 皆是其中小目, 有三千條."

신은 이렇게 생각합니다. 경례(經禮)는 변하지 않는 예(禮)를 말하는 것으로 관(冠), 혼(昏), 상(喪), 제(祭), 조근(朝覲), 회동(會同)과 같은 종류이고, 곡례(曲禮)는 상세한 예(禮)를 말하는 것으로 예를 행하는 데 나아가고 물러섬[進退], 오르고 내림[升降], 우러러보고 굽어봄[俯仰], 읍하여 사양함[揖遜]이 있는 것과 같은 것입니다.

> 臣按: 經禮謂經常之禮, 如冠·昏·喪·祭·朝覲·會同之類; 曲禮, 委曲之禮, 如行禮有進退·升降·俯仰·揖遜之類.

---

96 《주자어류(朱子語類)》 권87 〈예(禮) 소대례(小戴禮) 예기(禮器)〉에 나온다.

《중용(中庸)》에서 말하였다.

예의(禮儀)는 3백 가지이고, 위의(威儀)는 3천 가지이다.

《中庸》曰: 禮儀三百, 威儀三千.

주희(朱熹)가 말하였다.[97]

"예의(禮儀)는 경례(經禮)이고, 위의(威儀)는 곡례(曲禮)이다."

朱熹曰: "禮儀, 經禮也; 威儀, 曲禮也."

《한서(漢書)》〈예문지(藝文志)〉에서 말하였다.

제왕의 바탕[質]과 꾸밈[文]은 대대로 더하거나 덜함이 있는데 주(周)나라에서 자잘한 일을 갖추고 큰일을 대비하였다. 그러므로 경례(經禮)가 3백, 위의(威儀)가 3천이라고 하였다. 주나라가 쇠퇴하자 제후가 장차 법도를 넘어서고 자신에게 해가 되는 것은 싫어하니 모두 그 기록을 없애버렸다. 공자(孔子)의 시대부터 다 갖추어지지 않았고 진나라에서 크게 훼손되었다. 한(漢)나라가 흥하자 고당생(高堂生)[98]이《사례(士禮)》17편을 전했다.

---

97 《중용장구(中庸章句)》주희(朱熹)의 주(註)에 나온다.

98 고당생(高堂生): 전한 산동(山東) 곡부(曲阜) 사람으로 자는 백(伯)이다. 금문예학(今文禮學)을 최초로 전했다. 한나라 이후 그가 고대 예제(禮制)를 전문적으로 연구하여《사례(士禮)》17편을 전했다. 한나라 때 예(禮)를 연구하는 학자들이 모두 그의 설을 근본으로 삼았다. 당시 금문예학(今文禮學)에서는 가장 오래된 전수자였다. 선제(宣帝) 때 후창(后蒼)이 예에 가장 밝았

> 《漢志》曰: 帝王質文, 世有損益, 至周曲爲之防, 事爲之制, 故曰經禮三百, 威儀三千. 及周之衰, 諸侯將逾越法度, 惡其害己, 皆滅去其籍, 自孔子時而不具, 至秦大壞. 漢興, 高堂生傳《士禮》十七篇.

한유(韓愈)[99]가 말하였다.[100]

"일찍이 《의례(儀禮)》가 읽기 어려운 것에 괴로웠고, 또 지금에도 행해지는 것이 매우 적고 그대로 따르는 것 역시도 같지 않고, 회복하는 데에 참고할 만한 것이 없다. 지금과 비교하여 살펴보면 진실로 그것을 사용할 곳이 없다. 그러나 문왕(文王)과 주공(周公)의 법제(法制)가 거칠게나마 여기에 남아 있다. 공자(孔子)가 '나는 주(周)나라를 따른다.'라고 하였으니, 그 문장의 성대함을 말한 것이다. 옛 책에서 보존된 것이 드문데, 여러 사상가들에게서 오히려 얻을 것이 있으니 하물며 성인(聖人)의 제도이겠는가."

> 韓愈曰: "嘗苦《儀禮》難讀, 又其行之於今者蓋寡, 沿襲不同, 複之無由. 考於今誠無所用之, 然文王·周公之法製粗在於是. 孔子曰 '吾從周', 謂其文章之盛也, 古書之存者希矣, 百氏雜家尙有可取, 況聖人之制度耶?"

는데, 대덕(戴德), 대성(戴聖), 경보(慶普) 등이 전한 예경(禮經)을 학관(學官)에 세웠다.

99 한유(韓愈): 《대학연의보》 권72 주) 69 참조.

100 《창려선생집(昌黎先生集)》〈독의례(讀儀禮)〉에 나온다.

진덕수(眞德秀)[101]가 말하였다.[102]

"한유(韓愈)는 옛것을 좋아한다고 말할 수 있다. 그러나 지금 쓸데가 없다고 여겼으니, 또한 자세하게 살피지 않은 것이다."

眞德秀曰: "韓子可謂好古矣, 然以爲於今無所用, 則亦考之未詳也."

주희(朱熹)가 말하였다.[103]

"《의례(儀禮)》와 같은 예서(禮書)는 다른 책에 비하여 오히려 완비되었다."

朱熹曰: "禮書如《儀禮》尙完備於[104]他書."

주희(朱熹)가 또 말하였다.[105]

"《의례(儀禮)》는 예(禮)의 근본이고,《예기(禮記)》는 그 지엽이다."

又曰: "《儀禮》, 禮之根本, 而《禮記》乃其枝葉."

---

101 진덕수(眞德秀):《대학연의보》권69 주) 31 참조.

102 《서산독서기(西山讀書記)》권24〈예요지(禮要指)〉에 나온다.

103 《주자어류(朱子語類)》권85〈예(禮) 의례(儀禮) 총론(總論)〉에 나온다.

104 於:《주자어류(朱子語類)》에는 "如"로 되어 있어, 번역에서는 이를 따른다.

105 《주자어류(朱子語類)》권84〈예(禮) 논수례서(論修禮書)〉에 나온다.

주희(朱熹)가 또 말하였다.[106]

"《의례(儀禮)》는 경(經)이고, 《예기(禮記)》는 전(傳)이다."

又曰: "《儀禮》, 經也; 《禮記》, 傳也."

주희(朱熹)가 또 말하였다.[107]

"《의례(儀禮)》는 경(經)이고, 《예기(禮記)》는 《의례》의 해석이다. 또 《의례》에 〈관례(冠禮)〉가 있는 것과 같이 《예기》에 〈관의(冠義)〉가 있고, 《의례》에 〈혼례(昏禮)〉가 있는 것과 같이 《예기》에 〈혼의(昏義)〉가 있다. 연회와 활쏘기의 예(禮)에 이르기까지 모두가 다 그러하다."

又曰: "《儀禮》是經, 《禮記》是解《儀禮》. 且如《儀禮》有冠禮, 《禮記》便有《冠義》; 《儀禮》有昏禮, 《禮記》便有《昏義》, 以至燕射之禮, 莫不皆然."

주희(朱熹)가 또 말하였다.[108]

"《의례(儀禮)》는 비록 읽기 어려우나 조리[倫類]가 통하게 되면 그 선후(先後), 피차(彼此)가 반복되고 참조되어 서로 밝혀질 수 있으니, 그것

---

106 《서산독서기(西山讀書記)》 권24 〈예요지(禮要指)〉에 나온다.
107 《주자어류(朱子語類)》 권85 〈예(禮)〉 의례(儀禮) 총론(總論)〉에 나온다.
108 《회암집》 권59 〈서(書) 답진재경(答陳才卿)〉에 나온다.

이 오래되면 저절로 관통한다."

신은 이렇게 생각합니다. 주희(朱熹)가 그 책의 발문에서 말하기를
"《의례(儀禮)》라는 책은 기묘한 말과 그윽한 뜻 가운데에 정미한 뜻과
오묘한 도가 그 안에 있고, 세세하고 미미하고 곡진한 데에서 분명한
분별과 등급이 있습니다. 사람의 삶을 좋게 하고자 할 뿐만 아니라
또 사람의 죽음을 좋게 하고자 하며, 관(冠)·혼(昏)·조빙(朝聘)·향사(鄕
射)를 엄격하게 할 뿐만 아니라 상(喪)·제(祭)에 더욱 엄격하게 합니다.
후세에 다만 그 사(士)의 예를 미루어서 천자(天子)에 이르니, 모자라고
훼손하여 참고해서는 안 되는 책으로 여겼습니다. 천천히 살펴보면
하나의 사(士)의 경우에도 천자의 사와 제후의 사가 같지 않고, 상대
부(上大夫)와 하대부(下大夫)가 같지 않으니, 등급을 나누어 위로 올리는
것이 진실로 얻어서 미루어 갈 수가 있습니다."

臣按: 朱熹子在跋其書曰: "《儀禮》之爲書也, 於奇辭奧指中有精義妙道
焉, 於纖悉曲折中有明辨等級焉, 不惟欲人之善其生, 且欲人之善其死,
不惟致嚴於冠·昏·朝聘·鄕射, 而尤嚴於喪·祭. 後世徒以其推士禮而
達之天子, 以爲殘闕不可考之書, 徐而觀之, 一士也, 天子之士與諸侯
之士不同, 上大夫與下大夫不同, 等而上之, 固有可得而推者矣."

양복(楊復)[109]이 말하였다.[110]

"주희(朱熹)가 이미 〈가례(家禮)〉·〈향례(家鄉禮)〉·〈방국례(邦國禮)〉·〈왕조례(王朝禮)〉를 정리하고 〈상례(喪禮)〉·〈제례(祭禮)〉 두 예(禮)를 문인인 황간(黃幹)[111]에게 맡겨서 12권으로 완성하였으니 위대한 책이구나. 진나라와 한 나라 이후에 있지 않다가 근래 이래로 유생이 익히고 외워서 《예기(禮記)》가 있는 것은 알지만 《의례(儀禮)》가 있는 것을 알지 못한다. 지금 그 편목 가운데 겨우 남은 것으로 장구(章句)를 나누고 전(傳)의 기록을 덧붙여서 조리(條理)가 분명하게 쉽게 참고할 수 있도록 하여 훗날 예(禮)를 말하는 자가 의지할 바가 있게 하였고, 경(經)을 버리고 전(傳)에만 의지하거나 근본을 어기고 말단을 좇는 데에 이르지 않게 하였다."

> 楊復: "朱子旣修家鄉·邦國·王朝禮, 以喪·祭二禮屬門人黃氏, 成章十有二卷, 大哉書乎! 秦漢而下未有也. 近世以來儒生習誦, 知有《禮記》而不知有《儀禮》, 今因其篇目之僅存者爲之分章句·附傳記, 使條理明白而易考, 後之言禮者有所據依, 不至於棄經而任傳, 違本而逐末."

---

109 양복(楊復): 남송 복주(福州) 장계(長溪) 사람으로 자는 지인(志仁) 또는 무재(茂才)고, 호는 신재선생(信齋先生)이다. 주희(朱熹)에게 수업했고, 동문 황간(黃幹)과 절친하게 지냈다. 고찰이 정확한 것으로 유명했다. 진덕수(眞德秀)가 민(閩)을 다스릴 때 군학(郡學)에 귀덕당(貴德堂)을 건립하고 강학하게 했다. 예학(禮學)에 밝았다. 저서에 《의례도(儀禮圖)》와 《의례방통도(儀禮旁通圖)》, 《의례도해(儀禮圖解)》, 《제례(祭禮)》, 《가례잡설부주(家禮雜說附注)》 등이 있다.

110 〈양복서상제례통해(楊復序喪祭禮通解)〉에 나온다.

111 황간(黃幹): 《대학연의보》 권72 주) 94 참조.

514

신은 이렇게 생각합니다. 고례(古禮) 가운데 세상에 전하는 것이 셋이 있으니 《의례(儀禮)》·《예기(禮記)》·《주례(周禮)》입니다. 후세에 고례를 회복하려는 자들은 반드시 《의례》에서 시작하였습니다. 그러나 《의례》는 단지 사대부의 예만 있고, 이른바 천자의 예라는 것은 없으니, 반드시 저 두 예(예서)와 다른 책에 예를 언급한 것을 합한 연후에 전체를 만들었습니다. 주희(朱熹)는 스스로 가례(家禮)·향례(鄕禮)·방국례(邦國禮)·왕조례(王朝禮)를 취합하였고, 그 나머지는 문인인 황간(黃幹)·양복(楊復)에게 부탁해서 겨우 책을 완성하여서 《경전통해(經傳通解)》[112]라고 이름하였습니다. 후세에 고례(古禮)를 회복하고자 하는 사람은 오히려 이 책에서 참고할 만한 것이 있을 것입니다. 【이상 《의례》를 논함.】

> 臣按: 古禮之傳於世也有三,《儀禮》《禮記》《周禮》也, 後世欲複古禮者必自《儀禮》始, 然《儀禮》止有士大夫禮而無有所謂天子禮者, 必合彼二禮與他書有及於禮者, 然後成全體焉. 朱子自輯家鄕·邦國·王朝禮,

---

112 《경전통해(經傳通解)》: 송(宋)나라 주희(朱熹)가 지은 《의례경전통해(儀禮經傳通解)》이다. 처음 이름은 《의례집전집주(儀禮集傳集註)》라고 했다. 주희가 죽은 후 가정(嘉定) 정축년(1217)에 처음으로 남강(南康)에서 간행하였다. 무릇 〈가례(家禮)〉 5권·〈향례(鄕禮)〉 3권·〈학례(學禮)〉 11권·〈방국례(邦國禮)〉 4권으로 모두 23권에 42편이다. 그 가운데 빠진 것이 〈서수(書數)〉 1편이고, 〈대사(大射)〉에서 〈제후상조(諸侯相朝)〉까지 8편은 또 미처 탈고하지 못했다. 24권에서 37권에 이르는 총 18편은 곧 이전의 초고의 판본이기 때문에 옛 이름인 《의례집전집주》를 썼다. 이것이 〈왕조례(王朝禮)〉이다. 이 가운데 〈복서(卜筮)〉 1편이 없고, 목록(目錄) 안의 〈천조(踐阼)〉 제31권 이후는 〈서설(序說)〉과 함께 빠져 있는데, 대개 완성되지 못한 책이다. 그 상례(喪禮)와 제례(祭禮)의 두 분야는 주희의 제자인 황간이 완성했는데, 대개 주희가 처음 시작한 원고를 황간에게 위임한 것이다.

其餘以付其門人黃幹·楊複, 僅以成書, 名曰《經傳通解》, 然後世有欲
複古禮者, 尙有考於斯書.【上以論《儀禮》】

문중자(文中子) 왕통(王通)[113]이 말하였다.[114]

"선사(先師)께서는【(先師)는 공자를 말한다.】 왕도(王道)가 여기에 있으니, 만
일 나를 등용하면 《주례(周禮)》를 가지고 갈 것이라고 하였다."

《文中子》曰: "先師【謂孔子】以王道極[115]是也, 如有用我則執此以往."

문중자(文中子)가 또 말하였다.[116]

"내가 천년 이상을 보니, 성인으로 윗자리에 있는 자는 주공과 같은 경
우가 없었다. 그 도(道)는 하나이지만, 나라를 다스리는 제도[經制]가 크게
갖추어져서 뒷날에 정치를 함에 따를 바가 있었다."

又曰: "吾視千載已上, 聖人在上者未有若周公焉, 其道則一而經制大備, 後

---

113 왕통(王通):《대학연의보》권75 주) 37 참조.
114 《중설(中說)》〈위상(魏相)〉에 나온다. "공자가 집에 있을 적에 잠시라도 《주례(周禮)》를 놓은
적이 없기에 문인들이 그것을 묻자, 공자는 '만일 나를 등용하면 《주례(周禮)》를 가지고 갈
것이다.'라고 말하였다."
115 極:《대학연의보(大學衍義補)》사고전서본에는 "在"로 되어 있어, 번역에서는 이를 따른다.
116 《중설(中說)》권2 〈천지(天地)〉에 나온다.

之爲政有持循."

　　신은 이렇게 생각합니다.《주례(周禮)》한 책에 대해 "나라를 다스리
는 제도[經制]가 크게 갖추어져서 뒷날에 정치를 함에 따를 바가 있었
다"라는 왕통의 말은 진실로 그 요체를 얻었습니다. 이 책이 있은 이
후로 잘 사용한 자가 없었으니, 거짓으로 빌려서 그것을 사용한 자
는 왕망(王莽)[117]이고, 가볍게 여기고 그것을 사용한 자는 소작(蘇綽)[118]
이고, 잘못하여 그것을 사용한 자는 왕안석(王安石)[119]입니다. 잘 사용
한 경우는 그 사람을 아직 보지는 못했습니다. 왕통(王通)이 "《주례》를
가지고 가는 것이다"라고 말한 것은 전적으로 그것을 사용하고자 함

---

117 왕망(王莽, 기원전 45~23): 전한 말기 제남(濟南) 동평릉(東平陵) 사람으로 신(新, 8-24) 왕조의
　　건국자다. 자는 거군(巨君)이고, 원제황후(元帝皇后)의 조카다. 초시(初始) 원년(기원후 8) 유영
　　을 몰아내고 국호를 신(新)이라 하여 황제가 됨으로써 선양혁명에 성공했다. 개혁정책을
　　펼쳤지만 한말(漢末)의 모순과 사회문제를 해결하지 못한 채 모두 실패했다. 장안(長安)의
　　미앙궁(未央宮)에서 부하에게 칼에 찔려 죽음으로써 건국한 지 15년 만에 멸망했다.

118 소작(蘇綽, 498~546): 서위(西魏) 경조(京兆) 무공(武功) 사람. 자는 영작(令綽)이다. 어려서부터
　　학문을 좋아하여 많은 책을 섭렵했으며, 특히 산술(算術)에 뛰어났다. 형인 소량(蘇亮)과 이
　　름을 다투어 세칭 '이소(二蘇)'라 불렸다. 황명으로 《주례(周禮)》에 맞춰 관제를 개정하려다
　　마치지 못하고 죽었다.

119 왕안석(王安石, 1021~1086): 송나라 무주(撫州) 임천(臨川) 사람으로 신법당(新法黨)의 영수로,
　　자는 개보(介甫)고, 소자(小字)는 환랑(獾郎)이며, 호는 반산(半山)이다. 왕익(王益)의 아들이다.
　　희녕(熙寧) 2년(1069) 참지정사(參知政事)가 되어 변법을 강력하게 주장한 것이 신종의 뜻과
　　일치해 역사적으로 유명한 파격적인 개혁정책을 실시하게 되었다. 저서에 《왕임천선생
　　집(王臨川先生集)》과 《주관신의(周官新義)》, 《상서신의(尚書新義)》, 《시경신의(詩經新義)》, 《시의구
　　침(詩義鉤沈)》, 《도덕경주(道德經注)》 등이 있다.

인데, 제 생각으로는 때가 다르고 형세가 달라서 관(官)에서 정치하는 일의 체모와 백성들의 실상과 풍속이 모두 예전과 같을 수 없을까 봐 염려스럽습니다. 오직 그 절실한 요체를 정밀하게 가려서 살펴 행하여 이것으로 그대로 따라야 하는 법칙으로 삼으면 가능할 것입니다. 반드시 그 책을 가지고 하나의 제도만을 살피려고 한다면, 그 폐단은 세 사람과 같은 곳으로는 귀결되지 않는다고 누가 알겠습니까?

> 臣按:《周禮》一書 "經製大備, 後之爲政有所持循", 王通之言眞得其要矣. 自有此書以來, 未有能用之者, 假而用之者王莽也, 輕而用之者蘇綽也, 誤而用之者王安石也, 至於善用之者則未見其人焉. 通謂執此以往專欲用之, 竊恐時異勢殊, 官政事體·民情土俗不能皆如古, 惟精擇其切要者而審行之, 以此爲持循之則, 則可矣. 必執其書而一按其製, 其流極之弊, 安知其不與三子同歸乎?

당 태종(唐太宗)이 말하였다.

"《주례(周禮)》는 진실로 성인(聖人)이 지었다. 첫째 편에서 말하기를 '오직 왕이 나라를 세우고 국가의 방위(方位)를 바로잡고, 도시와 지방을 정비하고 관직을 두어서 백성의 표준으로 삼는다.'라고 하였다. 참되도다! 그 말이여! 정전(井田)을 시행하지 않고, 봉건(封建)을 시행하지 않고 육형(肉刑)을 시행하지 않고서도, 주공(周公)의 도(道)를 시행하고자 하는 것은 할 수 없는 일이다."

> 唐太宗曰: "《周禮》眞聖作也, 首篇云 '惟王建國, 辨方正位, 體國經野, 設
> 官分職, 以爲民極', 誠哉言乎! 不井田·不封建·不肉刑而欲行周公之道,
> 不可得也."

《당서(唐書)》에서 말하였다.[120]

《주례(周禮)》는 주공이 태평을 이룬 책이고, 선대의 성인이 마음에서
우러나온 것을 다한 전(典)이다. 천지를 법삼아서 교화를 시행하고 방위
를 분별하고 인륜을 차례지었으니, 그 뜻은 신명을 몰래 도울 수 있고 그
문장은 나라를 다스릴 수 있다. 만물(萬物)을 구비되어 이용할 수 있으니,
소홀히 할 수 있겠는가.

> 《唐書》曰: 《周禮》者, 周公致太平之書, 先聖極由衷之典, 法天地而行教
> 化, 辨方位而敍人倫, 其義可以幽贊神明, 其文可以經緯邦國·備物致用,
> 其可忽乎?

신은 이렇게 생각합니다. 왕통(王通)은 신하이니 "《주례(周禮)》를 가지
고 가는 것이다"라는 것은 헛된 말이라고 볼 수 있습니다. 태종(太宗)
은 임금이니 이룰 수 있는 자리에 거하고 할 수 있는 권세를 지녔습니
다. 또한 개국 창업한 초기에 이른바 "도시와 지방을 정비하고 관직

---

120 《구당서(舊唐書)》 권102 〈저무량열전(褚无量列傳)〉에 나온다.

을 두어서 백성의 표준으로 삼는다"라고 하였으니, 정치라는 것은 무언가를 할 수 있는 때입니다. 그런데도 탄식하고 헛된 말을 하니, 이른바 "기뻐하면서도 속뜻을 따져보지 않는다"[121]는 것이군요.

臣按: 王通, 人臣也, 執此以往固可見之空言. 若夫太宗, 人君也, 居可致之位·有可爲之勢, 又當開國創業之初, 所謂"體國經野, 設官分職, 以爲民極", 政是可以有爲之時也, 乃亦付之浩嘆, 發爲空言, 所謂說而不繹者歟?

정이(程頤)가 말하였다.[122]
"반드시 《관저(關雎)》와 《인지(麟趾)》의 뜻이 있은 연후에 《주관(周官)》의 법도를 행할 수 있다."

程頤曰: "必有《關雎》《麟趾》之意, 然後可以行《周官》之法度."

주희(朱熹)가 말하였다.[123]
"정이(程頤)가 말하기를 '〈관저(關雎)〉와 〈인지(麟趾)〉의 뜻이 있은 연후에 《주관(周官)》의 법도를 행할 수 있다.'라고 하였다. 모름지기 이것

---

121 기뻐하면서도 … 않는다: 《논어(論語)》 〈자한(子罕)〉에 나온다.
122 《이정외서(二程外書)》 권12 〈전문잡기(傳聞雜記)〉에 나온다.
123 《주자어류(朱子語類)》 권96 〈정자지서(程子之書)〉에 나온다.

은 가정집 잠자리의 은미함이 쌓여서 천하에 큰 영향을 미치는 것이니 하나의 백성과 하나의 물(物)이 그 교화를 입지 않음이 없은 연후에야《주관》의 법도를 행할 수 있고, 그렇지 않으면 왕망(王莽)이 된다."

朱熹曰: "程子謂有《關雎》《麟趾》之意而後可行《周官》之法度, 須是自閨門衽席之微積累到薰蒸洋溢天下, 無一民一物不被其化, 然後可以行《周官》之法度, 不然則爲王莽矣."

신은 이렇게 생각합니다. 정이와 주희 두 사람의 말과 같다면,《주관(周官)》은 끝내 행할 수 있는 때가 없습니다. 반드시 몸을 바르게 하고 가정을 가지런히 하는 것을 근본으로 삼으면 그 의미를 추구하고 그 형식을 좇고, 그 마땅함을 참작해서 그것을 세워서 한 시대의 법도로 삼아 견고하게 지키고 오래도록 누적한 후에 천하에 가득할 수 있어서 하나의 사람과 하나의 물건이라도 그 교화를 입지 않을 수 없게 합니다. 만약 반드시 천하에 가득한 것을 기다린 후에《주관》의 법도를 시행될 수 있다면 제 생각으로는 천지가 혼돈함이 심해서 마침내 행할 수 있는 시기가 없게 될까 봐 염려스럽습니다.

臣按: 若程·朱二氏言, 則《周官》終無可行之時. 須必正身齊家以爲之本, 則本原其意, 持循其製, 參酌其宜, 以立爲一代之法度, 持守之堅, 積累之久, 然後能薰蒸洋溢於天下, 使無一人一物不被其化. 若必待天下薰蒸洋溢然後可行《周官》之法度, 竊恐極天地混沌, 終無可行之期矣.

정이(程頤)가 또 말하였다.[124]

"《주례(周禮)》한 책은 주공의 지극한 다스림의 큰 법이 그 안에 있으니, 모름지기 도(道)를 아는 자는 그것을 보고 시비를 결정할 수 있다."

> 頤又曰: "《周禮》一書, 周公致治之大法在其中, 須知道者觀之可決是非也."

장재(張載)가 말하였다.[125]

"《주례(周禮)》는 바로 꼭 들어맞는 책이다. 그러나 그 사이는 반드시 말세에 더하여 보탠 것이 있으니, 맹저(盟詛)[126]와 같은 부류는 반드시 주공(周公)의 뜻이 아니다."

> 張載曰: "《周禮》是的當之書, 然其間必有末世增入者, 如盟詛之類必非周公之意."

신은 이렇게 생각합니다. 주희(朱熹)가 말하기를 "주공(周公)이 당시에 이 법을 세웠는데 도리어 다 시행하지는 못하였다. 이는 일개 초

---

124 《이정유서(二程遺書)》권18 〈류원승수편(劉元承手編)〉에 나온다.
125 《장자전서((張子全書)》권4 〈주례(周禮)〉에 나온다.
126 맹저(盟詛): 맹은 크고 저는 작은 일이다. 두 가지 모두 희생을 죽여 삽혈의 의식을 한 후 신에게 맹세한다.

본이다."¹²⁷라고 말하였습니다. 손처(孫處) 역시 말하기를 "주공이 《주
례(周禮)》를 만든 것이 또 당(唐)나라의 《현경례(顯慶禮)》¹²⁸, 《개원례(開
元禮)》¹²⁹와 같다. 당나라 사람은 미리 그것을 만들어서 반드시 훗날에
사용되기를 기다렸는데, 그 실상은 아직 한 번도 시행된 적이 없다.
그것이 행해지지 않았으므로 그 대략을 지어서 일에 임하여 더하거
나 덜 것을 기다렸다."라고 하였습니다. 아. 일에 임하여 더하거나 던
다는 한 마디 말은 주공이 지은 책의 근본 뜻일 뿐만 아니라 후세 사
람이 《주례》를 활용하는 좋은 방법입니다. 《주관(周官)》의 제도로써
지키고 따를 근본으로 삼고 또 때와 일에 따라 더하거나 덜어내니 누
가 《주관》을 후세에 행할 수 없는 것이라고 말하겠습니까.

臣按: 朱熹言 "周公當時立下此法卻不曾行得盡. 方是簡草本", 而孫處
亦言 "周公之爲 《周禮》 亦猶唐之顯慶 · 開元禮也, 唐人預爲之以待他日
之用, 其實未嘗行也. 惟其未經行, 故僅述大略俟其臨事而損益之". 噫,
臨事損益之一言, 非但周公作書之本意, 乃後人用 《周禮》 之活法也. 以
《周官》 製度爲持循之本而又因時隨事以損益之, 孰謂 《周官》 不可行於
後世哉?

---

127 주공(周公)이 … 초본이다: 《주자어류(朱子語類)》 권86 〈예(禮) 주례(周禮) 총론(總論)〉에 나온
다. 그 세주에 "주례(周禮)는 일개 초본이니, 아직 시행된 적이 없다."라고 하였다.

128 《현경례(顯慶禮)》: 당 고종(唐高宗)에 예제(禮制)를 규정한 책이다.

129 《개원례(開元禮)》: 중국 당(唐) 현종(玄宗) 원년(712)에 예제(禮制)를 규정한 책이다. 150권으로 《대
당개원례(大唐開元禮)》라고도 한다. 현종(玄宗)의 개원 연간에 소숭(蕭嵩) 등이 황제의 명을 받
아 태종 때의 《정관례(貞觀禮)》와 고종 때의 《현경례(顯慶禮)》를 절충하여 만들었다. 《당개원
례》가 만들어짐으로써 당대의 오례(五禮) 제도가 완비되었다. 이후의 여러 왕조가 모두 이
것을 근거로 예제를 정하였으며, 수정을 하더라도 그 범위에서 벗어나지 못하였다.

양시(楊時)[130]가 말하였다.[131]

"《주관(周官)》은 선왕(先王)이 세상을 다스리는 일이니 강론하지 하지 않을 수 없다."

楊時曰: "《周官》之書, 先王經世之務也, 不可不講."

주희(朱熹)가 말하였다.[132]

"《주례(周禮)》는 주(周)나라 왕실의 전성기에 성현(聖賢)이 지은 책이다."

朱熹曰: "《周禮》乃周家盛時聖賢制作之書."

주희(朱熹)가 또 말하였다.[133]

"《주례(周禮)》 한 책은 주공(周公)이 아래로 수많은 조목을 세웠는데 모두 바로 크고 넓은 마음에서 나온 것을 따랐다."

又曰: "《周禮》一書, 周公立下許多條貫, 皆是從廣大心中流出."

---

130 양시(楊時):《대학연의보》권72 주) 51 참조.

131 《구산집(龜山集)》권10 〈어록(語錄) 형주소문(荊州所聞)〉에 나온다.

132 《회암집(晦庵集)》권63 〈서(書) 답서정포(答徐正甫)〉에 나온다.

133 《주자어류(朱子語類)》권33에 나온다.

주희(朱熹)가 또 말하였다.

"《주관(周官)》은 편목이 정밀하여 주공이 천리를 운영하여 적용한 것이 무르익은 책이다."

又曰: "《周官》偏布精密, 乃周公運用天理爛熟之書."

주희(朱熹)가 또 말하였다.[134]

"마을[比閭]과 동족[族黨]의 법은 바로 주공(周公)이 태평을 세운 근본이다. 바둑판과 서로 똑같으니 바둑판을 편 후에 바둑돌을 놓을 곳이 있다.[135] 이 책의 대강은 바로 임금이 정심(正心)·수신(修身)·제가(齊家)·치국(治國)·평천하(平天下)의 요체이니, 천하의 백성이 그 은택을 입지 않음이 없게 하고, 또 미루어 금수와 초목에까지 이르러서 하나라도 그 마땅한 바를 얻지 않음이 없게 할 뿐이다. 이만 못하다면 '천지(天地)의 마땅함을 돕고, 천지의 화육(化育)에 참여하여 돕는다'라고 말하기에는 부족하다."

熹又曰: "比閭族黨之法, 正周公建太平之基本, 一如棋盤相似, 枰布定後棋子方有放處. 此書大綱是要人主正心修身齊家治國平天下, 使天下之民無不被其澤, 又推而至於鳥獸草木, 無一不得其所而已, 不如是不足以謂之裁成輔相, 參讚天地."

---

134 《주자어류(朱子語類)》권86 〈예(禮) 주례(周禮) 총론(總論)〉에 나온다.

135 마을[比閭]과 … 있다: 《주자어류(朱子語類)》권86 〈예(禮) 주례(周禮) 지관(地官)〉에 나온다.

주희(朱熹)가 또 그 임금에게 말하였다.[136]

"제가 《주례(周禮)》〈천관총재(天官冢宰)〉 한 편을 보니, 바로 주공(周公)이 성왕(成王)을 보도하여 후세에 법을 전한 것이니, 마음먹은 것이 가장 깊고 간절합니다. 삼대(三代) 임금이 정심(正心)·성의(誠意)한 배움을 알고자 한다면 이것에서 찾아야 그 실체를 볼 수 있습니다."

熹又言於其君曰: "竊見一篇, 乃周公輔導成王, 垂法後世, 用意最深切處. 欲知三代人主正心誠意之學, 於此考之可見其實."

신은 이렇게 생각합니다. 주희(朱熹)가 또 말하기를 "오봉(五峰) 호굉(胡宏)[137]이 《주례(周禮)》는 주공이 태평을 이룬 책이 아니라고 여겨 말하기를 '천관 총재는 궁궐의 일이고, 그 뜻은 다만 후세 재상이 궁궐에 청탁하고 내시와 결탁하는 것은 안 된다고 한 것이다.'라고 하였다. 자못 이것이 임금을 바르게 하고 나라를 다스리면 천하를 안정케하는 근본이라는 것을 알지 못한 것이다."[138]라고 하였습니다.

대개 궁중과 부중은 마땅히 하나입니다. 무릇 임금을 봉양하는 비용은 하나하나 모두 외조의 대신에게 보고하면 임금이 진실로 꺼리는 바가 있어서 기꺼이 예(禮)가 아닌 것은 하지 않습니다. 그 좌우 왕의 총애를 받는 신하도 역시 두려워하고 꺼리는 바가 있어서 예가 아

---

136 《주례집설(周禮集說)》 권1 〈총론(總論) 천관(天官)〉에 나온다.

137 호굉(胡宏): 《대학연의보》 권72 주) 75 참조.

138 천관 총재는 … 것이다: 《주자어류(朱子語類)》 권86 〈예(禮) 주례(周禮) 총론(總論)〉에 나온다.

닌 것으로 임금을 인도하지 않았습니다. 이 때문에 임금의 그릇된 마음의 싹을 바로잡아 허물이 없는 경지에 이르게 하는 것은 이것보다 절실한 것이 없습니다. 이것으로 삼대(三代)의 임금이 정심(正心)·성의(誠意)하는 학문이라고 말하니, 어찌 믿지 않겠습니까.

臣按: 朱熹又謂 "五峰胡氏以《周禮》爲非周公致太平之書. 謂如天官冢宰卻管甚宮闈之事. 其意隻是見後世宰相請托宮闈·交結近習, 以爲不可. 殊不知此正人君治國平天下之本." 蓋宮中·府中宜爲一體. 凡夫人君之供奉用度, 一一皆關白外朝之大臣, 則人君固有所憚而不肯爲非禮. 而左右嬖幸之臣亦有所畏忌而不敢以非禮導其上也. 所以格人君非心之萌而致於無過之地, 莫切於此. 謂此爲三代人君正心誠意之學, 豈不信然?

범조우(範祖禹)가 말하였다.[139]

"천지(天地)에는 사계절이 있고 백관(百官)에는 육직(六職)[140]이 있어서, 천하의 모든 일이 여기에 다 갖추어졌다. 마치 그물은 벼리에 달려있고, 갖옷의 옷깃에 딸려서 가지런히 되는 것과 같아서, 비록 백세가 지나더라도 바꿀 수 없다. 임금이 만일 옛날을 고찰하여 명분을 바로잡으려고 하면, 진실로《주관(周官)》을 내버려 두고서는 올바르게 할 수 없다."

139《주례집설(周禮集說)》에 나온다.

140 육직(六職): 주나라의 육관으로 치직(治職), 교직(敎職), 예직(禮職), 정직(政職), 형직(刑職), 사직(事職)을 말한다.

신은 이렇게 생각합니다.《주관(周官)》이 있은 이래로 육전(六典)의 설치는 오직 우리 조정[明]에서만 볼 수 있습니다. 전대(前代)에는 비록 육부(六部)는 설치하였으나 재상(宰相)의 관직은 폐지된 적이 없습니다.

臣按: 自有《周官》以來, 六典之設惟見於我朝, 前代雖設六部而宰相之官則未嘗廢也.

여조겸(呂祖謙)이 말하였다.[141]

"선왕(先王)이 천하(天下)를 가르침에 처음부터 거칠고 정밀한 것과 근본과 말단의 차이가 있지 않았다. 대저 조정은 시장을 혼탁하게 하지 않고, 지방[野]은 국(國)을 넘지 않고, 사람들은 관리를 침해하지 않고, 후궁은 감히 임금의 권한을 어지럽히지 않고, 제후는 감히 천자의 제도를 어그러뜨리지 않고, 공경대부(公卿大夫)는 상인의 이익을 탐내지 않고, 육경(六卿)과 구목(九牧)은 서로 속하여 삼공(三公)에게 명령을 들으니, 저들은 모두 백성의 위에 있다. 그러나 사소한 법도도 감히 넘지 않고 조금의 분수도 감히 바꾸지 않은 것은 백성을 존비(尊卑)·등차(等差)·계급(階級)의 가운데

---

141 《주례집설(周禮集說)》에 나온다.

에서 익숙하게 하여, 위를 핍박하여 등급이 없는 마음을 없애고 도덕으로 향하게 하려고 했기 때문이다.

이 때문에 백성들은 위를 복종하여 섬기고, 아래에는 분수에 넘치는 야심이 없고, 천한 것은 귀한 것과 겨루지 않고, 낮은 것은 존귀한 것을 넘지 않아서, 온 세상 사람들이 모두 법도와 분수 안에서 편안하다. 뜻과 생각은 바뀌지 않고, 보고 듣는 것은 다른 것이 섞이지 않고, 평이하고 정직하고 순박하여, 위의 명령을 좇는다. 아버지는 그 아들을 부르고, 형은 그 아우에게 주고, 어른은 그 속한 이들을 거느리니, 어디에 가나 오례(五禮)·오악(五樂)·삼물(三物)[142]·십이교(十二教)가 아니겠는가? 방위를 정하고 지방을 나누고 관(官)을 설치하고 직(職)을 나누니, 어디에 가나 백성의 표준[民極]이 되는 것이 아니겠는가? 일찍이《국어(國語)》〈진어(晉語)〉편을 읽었는데, 매번 수도의 부유한 상인이 가죽으로 앞뒤를 눌러져 가린 나무 수레를 타고 조정을 지나간 일[143]을 감탄하였다. 부유한 상인이 재물에 풍요로워서 그 수레를 장식하고 의복을 화려하게 하는 것에 충분하나, 반드시 조정을 지나가는 사이에 수레와 옷을 바꾸어서 감히 사대부와 함께 혼연히 구별이 없는 것은 아니었다. 백성의 뜻이 정해지고 중도(中道)가 보존되니 성왕(成王)과 주공(周公)의 남겨진 교화가 진실로 은연중에 여기에 있다고 생각하였다."

呂祖謙曰: "先王之敎天下, 未始有精粗本末之間也, 夫朝不混市·野不逾

---

142 삼물(三物): 육덕(六德)·육행(六行)·육예(六藝)를 말한다. 육덕은 지(知)·인(仁)·성(聖)·의(義)·충(忠)·화(和)이고, 육행은 효(孝)·우(友)·목(睦)·인(婣)·임(任)·휼(恤)이며, 육예는 예(禮)·악(樂)·사(射)·어(御)·서(書)·수(數)이다.

143 수도의 … 지나간 일:《국어(國語)》〈진어(晉語)〉8에 나온다.

國·人不侵官·後不敢以姦王之權·諸侯不敢以僭天子之制·公卿大夫不牟商賈之利, 六卿九牧相屬而聽命於三公, 彼皆民上也, 而尺寸法度不敢逾, 一毫分守不敢易, 所以習民於尊卑等差階級之中, 消其逼上無等之心, 而寓其道德之意. 是以民服事其上而下無覬覦, 賤不亢貴, 卑不逾尊, 舉一世之人皆安於法度分守之內, 志慮不易, 視聽純一, 易直淳龐而從上之令. 父詔其子·兄授其弟·長率其屬, 何往而非五禮·五樂·三物·十二敎哉? 方位國野·設官分職, 何往而非以爲民極哉? 嘗讀晉之《國語》, 每歎絳之富商韋藩木楗過朝之事, 以爲富商之饒於財, 使之澤其車而華其服非不足也, 而必易車服於過朝之際, 不敢與士大夫混然無別焉. 民志之定而中道之存, 成王·周公之遺化固隱然在此也."

신은 이렇게 생각합니다. 《주례(周禮)》 한 책은 혹자는 주공(周公)이 지은 것이라 여기고, 혹자는 아니라고 여기고, 혹자는 문왕(文王)이 기(岐) 땅을 다스린 제도라고 말하고, 혹자는 주나라의 재화를 다스리던 책이라 말하고, 혹자는 전국(戰國)시대의 음모(陰謀)의 책이라 말하고, 혹자는 한나라 유학자들이 억지로 맞춘 이야기라 말하고, 혹자는 말세의 더럽고 어지럽고 불경한 책이라 말하고, 혹자는 칠론칠난(七論七難)[144]을 지어 배척하였습니다.

주희가 말하기를 "뒷사람들이 모두 《주례(周禮)》를 성인의 책이 아

---

144 칠론칠난(七論七難): 한 무제(武帝) 때의 임효존(林孝存)은 〈십론(十論)〉과 〈칠난(七難)〉을 지어 《주례(周禮)》를 배척하였다.

니라고 한다. 그 사이 세세한 곳이 비록 의심스러우나 그 대체는 바로 성인이 지은 것이 아니라면 얻을 수 없다."라고 하였습니다. 또 말하기를 "이를 주공(周公)이 직접 저술했다고 말한다면 진실로 옳지 않다. 그러나 대강은 도리어 주공의 뜻과 생각이다."라고 하였습니다. 이로 말미암아 살펴보면 그것의 옳고 그름이 일이나 이치에 아주 명백합니다.

대저 삼황오제(三皇五帝) 이래로 풍기(風氣)의 마땅함을 따르고, 시세(時勢)의 떳떳함으로 인하여 법도를 만들어 백성의 표준[極]을 세우게 하니, 한 시대에는 한 시대의 제도가 있습니다. 대개 주공에 이르러 전왕(前王)을 아울러 생각하고, 지나간 시대를 주의하여 살펴서, 여러 성인(聖人)이 크게 이룬 것을 모아서 한 시대의 정해진 제도를 세우니, 자세히 살펴도 상세하고, 굽은 것을 펴서 마땅하게 하고, 다하면서도 우활하지 않으니, 천하의 이치에 통하고 천하의 일을 이루며 천하의 변화에 두루 미침이 있습니다. 이것이 주공이 책을 만든 뜻입니다.

그러나 그 제도가 다른 책에도 실린 것이 많으나 다 합치되지 않으니 무엇 때문입니까? 옛사람이 말하기를 《주례》 한 책에는 빠진 글이 있고[군대·사마(司馬)의 종류], 간단하게 줄인 문장이 있고[수인(遂人)[145]·장인(匠人)의 종류], 서로 보충하는 부분이 있고[구등품거(九等品擧)의 종류], 겸관이 있고[공은 홀로 정해진 수가 없고, 교관(敎官)에는 부(府)·사(史)·서(胥)·도(徒)가 없음], 미리 설치한 것이 있고[천리(千里)에 공(公) 넷을 봉하고, 후(侯) 여덟을 봉하고, 백(伯) 열하나를 봉한 종류], 늘 마련하여 갖추지 않은 것이 있고[하채(夏采)·방상씨(方相氏)의 종류], 그 대강의 것만 든 것이 있고[군대에]

---

145 수인(遂人): 주(周)대에 수도 주변을 다스리는 관리를 말한다.

4량(兩: 25인)으로 졸(卒: 100인)을 삼는다는 종류], 부상(副相)·부이(副貳)의 것이 있고[경(卿)부터 하사(下士)에 이르기까지, 각각 재주의 높고 낮음에 따라 이 일을 같이 다스림], 항상 행하는 것이 있고(대궐문에 법을 드리우는 종류), 항상 행하지 않는 것이 있다(백성을 합해 나라를 옮길 것을 묻는 종류)고 하였습니다.

지금 경(經)에서 살펴보면 그 조치한 규모가 비단 천지(天地)를 돕고 신인(神人)을 화합하게 할 뿐 아니라, 맹저(盟詛: 희생의 피를 나누며 약속하는 것)와 원수를 벌하는 등 무릇 쇠퇴한 세상에 대하여서도 대비하지 않은 것이 없습니다. 비단 임금을 검속하여 재앙과 환난을 막고 끊을 뿐 아니라 쌀과 소금·실과 삼 등 천한 일에 임하여서도 언급하지 않은 것이 없습니다. 그것으로 하여금 일세(一世)를 지탱하면 일세의 사람들이 편안하고, 백세(百世)를 지탱하면 백세의 사람들이 편안하고, 천만세(千萬世)를 지탱하면 천만세의 사람들이 편안합니다. 조상이 자손을 위한 좋은 계책을 세워도 후세에 어찌 제멋대로 하는 왕[僻王]이 없겠습니까? 모두 전철(前哲)에 힘입어 면하니 주공이 마음을 쓴 것입니다. 이른바 삼왕(三王)을 다 아우르고 이대(二代: 夏桀殷紂)를 경계한 것이 다 여기에 쓰여져 있습니다.

이 책은 주공에게서 만들어져 다른 경전과는 종류가 다릅니다. 《예기(禮記)》는 한나라 유학자들이 모은 것으로 〈왕제(王制)〉의 조빙(朝聘)에 관한 설명은 문양(文襄) 때의 일이 되고, 〈월령(月令)〉의 관명(官名)의 설명은 전국시대의 일이 되어, 일찍이 주전(周典)과 비교하여 《주례》가 섞이지 않은 것과는 같지 않습니다.

이 말로 말미암아 살펴본다면, 무릇 뒷날의 유학자들이 《주례》가 지나치게 자세하다고 의심한 것은 그럴 만합니다. 만약 후세에 그것을 사용하며 때때로 실패하는 것이 어찌 이 책의 잘못이겠습니까? 잘 사용하지 못한 자의 잘못입니다. 주나라가 팔백년 동안 오래 지속된 것에 비교해 볼 때, 그 말기에 주나라의 영역이 주(邾)나 거(莒)보다 크지 않고, 일개의 무용지물을 모아서 실권이 없는 자리를 끼고서도, 강한 제후(諸侯)보다 위에 서서 둘러서 볼 수 있었습니다. 모두 감히 분수가 아닌 마음이 싹이 틀 틈이 없으니, 유독 어느 것을 두려워하겠습니까? 주공(周公)의 제도가 유지되었기 때문이니 이것이 《주례》의 분명한 효과입니다. 저 신나라 왕망과 형서가 《주례》를 빌려서 자신의 사사로움을 실현한다고 하여서, 어찌 목구멍으로 인해 음식을 먹지 않겠습니까?

臣按: 《周禮》一書或以爲周公作, 或以爲非, 或謂文王治岐之制, 或謂成周理財之書, 或謂戰國陰謀之書, 或謂漢儒傅會之說, 或謂末世瀆亂不經之書, 或作七論七難以排之, 朱熹曰: "後人皆以《周禮》非聖人書, 其間細碎處雖可疑, 其大體直是非聖人做不得." 又曰: "謂是周公親筆做成固不可, 然大綱卻是周公意思." 由是觀之, 其是與非昭然明白矣. 夫自三皇五帝以來, 順風氣之宜, 因時勢之常, 制爲法度, 以爲民立極, 一代有一代之制, 蓋至周公思兼前王, 監視往代, 集百聖之大成, 立一代之定制, 密察而詳, 悉曲而噜, 盡而不迂, 有以通天下之理·成天下之務·周天下之變, 此周公作書之旨也. 然而其制度多與他書所載者有不盡合焉者, 何也? 古人有言, 《周禮》一書有闕文【軍司馬之類】, 有省文【遂人·匠人之類】, 有互見【九等品舉之類】, 有兼官【公·孤不備數, 教官無府·史·胥·徒】, 有豫設【凡千裏封公四·封侯八·伯十一之類】, 有不常置【夏采方相氏之類】, 有舉其大綱者【四兩爲卒之類】, 有副相副貳者【自卿至下士, 各隨才高下同治此

事】, 有常行者【垂法象魏之類】, 有不常行者【合民詢國遷之類】. 今觀諸經, 其
措置規模不徒於弼亮天地・和洽神人, 而盟詛讎伐, 凡所以待衰世者無
不備也 ; 不徒以檢柅君身, 防絶禍患, 而米鹽絲枲, 凡所以任賤役者無
不及也. 使之維持一世則一世之人安, 維持百世則百世之人安, 維持千
萬世則千萬世之人安. 詒謀燕翼, 後世豈無僻王, 皆賴前哲以免, 則周
公之用心也, 所謂兼三王・監二代, 盡在於是. 是書之作於周公, 與他經
不類, 《禮記》就於漢儒, 則《王制》所說朝聘爲文襄時事, 《月令》所說
官名爲戰國間事, 曾未若《周禮》之純乎周典也. 由此言觀之, 則凡後儒
疑《周禮》細碎者可以灑然矣, 若夫後世用之而往往取敗者, 豈是書之過
哉? 不善用之者過也. 觀夫成周享國八百年之久, 其末也, 周之地不大
於邾・莒, 一介弁髦, 蕞然擁虛器而立於强諸侯之上, 環而顧之, 皆莫敢
萌非分之心, 獨何所畏哉? 周公之制有以維持之也, 此用《周禮》之明效
也, 彼新莽・荊舒假此以濟其私, 烏可因咽而廢食.

오징(吳澄)이 말하였다.

"생각건대, 주공(周公)이 성왕(成王)을 도와 육관(六官)을 세우고 육직(六職)을 나누고 예악(禮樂)과 정사(政事)를 찬연히 크게 갖추었다. 그 세운 것을 말하면 '《주관(周官)》'이고, 그 제작한 것을 말하면 '《주례(周禮)》'이다. 주(周)나라가 쇠퇴하여 제후들이 자신들을 해하는 것을 꺼려서 그 문적을 다 없앴다. 진(秦)나라 효공(孝公)이 상앙(商鞅)을 기용하여 《주관》과 배치되게 정치를 하였고, 시황제가 또 꺼려서 그것을 불살랐다. 한(漢)나라 하간헌왕(河間獻王)[146]이 옛 학문을 좋아하여 《주관》 다섯 편을 사들였는데,

무제(武帝)가 유서(遺書)를 구하니, 그것을 올려 비부(秘府: 한나라 때 조정의 도서를 보관하는 기관)에 보관하였다. 애제(哀帝) 때 유흠(劉歆)[147]이 교리비서(校理秘書)가 되어 비로소 《별록(別錄)》·《칠략(七略)》을 저술하였다. 그러나 〈동관(冬官)〉은 오랫동안 망실되어, 《고공기(考工記)》[148]로 그것을 보완하였다. 《고공기》는 곧 전대에 고제(古制)를 잘 아는 자가 지었다. 선유(先儒)들은 모두 그르다고 여겼으나, 오직 유흠만이 홀로 그것을 알았다. 그러나 오관(五官)이 또다시 뒤섞여 지금에 전하는 데에 이르니 어찌 이것이 바르겠는가.

지금 《상서(尙書)》를 바탕으로 그것을 고찰하면, 《주관(周官)》 한 편은 성왕(成王)이 다스리는 관제를 감독하여 바로잡은 온전한 책이다. 이것을 가지고 고찰하면 《주례》의 육관(六官)은 온전하지 않은 것을 앉아서 판단할 수 있다. 대저 총재(冢宰)는 나라의 다스림을 관장하여 백관을 통솔하고 사해(四海)를 고르게 한다. 이것을 가지고 〈천관(天官)〉의 글을 고찰하

---

146 하간헌왕(河間獻王, ?~기원전 130): 이름은 유덕(劉德) 전한 6대 황제 경제(景帝)의 아들로 하간왕(河間王)에 봉해졌다. 유학을 좋아해 고서를 모았는데, 한나라 조정의 양과 맞먹었다고 전한다. '학문을 닦고 옛것을 좋아하며, 사실을 토대로 해 진리를 탐구한다(修學好古實事求是).'는 말이 《후한서(後漢書)》 〈하간헌왕덕전(河間獻王德傳)〉에 처음 나온다. 시호는 헌(獻)이다.

147 유흠(劉歆, ?~23): 유향(劉向)의 아들로 자는 자준(子駿)이다. 후에 이름을 수(秀), 자를 영숙(穎叔)으로 고쳤다. 전한 성제(成帝) 때 유향이 조정의 장서를 교감하라는 명을 받았는데, 함께 참여하였다. 《주례(周禮)》·《좌전(左傳)》·《모시(毛詩)》·《고문상서(古文尙書)》 등의 고문경을 발견하였고, 고문학파(古文學派)의 대표자이다. 유향의 《별록(別錄)》을 계승하고, 《칠략(七略)》을 편찬하고, 《삼통역보(三統曆譜)》를 지었다.

148 《고공기(考工記)》: 중국에서 가장 오래된 기술서로 《주례(周禮)》 〈동관(冬官)〉에 속해 있었다. 건축에 관하여서는 장인조에, "영국(營國)"편에서는 도성 건설제도를, "건국(建國)"편에는 측량문제를 다루고 있는데, 한·중의 도성건설에 많이 이용되었다.

면, 그 실린 것 중에서 백관을 통솔하고 사해를 고르게 하는 일이 아닌
것은 총재의 직무가 아님을 알 수 있다.

사도(司徒)는 나라의 교육을 관장하여 오전(五典: 오륜)을 펴고 모든 백성
을 길들인다. 이것을 가지고 〈지관(地官)〉의 글을 고찰하면, 그 실린 것 중
에서 오전(五典)을 펴고 모든 백성을 길들이는 일이 아닌 것은 사도의 일
이 아님을 알 수 있다.

종백(宗伯)은 나라의 예(禮)를 관장하여 신인(神人)을 다스리고 상하(上下)
를 화합하게 하며, 사마(司馬)는 나라의 정사(政事)를 관장하여 육사(六師)
를 통솔하고 나라를 평화롭게 한다. 이것을 가지고 〈춘관(春官)〉과 〈하관
(夏官)〉을 고찰하면, 무릇 나라의 예(禮)와 정사(政事)를 관장하는 것은 모두
그 직(職)이며, 이것을 버리면 그 직이 아니다.

사구(司寇)는 나라의 금령(禁令)을 관장하여 간특(奸慝)함을 다스리고 포
악하여 난을 일으키는 자를 벌하고, 사공(司空)은 나라의 땅을 관장하여
사민(四民)을 거처하게 하고 땅의 이로움을 때에 맞춘다. 이것을 가지고
〈추관(秋官)〉과 〈동관(冬官)〉을 고찰하면, 무릇 나라의 금령(禁令)과 나라의
땅을 관장하는 것은 모두 그 직(職)이며, 이것을 버리면 그 직이 아니다.

이런 까닭으로 〈천관〉에 관한 문장이 타관(他官)에 섞여 있는 것은 내
사(內史)·사사(司士)와 같은 종류이고, 역시 타관에 관한 문장이 〈천관〉에
섞여 있는 것은 전사(甸師)·세부(世婦)와 같은 종류이다. 〈지관〉에 관한 문
장이 타관에 섞여 있는 것은 대사악(大司樂)·제자(諸子)와 같은 종류이고,
역시 타관에 관한 문장이 〈지관〉에 섞여 있는 것은 여사(閭師)·작씨(柞氏)
와 같은 종류이다. 〈춘관〉에 관한 문장이 타관에 섞여 있는 것은 봉인(封
人)·대행인(大行人)·소행인(小行人)과 같은 종류이고, 역시 타관에 관한 문
장이 〈춘관〉에 섞여 있는 것은 어사(御史)·대서(大胥)·소서(小胥)와 같은 종

류이다. 〈하관〉에 관한 문장이 타관에 섞여 있는 것은 함매씨(銜枚氏)·사예(司隷)와 같은 종류이고, 역시 타관에 관한 문장이 〈하관〉에 섞여 있는 것은 직방씨(職方氏)·변사(弁師)와 같은 종류이다.

제사를 담당하는 종류에 이르러서는 나는 〈추관〉의 문장이 아님을 알고, 현사(縣師)·전인(廛人)의 종류는 나는 〈동관〉의 문장임을 안다. 글에 따라서 뜻을 찾아 그것을 고찰하고, 경서에서 참고하여 그것을 증명하니, 어찌 의심할 수 있겠는가?"

吳澂曰: "按周公相成王, 建六官·分六職, 禮樂政事粲然大備, 卽其設位言之則曰《周官》, 卽其制作言之則曰《周禮》. 周衰, 諸侯惡其害己, 滅去其籍, 秦孝公用商鞅, 政與《周官》背馳, 始皇又惡而焚之. 漢河間獻王好古學, 購得《周官》五篇, 武帝求遺書, 上之, 藏於秘府. 哀帝時劉歆校理秘書, 始著於《錄》《略》, 然《冬官》久亡, 以《考工記》補之.《考工記》乃前世能識古制者所作, 先儒皆以爲非, 惟歆獨識之, 而五官亦復錯雜, 傳至於今, 莫敢是正. 今本《尙書》以考之,《周官》一篇成王董正治官之全書也, 執此以考《周禮》之六官, 則不全者可坐而判也. 夫冢宰掌邦治·統百官·均四海, 執此以考天官之文, 則其所載非統百官·均四海之事可以知其非冢宰之職也；司徒掌邦敎·敷五典·擾兆民, 執此以考地官之文, 則其所載非敷五典·擾兆民之事可以知其非司徒之事也；宗伯掌邦禮·治神人·和上下, 司馬掌邦政·統六師·平邦國, 執此以考春·夏二官, 則凡掌邦禮·邦政者皆其職也, 舍此則非其職；司寇掌邦禁·詰姦慝·刑暴亂, 司空掌邦土·居四民·時地利, 執此以考秋·冬二官, 則凡掌邦禁·邦土者皆其職也, 舍此則非其職. 是故天官之文有雜在他官者, 如內史·司士之類, 亦有他官之文雜在天官者, 如甸師·世婦之類；地官之文有雜在他官者, 如大司樂·諸子之類,亦有他官之文雜在地官者, 如閭師・柞氏之類 ; 春官之文有雜在他官者, 如封人・大小行人之類, 亦有他官之文雜在春官者, 如御史・大小胥之類 ; 夏官之文有雜在他官者, 如衡枚氏・司隸之類, 亦有他官之文雜在夏官者, 如職方氏・弁師之類 ; 至如掌祭之類, 吾知其非秋官之文 ; 縣師・廛人之類, 吾知其爲冬官之文. 緣文尋意以考之, 參諸經籍以證之, 何疑之有?"

신은 이렇게 생각합니다. 《주례(周禮)》가 한(漢)나라에서 나왔는데 육관(六官)에서 그 하나를 잃어버렸으니, 세유(世儒)가 《고공기(考工記)》로 동관(冬官)을 잃어버린 것을 보완하였으니 처음에는 다른 의견이 있는 자가 없었습니다.

송나라 순희[淳熙: 남송(南宋) 효종(孝宗) 1174~1189] 연간에 유정춘(兪庭椿)이 비로소 《복고편(復古編)》을 지어서, 사공(司空)편은 실로 오관(五官)에 섞인 가운데에서 뽑아내었다고 하였습니다. 또 사공편을 복원하였지만 육관(六官)의 오류는 역시 드디어 비슷하게 살필 수 있습니다. 가희[嘉熙: 남송 이종(理宗), 1237~1240] 연간에 왕차점(王次點)이 다시 《주관보유(周官補遺)》를 지었고, 원(元)나라 태정[泰定: 원(元) 진종(眞宗), 1324~1328] 연간에 구규(丘葵)가 또 두 사람의 설을 대조하여 정정해 책을 만들었습니다. 오징(吳澂)이 《삼례고주(三禮考注)》를 지어서 이 말을 머리 삼고, 또 동관(冬官)은 없어진 것이 아니나 지관(地官)의 글은 실로 없어졌다고 하였습니다.

이것을 말미암아 살펴보면 동관은 본래 없어진 것이 아니고, 잃어버린 것은 동관의 수장(首章)입니다. 이른바 '왕이 나라를 세움에[惟王

建國'에서 '백성의 표준으로 삼았다[以爲民極].'까지의 20자[149]와 '이에 동관 사공(司空)을 세우고[乃立冬官司空]'에서 '방국(邦國)'까지의 20자와 대사공(大司空)의 직(職)·소사공(小司空)의 직의 두 조항 역시 《우서(虞書)》의 〈순전(舜典)〉과 같으니, 실로 일찍이 없어진 것이 아니며 다만 '옛날을 상고하건대[曰若稽古]' 이하 28자만 잃어버렸을 따름입니다.

비록 그러나, 수(隋)나라·당(唐)나라 이래 육부(六部)를 세워서, 학교는 예부(禮部)에 속하게 하고 재화와 부세는 호부에 속하게 했으니, 행한 실제가 진실로 편리합니다. 후세에 옛것을 되살려 태평에 이르는 데에 뜻이 있는 자는 주공의 뜻을 본받지만 옛 자취에는 구애되지 않는 것이 좋겠습니다.【이상 주례를 논하였다.】

臣按: 自《周禮》出於漢, 六官而亡其一, 世儒以《考工記》補冬官亡, 未始有異議者. 宋淳熙中, 兪庭椿始著《復古編》謂司空之篇實雜出於五官之屬, 且因司空之復, 而六官之訛誤亦遂可以類考. 嘉熙間王次點復作《周官補遺》, 元泰定中丘葵又參訂二家之說以爲成書, 吳澂作《三禮考注》, 首以是言, 且謂冬官未嘗亡, 而地官之文實亡也. 由是以觀, 則冬官本未嘗亡, 所亡者冬官首章, 所謂"惟王建國", 至"以爲民極"二十字, 及"乃立冬官司空"至"邦國"二十字, 及大司空之職·小司空之職二條, 亦如《虞書》之《舜典》實未嘗亡, 特失其"曰若稽古"以下二十八字耳. 雖然, 自隋唐以來立爲六部, 率以學校屬禮部·財賦屬戶部, 行之實亦

---

149 20자: 《주례(周禮)》의 육관(六官)은 모두 '왕이 나라를 세움에 방향을 분별하고 위치를 바르게 하여 나라의 체제를 세우고 들을 경영하며, 관청을 세우고 직분을 나누어 백성의 표준으로 삼았다[惟王建國 辨方正位 體國經野 設官分職 以爲民極].'라는 구절로 시작한다.

良便, 後世有志復古以至太平者, 師周公之意而不泥其故跡可也.【以上
《周禮》】

이상 경술에 근본하여 가르침으로 삼음(상의 하)

以上本經術以爲教(上之下)

찾아보기

저자 소개

구준(邱濬, 1420~1495)

중국 명(明)나라의 유학자, 정치가이다. 자는 중심(仲深), 호는 경대(瓊臺). 구준(丘濬)으로도 쓴다. 현재의 하이난성[海南省] 출신이다. 경제(景帝) 경태(景泰) 5년(1454) 과거에 급제하였다. 한림원(翰林院)의 서길사(庶吉士)로 뽑혀 지리지인 《환우통지(寰宇通志)》, 《영종실록》 편찬에 참여하였다. 예부상서를 지냈고 이어 《헌종실록》 편찬에 참여했으며 문연각 대학사(文淵閣大學士)를 역임했다.

남송 시대 성리학자 진덕수(眞德秀, 1178~1235)의 《대학연의(大學衍義)》를 보충해 《대학연의보(大學衍義補)》 160권을 저술하였다. 이 외에도 《세사정강(世史正綱)》, 《가례의절(家禮儀節)》, 《오륜전비충효기(伍倫全備忠孝記)》, 《구문장집(丘文莊集)》, 《경태집(瓊台集)》 등의 저술을 남겼다.

역주자 소개

정재훈(鄭在薰)

서울대학교 국사학과, 동 대학원 졸업. 서울대 규장각한국학연구원, 인문학연구원을 거쳐 현재 경북대학교 사학과에 재직 중이다.

저서로 《조선전기 유교 정치사상 연구》, 《조선시대의 학파와 사상》, 《조선의 국왕과 의례》, 《조선 국왕의 상징》 등이 있고, 역서로 《동사(東史)》, 《용헌집(容軒集)》, 《동호문답(東湖問答)》, 《대학연의(大學衍義)》 등이 있다. 그 외 논문 40여 편이 있다.